이슬람주의와 마주 보기

서구의 과거에 비추어 본 정치 이슬람

CONFRONTING POLITICAL ISLAM

이슬람주의와 마주 보기

서구의 과거에 비추어 본 정치 이슬람

존 M. 오언 4세 John M. Owen IV 지음

이종삼 옮김

한울
아카데미

CONFRONTING POLITICAL ISLAM
Six Lessons from the West's Past

by John M. Owen IV

한 국 어 판 서 문

한울엠플러스에서 『이슬람주의와 마주 보기(Confronting Political Islam)』 한국어판이 출간되는 일은 내게 큰 영광이다. 이제 한국의 학자, 정책 입안자, 그리고 대중들에게 이 책에 담긴 견해가 전해질 수 있다니 매우 기쁘다.

내가 이 글을 쓰고 있는 지금, 이슬람주의(Islamism)라고도 알려진 정치 이슬람(political Islam)이 세계 많은 곳에서 과거 어느 때보다 더 심각한 문제를 일으키고 있기 때문에 특히 그러하다. 가장 분명한 사실은 이른바 이슬람국가(Islamic State: IS)가 저지르는 지하디스트 테러리즘 — 비단 이라크와 시리아뿐 아니라 리비아, 나이지리아는 물론 유럽, 북아메리카 및 아시아 여러 국가들을 괴롭히고 있는 테러리즘 — 이 새로운 위협이 되었다는 점이다.

좀 더 온건한 형태의 이슬람주의 — 샤리아 또는 이슬람 법률에 의한 통치를 모색하긴 하지만 합법적 수단을 따르는 — 는 수많은 무슬림의 견해를 바탕으로 동의를 얻고 있다. 이슬람주의는 치열하게 경쟁하며 페르시아 만의 정치 상황을 계속 복잡하게 만드는 이란과 사우디아라비아를 포함한 다수 국가들의 기성 이데올로기이다. 그리고 이슬람주의가 다양한 형태의 세속주의와 벌이고 있는 갈등은 중동과 그 외 지역의 사회들을 계속 소란스럽게 하고 있다.

이슬람주의에 대한 책과 논문들은 이미 많이 출간된 바 있다. 이 책 『이슬람주의와 마주 보기』가 독특한 점은 이슬람주의의 투쟁사를 과거 유럽 및 세계 여러 나라의 긴 이데올로기 투쟁사와 비교한다는 데 있다. 내 생각으로 이 책은 바로 그런 점에서 한국의 독자들이 읽기에 특별히 적절하다. 한국인들은 단일한 문화와 정치사를 공유하는 사람들을 이데올로기가 얼마나 깊이 분열시킬 수 있는지 오늘날 세계 그 누구보다도 잘 알고 있다. 또한 한국인들은 그러한 이데올로기적인 분열이 어떻게 세대에서 세대로 전달되며 어떻게 더욱 심각해지고 나아가 강대국의 경쟁으로 악화될 수 있는지도 잘 알고 있다. 이러한 역학은 이 책이 자세히 다루고 있는 지난 500년 역사 속에서 거듭 드러나는바, 그 역사 속에서 세 차례의 연속된 장기적 이데올로기 투쟁이 때로는 여러 나라들과 해당 지역 전체를 곪게 하고 갈가리 찢어놓았던 것이다.

이 책에서 전개되는 첫 번째 투쟁은 16세기와 17세기에 가톨릭과 프로테스탄트 기독교인들 사이에서 벌어졌다. 그리고 두 번째 투쟁은 공화주의와 자유주의가 군주주의에 도전하기 시작하여 수십 년의 갈등과 전쟁의 도래를 알린 18세기 말에 유럽에서 분출했다. 세 번째 투쟁은 공산주의와 민주자본주의 사이에 벌어진 장기적이고 전 지구적인 경쟁으로서 이는 세계 대부분 지역에서는 거의 30년 전에 끝났지만, 오늘날 한반도를 여전히 괴롭히고 위험스럽게 만드는 투쟁이다. 역사가 내가 가르치는 미국 학생들에게 갖는 의미는 한국의 학생들에게는 일상생활에 관한 문제인 것이다.

실제로 한국의 현 상황은 무슬림들 사이에 벌어지는 이데올로기 갈등의 궁극적 해결을 향한 경로를 암시할지 모른다. 독자들은 이 책의 다섯 번째와 여섯 번째 교훈은, 최상의 정치 제도를 둘러싸고 벌이는 무슬림들의 투쟁이 마침내 어떤 결말에 이를 것인가 하는 문제와 연관된다는 점을 알게 될 것이다. 세계사는 때때로 한 이데올로기가 그 경쟁 이데올로기보다 더 우월하다는 점을 스스로 명백히 드러낸다는 점을 보여준다. 그런 일은 그 이데올로기를 구현하는 국가들이 경쟁 이데올로기를 구현하는 다른 국가들을 능가할 때 일어난다. 한국은 1950년대 이후의 급속한 산업화와 1980년대 이후의 한층 더 급속한 민주화를 이룬 매우 성공적인 이야기 자체였다. 언젠가는 북한의 불만에 찬 엘리트들이 그들의 '주체'체제가 한국의 민주주의체제와 전혀 경쟁이 되지 않는, 사실상 스스로 소멸해가는 세습 독재체제라는 것을 틀림없이 알게 될 것이다. 같은 이치로, 적어도 한층 유독한 유형의 이슬람주의는 이데올로기 경쟁에서 아무래도 실패한 것 같다. 그러나 북한의 사례는 또한 열등한 이데올로기의 소멸이 더딜 수도 있음을 보여준다. 이 책의 첫 장인 '교훈 1'은 심지어 실패하고 있는 통치체제도 외부 전문가들이 예상하는 것보다 훨씬 오랫동안 권력을 고수할 수 있다고 설명한다. 역시 이러한 점에서도 정치 이슬람과 그것의 세계와의 대결을 이해하려는 사람들은 한국으로부터 교훈을 얻을 수 있을 것이다.

버지니아 샬러츠빌에서
존 M. 오언 4세

차례

일러두기

본문의 각주는 옮긴이 주, 본문 말미의 미주는 저자의 원주임을 밝혀둔다.

약 1세기 전 이집트에서 처음 모습을 드러낸 정치 이슬람(political Islam)과 세계가 지금 서로 맞서고 있다. 이슬람주의로도 불리는 이 강력한 이데올로 기는 10억 명이 넘는 세계 무슬림 공동체가 오직 경건한 신앙심을 가질 때에 만 자유롭고 위대해진다고 주장한다. 즉, 무슬림들이 이슬람 역사에서 대부 분 그랬듯이 국가가 시행하는 이슬람 법률, 즉 샤리아(Sharia)˙를 철저히 지 키며 살아간다면 그렇게 된다는 것이다. 이슬람주의자들은 샤리아를 거부하 는 무슬림들, 그리고 그것을 거부하도록 강요하거나 영향을 미쳐온 비무슬림 들의 도전에 오랫동안 직면해왔다. 서로 맞물리는 이러한 대결은 때로는 상 냥하게 얼굴을 맞대기도 하고, 때로는 비방하며 대치하고 심지어 서로 싸우 기도 하는 양상을 보였다. 우호적이든 적대적이든 그 대치는 무슬림의 삶뿐 아니라 여러 국가들, 그리고 사실상 온 세계의 정치에 영향을 미치기 때문에 계속 문제가 된다.

이슬람주의는 1920년대에 들어와 현대화, 즉 세속화하던 사회에서 살아가 는 무슬림들에게 코란과 여러 다른 신성하거나 권위 있는 이슬람 텍스트에서 유래한 샤리아로 회귀하라는 호소의 일환으로 시작되었다. 군부와 엘리트

˙ 이슬람의 경전인 코란과 무함마드의 말씀인 하디스에 근거한 이슬람의 법 체계. 신의 뜻을 따르기 위한 무슬림들의 올바른 삶의 방식을 규정하는 절대적 권위를 갖는다.

집단 양쪽으로부터 저항에 직면한 이슬람주의자들은 자신들의 사회를 재형성하고 있는 국가에 영향력을 행사하거나 아예 국가를 탈취하여 그 국가들이 샤리아를 시행하도록 하겠다는 바람에서 점점 정치적으로 변모해갔다. 1950년대까지 많은 이슬람주의 운동이 급진화하여 그들이 증오해온 정권들로부터 무자비한 탄압을 받았다.

이슬람의 법률과 신학 및 역사에 관해 상당수 전문가들이 학문적으로 연구한 덕분에 우리는 이슬람주의에 대하여 많은 것을 알고 있다. 그러나 이들 연구의 대부분은 이슬람주의 이데올로기를 오직 별개로 연구해야 하는 독특한(sui generis) 것으로 취급한다. 정치 이슬람은 여느 사회 현상과 마찬가지로 오직 깊은 연구를 통해서만 이해할 수 있는 그 나름의 특징을 가지고 있다. 그러나 이슬람주의는 하나의 '이즘(ism)', 즉 이데올로기며 공동생활을 규정하는 일종의 계획이다. 따라서 이슬람주의는 다른 '이즘들'과 잘 비교될 수 있다.

세계 어느 곳에서도 서구 ─ 유럽과 아메리카 대륙[1] ─ 만큼 수많은 '이즘'을 만들어낸 곳이 없다. 비록 학자들과 언론인들이 지금까지 종종 오늘날의 중동과 지난 세기의 서구를 나란히 ─ 즉, 지하드 테러리스트들을 1900년경의 무정부주의자들에, 또는 아랍의 봄을 1848년에 일어난 유럽의 여러 혁명들에 ─ 비교하곤 했지만, 아무도 정치 이슬람과 과거의 서구 이데올로기들을 비교하려는 시도는 하지 않았다.

이 책은 그러한 비교를 수행한다. 그 비교는 이슬람주의에 대해 이미 여러 학자들이 수행해온 관찰로 시작된다. 이 복잡하고 강고한 이데올로기는 바로 세속주의라는 광범위한 이데올로기를 참작하지 않고는 이해할 수 없는바, 이슬람주의는 바로 그 이데올로기에 대한 반동이다. 본래 형태에서 볼 때 이슬람 세계의 세속주의는 법률은 신의 계시가 아니라 엄격한 인간 이성과 경험에서 유래하는 것이라고 규정했다. 세속주의는 19세기에는 유럽 식민 통치자들의 손을 거쳐, 20세기에는 터키의 무스타파 케말(Mustafa Kemal)과 이란의 레자 팔레비(Reza Pahlavi)와 같이 현대화를 추진한 독재자들의 손을 거쳐 무슬림 세계에 전해졌다. 20세기의 엄밀한 형태의 세속주의는 오늘날 중동에서 거의 사라진 것이나 마찬가지지만 ― 대부분의 무슬림들은 이슬람이 적어도 법률과 정부에 영향을 미쳐야 한다고 생각한다 ― 이슬람주의자들은 아직도 그들 자신의 입장을 분명히 밝히며 더 유연한 세속주의가 빚어내는 각종 영향들에 대항해 싸우고 있다.

이슬람주의는 그들의 적대 세력들과 공존하면서 다시 한 번 서구의 과거 이데올로기들과 유사해진다. 이 책은 내가 과거에 진행한 학술적인 작업, 특히 2010년에 낸 책 『세계 정치에서의 이데올로기 충돌(The Clash of Ideas in World Politics)』을 기반으로 하고 있으며,[2] 수십 년간 세계 각국으로 확산된 유럽과 아메리카 대륙에서의 이데올로기 경쟁에 초점을 두고 있다. 이런 경쟁은 권력관계를 서로 다투면서 기대와 행동을 뒤바꾸고, 새로운 양상의 갈등과 협력을 만들어내고, 참여자와 관찰자를 모두 어리둥절하게 하며, 마침내 예상하지 못한 시기에 의외의 방식으로 끝을 맺는다. 나는 중동에서 오랫동안 계속되고 있는 이데올로기 진통을 다루려는 정책 입안자들과 시민들을 위해 서구 자신의 과거 역사로부터 여섯 가지 주요한 교훈을 가려냈다.

내가 이 책을 구상하고 저술하는 데 도움을 준 많은 사람들과 기관에 감사드린다. 버지니아대학교문화고등연구원(The Institute for Advance Studies in Culture of the University of Virginia)의 제임스 헌터(James Hunter), 애슐리 베르너(Ashley Berner), 조시 예이츠(Josh Yates), 조 데이비스(Joe Davis), 네슬리한 체비크(Neslihan Cevik), 추크 매튜스(Chuck Mathewes), 그리고 조지 토머스(George Thomas)와 같은 학자들은 아이디어를 제공하고 비평을 해주었다. 그들을 양성해준 품위 있고 지적인 왓슨 매너(Watson Manor)에게도 감사드린다. 존 문(John Moon)과 IMR 재단(IMR Foundation), 에어하트 재단(Earhart

Foundation), 그리고 스미스 리처드슨 재단(Smith Richardson Foundation)은 내게 학자로서 가장 귀중한 자산인 시간을 오로지 이 책에 할애할 수 있도록 기금을 지원해주었다. 밥 쿠비네치(Bob Kubinec)와 멀로이 오언(Malloy Owen)이 매우 귀중한 조사연구에 도움을 준 것에 감사한다. 마이클 바네트 (Michael Barnett), 피터 캇젠스타인(Peter Katzenstein), 아메드 알 라힘(Ahmed al-Rahim), 주드 오언(Judd Owen), 알렉산더 에반스(Alexander Evans), 그리고 버지니아대학교의 정치학과 동료들 — 특히 빌 콴트(Bill Quandt), 조나 슐호퍼-월(Jonah Schulhofer-Wohl), 그리고 제프 레그로(Jeff Legro) — 과의 대화는 크나큰 도움이 되었다. 브리티시컬럼비아대학교의 국제관계센터(The Center of International Relations of the University of British Columbia)는 여름철에 연구와 집필에 몰두할 수 있는 장소를 제공해주었다. 지도 6.1을 제공해준 크리스 기스트(Chris Gist)에게도 감사한다.

스미스 리처드슨 재단은 내가 워싱턴에서 세 번에 걸친 워크숍을 열 수 있게 해주었는데 거기서 나는 학문, 군사, 정보 및 정책 분석가들의 일부 주장들을 검토했다. 내가 보강 강좌를 열 수 있게 해준 데 대해 브루킹스 연구소 (Brookings Institution)와 헤리티지 재단(Heritage Foundation)에 감사를 표한다. 또한 그 강좌에 참석한 이들, 특히 마이클 오한론(Michael O'Hanlon), 스티브 그랜드(Steve Grand), 네이선 브라운(Nathan Brown), 카림 사자드푸어(Karim Sadjadpour), 피터 맨더빌(Peter Mandaville), 마크 린치(Marc Lynch), 찰스 '컬리' 스팀슨(Charles 'Cully' Stimson), 류얼 마크 게레트(Reuel Marc Gerecht), 짐 필립스(Jim Philips), 리자 커티스(Lisa Curtis), 피터 핸(Peter Henne), 그리고 팀 샤(Tim Shah)에게 감사드린다. 상세한 조정 작업을 해주고 원고에 대한 소감을 피력해준 로저 헐버트(Roger Herbert)에게 특별한 감사를 표한다.

추크 마이어스(Chuck Myers)는 프린스턴대학 출판부의 수석 편집자로 있는 동안 옹호자이자 비판자 역할을 해주었는데, 그가 없었다면 이 책은 완성

되지 못했을 것이다. 프린스턴대학의 에릭 그래한(Eric Grahan)은 능숙하고 도 조심스럽게 이 책의 발행을 추진해주었다. 원고를 교정해준 제레미 프레 스먼(Jeremy Pressman)과 댄 넥슨(Dan Nexon)은 내가 미처 발견하지 못했던 사항들을 찾아냄으로써 사실과 해석의 몇 가지 오류를 교정해주었다. 조지 프 담(Joseph Dahm)은 훌륭한 교열 담당자였다.

사랑하는 가족들은 음으로 양으로 내 작업을 도와주었다. 학문과 결혼이 라도 한 것 같은 나의 특수한 상황을 이해하고 심지어 즐기기까지 하는 아내 트리시(Trish)는 내게 절대로 필요한 존재이다. 나는 세 아이들, 멀로이 (Malloy), 프랜시스(Frances), 그리고 앨리스(Alice)에게 이 책을 선사한다. 그 들은 하느님은 훌륭하시며 이와 같은 책은 집필할 가치가 있다는 점을 날마 다 일깨워주었다.

여기서도 일어났던 일이다

역사는 반복하진 않지만
운(韻)을 맞추어 진행하는 것은 분명하다.

— 마크 트웨인 MarkTwain 이 한 말로 추정

최근 수년 동안 중동은 여러 가지 점에서 450년 전의 북서 유럽과 매우 흡사했다. 그 당시 반란의 물결이 북서 유럽 3개 국가 — 1560년에 스코틀랜드, 1562년에 프랑스, 1567년에는 네덜란드 — 를 휩쓸었으며 더 많은 국가들을 덮칠 태세였다.

각국의 반란은 그 국가들이 서로 다르듯 성격도 달랐다. 스코틀랜드는 비교적 고립된 지역이고, 바위투성이의 험준한 지형인 데다, 인구는 적고, 남쪽의 이웃인 잉글랜드가 침입해 오지나 않을까 늘 걱정하는 처지였다. 프랑스는 거대한 경작지와 부를 가진 강대국이었으며 통치자들은 유럽 패권을 두고 오랫동안 스페인 통치자들과 겨루었다. 네덜란드, 즉 저지대국가들은 작고 또한 비교적 부유했으며 스페인의 직접 통치 아래 있었다. 언제나 그렇듯이 국내외를 넘나드는 반란군들은 다양한 불평거리와 욕구들을 갖고 있었다.

그러나 이들 3개국에서 일어난 반란은 서로 공통점이 많았다. 근대 초기 유럽의 여러 지역들을 가끔씩 뒤흔들었던 농민 반란과는 달리 세 개의 반란 전체가 귀족들 — 작위를 가지고 전쟁 대비 훈련을 받은 지주들 — 의 반란이었다. 스코틀랜드와 프랑스, 그리고 네덜란드의 귀족들은 모두 어떤 의미에서는, 그들이 들인 비용으로 권력을 중앙집중화하려는 군주에 맞서서 싸우는 옛 기사도 이야기를 재연하고 있었다. 스코틀랜드와 네덜란드의 경우에는 군주가 외국인 — 스코틀랜드는 프랑스인, 네덜란드는 스페인인 — 이었다. 아마도 가장 놀라운 점은 이들 귀족 반란의 지도자들이 — 그리고 아마도 그들을 위해 싸우는 평민들 대부분이 — 초기 기독교를 그 나름의 관점에 따라 근본적으로 새롭게 또는 충실하게 복구한다는 기독교 교리의 신봉자들이었다는 점이다. 그들은 모두 수십 년 전 프랑스의 신학자인 장 칼뱅(Jean Calvin)이 창시한 프로테스탄티즘의 한 분파를 신봉하는 자들이었다.

이 3개국의 반란군 중 아주 많은 사람들이 칼뱅교 — 또는 개혁파(Reformed)로 불리기도 했다 — 신도들이었다는 것은 결코 우연의 일치가 아니다. 칼뱅교는 하느님과 인간에 관한 일습의 교리를 공유하고 있었는데, 그중 인류는 스스로를 구원하기 위해 어떠한 일도 할 수 없고 오직 하느님의 자비에 의존해야 한다는 것, 그리고 하느님은 세상을 창조하기 전에 누구를 구원할지 자신의 의지대로 결정했다는 것도 있다. 이들 개혁파는 또한 어떻게 교회를 세워야 하는지, 어떻게 하느님께 충직한 삶을 살아야 하는지, 그리고 교회와 행정 당국 또는 국가는 서로 어떤 관계를 가져야 하는지에 관한 독특한 믿음을 갖고 있었다. 개혁파 교회들은 주교와 사제를 두는 대신 장로와 집사에게 운영을 맡겼다. 기독교도는 성 베드로가 말한 것처럼 "그들의 부르심과 택하심을 굳게 하기"[1] 위해 거룩한 삶에 목표를 두어야 했다. 그리고 공동체 그 자신은 행정 당국과 교회 당국이 서로 분리되어 있으면서 전자가 후자의 가르침을 집행한다는 신성을 목표로 삼아야 한다.

그러므로 이것은 21세기는커녕 19세기의 당시에도, 미국 도시 중산층의 장로교가 신봉하는 칼뱅교는 아니었다. 근대 초기의 칼뱅교는 가톨릭, 루터교 그리고 그 시대의 다른 기독교 '이즘들(isms)'처럼 일련의 종교적 교의이면서 동시에 정치적 이데올로기였다. 그것은 중부 및 서부 유럽의 사회, 정치, 경제의 질서가 확립되었을 때, 그것도 부분적으로는 로마 가톨릭 교회에 의해 확립되었을 때 생겨났다. 중세 유럽에서 교회 — 교구, 주교관구, 수도회 — 는 엄청난 양의 부를 산출하는 광대한 농지를 소유했다. 성직자들은 제후, 귀족, 농부들에게 큰 영향력을 행사했다. 위계적인 사회 제도의 합법성은 부분적으로 교회의 승인(imprimatur)에 의존했다. 교황을 포함한 일부 주교들은 광대한 영토를 통치했으며 그들 자신의 군대를 둘 수 있었다. 16세기의 유럽에서 이맘때의 칼뱅교는 부분적으로는 반가톨릭으로 정의되었는데, 반가톨릭 또는 친가톨릭이 되는 것은 종교적 행위인 동시에 정치적 행위이기도 했다.

그러한 점은 스코틀랜드, 프랑스, 그리고 네덜란드의 반란에서 나타나는 두 번째 유사성을 낳는다. 즉, 이 모든 반란은 로마 가톨릭 교회의 가르침과 지시들에 매여 있는 가톨릭 군주들에 대한 반란이었으며, 어떤 면에서는 반가톨릭 반란이었다. 반란 지도자들이 발표한 성명과 문서들은 특정한 종교적 관용구들로 가득 차 있었다. 이를테면 회중(會衆)의 귀족들(the Lords of Congregation)·로부터 나온 1559년의 한 성명서는 "반그리스도 세대, 즉 스코틀랜드 내의 유해한 고위 성직자들과 그들의 까까머리 수도승들" 앞으로 보내는 것이었다. 그 성명서는 다음과 같이 계속된다. "우리는 하느님이 야곱의 자손들에게 가나안 사람들에게 대항하여 싸우도록 명한 것과 꼭 같은 싸움을 시작할 것이다. 이른바 평화 조약은 너희들이 노골적인 우상 숭배와 하느님의 자녀들에 대한 잔인한 박해를 멈출 때까지 절대로 성립되지 않을 것이다. 그리고 이것은 영원한 하느님과 그의 아드님이자 그분의 진실함을 우리가 고백하는 예수 그리스도의 이름으로 너희에게 알리는 것이다. 또한 하느님이 너희의 우상 숭배에 우리가 맞서도록 도우시는 한, 우리는 복음을 가르치고 성례를 바르게 주관할 것이다."² 이것은 그저 특이한 '어법(way of talking)'이 아니라 더 세속적인 관심사를 경건하게 치장한 말이다. 이 세 나라의 칼뱅교는 우상을 파괴한다면서 교회의 조각상들을 박살내는 난리를 한 바탕 치렀다. 그들에게는 그러한 조상(彫像)들이 당연히 하느님에게 속해야 하는 영광을 훔치고 있는 우상으로 비쳤다. 그 시대에 칼뱅교도는 가톨릭과는 도무지 타협할 수 없는 큰 차이가 있는 것 같았다.

• 스코틀랜드 개혁교회의 대표자인 존 녹스(John Knox)와 프로테스탄트 귀족들의 주도로 1577년 설립된 단체. 1599년 섭정 메리의 탄압에 맞서 프로테스탄트 군대를 이끄는 역할을 했다.

다른 의미에서 보더라도 이들 세 반란이 일어난 것은 결코 우연이 아니었다. 칼뱅교도는 국경을 넘어 의사소통을 했으며 서로 격려하고 배우며 설교, 팸플릿, 편지, 그리고 그들 자신을 교환했다. 역사가들은 국경을 초월해 존재한 개혁파 기독교인들의 조직망 "칼뱅교 인터내셔널"을 곧잘 거론하는데, 그 조직의 중추는 칼뱅 자신이 선택한 제네바 시에 있었다. 개릿 매팅리(Garrett Mattingly)는 "그들은 모두 어디서나, 그 연결망을 건드리는 어떤 자극에든 반응하며 진동했다"라고 기록하고 있다. 앤드루 페테그리(Andrew Pettegree)는 네덜란드 칼뱅교가 프랑스의 위그노 반란군들로 인해 용기를 얻었다며 이렇게 썼다. "프랑스에서 전쟁이 발발한 다음해에, 네덜란드 칼뱅교도는 …… 프랑스 복음주의자에게 그러한 성공을 가져다준 바로 그 도발과 대결적인 행동을 모방하기 시작했다."[3]

가톨릭교도 역시 이들 나라에 살고 있었으며, 그들도 칼뱅교를 억압해야 한다는 의무감을 마찬가지로 갖고 있었다. 그들 또한 연계 중심을 로마에 둔 정교한 조직망을 형성했다. 칼뱅교의 반란과 그들을 억압하려는 시도는 사실상 더 큰 현상, 즉 종교 문제로 북서 및 중부 유럽을 가로지르며 확산된 싸움의 일부에 불과했다. 그리고 그 종교란 현대적인 의미의 종교뿐만 아니라 그 시대, 즉 교회와 국가가 절친하게 지내고 국가에서 인정하는 종교가 사회 제도와 생활 방식, 그리고 권력과 부의 분배 방식에 영향력을 행사하는 의미에서의 종교였다. 근원적인 문제는 서구의 기독교 세계가 **정통성 위기**(legitimacy crisis), 즉 사회를 규율하는 최선의 방법을 둘러싼 갈등으로 혼란에 빠져 있었다는 점이다. 그 위기는 특히 그 시대에 종교개혁과 반종교개혁이 일어난 것에서도 볼 수 있다.

정통성 위기는 '국경을 초월한 것'이었으며, 자기들이 태어난 조국과는 상관없이 가톨릭교도는 가톨릭교도끼리, 칼뱅교도는 칼뱅교도끼리 서로 동조했기 때문에, 여러 지역의 통치자들이 반란의 결과에 저마다 이해관계를 가졌다고 해서 놀랄 일은 아니다. 프로테스탄트 국가인 잉글랜드와 가톨릭 국가인 프랑스는 스코틀랜드 반란에 개입했다. 잉글랜드는 프랑스의 칼뱅교도(또는 위그노파)를 돕기 위해 개입했다. 그 뒤에 독일의 팔츠 백작령은 스페인이 가톨릭 편을 들자 칼뱅교도를 편들었다. 네덜란드에서 스페인 군대는 자연히 칼뱅교도를 탄압한 반면, 영국인들은 위그노를, 그리고 독일 군대는 칼뱅교도를 지원했다. 심지어 오스만제국의 술탄들마저 ─ 무슬림 황제들로서 유럽의 종교개혁에서 어떤 종교적 이해관계를 갖지 않았는데도 ─ 유럽의 광대한 지역을 다스리는 가톨릭 합스부르크가에 맞서기 위해 칼뱅교도와 루터교도를 돕는 일에 나섰다.

더 많은 것이 있다. 그 시대 이전 수십 년 동안 신성로마제국 ─ 대략 오늘날의 독일 영역을 다스렸다 ─ 내에서 가톨릭교도가 루터교도와 대결함으로써 유사한 연쇄 폭발이 일어났다. 그리고 1560년대를 훨씬 지난 후에는 그러한 연쇄 폭발이 유럽 전역에서 더 많이 일어났다. 특히 그중 하나는 대재앙이었다. 즉, 보헤미아에서 칼뱅교도가 일으킨 반란이 개입과 반개입을 불러오더니 마침내 끔찍한 30년 전쟁(1618~1648)으로 비화한 것이다. 이 복잡한 싸움이 아마도 독일 인구의 5분의 1을 쓸어버리는 동안, 영국에서는 내전(1642~1651)이 일어났다. 유럽인들로 하여금 오늘날 서구인들이 당연하게 여기는 종교적 관용으로 어쩔 수 없이 나아가도록 해준 것이 바로 이 격렬한 내전 및 국제전이었다.

1560년대의 세 반란 중 하나는 실패했다. 프랑스에서는 위그노 교도와 가톨릭교도가 때로는 치열하고 잔혹하게 때로는 느슨하게 수십 년 동안 싸웠다. 위그노를 옹호했던 앙리 4세(Henry IV)가 아무런 저항 없이 파리를 취하기 위해("파리는 가톨릭 미사만큼이나 가치가 있는 곳"이라고 앙리 4세가 말한 것으로 알려졌다) 가톨릭으로 개종하기로 했을 때인 1593년에 마침내 교착 상태가 깨졌다.

그러나 스코틀랜드와 네덜란드의 혁명은 성공하여 유럽에 새로운 것, 즉 개신교 영역을 만들어냈다. 스코틀랜드의 반란자들은 재빨리 승리하여 1560 년에 개신교(장로교) 왕국을 건설했다. 네덜란드인들은 거의 20년 동안 스페인과 싸워야 했지만 1585년에는 개신교를 국교로 하여 네덜란드 연합주 (United Provinces of the Netherlands)를 수립했다. 칼뱅교도는 반란을 동원하는 일뿐 아니라 권력을 공고히 하고 제도화하는 데도 노련한 것으로 증명되었다.

*　*　*

이상의 것은 오래전 유럽에서 일어났던 일이다. 그러나 오늘날 무슬림 세계의 일부는 여러 면에서 신기할 정도로 그 시절의 유럽을 닮고 있다. 지난 세기에 대부분의 무슬림 국가 통치자들은 그들 사회에서 다른 경쟁자들을 약화시키는 수법으로 권력을 키웠다. 일부는 그들의 영향력을 외국으로까지 확대했다. 이데올로기 신봉자들의 조직망은 테헤란, 리야드, 카이로와 같은 곳을 근거지로 하여 각 구성원들이 다른 나라의 호응자들을 관찰하고, 교육하고, 그리고 고무하는 방식으로 무슬림 국가들 곳곳으로 뻗어 나갔다. 근대 초기에 유럽이 종교적 학살을 감행했다면, 중동은 테러리즘을 자행해왔으며 그것이 아시아, 아프리카, 유럽, 북아메리카로 확대되었고, 마침내 2001년 9월 11일에는 뉴욕과 워싱턴에서 가장 파국적으로 나타났다. 그리고 물론 반란, 억압, 혁명 및 타국 간섭의 파도가 주기적으로 무슬림 국가들 안팎을 휩쓸었다(이 책 전체에서 내가 사용하는 '중동(Middle East)'이라는 용어는 북아프리카에서 서남아시아에 이르는 광대한 이슬람 지역을 말한다. 물론 내가 분석하는 이데올로기 투쟁은 사하라 이남 아프리카, 남아시아 및 동남아시아, 그리고 유럽과 북아메리카의 일부 도시까지 포함할 수 있다). 때때로 혁명이 성공하여 이슬람 뿌

리로의 회귀를 선언하는 새로운 정권이 수립되기도 했다.[4]

이들 무슬림 사회에서 무슨 일이 일어나고 있는지 완전히 이해하기는 어렵다. 여러 등장인물들에 관한 역사, 그들의 관심사, 권력, 야심과 신념, 그리고 그러한 것들이 어떻게 상호 작용하는지 알아내는 것은 대단히 복잡하다. 그러나 우리는 약간씩 전진할 수 있으며, 가장 빠른 길은 중동이나 이슬람을 연구하는 학자 또는 정책 전문가들이 지적 역량을 발휘하는 것이다. 전문가들은 이 책에서 언급하기가 힘들 정도의 수많은 저작들을 통해 오랜 세월 그러한 일을 해왔다. 아랍어, 페르시아어, 파슈토어, 우르두어 및 다른 여러 언어들을 말하고 읽을 수 있을 뿐 아니라 그 역사와 문화를 자세히 알고 있는 학자들에 의한 깊은 분석은 당황스럽고 위험스런 중동의 역학을 이해하려는 정책 입안자, 학생 및 시민들에게 절대적으로 필요하다.

그러나 중동을 이해하는 두 번째 보완적인 방법은 거의 착수된 적이 없다. 그 방법은 서구 자신의 이데올로기 투쟁의 역사를 분석하는 이점을 이용한다. 1560년대 북서 유럽 여러 나라를 휩쓴 반란은 어딘지 모르게 낯익은 많은 이야기들 중 단지 하나이기 때문이다. 여기에도 역시 우연의 일치란 없다. 무슬림 사회와 지역의 역학이 근대 초기 유럽과 아주 닮았다는 한 가지 중요한 이유는 적어도 1세기 동안 중동이 정통성 위기, 즉 사회를 규율하는 최선의 방법을 둘러싼 갈등으로 혼란에 빠져 있었다는 점이다. 이슬람이라는 종교는 칼뱅교의 교리 그 자체가 근대 초기에 유럽에서 불화의 씨를 뿌리고 있던 것 이상으로 많은 문제를 일으키는 종교는 아니다.

수십 년 동안 무슬림들은 조직망을 논의하고 준비하고 형성해왔으며, 모반하고, 억압하고, 동맹을 맺고, 친구가 되고, 배신하고, 죽이고, 그리고 이데올로기를 위해 또는 올바른 생활과 공공질서라는 비전을 위해 죽었다. 무슬림들은 사회의 기본적인 문제에 대해 합의할 수가 없었다. 그들은 국내외적으로 극단적인 분열과 대립을 계속해왔고, 때로는 내전으로 치달을 정도였으며, 이따금 많은 사람들은 자신들의 원칙을 공유하지 않는 동족들보다 그것을 공유하는 외국인들과 더 많이 공감하기도 했다. 정통성 위기는 몹시 공격적이고 타협하기를 거부하는 동맹과 적을 만들어내면서 국내외 정치를 복잡하게 했다. 그런 위기는 특정 시점, 즉 1952년의 이집트 혁명, 1979년의 이란 혁명, 2001년의 알카에다 공격, 가장 최근에는 2010년 하반기에 시작된 아랍의 봄(Arab Spring) 때처럼 미국과 다른 강대국들의 이해관계에 크게 영향을 미쳤다.[5]

몇몇 학자들은 서구 자신의 과거에서 이 같은 역학과 이데올로기 투쟁 사이의 유사성을 찾아냈다.[6] 이 책은 그러한 통찰을 더 많이 할 것이다. 이 책은 오늘날의 중동을 유럽 및 아메리카 대륙의 역사에서 여러 지역에 발생한 정통성 위기 ─ 사건들의 유사한 연결성이 두드러지게 나타난 위기 ─ 들과 비교 분석한 첫 사례이다. 나는 무슬림 사회에서 현재 일어나고 있는 격변, 그리고 그것이 여타 세계와 우려스럽게 상호 작용하고 침투하는 문제에 관해, 지구의 다른 지역에서 일어난 과거의 이데올로기 투쟁으로부터 얻은 교훈들을 제시할 것이다.

나는 이 책에서 두 가지 일반적인 주장을 한다.

1. 정치 이슬람을 이해하려면 그들이 세속주의와 벌이고 있는 길고도 불확실한 투쟁을 이해해야 한다.
2. 이슬람주의자와 세속주의자 간의 투쟁을 이해하려면 서구 세계의 역사에서 일어난 유사한 이데올로기 투쟁의 기원, 역학, 그리고 그 궁극적인 결과를 이해해야 한다.

비록 내가 각 이데올로기 ─ 루터주의, 군주주의, 자유주의, 이슬람주의 등 ─

의 내용을 기술한다 하더라도, 나는 그 내용을 발췌하여 각 이데올로기가 하나 혹은 그 이상의 대체 이데올로기와 싸움에 휘말렸다는 사실에만 초점을 맞출 것이다. 그 내용은 중요하며, 그리고 이들 이데올로기는 목표, 전략, 전술에서 다양하게 변화해왔다. 급진적인 칼뱅교도와 공화주의자들 및 공산주의자들은 이슬람 과격파가 하듯이 자살 폭탄 테러에 결코 관여하지 않았다. 많은 이슬람주의자들은 비무슬림 세계와 떨어져 홀로 남겨지기만을 원하는 것처럼 보이는 반면 많은 서구 이데올로기들은 세계적인 야망을 불태워왔다. 그러나 나는 형식적 유사성 — 이데올로기 경쟁이라는 사실 — 이 한 권의 책으로 다루기에 충분할 정도로 현저하고 유익하기 때문에, 의도적으로 이 중요한 차이점을 무시한다. 그 유사성은 우리가 정치 이슬람에 대해 생각하고 있는 것의 많은 부분이 틀리다는 것을 보여준다.

역사의 운(韻)

이어지는 몇 페이지에서 나는 세 차례의 긴 시기로부터 교훈을 끌어내고자 한다. 이 시기에 서구 사회는 사회를 규율하는 최선의 방법을 둘러싸고 국내는 물론 국제적으로 분열했으며, 강력한 이데올로기 운동이 변화를 부르짖고 '정상적인' 국내외 정치를 붕괴시키면서 전 대륙으로 확산되어갔다.

첫 번째는 어떤 형태의 기독교가 국가에 의해 인정되고 지지되어야 하는가를 둘러싼 가톨릭과 프로테스탄트 사이의 투쟁이다. 이 싸움은 대략 1520년부터 1690년대까지 서부 및 중부 유럽에서 맹렬히 전개되었다.

두 번째 투쟁은 1770년대에 시작하여 1세기를 끌었다. 유럽과 아메리카 대륙에서 사람들의 의견은 왕과 신하가 다스리는 군주제가 최선의 정부인지, 아니면 선거를 통해 권력이 주어지고 인민이 시민이 되는 공화제가 최선인지에 대해 크게 갈렸다.

세 번째 투쟁은 1910년대에 일어나 1980년대 말까지 이어졌다. 그 투쟁은 현대의 독자들이 익히 잘 알고 있으며, 공산주의, 자유주의, 파시즘 사이에서 사납게 휘몰아쳤다.

이렇게 각각 긴 투쟁들을 거치면서 이데올로기들이 변종을 일으켰으며, 그러한 변종들 중 일부가 살아남아 최초의 것들과 맞섰다. 첫 번째 투쟁에서는 독일에서 프로테스탄티즘이 루터교 형식으로 시작되더니 재빨리 스위스에서는 츠빙글리파 형식으로, 독일에서는 재세례파(再洗禮派)로 발전했고, 다시 프랑스에서는 칼뱅교 버전으로, 영국에서는 영국 국교회 형식으로, 그 밖의 지역에서는 또 다른 형식으로 발전해갔다. 칼뱅교와 루터교는 특정한 시점에서 만만찮은 경쟁 상대가 되었다. 두 번째 투쟁에서 군주제 동조자들의 견해는 양분되었는데, 절대주의자들은 국왕이 하느님으로부터 직접 통치 명령을 받았으며 오직 하느님에 의해서만 제한될 수 있다고 주장했고, 입헌주의자들은 군주는 선출된 입법부 대표들의 제지를 받아야 한다고 주장했다. 세 번째 투쟁에서는, 공산주의자들은 1960년대에 중국식 공산주의(마오쩌둥주의)와 소비에트식 공산주의가 심각한 라이벌 관계로 변하면서 많은 그룹으로 분화되었다.

오늘날 중동에서도 마찬가지다. 무슬림들 사이에서 심각한 이데올로기적 불화가 자주 일어나지만, 가장 근본적인 구분선은 **세속주의자들**과 **이슬람주의자들** 사이에 그어진다. 어떤 의미에서 문제의 핵심은 그 나라의 주권이 어떤 것인지 또는 누구에게 있는지 하는 점이며, 이것을 알리는 중요한 신호가 바로 법률의 근원이요 내용이 된다. 이슬람주의자들은 법률은 샤리아여야 한다고 주장한다. 다시 말해서 이슬람의 성스러운 문서인 코란, 즉 알라께서 예언자 무함마드에게 직접 계시하신 것, 그리고 하디스, 즉 예언자 무함마드의 말씀에서 나온 것이어야 한다고 주장한다. 세속주의자들은 법률은 이슬람에서 나온 것이 아닌(또는 온건파 세속주의자들에게는 오직 이슬람으로부터만 나온 것이 아닌), 인간의 이성과 경험으로부터 나온 것이어야 한다고 반대 주장을 편다.

이들 두 가지 이데올로기, 즉 세속주의와 이슬람주의는 서로에 대한 부정으로 시작했다. 세속주의는 18세기와 19세기에 유럽 식민주의와 함께 무슬림 세계에 들어왔다.[7] 중동의 많은 무슬림 엘리트들은 20세기 들어 세속주의를 채택했다. 정확히 말하면 오랫동안 유럽 국가들이 칼리프가 다스리는 지역 또는 보편적인 이슬람 정치조직체로 대개 간주해온 오스만제국을 훨씬 앞서가며 굴욕을 주어왔던 바로 그 힘 때문이었다. 오스만제국은 이슬람의 전통적인 정치·사회적 제도에 근거하여 건국되었으며, 특히 무슬림 군대와 정치 엘리트들은 세속주의를 제국을 부흥시킬 구제책으로 보았다.

이슬람주의자들은 대체로 자신들의 이데올로기를 어떤 '주의(ism)'로서가 아니라 예언자가 창안한 원래 그대로의 단순한 종교로서 제시한다. 사실 그들의 신념 체계는 현대적인 특징을 갖고 있으며 유럽 식민지 개척자들과 무슬림 현대주의자들 둘 다에 반응하여 만들어진 것이다. 이집트의 하산 알-반나(Hassan al-Banna, 1906~1949), 영국령 인도의 아불 알라 마우두디(Abul Ala Maududi, 1903~1979), 이란의 아야톨라 루홀라 호메이니(Ayatollah Ruhollah Khomeini, 1902~1989) 같은 초기 이슬람주의자들은 세속적인 정권 아래서는 신앙심 깊은 무슬림으로 살아가기가 어렵다고 확신했고, 문화저항운동을 조직하여 20세기의 두 번째 25년간 반동을 시작했다. 1950년대에 이슬람주의자들은 더욱 과격해져 세속적인 정권을 끝내고 국가가 강제로 시행하는 샤리아로 회귀해야 한다고 다양한 방식으로 주장하기 시작했다.

1920년대부터 1960년대 말까지 내내 세속주의가 이슬람 세계를 지배했다. 오스만제국이 제1차 세계대전에서 패배한 후 무스타파 케말 아타튀르크(Mustafa Kemal Atatürk, 1881~1938)가 제국을 해체하고 오랜 칼리프 직위를 폐지하여 현재의 터키 공화국을 창건했다. 터키는 사회의 전통적인 이슬람 조직을 명시적으로 거부하고 서구의 규범과 경험을 채택한 원래적 형태의 세속주의 무슬림 국가였다. 다른 무슬림 국가들에서 아타튀르크를 찬미하고 모방하는 사람들이 생겨났다. 대체로 이들은 서구의 지배에 분격하여 현대적인 독립 국가를 건설하고 싶어 하는 군 장교들과 지식인들이었다. 이란의 레자 샤 팔레비(Reza Shah Pahlavi, 1878~1944)가 한 사람이고, 파키스탄의 무함마드 알리 진나(Muhammad Ali Jinnah, 1876~1948)가 또 한 사람이며, 이집트의 가말 압델 나세르(Gamal Abdel Nasser, 1918~1970)가 세 번째 사람이다.[8] 나세르와 그가 몸담았던 조직은 또한 시리아의 지식인 미셸 아플라크(Michel Aflaq, 그의 배경은 기독교였다)와 그가 창건을 도왔던 운동 조직인 바티스트(Ba'athist), 즉 아랍 민족주의 운동의 영향을 받았다.[9] 나세르의 아랍 사회주의는 아랍 세계 이곳저곳에서 추종자들을 얻게 되었으며, 시리아와 이라크에서 바티스트 정권의 수립으로 이어졌다. 세속주의는 보수적인 사우디아라비아 왕정을 위협하기도 했으며, 이집트와 사우디는 1960년대에 예멘에서 베트남전과 유사한 대리전쟁을 치르기도 했다.

학자들이 뒤늦게 통찰한 전환기는 1967년에 왔다. 6일 전쟁*에서 이집트, 요르단, 시리아 군에 대한 이스라엘 군의 전격적인 대승은 나세르와 그의 세속주의 프로젝트의 근본적인 실패를 의미했다. 분명히 이슬람을 버리고 서구 국가처럼 되는 것은 외세의 지배로부터 무슬림 사회를 구하는 길이 아니었다. 오랫동안 세속주의에 반대해온, 성공적인 하나의 대안 프로그램은 이미 성직자와 일부 평신도 무슬림들 사이에서 지지를 받아왔다.[10] 무슬림형제단(Muslim Brotherhood)은 무슬림이 실패하는 진짜 이유는 그들이 참된 믿음을 갖지 않았기 때문이라고 선전했다. "이슬람교가 해결책"이라는 말은 고풍

---

* 1967년 6월 5일부터 10일까지 있었던 아랍과 이스라엘 간의 제3차 중동 전쟁.

스러운 노인들뿐 아니라 점점 더 젊은이들의 슬로건이 되어갔다. 1979년의 이란 혁명은 이슬람 공화국을 건설하면서 중동 전역에 충격을 주었다. 그것은 이슬람주의가 현실 세계에 등장했다는 신호였다. 이집트의 안와르 엘-사다트(Anwar el-Sadat)와 파키스탄의 지아 울-하크(Zia ul-Haq) 같은 세속적인 통치자들까지도 이슬람적인 슬로건과 관습을 더 많이 채택하기 시작했다.[11]

프랑스의 정치학자인 질 케펠(Gilles Kepel) 교수는 이슬람 부흥이 대략 기독교와 유대교의 부흥과 동시에 일어났다고 주장한 최초의 학자들 중 한 사람이다. 서구를 포함하여 지구 전역에서 일어나고 있는 새로운 '근본주의' 운동은 계시적인 전통 종교가 쇠퇴해가던 1950년대와 1960년대에 근대화 이론가들의 확신에 찬 예측을 좌절시켰다.[12] 힌두교는 (몇몇 곳에서) 불교가 그랬던 것처럼 그러한 전반적인 부흥운동에 합류했다. 이 모든 종교운동은 현대적인 테크놀로지가 필연적으로 종교적 회의론이나 무관심을 가져온다고 왜곡할 뿐만 아니라 세속주의 그 자체에 대한 회의론 또는 적개심도 일으키고 있다.[13] 비록 내가 이 책의 맨 끝부분에서 미국의 문화 전쟁과 중동의 갈등 사이의 비교 — 특히 미국인들이 선(善)에 대하여, 그리고 개인과 국가 사이에 끼어드는 전통적인 제도의 역할을 두고 어떻게 의견이 불일치하는가에 관하여 — 로 되돌아가긴 하지만, 나는 논의의 초점을 이슬람과 중동에 국한할 것이다. 종교마다 벌어지는 각각의 부흥운동은 특정한 국가들에서는 중대한 것이지만, 그 어떤 운동도 현대 사회에서 신정 국가를 건설한 적은 없을뿐더러, 초국가적인 이슬람주의 권력을 가지는 것도 아니다. 케펠 교수가 지적하고 있듯이 특히 서구에서 기독교도와 유대교도에 의한 민주주의의 수용은 부흥주의자들의 격렬성과 사회질서의 변화 요구를 누그러뜨렸다.[14] 정치 이슬람은 가장 중요한 전 지구적 결과이며, 그래서 우리가 관심을 가져야 하는 과제이기도 하다.

오늘날의 상황

여러 조사에 따르면, 21세기의 두 번째 10년 동안 대부분의 무슬림들은 어떤 순수한 의미에서의 세속주의자도 이슬람주의자도 되지 않을 것이라고 한다. 이슬람주의와 세속주의는 사회과학자들이 이상적인 유형이라고 부르는 것들이다. 아타튀르크는 순수 세속주의자에 가까웠다. "우리는 우리의 원칙을 이른바 하늘나라에서 왔다고 하는 책들에 담긴 도그마로 여기지 않는다." 터키의 건국자는 1937년에 이렇게 선언했다. "우리는 터키를 건국하는 영감을 하늘나라나 어떤 보이지 않는 세계로부터 얻은 것이 아니라 우리의 삶에서 직접 터득한 것이다."[15] 종종 "알카에다의 조상"으로 불리는 이집트 작가 사이드 쿠틉(Sayyid Qutb, 1906~1966)이야말로 순수 이슬람주의자일 것이다. "움마(이슬람 공동체)가 원래 형태로 복원되어 이슬람이 다시 한 번 인류의 지도자로서 맡은 역할을 수행해야 한다. 이슬람과 이슬람 방식과는 전혀 상관이 없는 관념, 관행 및 제도에서 생겨나 쌓인 잡동사니 아래 묻혀 있는 이 움마를 파내는 것이 급선무다"[16]라고 그는 썼다.

대부분의 무슬림들은 이 두 가지 극단 사이에 빠져 있다. 적어도 중동에서 평범한 무슬림들은 현재 이슬람주의로 기울고 있다는 많은 증거들이 있다. 요르단, 이집트, 파키스탄 같은 나라의 대다수 사람들은 코란과 하디스 (또는 예언자 무함마드의 말씀)에서 그들의 법률이 확립되기를 바란다. 표 1.1은 미국의 여론조사 기관인 퓨 리서치 센터(Pew Research Center)가 실시한 2012년 조사에서 나온 자료이다.[17]

기독교, 힌두교 그리고 다른 종교의 신도들이 만약 코란이 그들의 경전이 된다면 이 질문에 어떤 대답을 할지는 물어볼 만한 가치가 있다. 아마도 많은 사람들이 "법률은 그들 종교의 가치와 원칙을 따라야 한다"라는 두 번째 항목에 동의할 것이다.

표 1.1 **코란이 법률에 얼마나 큰 영향을 미쳐야 하나?**

국가	코란의 가르침을 엄격히 따라야 한다	이슬람의 가치와 원칙을 따라야 하지만 코란의 가르침을 엄격히 따를 필요는 없다	법률은 코란의 가르침에 전혀 영향을 받아서는 안 된다	모르겠다
이집트	60%	32%	6%	2%
요르단	72%	26%	1%	1%
레바논	17%	35%	42%	6%
파키스탄	82%	15%	1%	2%
튀니지	22%	64%	12%	2%
터키	17%	46%	27%	10%

자료: Pew 2012 Global Attitudes Survey.

하지만 표 1.1에서 두드러져 보이는 것은 이집트, 요르단 및 파키스탄의 첫 항목 숫자, 그리고 앞쪽 두 항목을 합칠 경우 표에 제시된 모든 나라들이 보여주는 숫자이다. 표 1.1에서 가장 세속적인 국가인 레바논에서마저 법률이 엄격하게 코란을 따르든지 이슬람 원칙을 좇아야 한다고 여기는 사람들이 과반수를 조금 넘고 있다. 레바논의 기독교도가 전체 인구의 39퍼센트로 추정되기 때문에,[18] 법률에 이슬람이 전혀 영향을 미치지 않기를 원하는 42퍼센트의 레바논 사람들은 대부분 기독교도일 것이고 또 그런 만큼 레바논 무슬림의 절대다수가 엄격한 세속주의자들이 아니라고 해야 한다. 4개 무슬림 국가들 — 모로코, 이집트, 파키스탄, 그리고 인도네시아 — 에 대한 2007년 여론 조사에서 평균적으로 응답자 네 명 중 세 명이 모든 무슬림 국가들은 샤리아를 엄격히 적용해야 하며 "서구의 가치를 배제해야 한다"라는 데 동의했다. 3분의 2가 "모든 이슬람 세계가 단일 이슬람 국가 또는 칼리프가 다스리는 국가로 [통일되는]" 세계를 원했다.[19] 세속주의를 멀리하고 이슬람주의를 가까이 하려는 이러한 경향 이면에는, 최근 수십 년간 아랍 지식인들 사이에서 전통적인 종교에 대한 적의에서 벗어나 아랍인들을 위한 이슬람의 문화적 중요성

을 이해하려는 결정적인 변화가 놓여 있다.[20]

동시에 이란, 튀니지, 리비아, 이집트, 예멘, 시리아에서 최근 일어난 반란은 대부분의 무슬림들이 민주주의나 민중 정치를 원하며 주류 이슬람주의에서 차츰 벗어나려 한다는 점을 보여주는 것이다. 내가 이후 장에서 논하고 있듯이, 서구인들은 쉽게 납득하지 않겠지만, 오늘날 수백만 명의 무슬림들이 민주주의와 이슬람주의 둘 다를 원하며 둘 다 가질 수 있다고 믿는 것으로 보인다.

그러므로 어떤 의미에서 이슬람주의는 이미 중동에서 대성공을 거두었다고 할 수 있다. 국가가 공적인 문제에서 종교의 독립적인 역할을 제거하기 위해 종교에 대한 통제권을 장악하는 20세기 중반의 극단적인 세속주의는 거의 지지를 받지 못했다. 하지만 다른 의미에서 이슬람주의는 계속 갈등을 겪고 있으며, 그들의 온전한 야망은 저항에 부딪히고 있다. 무슬림들은 계속 그들의 종교가 공공생활, 그리고 정부에서 성직자들이 행하는 역할에 얼마나 큰 영향을 미쳐야 하는지에 대해 의견 일치를 보지 못한다. 오늘날 세속주의 무슬림들은 최소한의 요구를 하는 사람들이다. 한편 이슬람주의자들은 이슬람의 어떤 형태가 규범적인 것인지를 둘러싸고, 그리고 폭력과 혁명 또는 법률과 개혁이 샤리아로 나아가는 더 나은 노선인지를 둘러싸고 의견이 분분하다.

그리하여 여러 형태의 정통성 위기가 — 폭력적이거나 평화적이거나 공공연하거나 또는 은밀하게 — 중동 전역에서 계속되고 있다. 2010년대에 들어서자마자 바로 아프가니스탄에서 나토 군이 상당히 강력한 지하디스트(jihadist)* 들을 상대로 전쟁을 벌였다. 탈레반(2001년 10월에 미군과 아프가니스탄 군에 의해 물러날 때까지 아프가니스탄 대부분을 다스렸다), 하카니 네트워크(Haqqani

---

* 이슬람 성전(聖戰)주의자들.

Network)* 및 다른 세력들이 아프가니스탄에 안정된 친서방 정권을 세우려는 서구 국가들의 노력을 대단히 복잡하게 만들었다. 바로 아프가니스탄의 동쪽에는 파키스탄이 있는데, 이 나라는 세속주의적인 창설의 역사와 전통을 가진 동시에 강력한 이슬람주의자 집단이 군대에 깊이 침투해 있는 나라이다. 파키스탄 탈레반은 아프가니스탄 접경 지역의 일부를 사실상 통치하고 있다. 파키스탄이 동쪽에 있는 거대한 이웃인 인도와 늘 좋지 않은 관계를 유지하고 있는 것은 이슬람주의의 호전성과 관련이 있다. 특히 파키스탄이 외부인들의 추정으로 약 90개에서 110개에 이르는 핵탄두를 보유하고 있기 때문에 문제가 심각하다.[21]

이라크와 아프가니스탄 사이에는 지난 10년간 중동에서 눈에 띄게 강력한 국가로 성장한 이란이슬람공화국이 버티고 있다. 지난 수년 동안 이 나라는 핵무기와 중거리 미사일 개발의 길을 걸어왔으며, 이데올로기적인 연계망을 통해 시리아, 레바논, 팔레스타인에 막대한 영향력을 행사해왔고, 미국과 이스라엘의 공적이 되었다.

걱정거리가 남서쪽으로 더 확대되었다. 세계에서 석유를 가장 많이 생산하는 국가인 사우디아라비아는 본래 이슬람주의 국가였다. 수니파 이슬람을 토대로 한 사우디의 와하비즘(Wahhabism)은 세계에서 가장 엄격한 형태의 샤리아를 고집해왔다. 석유 가격에 따른 미국과의 장기간 협력 관계, 일반적으로 중도적인 외교 노선, 터무니없는 방탕, 크게 불어난 수많은 왕족들의 위선적인 행위로 대변되는 사우디는 유력한 급진 이슬람주의 반대파를 발생시켰다. 2001년 9월 11일의 테러 공격을 주도한 오사마 빈 라덴(Osama bin Laden)은 이 반대파의 지도자였고 사우드 왕가의 타도를 획책한 혐의로 사우디에서 추방되었었다.

---

* 탈레반과 밀접히 연계된 아프가니스탄의 게릴라 반정부 단체.

사우디와 이웃 걸프 지역의 부유한 아랍 소국들은 국내 테러리스트들의 위협은 물론 페르시아 만 건너편에 버티고 있는 이란의 힘이 점점 커지는 데 불안을 느껴왔다. 사우디의 수니파 이슬람주의는 이란의 시아파 이슬람주의 와 패권 다툼을 벌여왔으며, 그러한 이데올로기 투쟁은 이란과 사우디 정부 사이의 경쟁 관계를 악화시켰다. 사우디 남쪽의 빈곤한 이웃 국가인 예멘은 과격한 이슬람주의자들의 반란으로 찢겨졌다.

사우디 북서쪽에 있는 팔레스타인이라는 미완성 국가는 지리적으로뿐만 아니라 다른 조건으로 둘로 쪼개져 있다. 즉, 요르단 강 서안 지구는 세속적 인 팔레스타인 자치정부가 지배하고, 가자 지역은 이슬람주의자들인 하마스 (Hamas)가 지배한다. 레바논에서는 시아파 이슬람주의 그룹인 헤즈볼라 (Hezbollah)가 이란의 자금 지원을 받으며 이스라엘과 국경을 맞대고 있는 남 쪽을 지배하고, 수도인 베이루트 지역은 드루즈교도, 기독교도 및 다른 계파 의 레바논인들이 차지하고 있다. 더 먼 북쪽에 있는 터키의 세속주의자들은 이슬람법을 시행할 적당한 시기를 호시탐탐 노리며 은밀히 활동하는 근본주 의자들에 의해 이미 그들의 나라가 다스려지고 있다고 우려한다. 세속주의 케말리스트 전통의 수호자인 터키 군대가 쿠데타를 실행할 개연성도 없지 않 다.* 그리고 시리아는 무시무시한 내전으로 빠져들고 있고, 그 나라의 세속 주의 정권은 대부분 분열되어 있는 지하디스트 이슬람주의 반대파들과 힘겨 루기를 하고 있다. 쌍방의 무자비한 폭력이 수백만 명의 난민들을 만들어냈 으며, 그들 중 많은 사람들이 과격해진 채로 이웃 국가인 요르단, 레바논, 이 라크 및 터키로 몰려들었다.

사우디 남서쪽 아프리카에는 일부 국가들이 벼랑 끝으로 몰렸고, 다른 국가

---

* 최근 2016년 7월 터키의 군부가 쿠데타를 일으켰으나 에르도안은 이를 하루도 안 되어 진 압하고 국가비상사태를 유지한 채 반대파 숙청과 여러 강경 조치를 진행했다.

들은 이미 민간 폭동과 잔인한 억압 속으로 빠져들었다. 3년이 채 못 된 기간에 이집트의 세속주의 정권이 이슬람주의 정권으로 바뀌었다가(2011년 혁명으로), 다시 세속주의 정권으로 되돌아갔다(2013년 군사 쿠데타로). 2010~2012년 아랍의 봄은 리비아를 거의 무정부 상태로 만들어놓았다. 튀니지만이 아랍의 봄으로 안정된 다원적 민주주의라 할 만한 것을 얻었다. 남쪽의 사하라 사막 남쪽 사헬 지대는 무슬림과 기독교 아프리카인들이 조우하고 있으며, 두 종교의 많은 신자들이 그들의 경전을 법률로 삼으려 하고 있고, 말리, 나이지리아, 중앙아프리카공화국에서는 정기적으로 갈등이 일어나고 있으며, 그런 상황이 동쪽으로 옮아가고 있다.[22]

여섯 가지 교훈

서구가 겪었던 초국가적인 이데올로기 갈등의 역사는 우리에게 정치 이슬람의 갈등에 관해 무엇을 가르칠 수 있을까? 이후 것들을 미리 검토해보기 위해, 나는 서구의 역사적인 3대 이데올로기 경쟁에 의해 제공된 분석 수단을 이용하여 정치 이슬람과 오늘날의 세속주의에 관한 여섯 가지 교훈을 도출할 것이다.

교훈 1. 이슬람주의를 과소평가하지 말라

정치 이슬람 이데올로기가 1920년대에 나타난 이래 늘 이것의 임박한 종말이 공언되어왔다. 그러나 이슬람주의의 죽음에 대한 소문들은 언제나 과장된다. 서구인들이 이슬람주의를 깎아내리는 한 가지 이유는 우리 자신의 세속주의적 선입관이다. 이것은 우리에게 이슬람주의와 같은 퇴영적인 이데올로기는 결코 오래 지속될 수 없다고 말한다. 과거의 이데올로기 투쟁에서 어느 한쪽 이데올로기의 신봉자들은 늘 자신의 적수가 장수할 가능성을 평가 절하하곤 했는데, 이는 구체적으로 그들 자신의 이데올로기가 장래의 추세가 될 것으로 믿기 때문이다. 이 같은 과소평가는 나쁜 정책을 가져오게 했으며, 지금도 그럴 공산이 크다.

교훈 2. 이데올로기는 (대체로) 단일체가 아니다

특히 아랍의 봄의 영향으로 터키와 이집트 등지의 중도적인 이슬람주의 문제에 대하여, 그리고 국외 세력들이 중도적이거나 실용적인 이슬람주의를 수용할 수 있는지, 또는 수용해야 하는지에 대하여 맹렬한 논쟁이 계속되고 있다. 서구의 과거 투쟁에서 이데올로기는 거의 항상 실용파와 급진파를 두고 있었다. 몇몇 조건으로 실용주의자들은 급진주의자들과 관계를 끊고 반대 이데올로기 신봉자들과 함께 일한다. 그러나 이데올로기 노선을 넘어서는 깊고 지속적인 협력은 잠재적인 이데올로기 투쟁—올바른 사회질서 확립을 위한 반대 비전—이 지속되는 한 항상 달성하기 어려웠다.

교훈 3. 외국의 개입은 통상적인 일이다

아프가니스탄과 특히 이라크에서 미국이 주도한 개입은 그 기원과 실행 면에서 강력한 그리고 종종 이치에 맞는 비난을 받아왔다. 그러나 서구 역사는 그러한 강제적인 개입이 국가를 초월한 이데올로기 투쟁의 정상적인 일부임을 보여준다. 지난 500년간 200개 이상 그런 사례들이 발생했다. 그런 일들이 일어나는 것은, 그렇게 이데올로기적으로 양극화한 시대에 '표적이 된' 국가들의 국민들은 외국 열강에 대하여 우호적인, 아니면 적대적인 성향을 강하게 띠기 때문이다. 국외 세력들은 그렇게 양극화한 나라에서 자신의 친구들을 후원하고 적들을 약화시키기 위해 간섭하려는 심한 유혹을 느낀다. 우리는 무슬림들이 그들의 사회를 규율하는 최선의 방법을 놓고 경쟁하는 한 외국의 개입이 더 많아질 것으로 봐야 한다.

교훈 4. 국가는 합리적인 동시에 이데올로기적일 수 있다

국제관계에서 현실주의로 불리는 훌륭한 전통은 이데올로기가 물질적 이해관계를 위한 은폐물이라고 주장한다. 신의 의지, 곧 역사의 명령을 따르고 있다고 주장하는 혁명적인 국가들마저 다른 국가와 마찬가지로 안보와 번영이라는 이해관계를 갖고 있으며, 그런 기초 위에서 관계를 맺을 수 있다. 하지만 역사는, 그러한 국가들을 다스리는 특정 이데올로기 신봉자들은 스스로 자신이 선전한 주장에 부합하는 과정이 실제로 합리화되도록 상황을 재조종한다는 점을 보여준다. 합스부르크가의 스페인, 나폴레옹의 프랑스, 마오쩌둥주의의 중국 및 이슬람주의의 이란과 같은 국가들은 여러 해 동안 현실 정책을 거스를 수 있으며 경험 있는 외교관들과 학자들의 예언을 깨뜨릴 수 있다.

교훈 5. 승자는 "어느 누구도 아닐" 수 있다(None of he above)

모든 장기적이고 지역 전체에 걸친 이데올로기 경쟁이 그렇듯이 이슬람주의와 세속주의 사이의 경쟁도 끝이 날 것이다. 역사는 그러한 경쟁이 세 가지 방식 중 한 가지로 끝난다는 것을 보여준다. 첫째는 하나가 승리하는 방식이고(1980년대의 민주자본주의 경우에서 그랬던 것처럼), 둘째는 한때 깊은 제로섬 분열 상태이던 것들이 서로 무관해지면서 경쟁을 초월하는 방식이며(17세기 후반에 가톨릭과 프로테스탄트의 경쟁이 그랬듯이), 셋째는 경쟁 상대가 지닌 요소들을 한때 불가능해 보였던 방식으로 결합시키는 혼합 통치체제와 혼합 이데올로기가 출현하여 승리하는 방식이다(1860년대의 공화주의와 군주주의의 경우에서처럼). 중동에서는 오늘날 이슬람주의-세속주의의 혼합을 보여주는 강력한 징후가 있으며 국외 세력은 그것을 다룰 준비가 거의 되지 않은 것 같다.

교훈 6. 터키와 이란을 주시하라

우리는 이슬람주의와 세속주의 사이의 투쟁이 언제 어떻게 끝날지 알 수 없다. 그러나 서구의 역사는 최종 승자는 **본보기 국가들**─즉, 하나의 이데올로기(또는 혼합 이데올로기)의 예시가 되는 국가들─의 상대적인 성공 덕분에 승리한다고 가르친다. 경쟁 이데올로기들의 전형을 분명하게 능가하는 하나의 본보기는 한 지역 전체에 모방 사례를 낳게 한다. 그리하여 냉전 시대에 소련에 대한 미국의 승리는 공산주의의 초국가적인 실패와 민주자본주의의 승리를 의미했다. 오늘날 이란은 이슬람주의의 본보기인 반면, 터키는 새로운 이슬람주의-세속주의라는 혼합체의 본보기이다. 이들 각 나라의 상대적인 성공을 측정하면 어느 통치체제가 궁극적으로 우위를 차지하게 될지 예측할 수 있을 것이다. 이집트 역시 중요한 국가로서 어떤 통치체제를 확립하느냐에 따라서 하나의 본보기가 될 것이다.

약간의 요건들

앞서 나는 대부분의 중동 무슬림들은 극단적인 이슬람주의자도 세속주의자도 아닌 중도를 지향한다고 기술했다. 그럼에도 이슬람과 그 성직자들이 법률과 정책에 얼마나 영향력을 행사해야 하는지를 둘러싸고는 심각하고 때로는 격렬한 의견 차이를 보인다. 모든 이슬람주의자들이 한 가지 정신을 따른다든지 또는 단일한 통합 운동의 구성원인 것은 결코 아니라는 점 역시 중요하다. 이슬람주의자들은 샤리아의 내용, 그것을 해석하는 성직자의 역할, 수니파 또는 시아파 형식이 옳은지 여부 등에 관해 서로 의견이 날카롭게 갈린다. 시아파 이슬람주의 국가인 이란은 수니파 이슬람주의 국가인 사우디아라비아의 최대 라이벌이다. 이란 또한 탈레반의 불구대천의 적이며, 2001년 아프가니스탄에서 미국이 주도하여 탈레반 정권을 무너뜨린 것을 반겼다. 수니파와 시아파는 사담 후세인(Saddam Hussein)이 사라진 이라크에서 서로 지독하게 싸웠다.

대부분의 이슬람주의자들은 과격하지도 호전적이지도 않다는 것을 인식하는 것 역시 중요하다. 그들의 절대다수는 테러리즘이 결코 이슬람의 영향력을 사회에 증대시키는 합법적인 수단이 될 수 없다고 말한다. 퓨 리서치 센터가 2013년에 실시한 여론조사는 11개 주요 무슬림 국가의 대부분이 알카에다와 탈레반에 대해 비우호적인 의견을 갖고 있으며, 많은 사람들이 하마스와 헤즈볼라에 대해 좋지 않은 시각을 갖고 있음을 보여주었다.[23] 여기엔 대다수가 법률이 이슬람의 가르침대로 제정되기를 원하는 표 1.1에 나열된 국가들도 포함된다. 따라서 중동에는 종종 온건파 이슬람주의자로 불리는 신도가 수백만 명이나 있다. 수니파 이슬람주의자들과 관련하여, 분석가들 사이에서는 과격하고 직접적인 폭력을 용인하는 지하드 전사들과 점진적이고 합법적인 수단을 추구하는 이크완(Ikhwan)*이나 무슬림형제단을 구별하는 것이 관례이다.[24]

• 아라비아 반도의 부족 민병대로서 1913년에 등장한 와하비즘을 따르는 철저한 이슬람 원리주의 단체. 사우드 왕가의 수장 이븐 사우드와 연합하여 그가 사우디아라비아 왕국 통치자가 되는 데 중요한 역할을 했다. 1930년에 사우디아라비아 국가방위군으로 편입되었다.

그렇긴 하지만, 온건하다는 것은 그들의 수단이지 반드시 그들의 목표는 아니라는 것을 인식하는 것이 중요하다. 이슬람 호전파들과 지하드는 길을 서두르는 이슬람주의자들이다. 온건파는 길을 가며 기다리고 양보할 줄 아는 이슬람주의자들이다.

세속주의자들 역시 종류가 다양하다. 앞서 말했듯이 옛날의 순수 세속주의자들은 거의 사라지고 없다. 대부분의 세속주의자들은 법률과 제도를 만들면서 이슬람에 일부 역할을 부여한다. 세속주의자들은 민주주의와 개인의 권리, 이슬람주의 당파들에 어느 정도까지 권력을 허용할 것인지에 관해 다양한 견해를 갖고 있다. 이집트 군부는 민주주의에 대해 별 애착을 보이지 않았으며, 심지어 비폭력 이슬람주의자들마저 거리낌 없이 제거해버렸다. 반대로 자유주의적인 세속주의자들은 중도를 꾀할 수 있다는 희망을 갖고 포섭하기를 원한다. 아마도 최근 수년간 가장 유명한 자유주의적 세속주의 무슬림은 2011년에 호스니 무바라크(Hosni Mubarak) 정권을 무너뜨리는 데 중요한 역할을 한 전 구글 임원 와엘 고님(Wael Ghonim)이었을 것이다.[25] 또 다른 저명한 자유주의적 세속주의자들은 이집트의 아무르 함자위(Amr Hamzawy)와 요르단의 마르완 무아쉐(Marwan Muasher)이다.[26] 이들은 권위주의를 배격하고 정치 기구에 이슬람주의자들과 그들의 관심사를 포함시키는 방법을 모색한다.

두 가지 반론

현재까지의 논의에 대해 의아심을 가질 만한 이유들이 있다. 어떤 유형의 회의론자는 앞서 말한 중동의 문제들, 즉 사회 불안, 억압, 테러리즘, 혁명, 외부의 간섭, 국제적인 긴장이 실제로 의미심장하거나 인과적인 맥락 속에 결부된 것들인지 의심할 것이다. 그들은 이들 문제점을 각각 별도로 분석하고 별도의 해결책을 제시하는 것이 더 낫다고 말할 수도 있다. 또 다른 유형의 회의론자는 이데올로기가 무슬림 사회가 당면한 어려움과 도전의 중요한 원인이라는 데 의구심을 가질 것이다. 이 회의론자들은 근본 원인이 어떤 다른 곳, 즉 결핍이나 미 제국주의 또는 이슬람 자체에 있다고 주장한다. 이 반론들을 차례로 검토해보자.

문제점들이 실제로는 연계되지 않은 것인가?

이데올로기의 중요성을 의심하는 일부 회의론자들은 단 하나의 문제가 아니라 오히려 연계성 없는 일단의 문제들이 있다고 말한다. 이들 비평가들은 여러 비무슬림 사회와 지역들도 테러리즘, 불안정한 정국, 억압, 사회 내분, 반미주의, 핵과 미사일 확산 같은 문제들이 결합된 특징을 보여준다고 지적한다. 만약 당신이 가장 위협적인 핵 확산에 대해 알고 싶다면 북한을 보면 된다. 자살 테러를 최초로 실행한 집단은 스리랑카의 분리주의자 단체인 타밀 타이거즈(Tamil Tigers) ― 무슬림이 아닌 힌두교도 ― 였다. 반미주의를 알고 싶다면 베네수엘라와 러시아를 보면 된다. 만약 우리가 이러한 문제들이 무슬림과 관련된 것이라고 결론을 내린다면, 그것은 우리가 오직 무슬림만 바라보기 때문일 것이다. 우리는 오히려 이데올로기처럼 일반적인 문제로 보이는 것을 더 작은 문제들로 분해해야 한다고 회의론자들은 말한다.

테러리스트들이 공격을 감행하면서 의도적으로 자신을 죽이는 자살 테러리즘과 같은 한정된, 그러나 심각한 문제를 생각해보자. 역사상 일어난 대부분의 테러리즘은 자살을 동반하지 않았다. 그런데 최근 수년간 자살 테러리즘이 갑자기 늘어났으며, 겉보기에 그것의 불합리성 ― 엄밀히 말해 당신이 자살할 것이라면 당신이 향유할 수도 없을 어떤 변화를 일으키기 위해 왜 자신의 목숨을 끊는 것인가?— 은 그 자살 공격을 특히 소름 끼치게 만든다.

미아 블룸(Mia Bloom)의 『죽이기 위해 죽는 것(Dying to Kill)』과 로버트 페이프(Robert Pape)의 『이기기 위해 죽는 것(Dying to Win)』은 자살 테러리즘을 설명하는 최근에 나온 두 권의 이름 난 책들이다. 두 저자 모두 이슬람만이 이런 종류의 살인을 독점하고 있는 것이 아님을 보여준다. 두 사람 모두 일반적인 자살 테러리즘에 대한 데이터를 수집하여 분석한다. 고대 세계로까지 거슬러 올라가 이 문제를 면밀히 검토하고 있는 블룸은 자살 테러를 감행하는 사람이 그런 마음을 먹는 데는 두 가지 조건이 필요하다고 주장한다. 즉, "다른 테러리스트의 계획이나 군사 전략이 실패할 때, 그리고 그들이 대중의 지지 또는 재정적인 지원을 얻기 위해 다른 테러리스트 그룹들과 경쟁할 때" 그런다는 것이다. 자살 테러리즘은 대의에 대한 특별한 헌신을 시위해 보임으로써 새로운 구성원들을 끌어들이고 자금을 모으는 방법이다.[27] 페이프는 1980년 이후 일어난 2,200회의 자살 폭탄 테러에 근거하여 다른 주장을 내놓는다. 즉, 자살 테러리즘의 주된 원인은 외국의 점령이며, 자살 테러리스트들은 외국 군대가 그들의 나라를 떠나게 하기 위해 자살 테러를 감행한다는 (그리고 그들은 상당한 성공을 거두고 있다는) 것이다.[28]

대부분의 외국 점령은 어떤 자살 테러리즘도 유발하지 않는다는 것[29]— 제2차 세계대전 이후 미국이 독일과 일본을 점령한 것을 생각할 수 있다— 을 염두에 두고, 페이프 그리고 공동 저자인 제임스 펠드먼(James Feldman)은 후속판인 『퓨즈 끊기(Cutting the Fuse)』에서 자살 테러리즘을 부추기는 조건 두 가지를 추가한다. 즉, 점령자들과 피점령자들 사이의 커다란 종교적 차이(힌두교도인 타밀 타이거즈와 불교도인 신할리족*의 경우처럼), 그리고 외국의 점령을 끝내기 위한 다른 전술의 실패를 추가했다.[30] 페이프와 펠드먼은 자살 테러리즘

---

* 스리랑카를 대표하는 주요 종족.

의 횟수가 2003년 이후 급상승했으며, 그것의 90퍼센트가 반미주의이고, 가장 많은 수가 점령자들에 저항한 피점령자들의 소행이었다고 쓰고 있다. 그들은 "이슬람 근본주의"는 자살 테러리즘의 중요한 원인이 아니라고 결론짓는다.

무슬림들이 자살 테러리즘을 유발하는 샤리아(이슬람주의) 아래서 산다는 것은 바람이 될 수 없는 게 당연한 사실이다. 오히려 그러한 바람(다양한 형태의 이슬람주의)과 그것에 대한 거부(다양한 형태의 세속주의) 사이의 충돌이야말로 이러한 악몽 같은 행위를 부추기고 있는 것이다. 그러나 블룸, 페이프, 펠드먼, 그리고 다른 분석가들은 이데올로기의 인과적 역할을 경시한다. 그리고 난처하게도 그들은 처음부터 그들이 입증하기 위한 최종적인 주장 ─ 즉, 자살 테러리즘은 지금까지 동반되어 일어난 다른 많은 현상들과는 인과적으로 관계가 없다는 것 ─ 을 가정하여 그렇게 했다.[31] 무슬림 세계에서 자살 테러리즘은 외국의 점령뿐 아니라 체제 불안정, 부패, 반대자들에 대한 억압, 고문, 열렬한 반미주의, 핵 확산 위협, 그리고 물론 앞서 논의한 장기간의 심각한 정통성 위기와 맞물려 발생했다. 최근에 일어난 자살 테러리즘의 사례를 그 시간과 공간에서 떼어내서 그것들을 매우 다른 시간과 장소에서 일어난 사례들로 구성된 일련의 데이터와 연결시키고 있는 학자들은 자살 테러리즘에 대한 일반론적인 설명을 하려는 것인지는 몰라도, 그들은 우리가 설명할 필요가 있는 바로 중동의 경우에 대한 충분한 설명에서 벗어나고 있는지도 모른다.

사실 우리가 중동의 이 동시다발적인 문제들이 모두 인과적으로 복잡하고 상호 연관성이 있는 것들이라고 믿을 만한 충분한 이유가 있다. 테러리즘은 미국의 점령으로 인해서만 일어나는 것이 아니며, 오히려 테러리즘이 그러한 점령을 일으키고 뒷받침하는 역할을 한다. 중동 그리고 그곳과 상호 작용하는 국외 세력은 한두 가지 문제가 아닌 문제들의 매듭에 연루되어 있다.

비록 외국의 점령이 확실히 자살 테러리즘의 원인이 될 수 있다고 하더라도 그 원인의 화살은 양쪽 방향으로 날아가는 것 같다고 생각해보자. 2000년대에 왜 미군이 이라크와 아프가니스탄을 점령하고 있었는가? 2001년 9월 11일의 저 파멸적인 자살 공격 때문이다.[32] 반대로 9·11 공격의 원인은 오사마 빈 라덴이 말했듯이 적어도 부분적으로는 미군의 아라비아 반도 주둔이었다. 미국 군대는 본래 1990년 말에 이라크의 쿠웨이트 점령과 사우디아라비아 침공 위협에 대처하기 위해 주둔한 것이다. 이라크는 1990년 8월에 쿠웨이트를 침공했다. 사담 후세인 정권이 1980년대에 치른 이란과의 값비싼 전쟁 때문에 더 많은 석유 수익이 필요했기 때문이다. 그리고 1980년 9월에 시작한 이란-이라크 전쟁 자체는 부분적으로는 사담 후세인 정권과 그 당시 이란의 새로운 이슬람주의 정권이 서로를 무너뜨리려고 하면서 벌어진 것이었다.[33]

우리는 시간을 더 뒤로 돌려 사건들의 연쇄를 확대할 수 있지만, 그 요점은 분명해야 한다. 오늘날 중동의 자살 테러리즘에 대한 충분한 설명이 외국의 점령 또는 거기에 덧붙은 다른 작전의 실패, 그리고 점령자와 피점령자 사이의 종교적 거리로 단순히 축소될 수는 없다. 이슬람주의자의 자살 테러리즘은 몇 가지 병아리-달걀 관계 속에 배태되어 있다. 그것은 반란, 억압, 내전, 초국가적인 이데올로기 네트워크 및 외국의 간섭과 진퇴양난의 수렁에 의해 일어날 수 있고, 반대로 그러한 상황을 일으킬 수도 있다.[34]

바꾸어 말하면 중동에는 기괴한 불운의 연속 같은 일은 일어나지 않는다. 중동은 우연의 일치로 서로 부합된 별개의 문제들에 의해 찢어지지 않는다. 중동은 하나의 매우 큰 문제로 말려드는 많은 문제점들을 갖고 있다.

실질적인 면에서 이런 것이 과연 중요한가? 참으로 중요하다. 페이프의 정책 권고는 논리적으로 그의 설명에서 드러난다. 미국은 아프가니스탄에서 떠나야 한다. 점령을 끝내라. 그리고 당신들은 자살 폭탄 테러를 끝내야 한다. 그러나 자살 테러리즘이 인과관계로 얽혀 있는 여러 현상 중 하나라면,

이라크와 아프가니스탄에서 철수한다고 해서 그것이 끝나지 않을지도 모른다. 그것은 아프가니스탄과 파키스탄에서의 체제 불안정과 핵 확산 가능성 또는 파키스탄 군부에 대한 인도의 우려를 더 심화시킬 수도 있다. 실제로, 어쩌면 미국이 아프가니스탄에 오랜 세월 머무르고 있는 것은 미국의 철수가 훗날 재(再)진주를 불러올 사태를 만들 수 있다고 미국 관리들이 우려하고 있기 때문이다. 이 책이 인쇄에 들어갔을 때, 버락 오바마(Barack Obama)는 이라크에서 무력을 사용하는 대열에 선 네 번째 미국 대통령이 되었다. 그는 끈의 한 고리를 끌어당기면 매듭이 더 단단해진다는 것을 알았다.

그러나 이데올로기가 그토록 중요한가?

일부 회의론자들은 정치적 극단주의와 테러리즘을 포함하여 중동의 정치 문제들이 서로 관련되어 있지만 "매듭" 비유는 적절하지 않다는 데 동의할 것이다. 그 대신 그들은 그런 문제들 전체에 하나의 진정한 원인이 있으며, 그 원인을 제거하면 그 문제들이 사라지거나 적어도 줄어들 것이라고 말할 것이다.

한 가지 추정되는 주요 원인은 결핍(deprivation)이다. 이 이야기는 대충 이렇다. 모든 사람들과 마찬가지로 무슬림들은 일상적인 일련의 필요와 욕구 — 안전, 물질적인 재화, 존엄성 — 를 가지며, 모든 사람들처럼 이러한 것들이 충분한 시간 동안 충분히 공급되지 않으면, 일부 사람들이 폭력에 의지하게 된다는 것이다.

결핍 논제의 한 가지 버전은 무슬림들은 대부분 가난하며 생활 향상을 바랄 여지가 거의 없다는 점이다. 세계에서 가장 큰 무슬림 국가인 인도네시아 출신의 영향력 있는 학자 아마드 샤피 마리프(Ahmad Syafii Maarif)는 2006년 아시아태평양경제협력체(APEC) 정상회의에서 빈곤이 테러리즘의 원인이라고 말했다. 그는 해결책이 더 진전된 국제 경제의 통합에 있다고 덧붙였다.[35] 경영이론가인 러셀 애코프(Russell Ackoff)와 그의 동료들은 "근본주의"와 테러리즘 모두 저개발 때문에, 아니면 "자신과 다른 사람들의 필요와 정당한 욕구를 충족시키려는 능력과 소망이 증대되지" 못하기 때문에 일어난다고 역설함으로써 많은 사람들을 대변했다[36] 애코프와 요한 스트림퍼(Johan Strümpfer)는 테러리즘을 양산하는 국가들은 국민들의 경제적 자유가 최소한에 머무는 경향이 있다고 주장한다.[37]

특히 아랍 세계에 대해서는 1년에 한 차례씩 『아랍 인간개발보고서(AHDR: Arab Human Development Report)』가 발행되어 2002년 이후 자세한 연구가 진행되었다. 이 책은 아랍 학자 연구 팀이 집필하고 유엔개발계획(United Nations Development Program)이 발행한다. 2009년에 발행된 보고서는 아랍인 5명 중 1명이 하루에 2달러 미만으로 살아가는 데 주목한다. 기대 수명, 읽고 쓰는 능력 및 기본 서비스의 효능을 보여주는 빈곤지수(HPI: Human Poverty Index)가 35퍼센트로 "고소득 국가의 평균치인 12퍼센트"와 뚜렷한 차이를 보였다.[38] 서유럽에 살고 있는 무슬림들은 유럽 본토인들보다 덜 고용될 가능성이 높고 재산도 적다. 2009년 갤럽 여론조사에서 영국 무슬림들의 오직 38퍼센트만이 직장을 갖고 있다고 답했는데, 프랑스와 독일에 사는 무슬림들의 고용률은 각각 53퍼센트와 45퍼센트로 약간 높았다.[39]

결핍 논제의 두 번째 버전은 무슬림들에게 개인의 안전이 결여되어 있다는 것이다. 중동과 서남아시아의 무슬림 국가들 대부분에서 유럽이나 터키로부터 독립을 쟁취한 이후 들어선 정부들은 어떤 형태로든 계속 권위주의적이었다. 사우디아라비아와 이란의 이슬람주의 정권, 이집트와 시리아의 세속주의 정권들은 개인의 자유를 억압해왔다. 개인의 자유와 민주주의 성숙도에 따라 국가 등급을 매기는, 미국에 본부를 둔 프리덤 하우스(Freedom House)는 중동을 "세계에서 가장 억압적인 지역"[40]으로 간주한다. 『아랍 인간개발보고서 2002』는 "1980년대에는 라틴아메리카와 동아시아의 대부분의 정부를, 1980년대 말과 1990년대 초에는 동유럽과 중앙아시아에 있는 많은 나라들의 정부를 변형시킨 민주주의의 물결이 아직도 아랍 국가들에게는 거의 도달하지 못했다"[41]라고 쓰고 있다.

우리가 권위주의 국가라고 말하는 것의 일부 의미는 독단적인 통치, 즉 정부가 법에 구애 받지 않고, 비밀경찰이 문을 두드리는 소리가 밤중 어느 시간에도 들릴 수 있는 그런 나라를 말한다. 중동의 수백만 일반 무슬림들은 그들의 통치자들을 두려워하며 살고 있다. 『아랍 인간개발보고서』는 또한 팔레스타인 사람들의 특별한 역경을 강조한다. 그들에겐 국가가 결여되어 있고 그들의 영토는 강력한 이스라엘 방위군에 의한 침략과 재점령의 위협 아래 있다.[42] 보고서의 주장에 따르면, 물리적으로 불안정한 사람들은 폭력의 위험이 더 용인될 수 있다고 여길지도 모른다.

결핍 논제의 세 번째 버전은 무슬림들이 오랜 기간 외국인 지배 아래 있었기 때문에 많은 사람들이 그것을 필요한 것으로 알고 있거나 폭력에 호소하여 반격하려 한다는 것이다. 영국인, 프랑스인, 러시아인, 터키인 그리고 기타 민족들의 공식적인 옛 제국들은 민족주의를 부추겼다. 19세기 말에 영국인들은 스스로 마흐디(Mahdi, 구세주)라고 주장하는 샤이크 무함마드 아마드(Shaykh Muhammad Ahmad)의 수단 반란을 유발했는데, 그의 군대는 영국과의 전투에서 유명한 영국군 사령관인 고든(C. G. Gordon) 장군을 죽였다.[43] 더 최근 들어, 아랍 군주국들과 이집트에 대한 미국의 주도권과 이스라엘에 대한 미국의 후원 — 많은 사람들은 이를 무슬림들의 예루살렘 통치를 막기 위한 서구의 최근 책략이라고 간주한다 — 은 대부분의 무슬림에게 예전 식민지 시절과 다름없는 감정을 갖게 만든다. 매년 발행되는 『아랍 인간개발보고서』는 이스라엘의 팔레스타인 점령과 미국의 이라크 점령이 팔레스타인 주민과 이라크 국민뿐 아니라 모든 아랍인들에게 해악이 되고 있음을 강조한다.

그래서 상대적인 결핍이 우리가 중동에서 보는 폭력, 불안정, 호전성의 원인이 되는 것일까? 이 논제의 각 버전은 얼마간 타당성이 있겠지만, 어떤 것도 전체 그림을 설명할 수는 없다.

앞서 언급한 두 버전 — 무슬림들은 가난하고 불안정해지기 쉽다는 것 — 은 비슷하거나 더 심각한 고통을 겪고 있는 세계의 다른 지역들이 유사하게 뒤엉킨 문제들로 인해 파탄되지 않는 이유를 설명하지 못한다.[44] 전체적으로 보아 세계에서 가장 가난한 지역은 아프리카의 사하라 이남 지역이다. 세계은행에 따르면, 2005년에 이 지역 인구의 절반이 하루에 1.25달러 이하로 연명했다. 중동과 북아프리카의 경우엔 인구의 3.6퍼센트만이 그러했다(대체로 힌두교도가 많이 살고 있는 남아시아의 경우에는 40.3퍼센트가, 동아시아와 태평양 지역의 경우에는 16.8퍼센트가 그러했다).[45] 적어도 우리는 빈곤이 폭력을 유발하기에는 충분조건은 아니며 확실히 극빈의 경우에는 폭력성이 더 낮아지는 것으로 알고 있다. 또 다른 이의(異議)는, 구체적으로 테러리즘을 다루는 일부 정밀한 연구들이 가난한 사람들은 테러리스트가 될 가능성이 더 높지 않다고 주장한다는 것이다.[46]

미국의 외교 정책은 어떨까? 미국의 제국주의 또는 패권에 대해 꼭 같은 불만을 가질 만한 라틴아메리카 사람들은 우리가 중동에서 보는 것과 같은 문제 덩어리를 전혀 내보이지 않는다. 자살 폭탄도 없다. 테러리즘은 있지만, 콜롬비아 정글로 한정된다. 비교적 체제도 안정되어 있고 핵이나 미사일 확산 우려도 없다. 미국 특수부대가 콜롬비아에서 콜롬비아무장혁명군(FARC) 소탕 작전을 벌이고 있으며, 미국 해군은 남북아메리카 어느 목표 지점에도 쉬이 도달하여 재빨리 작전을 벌일 수 있다. 그러나 라틴아메리카에서는 중동에서처럼 군사 개입을 할 만큼 문제를 일으키는 것이 아무것도 없다. 베네수엘라는 초국가적인 반미운동을 선도하려고 노력해왔지만, 알카에다의 그것에 비하면, 아니 심지어 이란 정부에 비해서도 애송이에 지나지 않는다.

아니면 이슬람교 자체에 문제가 있는 것일까?

반면에 중동 문제를 이슬람교 탓으로 돌리며 비난하는 사람들이 있다. 온라인 세계는 이런 종류의 의견들로 넘친다.[47] 작가인 로버트 스펜서(Robert Spencer)는 몇 권의 영향력 있는 책에서 이 논지를 옹호했다.[48] 아이러니하게도 종교의 사회적 관용도가 가장 높기로 유명한 네덜란드가 이슬람의 본질적인 사악함을 규탄하는 목소리(그중 일부는 조용하게)를 내왔다. 다음은 네덜란드자유당(PVV) 당수 헤이르트 빌더르스(Geert Wilders)의 말이다.

> 온건한 무슬림들은 있을지 모르지만, 온건한 이슬람은 없다. 이슬람은 결코 변하지 않을 것이다. 왜냐하면 이슬람은 절대로 변하지 않고 사라지지 않을 두 가지 본질적인 신념인, 영원한 두 개의 암반 위에 건설되었기 때문이다. 첫째, 코란인데, 이것은 장소와 시간에 관계없이 이행되어야 하는 명령이 담긴, 영원히 자존하는 알라의 인격에 관한 이야기이다. 그리고 둘째, 완벽한 사람인 알-인살 알-카밀(al-insal al-kamil)이다. 무함마드가 바로 이 롤 모델인데, 모든 무슬림들이 그의 행동을 모방한다. 그리고 무함마드가 군사령관이고 정복자였기 때문에 우리는 무엇이 기대되는지를 알고 있다.[49]

무슬림으로 자랐던 네덜란드의 소말리아 출신 저술가인 아얀 히르시 알리(Ayaan Hirsi Ali)는 "폭력은 이슬람의 타고난 본성이다. 이슬람은 파괴적이며 죽음을 예찬하는 허무주의적인 종교다. 이슬람은 살인을 합법으로 인정한다"[50]라고 말한다.

일부 사람들은 이 비난을 그럴듯한 말이라고 생각한다. 9월 11일의 공격과 수십 개국에서 벌어지고 있는 자살 테러리즘의 긴 파도를 주목해보라. 터번 속에 폭탄을 장착한 선지자 무함마드를 그린 한 덴마크 만화에 대한 무슬림들의 다국적인 소동과 폭력을 보라.[51] 이스라엘이 "지도에서 사라져야 한다"라는 이란 대통령의 공개적인 소망과 나치스의 홀로코스트는 꾸며낸 이야기라는 주장들을 살펴보라.[52] 오직 중동만이 그런 혐오스러운 행동과 말을 그만한 크기로 만들어내는 것 같다.

1996년에 정치학자인 새뮤얼 헌팅턴(Samuel Huntington)은 이슬람은 "피비린내 나는 국경선"을 갖고 있다고 말했다. 즉, 20세기 후반에 세계에서 일어난 폭력적인 갈등의 절대다수가 이상하게도 무슬림과 비무슬림 사이에서 일어났다는 것이다. 예컨대 터키인 대 그리스인, 러시아인 대 체첸인, 보스니아 무슬림과 알바니아인 대 세르비아인, 아르메니아인 대 아제르바이잔인, 위구르인 대 한인(漢人), 무슬림 인도인 대 힌두 인도인, 그리고 물론 아랍인 대 유대인 사이의 갈등이 그러하다는 것이다. 헌팅턴은 인종 간의 갈등이 일반화하고 있는 시대에 무슬림만큼 투쟁적인 그룹은 없다고 주장했다.[53]

그런데 분명히 초기 수세기 동안 칼로써 그 세력 판도를 확장한 이슬람의 역사가 있다. 선지자 무함마드 자신이 전사였다. 622년(이슬람력 2년)에 메디나로 옮겨 간 후 무함마드는 그의 추종자들을 지휘하며 메카인들과 싸움을 벌여 그들을 정복하고 아라비아에 그의 위엄을 확립한다. 632년(이슬람력 12년) 무함마드 사망 이후 수세대를 거치며 그의 후계자들―칼리프―은 동쪽의 사산 왕조(페르시아)는 물론 시리아, 팔레스타인, 이집트 및 리비아를 포함하여 서쪽 비잔틴 제국의 여러 부분들을 점령했다. 이슬람은 칼리프가 다스리는 하나의 제국이었다.[54] 1996년 오사마 빈 라덴의 미국에 대한 전쟁 선포는 성전(聖戰)을 규정하는 이슬람 전통에 호소한 것이었다. 무슬림 시인들은 폭력적인 성전(지하드, jihad)을 찬미했다. 오사마 빈 라덴이 "순교자"[또는 "증언자", 아랍어로 샤히드(Shahid)]라는 말을 사용했을 때, 그는 신앙을 위해 생명을 바치는 평화로운 증언자를 생각한 것이 아니라, 신앙의 적들에 맞서서 칼로 싸우며 죽는 용감한 전사를 생각했다.[55]

이들 구체적인 폭력 사건들과 이 광대한 역사가 이슬람이라는 종교에 유죄를 선고하는 것인가? 반드시 그런 것은 아니다. 대부분의 무슬림들은 결코 폭력 행위를 저지르지 않는다. 만약 이슬람이 본질적으로 폭력적이라면, 대략 10억 명에 이르는 이슬람교 신자들은 그들 자신의 종교를 이해하지 못하고 있든지, 너무 비겁하거나 불충실해서 그 교훈을 따르지 못하는 것이다(물론 후자는 급진적인 이슬람주의자들의 주장이다).

그러나 "그것이 이슬람이다"라는 논지에는 중대한 문제들이 더 많다. "이슬람은 피비린내 나는 국경선을 갖고 있다"라는 주장을 검토하는 과정에서, 정치학자인 조너선 폭스(Jonathan Fox)는 냉전이 끝난 이후 전체적으로 이슬람과 비이슬람 사회 간에 폭력이 증가하지 않았다는 사실을 발견했다. 실제로 이슬람 사회와 서구 사회끼리는 폭력이 증가했지만, 그 증가는 단지 1989년 이후에 나타났다.[56] 그것은 무슬림 폭력이 다른 요인들에 의해 일어난다는 것을 말해준다.

중동의 역사를 거시적으로 보면 이슬람교가 다른 종교와 매우 유사하다는 것을 알게 된다. 그것은 정복과 야만이 지배한 시대와 장소뿐 아니라 평화를 가져왔던 시대와 장소에 의해서도 드러난다. 초기 칼리프 시대(우마이야 왕조, 아바스 왕조)에는 광대한 제국이었지만, 일정 기간 동안 그들은 기독교도와 정령 숭배자들을 개종시키지 않았다. 오스만제국은 종교적·민족적인 소수 집단이 번성하도록 치세 내내 관용을 베풀었다.[57] 이 장은 폭력, 사회 불안, 억압, 전쟁을 포함한 근대 초기 (기독교) 유럽의 몇몇 사건들로 시작했다. 가톨릭교도와 프로테스탄트들은 이런 일들에 빠져 있었던 반면, 무슬림 오스만제국은 비교적 평화롭고 번영을 누리며 살고 있었다.

사실 기독교 국가들은 국외자들(십자군 전쟁의 경우처럼)과 동료 신자들(반종교개혁의 경우처럼) 모두에게 폭력의 통증을 지속적으로 안겨줬다. 중세 프랑스의 피에르 뒤부아(Pierre Dubois)로부터 미국 남북전쟁 때 남부 연방의 장군인 스톤월 잭슨(Stonewall Jackson)에 이르기까지 기독교 전사들은 성전을 정당화하기 위해 성경과 그리스도의 가르침을 인용해왔다. 나는 기독교 신자지만, 기독교 세계를 확대하기 위해 사람을 죽이는 이들은 삶을 냉소하거나 끔찍한 잘못을 저지르는 것이라고 주장할 것이다. 그러나 많은 무슬림 성직자들 — 이슬람주의자들까지도 — 은 알라의 이름으로 사람을 죽이는 극단적인 지하디스트에 대해 비슷한 비난을 가하고 있다. 전 이란 대통령이며 저명한 시아파 성직자인 모하마드 하타미(Mohammad Khatami)는 계속하여 9·11 테러를 비난하고 자살 폭탄 테러를 감행한 자는 천국에 가지 못할 것이라는 점을 분명히 했다.[58]

내가 말하고자 하는 논점은 이슬람교나 기독교가 "평화의 종교"라거나, 지하디스트나 그들을 비판하는 사람들이 더 정통파인지 아닌지를 밝히려는 것이 아니다. 우리의 관심사는 자기 정체성을 추구하는 무슬림들과 무슬림 사회가 실제로 어떻게 행동하는지에 관한 것이며, 또한 얼마만큼 분명하게 그들이 다른 시간과 장소에 따라 다르게 행동해왔는가 하는 점이다.

이데올로기 투쟁

그런데 근본적인 문제는 가난이나 불안정 또는 미 제국주의가 아니다. 이슬람 그 자체도 아니다. 우리는 정말이지 그 뿌리가 무엇인지를 모른다. 중동 문제에 대해 생각하는 가장 좋은 방법은 각 문제들이 서로 엉켜서 다른 문제들을 악화시키고 있다는 점을 이해하는 것이다. 문제의 매듭이 스스로 꽉 죄어지고 있는 것이다. 그리고 그런 문제들 중 하나로서 심각하면서도 잘못 이해되는 것은 중동 그리고 무슬림이 살아가는 다른 지역들이 수십 년 동안 정통성 위기를 겪어왔다는 점이다. 이 위기는 때때로 무슬림들을 극단적으로 양극화하고 있으며, 그것은 가난, 불안정, 종교적 폭력의 부분적인 원인인 데다가, 심지어 제국주의에 대한 비난을 부르는 미국의 개입에 대해서도 어느 정도 원인이 되고 있다. 때때로 이 양극화는 내전을 불러일으킬 만큼 심각했다. 폭력이 수반되지 않을 때조차, 그 위기는 무슬림들로 하여금 좋은 사회나 정권은 어떤 것인가에 대해 의견 일치를 보지 못하게 했다. 그 위기는 또한 이슬람 대중들로 하여금 자신들의 원칙을 공유하지 않는 내국인보다는 그것을 공유하는 외국인들에게 더 충실하게 했다.

법은 어디에서 나와야 하는가에 대한 깊고 지속적인 의견 충돌은 문제를 더욱 얽히게 만든다. 만약 우리가 중동을 이해하려고 한다면, 오래된, 그러나 지금도 진행 중인 이슬람주의와 세속주의 사이의 경쟁을 이해해야 한다.

일단 문제를 이런 식으로 보면, 중동에서 무슨 일이 일어나고 있는지 이해하기 위해 서구 자신의 역사 — 더 정확히 말하면, 지속된 정통성 위기와 수차례의 이데올로기 투쟁의 역사 — 를 이용할 수 있게 된다. 대중의 생활을 규율하기 위한 계획, 즉 기성 통치자들과 당국에 맞서 직접적인 폭력 행동을 요구하는 계획들은 책과 논문에서 다듬어지고, 연설과 설교를 통해 해설되고, 클럽과 찻집에서 토론되고, 학술 세미나에서 분석되면서 항상 싸움터에 존재한다. 그것들은 일정한 시기와 장소들에 따라 주요한 추종자들을 끌어들였고, 국내적·국제적인 중대한 정치적 결과를 낳는다.

이데올로기가 정치에는 어떻게 영향을 미칠까? 이데올로기에 대한 두 가지 공통적인, 그러면서도 상반되고 잘못된 견해가 있다. 어떤 사람들은 이데올로기를 개인들을 사로잡는 유령, 즉 편집증적인 정신분열증 환자가 듣는 목소리로 생각하며, 그렇지 않고서는 하지 못할 일을 가능하게 한다("당신은 이 폭탄을 당신의 몸에 끈으로 묶어 이 시장에 있는 모든 사람들 앞에서 터뜨릴 것이다!")고 여긴다. 이데올로기는 불가항력, 보이지 않는 꼭두각시 조종자처럼 된다. 그런 견해를 터무니없다고 여기는 다른 사람들은 이데올로기는 결코 중대한 것이 아니라고 주장하는 것 말고는 아무 대안이 없다. 유령은 존재하지 않거나, 설사 존재한다 해도 우리는 그것을 관찰할 수 없다. 어느 쪽이든 그것들은 사회과학적인 설명에는 포함되지 않는다. 오히려 이들 회의론자들은, 이데올로기는 엘리트들이 남을 잘 믿는 사람들로 하여금 자기들의 명령을 수행하도록 조작하기 위해 발명한 이야기라고 말한다. 이데올로기가 문제가 아니다. 문제가 되는 것은 강력하고 영리한 지식인들이다.

사실 이 책에서 종종 보게 되겠지만, 이데올로기는 단순히 그럴듯한 이야기 이상일 수 있지만, 그것은 이데올로기가 유령이나 정신질환이기 때문은 아니다. 이데올로기는 학자들이 규범, 관습 또는 문화와 같은 사회적 사실이라고 부르는 것이다. 외견상 별 관계가 없는 주제인 의복 스타일에 대해 이야기해보자. 그리 오래되지 않는 시기에 화이트칼라 직업을 가진 서구 세계의 성인들은 일할 때 모두 넥타이를 맸다. 의심할 여지없이 어떤 사람들 — 아마 많지는 않을 것이다 — 은 넥타이 매기를 좋아했다. 반면에 다른 사람들은 그것을 좋아하지 않았지만, 전반적으로 그들 또는 그들의 조직이나 사회가 만약 넥타이를 착용하지 않으면 상당한 대가를 치러야 하는 것으로 믿었다. 넥타이 착용은 일종의 규범이었으며 사회적으로 인정된 품행이었다. 넥타이를 매지 않는 차림은 못마땅하게 생각되었으며 감히 그럴 엄두를 내는 사람이 드물었다. 오늘날 그 규범은 뒤집혔다. 셔츠의 칼라를 여는 것이 관례가 되었으며, 가끔씩 정장 넥타이를 착용하는 사람들은 다른 사람들을 불편하게 하고 기존 질서를 위협하는 비순응주의자가 된다.

"넥타이는 사회적 자격의 표시이다" 또는 "넥타이를 매는 것은 당황스런 행위이다" 같은 규범은 사람들이 순종해야 할 유령은 아니다. 그리고 비록 일부 행위자들 — 실크 산업, 정장업체들 — 이 그 규범을 지속시키는 데 관심을 갖는다 해도, 그 관심이 1990년대까지 서구 세계의 전체 남성들을 강제할 수 있었다고 상상하는 것은 어리석은 일이다. 일부 엘리트들은 순응주의자 또는 규율된 사회에 관심을 갖고 있었으며, 넥타이는 한때 그러한 규율의 도구 또는 표시였다는 이야기는 그럴듯하다. 그러나 주목할 점은 그렇다 해도 넥타이를 싫어했고 아버지날에 다른 선물을 받는 것이 무척이나 소원이었던 엘리트 남성들이 여전히 그것을 착용해야 했다는 것이다. 그 규범은 여전히 막강한 힘을 갖곤 했다.

규범처럼 이데올로기는 유령도 아니고 관찰 가능한 물체도 아니다. 그리고 규범처럼 이데올로기는 아직도 사람들, 심지어 그것들을 믿지 않는 사람들까지도 강제할 수 있다. 더 많은 사람들이 이데올로기에 따라 이야기하고 행동하며, 더 많은 또 다른 사람들이 그렇게 하도록 강제당하고, 그리고 더 많은 사람들이, 심지어 냉소적인 엘리트들까지도 그것들을 믿기에 이르렀다.

이데올로기는 다른 이데올로기와 경쟁할 때 특히 강제적이고 필연적인 것이 된다. 바로 그때는 사람들이 이데올로기를 둘러싸고 양극단으로 갈라지는 경향을 보인다. 즉, 의견이 맞는 사람들(다른 차이는 상관없이)은 친구로 간주하고 의견이 갈리는 사람들(다른 유사성은 상관없이)은 적으로 간주한다. 이데올로기적 적정함(correctness)인 순응성(conformity)은 중요한 사회적 자산이 된다. 비순응은 파괴적이고 위험한 것이 된다.

이데올로기 투쟁으로 상처투성이가 된 서구 자신의 역사는 정치 이슬람과 이슬람 세속주의 사이의 지속된 경쟁의 결과들을 이해하는 데 도움이 될 수 있다. 다음 여러 장에서 나타나는 바와 같이 16세기 유럽인들은 독실하기만 한 것이 아니었다. 그들이 종교를 둘러싸고 극단적으로 갈라진 시기와 장소가 있었다. 그들은 성사(聖事)와 구원에 대해 자신과 의견을 달리하는 사람들이 심각한 위험이 된다고 느꼈다. 사실 그들의 시각은 그들이 적의 시각이라고 여기는 것에 대한 부정이었다. 종종 사람들은 항의하는 어떤 것 없이는 "프로테스탄트"가 될 수 없는 것으로 알았다. 그러나 호전적인 개신교가 되기 위해서는 가톨릭의 존재 이상의 것이 필요하다. 어쨌든 가톨릭은 오늘날 존재하고 있지만, 혁명적인 개신교가 하는 것처럼 성상 파괴적인 일은 거의 하지 않는다. 마찬가지로 합스부르크가나 프랑스의 기즈가(Guises)의 경우처럼 호전적인 가톨릭은 개신교의 단순한 존재 이상의 것을 필요로 한다.

1770년대부터 1870년대를 거치면서 유럽과 아메리카 대륙에서는 군주주의자들과 공화주의자들이 종종 국경을 초월하여 꼭 같이 심각한 양극화를 경험했다. 프랑스의 군주주의자는 프랑스의 공화주의자보다는 오스트리아의 군주주의자와 더 큰 공감대를 가졌다. 이탈리아의 공화주의자는 이탈리아 군주주의자보다 미국인들과 더 큰 공감대를 가졌다. 반란, 억압, 혁명, 외국의 개입, 전쟁의 파도는 부분적으로는 이 같은 이데올로기 경쟁 때문에 일어난 것이다.

20세기에는 공산주의자, 자유주의자, 파시스트가 앞서의 것들과 매우 유사한 투쟁을 벌였으며 유사한 결과를 가져왔다. 공산주의자들의 명쾌한 국제주의적인 시각은 그들에게 국경을 초월하여 의사소통하고 행동할 특별한 이유를 부여했다. 그러나 파시스트와 자유주의자들은 똑같이 했는데도 그들의 주기적인 대립은 나라 안팎에서 온갖 방식으로 뒤얽힌 정치적 투쟁을 만들어냈다. 그러자 이 정치적 투쟁 — 반란과 혁명, 제5열과 그에 대한 두려움, 외국의 개입과 동맹 간의 술책 — 은 이데올로기 투쟁에 반영되었으며 그 투쟁을 장기간 지속시켰다. 그것이 바로 우리가 말하는 문제의 매듭이다.

이 시기의 모든 사람들에게 공통적인 것은 이데올로기의 존재 자체가 아니라 그들 이데올로기 사이의 심각한 투쟁 — 때로는 제로섬으로 보일 정도의 투쟁 — 이었다. 그 투쟁은 양쪽 모두에게 위협감을 키웠고 상대방과 타협할 수 없으며 직접적인 폭력 행위가 필요하다는 개념을 지지했다. 개별 지도자들은 이 이야기 대부분에서 중요한 역할을 한다. 16세기 신성로마제국의 황제인 카를 5세(Karl V), 17세기 초 팔츠 백작(Count Palatinate)인 프리드리히 5세(Friedrich V), 18세기 말의 영국 정치가인 에드먼드 버크(Edmund Burke), 미국의 해리 트루먼 대통령, 현대 터키의 창건자인 아타튀르크, 이란 혁명을 이

끈 아야톨라 호메이니 같은 이들과 수십 명의 다른 사람들이 좋든 나쁘든 매우 중대한 인물들이었다. 그러나 그들이 중대한 영향을 미친 한 가지 방식은 '이즘'을 공식화하거나, 선전하거나 또는 반대하는 것이었다. 일부 지도자들은 그들이 장악하기로 마음먹은 이데올로기들이 다른 사람들의 생각과 기대를 규정하고 그 지도자들 자신을 강제하면서 자신들의 삶에도 도전했음을 알았다.[59]

이러저러한 이유로 다음 장들에서는 서구에서 이들 세 쌍 ― 가톨릭-프로테스탄티즘, 공화주의자-군주주의자, 공산주의자-자유주의자-파시스트 ― 의 긴 투쟁의 역사를 파헤쳐서 현재 중동에서의 이데올로기 투쟁에 관한 교훈을 끌어낼 것이다. 나는 세속주의보다는 이슬람주의에 더 많은 주의를 기울인다. 이슬람주의는 서구인들에게는 한층 낯선 데다가 이데올로기 경쟁에서 그것이 계속 활력을 얻고 있기 때문이다.

이 책은 기술적 자료는 담고 있지 않다. 이 책은 정밀한 사회과학 서적이 아니다. 따라서 엄격한 방법론적인 규칙대로 연역적인 이론이나 시험 가설을 만들어내지 않는다. 그보다는 시간과 공간을 가로질러 어떤 주목할 만한 유사성에 근거한 일련의 주장을 담았다. 이 책은 무슬림이나 세계의 다른 지역에 대한 궁극적인 해결책을 제시하지는 않는다. 서구의 역사는 이슬람의 정치적 정통성 위기를 다루기 위해 분명한 알고리즘을 만들어내지는 않는다. 실제로 이 책에 나오는 인물들 중 한 사람 ― 현대 보수주의의 창안자인 에드먼드 버크 ― 이 주장했듯이, 정치는 궁극적인 해결책을 허용하지 않으며, 그렇지 않은 주장은 재난을 자초한다. 심지어 이 책에서 자세히 이야기한 좋은 해결책들마저 일시적인 것이었으며 새로운 문제점을 만들어냈다. 그러나 서구의 역사는 지도자들과 국가들이 더 좋은 결과 ― 확실히 일시적이긴 하지만 덜 폭력적이고, 인류의 번영에 더 도움이 되는 ― 를 더 그럴듯하게 만드는 조치를 취할 수 있음을 보여준다.

독자들은 당면한 정책을 위해 역사적인 교훈을 이용하는 위험에 대해서 역시 유의해야 한다. 정치학자인 유엔 풍 콩(Yuen Foong Khong)은 린든 B. 존슨 행정부가 과거로부터 잘못된 유추를 함으로써 어떻게 미국이 베트남에 더 깊이 개입하게 되었는지를 보여준다.[60] 정치학자인 리처드 노이슈타트 (Richard Neustadt)와 역사학자인 어니스트 메이(Ernest May)는 정책 입안자들이 매우 자주 과거를 오용한다는 바로 그 이유 때문에, 역사를 정책에 어떻게 이용해야 하는지에 대해 썼다.[61] 역사의 한 가지 교훈은 역사로부터 교훈을 끌어내는 데 주의해야 한다는 것이다. 특히 다른 이유들 때문에 우리가 이미 내린 결론을 뒷받침하는 역사적 유추로 기울어서는 안 된다는 것이다. 다음 장들에서 나는 역사가 스스로 말하도록 조심하겠지만, 독자들이 부디 그 결과에 대하여 비판적으로 검토해보기를 바란다.

서구인들은 때때로 그들이 중동에서 보는 소음과 격분에 당황한다. 그들은 서구 자신이 역사의 여러 시기에 큰 소리로 떠들고 몹시 화를 냈던 것을, 설사 알았다 하더라도 지금은 잊고 있다. 그런데 지금처럼, 그 떠드는 소리와 분노는 무언가를 알리고 있었다.

이슬람주의를 과소평가하지 말라

내가 패자를 위해 승자를 떠난다는 것을 나는 알고 있소.

휘태커 체임버스Whittaker Chambers, 1938년 미국 공산당을 떠나기로 한 결심을 아내에게 설명하며

"이슬람주의자들은 떨치지 못한다." 2010년 초 미국의 영향력 있는 잡지 ≪포린 폴리시(Foreign Policy)≫는 이러한 안심시키는 제목의 기사를 실었다. 이슬람주의 운동에 일가견을 가진 필자들은, 무슬림 국가들의 선거에서 종교 정당들은 대체로 성과를 거두지 못한다고 썼다. 지난 40년 동안 치른 선거에서 이들 종교정당의 80퍼센트가 유권자의 20퍼센트 이하의 지지를 받았으며, 대개 10퍼센트 이하를 얻었다. 그리고 이슬람주의 정당들은 선거운동을 할 때, 유권자들의 지지를 받기 위해 샤리아를 사회생활에 강제한다는 그들의 핵심 프로그램을 때로는 슬쩍 철회하기까지 하면서 정책을 누그러뜨렸다.[1]

"이슬람주의는 혁명 세력으로서는 빛이 바래고 있는 것 같다"라고 그 무렵에 발행된 영국의 ≪이코노미스트(Economist)≫가 단언했다. 물론, 이집트의 젊은이들은 이전 세대들보다 종교에 대해 더 신앙심이 깊거나 그 규칙을 더 잘 지킨다. 그러나 ≪이코노미스트≫는 독자들을 안심시켰다. "오늘날 급진주의적인 젊은이들 사이에서 서약의 상징은 이젠 총과 턱수염이 아니라 경건한 행동과 경전에 대한 지식이다. 종교적인 파도는 확실히 지나간 것이 아니고 아직도 많은 것을 해낼 여력을 갖고 있는 것 같다. 그러나 이집트에 그것은 적어도 더 이상 혁명 세력은 아닌 것 같다."[2]

바로 1년 후, 아랍의 봄의 첫 싹이 돋아나고 있을 때, 전문가들은 이제 막 시작한 혁명이 세속주의적인 민주 정부를 끌어들일 것이라고 조용히 예측했다. "시위에 참여하는 사람들을 보라. 우리가 이슬람주의 이후 세대들을 만나고 있음이 분명하다"라고 올리비에 로이(Olivier Roy)는 썼다.[3] 그리고 파리드 자카리아(Fareed Zakaria)는 "이집트인들은 무바라크와 이슬람 율법학자들

을 겪어왔으며 양쪽 모두를 원하지 않는다"라고 썼다.[4]

하지만 2011년 말 무렵에 침착한 ≪이코노미스트≫는, "아랍의 봄의 진짜 승자는 이슬람주의자들인 것 같다. 그들의 승리는 투표함을 통해 올 것"이라고 공공연히 보도하고 있었다. 이슬람주의 정당들이 혁명 이후 선거에서 승리하고 있었으며, 이슬람주의 또는 적어도 그것을 신봉하는 정치인들은 인기가 있었다. ≪이코노미스트≫는 "실제로 정치 이슬람은 약 1세기 전에 오스만제국이 붕괴된 이후, 그리고 아마도 1798년 나폴레옹(Napoleon I)이 이집트를 침략했을 때 아랍 세계에 현대화 메시지를 가져온 이후 어느 때보다도 더 큰 영향력을 행사하고 있다"라는 모험적인 기사를 썼다.[5]

그때 이후 이슬람주의자들은 아랍 세계 도처에서 좌절을 겪었으며, 이는 모하메드 무르시(Mohamed Morsi) 정부가 2013년 7월 세속주의자들인 군부에 의해 축출된 이집트에서 가장 두드러졌다. 요점은 이슬람주의자들이 승리했거나 궁극적으로 승리할 것이라는 점이 아니다. 오히려 중요한 것은 서구인들이 몇 번이고 계속해서 그들의 인기도와 권력을 과소평가해왔다는 점이다. 중동 문제 전문가인 샤디 하미드(Shadi Hamid)가 언급하듯이, "분석가들은 항상 이슬람주의자들의 쇠퇴 징후를 찾고 있는 것처럼 보인다". 그러나 실질적으로 그들의 쇠퇴는 근거가 불분명하다. 아랍의 봄이 시작된 때보다 상당히 앞서 2010년 3월에 있었던 이라크의 의회 선거를 예로 들어보자. 이 선거에서 아야드 알라위(Ayad Allawi)가 이끄는 정당 연합이 승리했으며, 서구의 중동 전문가들은 새로운 이라크에서 일어난 이러한 세속주의의 승리에 환호했다. 그러나 실제로 알라위의 정당 연합은 지나치게 이슬람주의적인 정당을 포함하고 있었다. 다른 이슬람주의 정당들이 얻은 의석을 모두 합쳐도 정부를 구성하는 데 필요한 163석에 조금 모자라는 159석이 나왔다.[6]

이런 종류의 미진한 보도는 무슬림 국가가 선거를 치를 때 종종 일어난다. 분석가들은 "이슬람이 해결책이다"라는 무슬림 정서 전반을 지배하는 강점을 무시한 채 이슬람주의자들이 분열되어 있다고 말한다. 하미드는 이렇게 결론짓는다. "간단히 말해, 이슬람주의 정당들이 의석을 잃을 때, 이것이 종교정치 또는 종교로부터 '세속주의'로 이동하는 광범위한 변화를 반영한다고 여기는 것은 실수라 할 수 있다. 우리가 믿고 싶어 하는 종류의 일이 지금 중동에서 일어나고 있지만, 그런 일은 좋든 싫든 간에 좀처럼 일어나지 않으며 그럴 것 같지도 않다."[7]

이슬람주의를 과소평가하는 분석과 예측은 많은 서구 관찰자들 사이에서 대부분 정치 이슬람은 지속될 수 없으며, 그것은 단순히 현대 세계에서 유지할 수 없는 비현실적인 일련의 관념이라는 확고한 신념을 내보인다. 우리 서구인들은 정직하게 이 신념을 얻었다. 적어도 200년 동안 우리는 역사적인 진보를 믿는 경향이 있었다. 사회적·기술적 문제에 대한 우리의 담론과 방식 중 많은 것들은 인류가 합리성과 도덕성(우리가 정의하는 대로)의 방향으로 나아가고 있다는 우리의 믿음을 암시한다. 역사는 쇠퇴의 이야기도, 정체의 이야기도, 진보와 퇴보의 순환도 아닌, 전진 운동 또는 상승 운동의 이야기라고 믿는다. 실제로 사회는 지난 수세기 동안 꾸준히 개선되어왔음이 명백해 보인다.[8]

현대 과학의 극적인 성공으로 전례 없이 커지고 있는 자연에 대한 지배력이 아마도 그러한 믿음의 가장 중요한 근원일 것이다. 그러나 우리는 또한 위키피디아에서 읽거나 영화에서 보는 조상들보다 덜 폭력적이고 덜 미신적이며, 더 관용적이고 공정하며 생산적이다.[9] 똑같이 진보를 믿었던 우리의 부모들과 조부모들마저 낙후되어 있었다 — 탐욕스럽고, 폭력적이고, 성적으로 억압되어 있고, 환경의식을 결여한 채 — 는 것에 우리는 동의하며, 또한 우리가 좀더 계몽된 존재라는 점에 즐거워한다. 그리하여 비평가들의 극찬을 받은 텔레비전 프로 〈매드 맨(Mad Men)〉은 1960년대 초 미국을 일종의 집단적인 정신병을 경험하는 상태로 그린다. 아마도 그 당시 사람들은 우리보다도 더 좋은 옷을 입었는지 모르지만, 그러나 그들은 지나치게 많이 담배를 피우고, 술을 마시고, 어수선하고, 자기의 감정을 억누르고, 그리고 성차별을 했다.

우리는 미국이 2060년에 어떤 모습일지 모르지만, 그때의 미국인들이 지금의 우리를 낙후하고, 이국적이고, 도덕적으로 의심스럽고, 당혹스럽다고 생각하리라는 점을 확신할 수 있다. 이 같은 서구의 진보 내러티브는 오래된 것이고 아마도 뒤집을 수 없는 것이다. 계몽 철학자인 이마누엘 칸트(Immanuel Kant)는 인류의 역사는 불안정하면서도 실질적인 진보에 관한 이야기라는 유명한 말을 했다.[10] 한 세대 후에 헤겔(G. W. F. Hegel)은 보편적인 합리성의 출현을 서술하는 역사철학을 써 카를 마르크스(Karl Marx)와 존 스튜어트 밀(John Stuart Mill)과 같은 여러 사상자들에게 영향을 미쳤다.[11] 진보적이거나 목적론적인 역사서는 오랫동안 심한 비판을 받아왔다. 1930년대에 영국 역사가인 허버트 버터필드(Herbert Butterfield)는 과거 영국의 발전이 필연적으로 의회민주주의라는 세계 최고의 것으로 이어졌음을 당연하게 여기는 그의 동업조합 회원들을 질책했다.[12]

버터필드의 불평은 이 같은 "역사에 대한 휘그당의 해석"이 과거에 대한 우리의 인식을 왜곡했다는 것이다. 그러나 그것에 대한 다른 반론도 있다. 어쨌든 진보의 구성 요소가 무엇이겠는가? 더 많은 소비 제품? 고통의 감소? 더 훌륭한 예술(그것이 무엇을 의미하든)? 더 많은 개인의 자주성? 더 많은 사회적 연대? 자연에 대한 더 큰 지배? 또는 아마도 자연에 대한 더 많은 경의? 진보가 무엇으로 보이는지에 대해 만약 우리가 의견 일치를 보지 못하면, 우리는 그것이 일어나고 있는지 아닌지를 알 수가 없게 된다.

서구 자신의 과거로부터 나온 교훈 1은 경고와 관련되어 있다. 즉, 우리가 생각하기에 단지 이슬람주의가 비합리적이고, 우리가 역사의 움직임이라고 여기는 것과 모순된다고 해서 그것이 언제든 곧 사라짐을 의미하지 않기 때문이다. 특히 이데올로기가 어떤 국가들에 의해 본보기가 되고 지원을 받게 될 때, 그것은 반대자와 관찰자들이 생각하는 것보다 훨씬 오래 유지될 수 있다. 서구 자신의 오래된 이데올로기 투쟁의 역사가 이것이 사실임을 증명한다.

장기간 지속된 유럽의 가톨릭-프로테스탄트 갈등

여러 가지 점에서 근대 초기 유럽에서 정통성 위기는 끝난 것처럼 보였지만 그렇지 않았다. 1559년 말이 바로 그런 시기였다. 신성로마제국(대략 오늘날의 독일)의 가톨릭과 루터교 사유 영지들 간에 그즈음 두 차례의 전쟁이 치러진 것이다. 가톨릭(특히 합스부르크 황제) 측의 압도적인 승리로 끝난 1546~1547년의 슈말칼덴(Schmalkaldic) 전쟁, 그리고 그 황제가 승리 후 지나치게 욕심을 부렸을 때, 형세를 역전시키고 우위를 차지한 1552년의 후속 전쟁이 그것이다. 1555년에 그 영지들과 합스부르크가는 아우크스부르크 종교화의(Religious Peace of Augsburg)에 합의했다. 아우크스부르크에서 루터교도와 가톨릭교도는 영지의 통치자가 그 영지의 종교를 결정할 독점권을 가진다는 데 의견 일치를 보았다. 이웃 영지의 종교를 바꾸기 위해 무력을 사용하는 것은 불법이었다.[13] 이 공식은 뒷날 "그가 다스리는 영역에 그가 지정하는 종교(Cujus Regio, ejus Religio)"라는 말로 다시 언명되었다.[14] 유럽인들은 계속 독실한 가톨릭교도와 독실한 루터교도로 나뉘어 있었으며, 이들 양 그룹은 상대를 이단시했지만, 그들의 차이는 정치 문제로 나타나지 않았다. 한쪽의 제후나 영토의 이교 신앙은 다른 제후의 관심사가 아니었다. 제국은 세속적인 질투와 경쟁, 그리고 사태를 정리하기 위한 주기적인 의회를 거치며 정상적인 정치로 돌아올 수 있었다.

그러나 오직 독일에서만 그랬다. 제국의 북서쪽에 있는 잉글랜드는 메리 1세(Mary I) 치하에서 가톨릭으로의 폭력적인 재개종을 겪고 있었다. 헨리 8세

(Henry VIII)의 첫 번째 공주인 메리 1세는 그녀의 스페인 출신 어머니에 의해 가톨릭교도가 되었으며 스페인의 펠리페 2세(Felipe II)와 결혼했다. 그녀는 이복동생이며 1553년 15세로 죽은 병약한 왕이었던 에드워드 6세(Edward VI)의 프로테스탄트 개종을 무효화했다. 메리 여왕은 수백 명의 프로테스탄트 성직자들과 주교들을 불태워 죽였으며, 다른 수백 명은 국외로 망명했다. 그러나 1558년에 메리 여왕이 죽자, 프로테스탄트였던 그녀의 이복동생 엘리자베스(Elizabeth I)가 여왕으로 등극했고 잉글랜드를 메리 여왕 때와 유사한 수단을 사용하여 프로테스탄트 국가로 되돌렸다.

1559년에 엘리자베스 여왕이 종교 분쟁을 해결하고(Elizabethan Settlement) 나서도, 엘리자베스의 신민들 중 많은 사람들의 끈덕진 가톨릭 신념에 프로테스탄트가 여전히 민감했던 상황은 수십 년째 이어진 유럽의 종교 분쟁이 교착 상태로 끝맺게 되었다는 또 다른 신호처럼 보였다. 하지만 그렇게 되지는 않았다. 문제는 루터교와 영국 국교회가 유일한 프로테스탄트가 아니라는 데 있었다. 정치적인 면에서 무엇보다 가장 중대한 것은 프랑스의 장 칼뱅이 시작한 종교운동이었다. 칼뱅교는 그 신봉자들의 말에 따르면 단지 루터교를 논리적으로 보완한 것이었다. 만약 인간이 자발적으로 하느님을 향해 나아갈 수 없다면, 만약 구원하는 믿음이 오로지 하느님의 허가 사항이라면, 하느님은 누가 구원을 받고 그리고 누가 저주를 받을지 미리 예정하실 것임이 틀림없다. 실제로 루터교도는 정치적 평온주의(political quietism)에 기운 반면, 칼뱅교도는 여기에서 지금(the here and now) 적극적으로 올바른 사회를 건설해야 한다고 강조했다.[15] 칼뱅이 시작한 운동은 규율에 충실하고, 열렬하고, 혁신적이었으며, 그들의 경쟁자들보다 상업의 유효성을 더 많이 인정했으며, 공화주의와 사회 평등을 지향하는 경향을 보였다.[16] 그리고 그 운동은 1541년부터 칼뱅교의 본부와 정치조직 중심체가 있는 제네바 시로부터 재빨리 퍼져 나갔으며, 프랑스, 잉글랜드, 스코틀랜드, 네덜란드, 독일, 보헤미아, 폴란드, 헝가리, 트란실바니아, 그 외 여러 곳의 귀족들과 평민들 사이에서 개종자를 늘려갔다.[17]

이 책의 서론에서 언급했듯이, 1550년대 말에 칼뱅교도의 반란은 스코틀랜드에서 일어나 다른 지방으로 확산했다. 정치적이고 종교적인 불만으로 부유층과 중산층이 터뜨린 이 폭발은 서로 연관해 있었다. 한 지역에서 일어난 칼뱅교도의 반란이 칼뱅교도를 고무하고 다른 지역의 가톨릭교도를 겁먹게 하면서 그곳에서도 억압과 모반 가능성을 높여갔다. 칼뱅교도의 반란은 또한 가톨릭(특히 스페인)과 프로테스탄트(특히 잉글랜드와 독일의 팔츠 백작령)에 의한 외국 개입을 촉진시켜 사태를 악화시켰다.

더 큰 요점은 이렇다. 어느 때 어느 한 시기와 장소에서 종교적 합의가 이루어지고, 서부 유럽이 더 정상화되고 덜 이데올로기적인 시대로 돌아간 것처럼 보였던 바로 그때, 종교적인 양극화가 다른 곳에서 발생하곤 했으며, 정상적인 시대가 되려면 아직도 긴 시간이 필요하다는 것이 분명했다는 것이다. 프로테스탄트 종교개혁은 끝나지 않았으며, 그러므로 가톨릭의 반종교 개혁도 아직 끝나지 않았다.

폭력적이었던 수십 년의 세월이 지난 후인 16세기 말에 다시금 이른바 종교전쟁이 끝난 것처럼 보였다. 문제의 국가들 내에서 종교 문제는 전쟁과 휴전의 힘으로 해결되었다. 여러 해 동안 북서유럽을 뒤흔들었던 가톨릭-프로테스탄트의 이데올로기 전쟁은 역사가 되었다. 스위스의 여러 주들과 스코틀랜드는 새로운 네덜란드 공화국이나 된 것처럼 확고하게 칼뱅교도의 수중에 있었다. 잉글랜드의 엘리자베스는 청교도와 평화를 유지했다. 프랑스에서는 통치 경로를 확보하기 위해 가톨릭으로 개종한 앙리 4세가 1598년에 낭트 칙령(Edict of Nantes)을 공포하여 일정한 지역들 내의 위그노 교도에게 폭넓은 관용을 베풀었다.[18] 신성로마제국에서는 황제 루돌프 2세(Rudolf II)가 실제로는 모든 종교적 소수파들에게 비교적 관대했다. 종교 갈등에 에워싸인 지대는 아직 남아 있었지만 — 때로는 독일의 도시들이 오랜 종파 분쟁으로 요동치고 있었다 — 전체 제후, 귀족, 도시위원회와 그들의 신민들은 실질적인 평화 속에 안정되어 있는 것처럼 보였다. 마키아벨리적인 정치적 합리성이 사회를 지배하는 것처럼 보였으며, 그 속에서 각국 정부는 자신의 이해관계를 추구했고 종교적 열의는 다른 목적을 향해 조정되었다.[19]

그러나 유럽에서 이데올로기 투쟁과 폭력이 끝난 것은 아니었다. 20년이 못되어 중부유럽은 1914년 이전까지는 최악의 전쟁이었던 30년 전쟁(1618~1648) 속으로 빠져들었다. 이 전쟁으로 독일 인구의 약 15~20퍼센트(300만~400만 명)가 죽었다.[20] 이 흉포하기 짝이 없는 충돌은 종교적인 이데올로기에 관한 것만이 아니었다. 즉, 어떤 정치적 투쟁 이상의 것만이 이데올로기에 관한 것이다. 다시 말해 왕조의 야망, 정치적 중앙집권에 대한 저항, 기술 변화, 탐욕, 순전히 피로 얼룩진 심성 등 모두가 기여한 싸움이었다.[21] 그러나 그러한 것들은 항상 우리와 함께 있다. 30년 전쟁을 촉발한 것은 제국의 먼 동쪽 끝인 보헤미아에서 1618년에 일어난 반란이었다. 이 반란을 일으킨 칼뱅교도는 제국 왕위의 확실한 상속인, 즉 황태자 아래에서 점점 증가하고 있는 가톨릭교도의 박해를 두려워했던 것이다.

가톨릭교도와 칼뱅교도는 이미 20년 전에 신성로마제국 내에서 다시 양극단으로 갈라서기 시작했다. 칼뱅교는 독일 내에서 확산되고 있었고, 프랑스가 종교적 관용을 획득한 해인 1598년에는 루돌프 황제가 아헨(Aachen) 시 주위의 칼뱅교를 억누르기 위해 군대를 파견했다. 칼뱅교와 루터교 모두 제국의회(주기적으로 열리는 국회)를 보이콧하기 시작했으며 1609년에는 팔츠 선제후령이 이끄는 새로운 프로테스탄트 연합이 결성되었다. 또한 그 대응으로 재빨리 가톨릭 연맹이 결성되었다. 이들 둘은 1609~1610년과 다시 1613년에 클레베스 윌리히(Cleves-Jülich)를 둘러싸고 싸웠다. 1612년에는 프로테스탄트 연합이 잉글랜드의 제임스 1세(James I)와 동맹을 맺었다.

같은 해 중도를 지키던 마티아스(Matthias)가 루돌프를 계승해 황제가 되어 프로테스탄트 신민들을 회유하려고 노력했다. 그러나 1617년에 그의 사촌이며 호전적 가톨릭교도였던 페르디난트 2세(Ferdinand II)가 황위 후계자가 되었고, 그것이 종교적인 긴장을 한층 더 심화시켰다. 페르디난트는 합스부르크가가 다스리는 모든 영토에 가톨릭을 부흥시키기로 결정했다. 보헤미아의 프로테스탄트들이 다음해에 반란을 일으켰을 때, 페르디난트는 마티아스 황제를 폐위하고 직접 황제 자리에 올라 손수 사태를 해결했다. 그러나 그 뒤에 벌어진 끔찍한 전쟁에 대한 책임은 모두 페르디난트에게만 있는 것은 아니었다. 서쪽에 있는 팔츠 백작령에서는, 열성적인 칼뱅교도인 선제후(選帝侯) 프리드리히(Elector Friedrich)가 야망을 품고 있었다. 그는 자신을 보헤미아의 왕으로 추대한 반란자들의 제의를 수락했고, 합스부르크가의 군대가 그 반란을 진압하기 위해 출동했다.

그렇게 해서 30년 전쟁의 전선은 이미 20년에 걸쳐 점진적으로 정해진 것이다. 그리고 그 전선은 한편으로는 반세기 이전에 그어진 것이다. 결론은 분명하다. 즉, 이데올로기 갈등은 큰 모험을 감행하는 영리한 사람들에게까지도 사라진 것처럼 보일 수 있다. 그러나 만약 이데올로기 갈등을 생기게 한 문제가 해결되지 않으면, 그 갈등은 훗날 새로운 장소에서 다시 불거질 수 있다. 1618년의 어려움은 1세기 이전에 독일에서 발생한 근본적인 문제가 아직도 해결되지 않았다는 점이었다. 그러한 문제들—어느 교회가 공인된 것이어야 하는가, 로마 가톨릭인가 아니면 다른 어떤 프로테스탄트 교회인가—은 대부분의 유럽인들이 영구적인 정치적 안정은 종교적 획일성을 필요로 한다고 계속 믿었기 때문에 여전히 남아 있었다. 그리하여 가톨릭 및 프로테스탄트 통치자들과 야심을 가진 통치자들은 평화롭게 살 수 있었지만, 그 평화는 불안한 것이었다. 그들은 계속 서로를 두려워했고 상대방 기독교 종파의 성장을 불안해했다. 그런 두려움과 불안이 지속되는 한, 사람들을 급진적인 반대 이데올로기 그룹들로 양극화시킴으로써 하나의 불똥이 전쟁을 유발할 수 있었다. 이데올로기-종교 전쟁의 위협은 통치자들이 다양한 기독교 종파들의 상대적 성장률과 잠식률에 대해 무관심해질 때까지 사라질 수 없었다. 우리가 교훈 5에서 알게 되겠지만, 그러한 무관심은 또 한 번의 세기 동안에도 뿌리내리지 못했다.

19세기: 자유주의의 복원력

30년 전쟁이 끝난 후 1세기 반이 지나서, 유럽에서는 여러 국가 간에 무엇보다도 사회를 규율하는 최선의 방법을 둘러싸고 또 다른 수십 년 간의 갈등이 시작되었다. 주요 관심사는 어느 종교가 공인되어야 하는지가 아니라, 예컨대 왕, 국민 또는 법률 중 누가 또는 무엇이 국가의 주권을 행사해야 하는가였다. 프랑스 혁명 시기의 전쟁(1792~1799)과 나폴레옹 시기의 전쟁(1799~1815)은 유럽의 다른 지역을 군대로 정복하는 것뿐 아니라 옛 군주주의 제도 대신에 공화주의적이거나 나폴레옹의 이념을 따르는 제도―종종 나폴레옹 친척 중 한 사람이 다스리는―를 세움으로써 프랑스의 지배권을 확대하려는 프랑스 통치자들의 시도였다.

잇따른 군사적 패배에 따라 1814년 봄에 나폴레옹은 폐위되어 지중해의 엘바 섬으로 귀양을 갔다. 1년 후에 그는 탈출했고 옛 군대를 모아 마지막으로 한 번 더 유럽을 정복하려 들었다. 워털루(오늘날의 벨기에)에서 그의 최종적인 패배는 결정적인 것이었다. 그는 이번에는 남대서양의 세인트헬레나로 귀양을 갔다. 프랑스는 동맹국 군대에게 점령되었다. 빈 회의에서 동맹국들―영국, 오스트리아, 프러시아, 러시아 및 여러 소국들―은 지난 4반세기의 사악한 이데올로기 투쟁이 다시는 일어나지 않게끔 확실하게 다짐하는 일에 착수했다. 그들은 조심스럽게 생각하고 계획을 세웠다.

이 동맹국들의 일반 전략은 프랑스 군이 타도한 옛 정권들을 재건하여 확실하게 제자리 잡도록 하는 일이었다. 문제의 근원인 프랑스 자체에서는 옛 부르봉 왕국을 복구했다. 스페인, 스위스, 네덜란드, 그리고 오늘날 벨기에, 독일 및 이탈리아에 해당하는 지역에서는 동맹국들이 모든 혁명의 흔적을 모조리 뿌리 뽑았다. 스위스에서 그들은 새 헌법을 강행했는데, 본질적으로 그것은 나폴레옹 시대 이전의 것이었다. 그 외 다른 나라들에서 그들은 군주정이 부활하는 것을 허락했는데, 이는 나폴레옹이 강요한 비합법적인 군주정과는 달리 옛 왕족들이 다스리는 "정통주의" 통치체제였다.[22]

강대국들은 안정에 대한 어떤 새로운 위협에 맞서 협력하기 위해 정기적으로 만나기로 합의했다. 당시 영향력이 컸던 오스트리아 재상 메테르니히(Prince Klemens von Metternich)의 이름을 딴 메테르니히 체제가 국내적·국제적 평화와 질서를 유지하기로 되어 있었다. 메테르니히 자신은 그 체제를 문제의 근원에 대한 안전장치로 보았다. 문제의 근원은 바로 수백 년간 쌓아 온 전통과 올바른 것들을 뒤집어엎고 그들 자신의 추상적인 원칙에 따라 사회를 개조하려 했던 뻔뻔스러운 중산층 지식 계급이었다.[23] 그들이 말하는 원칙들은 메테르니히와 다른 보수주의자들이 보기에는 다시는 되돌아와서는 안 되는 외부적 실체였으며, 유럽에서는 낯선 어떤 것이었다.

메테르니히와 그의 동료 보수주의자들의 고민은 혁명적인 원칙들이 결코 거부되지 않았다는 점이었다. 나폴레옹이 몰락한 이후 유럽 전역에 정통성을 가진 옛 통치자들이 복위했음에도 불구하고, 프랑스 혁명 사상은 여전히 학생들과 프리메이슨 단원들, 그 밖에 여러 사람들의 각종 네트워크에 살아남아 있었다. 이미 1819년에 독일의 대학 학생회들(Burschenschaften)이 메테르니히 체제에 대한 반대 선동을 시작했다. 메테르니히는 독일 연방을 설득하여 학생회들을 해산시키고 대학 활동을 검열하게 만드는 것으로 대응했다.

이 같은 약간의 억압으로는 문제가 해결되지 않았다. 그 후 1년이 못 되어 프랑스 국왕인 루이 18세의 조카가 파리에서 암살당했고, 런던에서 반정부 음모가 발각되고, 이탈리아와 스페인에서 반란이 일어났다.[24]

메테르니히는 이런 사건들이 서로 연관되어 일어나며, 한 나라 또는 한 도시에서의 동요가 다른 나라나 도시에서 연쇄 반응을 일으킬 수 있음을 알고 있었다. 그의 정보원들은 그에게 말하기를, 1789~1793년에 프랑스에서 일어난 사건들이 다시 재발할 수 있다는 ─ 필연적으로 재발'하리라는' ─ 확신으로 뭉친 공화파와 다른 급진파들이 정치적 경계선을 넘나들며 계속 소통하고 있다고 했다. 역사가인 프레더릭 아츠(Frederick Artz)가 쓰고 있듯이, "민주주의적인 또는 민족주의적인 사상을 유럽 어느 곳에서든 소개하는 것만으로도 [오스트리아에서] 파괴적인 운동을 쉽게 일으킬 수 있었다. 그러므로 연설, 책 또는 신문에서 언급되는 혁명적인 사상이 비록 스페인, 스웨덴 또는 시실리 같은 먼 곳에서의 일이었다고 하더라도, 메테르니히를 겁먹게 한 것이다".[25] 또 다른 역사가인 에릭 홉스봄(Eric Hobsbawm)은 이렇게 쓰고 있다.

> 이제는 한 나라에서 혁명이 일어나면 유럽적 현상이 될 수 있다는 점을 알게 되었다. 즉, 그 혁명의 교리가 국경을 넘어 확산될 수 있었으며, 심지어 그 운동에 참여하는 군대가 한 대륙의 정치체제를 깡그리 날려버릴 수도 있었다. …… 그 영향을 받지 않은 국가는 없었다. …… 그리고 [프랑스 군대가] 전파한 그 교리와 제도는 심지어 나폴레옹 통치 아래서도 스페인에서 일리리아*에 이르기까지 보편적인 신조가 되었으며, 이는 현지 정부들도 알고 있었고 백성들도 곧 알게 되었다.[26]

상당수 유럽인들이 1789년의 원칙을 계속 신봉하는 한, 정치 생활이 영구

---

* 오늘날의 알바니아.

히 옛날의 '정상 상태'로 되돌아갈 수 없었다.

강대국들 — 강대국들 가운데 가장 자유주의적이고 입헌적인 영국은 특별히 예외였다 — 은 대대적인 전략을 마무리하여 이러한 혁명을 뒤집어엎기 위해 그들의 군사력을 조정했다. 이탈리아(피에몬테와 나폴리)에서의 혁명은 오스트리아 군대에 의해, 스페인에서의 혁명은 프랑스 군대에 의해 타도되었다. 그러나 유럽의 최강 국가들 사이의 이 같은 협력도 자유주의의 분출을 잠재울 수는 없었다. 1830년에 프랑스 자신이 또 다른 혁명을 겪었으며, 반란의 파도가 벨기에, 스위스, 독일, 이탈리아 및 폴란드를 덮쳤다. 다시금 강대국들의 군대가 이 대부분 지역에 혁명들을 뒤집기 위해 개입했다. 프랑스 혁명은 다른 나라에 혁명을 수출하지 않겠다고 유럽의 보수적인 통치자들에게 보증한 '시민왕(citizen-king)' 루이-필리프(Louis-Philippe) 정부하에서 새로운 입헌 군주제를 실시함으로써만 살아남았다. 그 후 약 20년 동안 비교적 조용한 세월이 이어졌다. 그러나 1848년에는 1790년대 이래 가장 심각한 또 다른 혁명의 파도가 오스트리아와 프러시아를 집어삼키며 유럽을 휩쓸었다.

따라서 우리는 1790년에서 1848년 사이에, 합리적인 사람들이 이데올로기 투쟁은 끝났고 국내외 정치가 마침내 정상으로 돌아갈 것이라고 추정한, 평온한 시기들이 있었음을 알게 된다. 그러나 이들 평온한 시기는 속임수였다. 그 기간 내내 자유주의 활동가들의 네트워크는 서로 소통하고 고무하고 계획을 세우다가 마침내 선동과 반란을 실행에 옮겼다. 메테르니히의 모든 첩자들과 억압 조치 및 그의 동료인 절대주의자들은 이를 변화시킬 수 없었다.

민주주의가 운이 다한 것으로 보였을 때 : 1930년대

이데올로기 투쟁의 결과가 끔찍하게 잘못된 지식을 가진 영악한 사람들과 어떻게 관계를 맺는지 보기 위해서라도 1930년대를 고찰해볼 필요가 있다.

1930년대 대공황의 수렁 속에서 많은 서구 지식인들이 자유민주주의와 자유시장 자본주의에 대한 기대를 철회한 것은 오랜 기억을 가진 지식인들에게는 심한 당혹감으로 남아 있다. 산업화한 사회에서 실업률이 천정부지로 치솟고, 디플레이션이 시작되고, 시간이 지나면 개선될 것이라는 확신이 무너지고 있었다. 엘리트 계급의 많은 사람들은 서구 민주주의의 옛 제도가 현대 생활의 곤경을 처리할 능력이 형편없이 부족하며, 민주주의는 난폭한 경기순환에 너무 민감하고 금전적 이해에 쉽게 사로잡힌다는 생각을 갖게 되었다. 영국의 역사가인 E. H. 카(E. H. Carr)는 자유방임주의 경제의 실패는 흔히 상상한 것보다 훨씬 더 심각하다고 주장했다. 그것은 국제 평화에 대한, 그리고 자유무역과 법률을 통한 진보적 비전의 실패를 의미했다.[27] 민주자본주의는 더 이상 역사적으로 진행되어온 것만큼 '진보적'이지 않았다.

1930년대에 추진력을 얻었던 일반적인 해결책은 국가통제주의 또는 국가의 경제적·정치적 권력의 중앙집중화 증대였다. 산업 민주주의 체제들은 대부분 국가통제주의 방향으로 접근해갔다. 미국에서는 프랭클린 델러노 루스벨트(Franklin Delano Roosevelt) 대통령의 뉴딜 정책이 시행착오를 거치며 공공사업과 연방 경제 법규들을 확대하고 있었다. 존 메이너드 케인스(John Maynard Keynes)가 1936년에 출간한 『고용과 이자, 그리고 화폐에 관한 일반 이론(The General Theory of Employment, Interest and Money)』이 상품과 서비스에 대한 수요를 조절하려는 국가의 노력에 이론적 토대를 제공했다.[28] 2008~2010년의 세계적인 대불황에 대한 부국들의 대응과는 두드러지게 대조적이었다. 후자의 경우에는, 유럽, 북미 및 일본의 유권자들이 국가가 경제를 좋은 상태로 되돌릴 능력이 있는지 없는지에 대해 기껏해야 양면적인 태도를 보였을 뿐이다. 1930년대에는 훨씬 덜 모호했음이 분명했다. 미국에서는 루스벨트가 월 스트리트의 "배부른 자본가들"을 공격하며 국가의 기반을 강화했고 대통령에 네 번 당선되었다.

루스벨트는 미국식 민주자본주의 정체(政體)를 대체하려 하지는 않았다. 그는 자신을 "자본주의를 그 자체로부터 구원하는" 사람이라고 생각했으며,[29] 영국 노동당은 영국을 위해 유사한 정책을 폈다. 유럽의 다른 좌파들은 자본주의를 배제하기 시작했지만 — 그들은 루스벨트의 뉴딜 정책이 앞뒤가 맞지 않고 시대에 역행한다고 생각했다 — 선거 민주주의만은 존중했다.[30]

그러나 많은 엘리트들은 사회민주주의로도 직성이 풀리지 않았다. 민주주의가 불가피하게 자본에 사로잡혀 있는 것으로 생각했으며, 그래서 민주주의가 작동해야 했다. 한편 반민주주의적인 국가통제주의자들은 올바른 형태의 국가통제주의를 둘러싸고 분열되었다. 일부는 파시즘에 경도되었고, 다른 일부는 공산주의에 경도되었다. 그 분열이 얼마나 철저하고 심각했는지, 공산주의자들과 파시스트들은 서로를 불구대천의 원수로 간주했다.

자본주의는 퇴보했다: 공산주의와 그 동행자들

한편, 자본주의가 사회에 약속했던 선을 가져오지 못하고 엄청나게 실패한 이유를 민주주의에서 찾았던 지식인들과 유명 인사들이 있었다. 민주자본주의는 종종 방대한 양의 부를 생산했지만 점점 더 왜곡된 방식으로 그 부를 분배했다. 더욱이 가난한 사람들 — 특히 수많은 공장 및 농촌 노동자들 — 은 자본주의의 고질적인 성장과 수축 사이클에 취약했다. 민주주의는 권력을 부자들(또는 "금권정치")의 손에 쥐어주기 때문에, 가난한 대다수의 열악한 상태를 해소하기 위해 어떤 진지한 노력도 할 수 없었으며 하려 하지도 않았다. 이들 지식인들은 발전 도상의 소련식 공산주의에 애착을 갖는 경향이 있었다. 당시 소련식 공산주의는 권력을 그 소유 계급으로부터 빼앗았고, 그들의 주장에 따르면 그것을 노동자 또는 프롤레타리아 계급의 손에 맡겼다. 공산주의 옹호자들은 이것을 민주집중제(democratic centralism)라고 불렀다. 공산주의는 완전고용과 경제의 합리적 관리를 약속했다.

마르크스-레닌주의는 오늘날의 독자들에게는 소개할 필요가 거의 없겠지만, 그것을 1930년대에 관찰된 방식으로 보는 것은 중요하다. 블라디미르 레닌(Vladimir I. Lenin)과 볼셰비키들은 1917년 11월에 9개월간 차르 체제를 대체했던 임시정부로부터 권력을 탈취함으로써 세계를 깜짝 놀라게 했다. 볼셰비키들은 여러 도시에서 소비에트, 즉 노동자평의회를 통해 통치하는 프롤레타리아 독재를 선포했다. 그 후 몇 년 동안 그들은 귀족과 교회의 재산을 빼앗았으며 구정권의 '백계 러시아인들', 즉 파르티잔들(몇몇 서구 자본주의 국가들로부터 병력을 지원받았다)과의 내전에서 승리했다. 사회주의는 반세기 이상 국제적인 운동을 벌여왔고, 공산당이 이미 여러 나라에 존재했으며 노동조합에 큰 영향을 미치고 있었다. 산업 세계 전역의 노동계 지도자들과 지식인들 사이에서 볼셰비즘에 심취하여 따르는 사람들이 점점 늘어났다.

그다음 수년간 많은 서구인들이 골수 공산주의자가 아니면서도 공산주의를 장래의 추세로 보는 동조자들, 즉 '동행자들'이 되었다. 1921년에 미국의 폭로 기자인 링컨 스테펀스(Lincoln Steffens)는 서구에 모스크바를 소개하는 데 앞장섰으며 소련을 다녀와서는 "나는 미래에 갔다 왔습니다. 거기는 잘되어가고 있습니다"라고 발표했다.[31] 스테펀스는 공산주의의 조기 수용자였다. 1929년에 주가가 대폭락하고 대공황이 발생함으로써 서구에서 민주자본주의가 노후화하고 소비에트 모델이 우월하다는 좌파의 의견에 무게가 실렸다. 유럽과 미국의 좌파들 ─ 영국의 페이비언 협회원들, 프랑스의 사회주의자들, 미국의 노동운동가들 ─ 은 직접 확인하기 위해 소련을 방문하기 시작했다. 그들은 오직 소련 공산당이 그들에게 보여주기를 원하는 것들만 보았다. 아이러니하게도 볼셰비키들은 제정 러시아 시대의 번지레한 겉치레를 쫓아 하듯이 서구 방문자들에게 눈가림용으로 만든 공장과 집단농장을 보여주었다.

서구인들은 공산주의가 효과적이라고 믿어야 할 심각한 필요성을 느꼈기 때문에 그들을 초청한 주최 측을 신뢰할 뿐 스스로 직접 문제를 확인해보려고 하지 않았다.

이들 동조자에는 그 시대의 위대한 지식인들이 포함되어 있었다. 예를 들면 영국인으로는 조지 버나드 쇼(George Bernard Shaw), 시드니와 비어트리스 웹(Sidney and Beatrice Webb) 부부, 헤롤드 라스키(Herold Laski), 존 메이너드 경(Sir John Maynard), 버나드 페어스 경(Sir Bernard Pares), 그리고 캔터베리의 수석 사제인 휼렛 존슨(Hewlett Jonson), 프랑스인으로는 앙드레 지드(Andre Gide), 앙리 바르뷔스(Henry Barbusse), 로맹 롤랑(Romain Rolland), 독일 망명자들 중에는 리온 포이히트방거(Lion Feuchtwanger), 하인리히 만(Heinrich Mann), 아르놀트 츠바이크(Arnold Zweig), 그리고 미국인으로는 링컨 스테펀스, 시어도어 드라이저(Theodore Dreiser), 애너 루이즈 스트롱(Anna Louise Strong), 콜리스 러몬트(Corliss Lamont), 업튼 싱클레어(Upton Sinclair)가 포함되었다. 이들은 모두 민주자본주의와 불화했고, 비극적인 농업의 집단화, 숙청과 여론 조작용 공개 재판을 포함한 소비에트 체제와 스탈린의 통치를 옹호했다.

영국 상류 사회의 붙박이 같은 사람들이며, 많은 저서를 낸 사회과학자들이며, 런던 정경대학의 공동 창설자인 웹 부부(Sidney and Beatrice Webb)를 생각해보라. 19세기 말 노동당 창건을 도운 민주적 사회주의 단체인 페이비언 협회(Fabian Society)의 주요 회원인 이들 부부는 인민들의 "최대 다수의 최대 행복"은 공공의 소유와 국가의 경제 계획을 필요로 한다고 믿었던 공리적 사회주의자들이었다. 그들은 혁명가들이 아니었다. 페이비언(Fabian)이라는 말은 신중한 전술을 쓴 것으로 유명한 고대 로마의 장군 퀸투스 파비우스 막시무스(Quintus Fabius Maximus)의 이름에서 유래한 것이다.[32]

혁명가인 레닌은 페이비언 협회원들에 대해 크게 관심을 두지 않았다. 처음에 페이비언 협회원들 또한 볼셰비키들을 별로 염두에 두지 않았다. 1923년에 웹 부부는 『자본주의 문명의 쇠퇴(The Decay of Capitalist Civilization)』를 출판했는데, 그 논제는 이랬다.

대략 19세기 중반에 즈음해서는, [자본주의 체제가] 100년에 걸쳐서, 적어도 결과적으로는 크게 증가한 인구를 위해 물질문명의 놀라운 진보를 이루었다고 주장할 수 있는 때가 있었다. 그러나 덧붙여 말해야 할 것은 그 순간부터 현재에 이르기까지 자본주의 체제는 연이은 좌절로 뒷걸음질 치고 있으며, 바로 그 자신이 건설한 문명과 그 자신이 촉진한 생산력이 낳은 사회적인 문제들로 인해 가면 갈수록 절망적으로 기진맥진해졌다. 간단히 말해 자본주의 체제는 그것이 완숙에 이르기 이전에 쇠퇴하기 시작했으며, 역사는 자본주의를 하나의 획기적인 시대가 아닌, 두 시대 사이의 삽화적인 사건 또는 암흑기로 간주할 것이다.[33]

그러나 『자본주의 문명의 쇠퇴』는 폭력을 일삼고 무정부주의적인 색채를 보이는 볼셰비키들에게 비판적이었으며, 웹 부부는 1920년대를 풍미한 혁명을 몹시 싫어했다.

1929년에 비어트리스 웹은 소비에트 관련 서류들을 주의 깊게 읽기 시작했으며, 그로부터 1년이 되지 않아 러시아식 사회주의가 영국식 사회주의보다 실제로 우수하다는 관념을 받아들이고 있었다. 그때 시드니 웹은 램지 맥도널드(Ramsay MacDonald)가 이끄는 곤경에 처한 노동당 정부의 각료였다. 1930년 8월에 주영 소련 대사인 이반 마이스키(Ivan Maisky)가 지금 소련은 평등을 달성했으며, 소련 노동자들은 사회를 위하여 기꺼이 저임금을 수용하고 있다고 비어트리스에게 말하며 그녀를 교화하기 시작했다. 그녀는 영국 노동자들은 소련 노동자들과는 달리 임금 감소를 전혀 수용하려 들지 않을 것이라며 마이스키의 주장에 큰 감동을 받았다. 1932년 5월 선거에서 노동당

정부가 무너졌을 때, 갑자기 할 일이 없어진 웹 부부는 레닌그라드로 가는 배에 몸을 실었다.[34]

그들이 택한 시점은 좋지 않았다. 1932년 소련에서는 농업의 강제 집단화 ― 남아 있는 사유 농지에 대한 소련 정부의 몰수 조치 ― 가 진행 중이었다. 스탈린은 특히 비옥한 흑토 농지와 거대한 농민 계급을 가진 우크라이나에 초점을 맞췄다. 로버트 콘퀘스트(Robert Conquest)가 쓰고 있듯이, 농민 계급은 도시의 프롤레타리아를 진보적 계급으로 간주하고 있는 마르크스-레닌주의에게는 일종의 이데올로기적 장애물이었다. 농부들은 자연히 보수적이 되었으며 곧잘 사유재산에 애착을 가졌다. 농민 계급을 없애기 위해 스탈린은 가난한 소작농들이 증오하는 것으로 알려진 부유한 자본가 지주 농민, 즉 쿨라크(Kulaks) 개념을 고안해냈다. "하나의 계급으로서 쿨라크를 일소하는 것"이 훌륭한 사회주의자들의 목표가 되게끔 만든 것이다. 그 후 일어난 음산한 이야기는 자주 들어왔다. "쿨라크들"은 체포되고 추방되었다. 소련의 농업 생산량이 곤두박질쳤다. 이에 대응하여 공산당은 거대한 곡물 수확량을 보여주는 통계를 날조했고, 추정된 잉여를 몰수해 갔으며 농민들을 굶주리게 했다. 1932~1933년의 극심한 기근으로 인한 홀로도모르(Holodomor)*로 우크라이나에서 대략 400만~500만 명이, 북코카서스와 볼가 저지대 지역에서 200만~300만 명이 굶어 죽었다. 당시 서류에 따르면 소련 정부는 무슨 일이 일어나고 있는지를 정확히 알고 있었다.[35]

시드니와 비어트리스 웹 부부 또한 알고 있었을 테지만, 아는 척하지 않았다. 스탈린이 통치하는 소련의 진취성과 국가 통제 아래 농업 경영을 합리화할 필요성을 확신한 그들은 "쿨라크들"의 강제수용소 유배에 대해 "필수적인 생산 증대를 성취하기 위해서는 농업에서의 개인 자본가 청산이 불가피했음

---

* 　1930년대 초반 우크라이나에서 대기근으로 엄청난 수의 사람들이 아사한 사건.

을 인정해야 한다"라고 그럴듯하게 해명했다. 웹 부부는 번영하는 러시아 및 우크라이나의 농민 계급은 항상 미움을 받았으며, 만약 일부 쿨라크들에게 야만적인 행위가 저질러졌다면, 그것은 부분적으로 그들의 단순한 고집으로 곡식이 썩어가고 있었기 때문이라는 주장을 계속했다.[36]

웹 부부는 공산주의자들은 아니었다. 대부분의 공산당 동조자들처럼 그들은 일당 독재 또는 일인 독재 치하에서 살기를 원하지 않았으며, 스탈린주의의 정치적 구속은 그들을 향한 것도 아니었다. 스테펀스는 1926년에 이렇게 썼다. "나는 최후까지 그들 편에 있을 것이다. 나는 러시아에 충성할 것이며 미래를 거기에 두고 있다. …… 그러나 거기서 살고 싶지는 않다. 마치 약자에게 무자비한 전쟁 때 군대에 복무하는 것 같다. …… 소련에 대한 나의 봉사는 바깥에서, 이곳에서 이루어져야 한다." 그의 경우에 "이곳"은 이탈리아의 리비에라 연안 지방이었다.[37] 우크라이나의 쿨라크들은 시베리아에서의 복무를 받아들일 수밖에 없었다.

이 암울한 규칙에도 예외가 있었다. 소련 안내자들을 회피하기로 작정한 약간의 저널리스트들이 그 우화를 꿰뚫어 본 것이다. 한 사람은 웰시먼 가레스 존스(Welshman Gareth Jones)로 그는 1932~1933년에 기아로 피폐해진 우크라이나에서 특보(特報)를 보낸 사람이었다. 다른 한 사람은 비어트리스 웹의 조카사위인 맬컴 머거리지(Malcolm Muggeridge)로, 그는 자본주의는 실패했으며 어떤 실현 가능한 사회 모델을 반드시 찾아야 한다고 확신한 채 1932년에 소련에 갔다. 머거리지는 안내자 없이 홀로 우크라이나를 방문하는 수고를 아끼지 않았다. 그가 그곳에서 보았던 것이 결정적으로 그를 공산주의로부터 돌아서게 만들었다. 그는 그곳에서 일어난 기아를 "비나 태풍 또는 홍수와 같은 어떤 자연 재앙 때문이 아닌, 계획되고 고의적인 것"으로 보았으며, "강제적인 집단농장화로 야기된 일종의 행정적인 기아가 …… 마을을 버리게 하고, 가축들의 씨를 말리고, 농토를 방치하여, 가는 곳마다 굶주리고 공포에

질린 사람들이 득시글거렸다"라고 증언했다. ≪맨체스터 가디언(Manchester Guardian)≫은 머거리지가 소련의 기아에 대해 쓴 3부작 기사를 몰래 들여와 게재했는데, 소련은 독재체제라고 결론을 내렸다. 머거리지는 이전의 페이비언 동료들에게 거짓말쟁이요 반동주의자라는 비난을 들었다.[38]

민주주의는 너무 타락했다: 파시즘과 유화론자들

공산주의 동조자들과 파시즘 동조자들 중 어느 쪽의 이야기가 더 창피스럽고 우울한지 단정하기는 어렵다. 1930년대의 특징은 파시즘 동조자들 역시 큰 세력을 떨쳤다는 점인데, 그들은 학자들이라기보다는 주로 사업가와 예술가에 가까웠다. 이들은 덕의 쇠퇴와 상실 같은 민주주의의 기본적인 문제점을 인식하고 있었다. 파시즘 동조자들은 이탈리아의 베니토 무솔리니(Benito Mussolini)가 선도하고 독일의 아돌프 히틀러(Adolf Hitler)가 모방하고 수정한 중앙집중식 권위주의에 깊이 감화되는 경향이 있었다. 오늘날 모든 사람들이 회피하려 드는 명칭인 파시즘은 1930년대에는 많은 사람들이 공개적으로 환영한 사상이었다.

그때에도 지금처럼 파시즘은 정확히 정의하기가 어려웠다. 그것은 종종 본질상 부정적인 용어로 여겨지곤 하는데, 이를테면 어떤 신화적인 순박한 과거로 '시간을 되돌리려는' 노력 같은 것이다. 그리고 그것은 부분적으로는 국제사회주의가 격퇴해야 할 것으로 정의한 의미에서 부정적인 운동이었다. 사회주의는 "노동자에게는 조국이 없다"라는 주장에 관한 한 공격적이었다. 즉, 만국의 프롤레타리아는 그들의 정치적 중요성이 국가의 중요성을 능가하는 하나의 계급을 형성한다는 것이다. 파시스트들에게 국가는 가장 중요한 사회적 단위였으며, 신비적인 어떤 것이었다. 국가 — 가공적이고 영웅적인 지도자로 구현된 — 의 가장 중요한 임무는 국민을 유기적인 전체로 묶는 일이었다.

파시스트들이 민주주의를 거부한 것은 민주주의가 20세기라는 시대의 요구에 부적합하다고 믿었기 때문이다. 정치학자인 후안 린츠(Juan Linz)는 그것을, "20세기 초기의 현실에서 나타난 민주주의의 이상에 대한 명백한 왜곡, 갈등 해소 메커니즘을 제도화하지 못하는 민주주의 지도부의 무능이 파시즘의 호소력에 토대를 제공했다"라고 설명한다.[39] 파시즘은 낭만주의적이고 계몽주의적인 요소를 특이하게 혼합하여 결합시킨 현대적인 운동이었다. 파시스트들은 이상주의자들이었으며, 이상이 세계를 움직인다고 주장하며 물질주의를 거부했다. 그들은 자연으로의 회귀를 촉구했다. 아마도 가장 놀라운 것은 파시스트들이 인간의 의지가 국민 속에 구현되어야 한다는 강력한 견해를 갖고 있었다는 점일 것이다. 국민은 모든 구속으로부터 자신을 해방시켜야 하며, 어떤 결과가 나오든 그렇게 해야 한다는 것이다. 영국의 파시스트인 오즈월드 모슬리(Oswald Mosley)는 "정확히 어디로 가고 있는지를 아는 사람은 너무 멀리 가지 않는다"라고 썼다. 그리고 벨기에 출신 파시스트인 레옹 드그렐(Léon Degrelle)은 "당신은 가야 하며, 급류에 자신이 휩쓸리게 해야 한다. …… 당신은 행동해야 한다. 나머지는 저절로 된다"라고 썼다.[40] "당신"은 파시즘 아래서 팽창과 제국주의와의 전쟁을 통해 대내적·대외적으로 무모하게 권력을 추구한 국가를 의미하는 것으로 끝났다. 파시스트들은 뻔뻔하게도 사회진화론자를 자처했다. 즉, 민족들은 세력 다툼을 벌이기 마련이며, 강자가 약자를 정복하는 것은 당연하다는 것이다. 그들은 또한 말로는 번지르르하게 반자본주의와 반교권주의를 표방했지만, 실제로는 상인들과 주교들과 타협했다.

무솔리니는 한때 사회주의 계열 신문의 편집자였으며, 1919년에 이탈리아에서 최초로 파시스트 운동을 시작하고 1922년에 정부를 조직했다. 곧 독일, 오스트리아, 헝가리, 루마니아, 영국, 스페인, 프랑스, 핀란드, 남아프리카연방 및 브라질에서 모방자들이 나타났다. 무솔리니에게서 영감을 얻은 히틀러와 그의 동료들은 1923년 바이에른에서 정부 전복 쿠데타를 시도했으나 비참하게 실패했다.[41] 1929년에 시작된 대공황과 세계 산업국가 전체에 불어닥친 재앙스러운 재산과 직업의 상실로 인해, 여러 나라에서 파시스트 정당이 지지를 받았다. 1932년에 헝가리에서 파시스트 정부가 구성되었고, 1933년에는 오스트리아와 포르투갈에서 파시스트 당원들이 권력을 잡았다. 그리고 가장 중요한 것은 독일에서 히틀러의 나치스가 정권을 장악한 일이다. 많은 다른 나라에서도 파시스트 정당들이 결성되었다. 1931년에는 네덜란드국가사회당(Dutch National Socialist Party)이, 1933년에는 스페인에서 팔랑헤당(Falange)이, 1934년에는 노르웨이의 국민연합운동(Norway's National Union Movement)이, 1935년에는 벨기에에서 렉시스트 운동(Rexist Movement)*이, 1936년에는 프랑스 인민당(French Popular Party)이 결성되었다. 1934년 12월에 무솔리니는 스위스의 몽트뢰에서 파시스트 인터내셔널(Fascist International)을 결성하고자 했는데, 히틀러가 참여를 거부하는 바람에 실패로 돌아갔다. 이들 두 독재자는 그 무렵 심각한 영토 분쟁에 휩쓸려 있었다. 그러나 그 운동은 산업사회들 곳곳에서 상당한 탄력을 얻었다.

대영제국의 오즈월드 모슬리는 노동당 정치인으로 출발했다. 국가가 국민경제를 직접 책임져야 한다는 요구를 거절한 노동당 정부에 실망한 그는 1931년에 노동당을 탈당하여 영국 파시스트 연합(British Union of Fascists)을 결성했다. 작가인 H. G. 웰스(H. G. Wells)는 파시스트를 반대하는 사람이었지만, 일단 경제공황이 시작되자 태도가 변했다. 1932년 7월 옥스퍼드대학에서 영 리버럴스(Young Liberals)**에게 행한 "자유주의적 파시즘(Liberal Fascism)"

---

* 벨기에의 레옹 드그렐이 청년층의 지지를 토대로 가톨릭 정신을 내세우며 조직한 '가톨릭 청년동맹'이 발전하여 1934년 탄생한 파시스트 정당.
** National League of Young Liberals. 1903년에 설립되었으며 영국자유당(자유민주당의 전신)의 청년 그룹.

이란 제목의 악명 높은 연설에서 웰스는 유행에 뒤떨어진 의회민주주의를 대체할, 그리고 "새로운 규모의 인간 공동체를 안내하고 다스릴" 어떤 존재─그의 말로는 "유능한 수취인(competent receiver)"─가 필요하다고 했다. 웰스는 또한 사유재산과 개인주의를 포기했고, 이탈리아의 파시스트야말로 자신이 늘 바랐던 것을 예증하고 있다고 언급했다. 역사가인 필립 커플랜드(Philip Coupland)는 다음과 같이 요약한다. "그리하여 이 '번창하고 진보하는' 유토피아를 찾기 위하여, 자유주의자들은 '시류에 맞춰 가야' 했고, '19세기 자유주의의 감상적인 임의성(sentimental casualness)'을 폐기해야 했고, 그리고 그들 자신을 '자유주의적 파시스트'로 변형시켜야 했다. 그렇게 함으로써, 자유주의는 '의회정치의 미적거리는 우유부단함을 대체하기 위한' 하나의 조직체가 된다."[42]

미국도 파시즘의 매력에 영향을 받지 않는다는 보장이 없었다. 시인 에즈라 파운드(Ezra Pound)가 그것에 빠져들었다. 가장 불명예스러운 파시즘 지지자는 영웅적인 비행기 조종사 찰스 린드버그(Charles Lindbergh)였다. 대서양을 횡단하여 비행한 사상 최초의 인간으로서, 1927년에 세계의 상상력을 사로잡았던 '외로운 독수리(Lone Eagle)'* 행운아인 린디(Lindy)**는 1940년에 '미국제1위원회(America First Council)'라는 단체의 지도자가 되어 미국의 유럽 전쟁*** 개입을 맹렬하고 공개적으로 반대했다. 그러나 린드버그는 고립주의자가 되었을 뿐 아니라 노골적으로 나치 독일을 찬양하고 대영제국과 자신의 조국인 미국을 깊이 경멸했다. 공군력의 중요성을 믿었던 비행사로서 린드버그는 헤르만 괴링(Hermann Göring)의 독일 공군을 마음에 들어 했고, 독일 공군력이 유럽을 정복할 것이라고 미국인들과 영국인들에게 끊임없이

---

* 미국 신문들이 그에게 붙여준 별명.
** 린드버그의 애칭.
*** 제2차 세계대전을 말한다.

경고했다. 찰스 린드버그와 그의 아내 앤 모로 린드버그(Anne Morrow Lindbergh)
는 수차례 독일을 방문했고, 1940년에는 베를린에서 정주할 궁리도 했다.
1936년 그는 첫 번째 독일 방문길에 친구에게 보낸 편지에서 "내가 생각하기
에 독일은 여러 가지로 오늘날 세계에서 가장 흥미로운 나라이며, 이 나라는
우리의 가장 근본적인 어떤 문제들에 대한 해결책을 찾으려 하고 있다"라고
썼다.[43] 1937년 괴링의 초청으로 이루어진 또 한 번의 방문에서, 린드버그는
다른 친구에게 보낸 편지에, 독일과 이탈리아는 "여러 가지 면에서 우리보다
훨씬 앞선 품위와 가치 감각"을 지닌, 오늘날 유럽에서 "가장 씩씩한 나라들"
이라고 썼다. 그 무렵 영국에 기거하면서 린드버그는 독일의 질서정연함을
"런던의 옥외 게시판에 등장하는 살인, 강간, 이혼 같은 신문 기사 표제들"과
대비시켰다.[44] 1939년에 그는 영국이 더 이상 "우리의 문명"을 지켜낼 수 없
다는 우려를 표명하며, 그 임무가 새로운 독일에게로 넘어갔다고 주장했
다.[45]

린드버그의 아내인 앤 모로의 전기 작가 수전 허토그(Susan Hertog)는 린
드버그의 견해를 이렇게 설명한다.

> 분명히 찰스 린드버그는 제3제국을 그가 추구하는 가치, 즉 신체적으로 훌륭하고 도덕
> 적으로 깨끗한 우월한 종족의 보존을 위해 이용하는 과학과 기술의 구현체라고 보았다.
> …… 사회적·정치적 평등은 멋대로 날뛰는 언론들과 어울려 도덕적 타락이라는 특징을
> 만들어냈다. …… 린드버그는 자신이 보통 사람들 — 교육받지 않은 허약한 대중 — 을 경
> 멸한 정도로 민주주의를 경멸하지는 않았다. …… 린드버그에게 히틀러 치하의 독일은
> 정력적이고, 이루어야 할 목적이 뚜렷한 진짜 남성미 넘치는 나라였다. 파시스트 국가의
> 강력한 중앙집중적 지도력은 도덕적인 세계 질서를 복구하는 유일한 희망으로 보였다.[46]

유명한 작가이기도 했던 모로 린드버그는 남편이 파시스트에 공감하자 어

쩔 줄 몰라 했다. 오랜 침묵 끝에 그녀는, 민주주의는 끝났으며 독일이 미래 사회의 원형이라는 확신을 혼란스럽고도 서정적으로 진술한『장래의 추세: 신념 고백(The Wave of the Future: A Confession of Faith)』을 1940년에 결국 출판한다. 남편과 마찬가지로 앤은 나치스의 몇몇 관행들, 특히 유대인에 대한 잔혹성에 우려를 표명했다. 그러나 그녀는 독자들에게 역사의 운동은 잔혹할 수 있다고 상기시켰다. 모로 린드버그는 이렇게 결론지었다. "우리는 불행히도 두 개의 꿈 사이의 휴지기에 살고 있다. 우리는 하나의 꿈에서는 깨어났지만 다른 꿈은 아직 시작하지도 않았다. 우리는 죽어가고 있는 꿈에 대해 여전히 우리의 눈, 우리의 마음, 우리의 심장을 갖고 있다. 서쪽으로 사라져가는 온 하늘을 진홍색으로 물들이는 것은 얼마나 아름다운가! 그러나 희미한 새벽에 다가오는 또 다른 것이 있다."[47]

찰스 린드버그는 무슨 수를 써서라도 미국을 유럽 전쟁에 개입하지 못하도록 하기 위해 1940년에 결성된 '미국제1위원회'의 선도 대변인이 되었다. 그 운동은 애국적인 고립주의자들의 핵심으로 시작했지만, 파시스트들, 반유대주의자들, 독일 동조자들의 기괴한 집단들을 끌어모은 것이었다.[48] 대부분의 미국인들은 — 심지어 고립주의자들까지도 — 민주주의의 가망성은 형편없어졌다는 린드버그의 주장에 전혀 동의하지 않았다. 린드버그 부부 둘 다 사회 다방면에서 쏟아지는 비난에 직면했다. 그러나 파시즘이 "우리의 가장 중요한 어떤 문제점들에 대한 해결책을 찾아낼" 준비가 더 잘 되어 있었기 때문에 그들은 결코 외롭지 않았다.

그들의 견해는 물론 틀렸다. 독일 공군은 1940년에 영국 공군을 이길 수 없음이 증명되었다. 좀 더 일반적으로 말해서, 파시스트 국가들은 경제 공황 때 자원을 인상적인 수준으로 동원할 수 있었지만, 그들은 평시에 그들의 사회를 전시 태세에 돌입시킴으로서 그렇게 할 수 있었던 것이다. 파시스트들의 경제 자립 국가를 향한 충동은 그들을 공격적인 팽창 정책으로 몰고 갔으며, 자신들의 적인 공산주의자와 민주주의자들이 싸움을 걸어오도록 자극했을 정도로, 거대한 제국을 건설하기 위해 다른 주요 국가들을 삼키려는 시도로 나아가게 했다. 그리고 그 적들은 실제 전쟁이 일어났을 때 적어도 자원을 동원하는 데 아주 능란하다는 점을 입증했다. 파시스트 국가의 목표인 전쟁과 정복이 1940년대에 바로 그 국가의 파멸을 증명해 보였다. 그러나 부끄럽게도 민주주의 체제에서 영향력을 가진 상당수 사람들 그 자신이 1930년대에 이것을 예견하지 못했다.

*   *   *

20세기의 가장 소름 끼치는 정권들을 정당화하기 위해 이처럼 잘못 출발한 혼란스러운 분석, 낭만적이고 순진한 합리화, 우스운 예언, 어이없는 시도로부터 우리는 무엇을 얻게 되는가? 어떤 사람들은 자유민주주의 반대쪽에 내기하는 것은 전혀 현명한 일이 아니라고 결론을 내릴지도 모른다. 아마도 1930년대의 바로 그 동조자들의 오류는 자유시장 자본주의, 개인의 자유, 인민주권은 모두 지금까지 고안된 것 중 가장 성공적인 통치체제를 구성한다는 것을 깨닫지 못한 데 있었다. 대공황이 지독하긴 했지만, 자유민주주의 제도는 최소한의 피해로 사회를 거기에서 벗어나게 할 수 있는 우월성을 입증했다. 그러한 설명은 내가 이 장 서두에서 제시한 이유들로 인해 자연스럽게 미국인들에 관한 것이다. 장기적인 관점에서는 그것이 옳을지도 모르지만, 사실 나는 과연 그럴까 하는 의심도 한다. 그러나 장기적이라는 바로 바로 그 문제는 하나의 과정이 얼마나 길게 갈지 우리가 모른다는 것을 뜻한다.

좀 더 조심스럽게 말하면, 이 음산하고 당혹스러운 역사로부터 얻을 수 있는 더 안전한 결론은 비록 크게 성공한 사람들 ― 작가, 학자, 산업계의 거물, 투기꾼, 성직자 ― 일지라도 이데올로기 경쟁이 어떻게 진행될지에 관한 문제에서는 비극적인 잘못을 저지를 수 있다는 점이다. 그들은 A 세력이 역사의 흐름에 걸맞게 움직이고 있고, B 세력은 그렇지 않다고 완전히 확신하여 A쪽에 투자하기 시작하지만, 결국 그런 투자가 그들을 파멸시켰음을 알게 된다.

오늘날 진보 내러티브의 힘은 우리들에게 여전히 강력한 것이며, 서구인들은 진보라는 것이 무슨 의미이든 간에 이슬람주의는 진보적이 아니라는 데 그야말로 동의하는 경향이 있다. 다른 무엇보다도 바로 2001년 9월 11일에 일어난 알카에다의 공격에 대한 평범한 서구인들의 반응을 보면 된다. 그러한 행동을 저지르거나 그러한 행동을 지지하는 생각을 품는 사람들은 서구 자신이 수세기 전에 겪었던 것과 같은 '종교개혁'이나 '계몽운동'을 필요로 하는 "중세적" 인간들이라고 우리는 말해왔다(계몽주의가 불러일으킨 나폴레옹 전쟁과 20세기의 세계대전들은 말할 것도 없겠지만, 르네상스 바로 그 시기에 일어난 30년 전쟁처럼 파괴적인 전쟁을 중세 유럽은 전혀 겪지 않았다는 것은 개의치도 않는다). 더욱이 우리는 어떻게 해서든, 어떤 방법으로든, 중동이 언젠가는 그러한 변형의 과정을 겪어야 한다고 믿는 경향이 있다. 기술로부터의 압력, 지구 경제에서의 경쟁 필요성 또는 약간 불가사의하고 냉혹한 역사적 과정은 기독교 사회에서 그랬던 것처럼 무슬림 사회에서도 반드시 나타나게 되어 있다(그리고 동아시아와 남아시아의 많은 나라에서도 이야기는 그렇게 진행된다).[49]

때로는 성급하게 제기되는 그러한 주장들은 급진적 이슬람주의의 테러리즘을 겨냥해왔다. 그러나 중동을 연구하는 진지한 학자들은 더 깊은 분석을 통해 이슬람주의에 관한 유사한 결론을 내리는 것이 일반적이다. 즉, 이슬람주의는 온건하면서 동시에 과격하다는 것이다.

이슬람주의를 다루는 가장 깊이 있는 글을 쓰는 저자들 중 한 사람은 프랑스 학자인 질 케펠(Gilles Kepel)이다. 특히 케펠은 가차 없는 지구적 세속화라는 서구의 사회과학적 선언을 좌절시킨 "신의 복수(revenge of God)"라는 주제로 잘 알려져 있지만,[50] 그럼에도 9·11 공격 이후 이슬람주의는 결코 오래가지 못할 것이라고 예측했다. 이슬람주의는 20세기 초기 및 중기에 무슬림들에게 호소력을 얻었는데, 그 이유는 그것의 적인 권위주의적 세속주의가 너무나 잔인하고 억압적이었기 때문이다. 수많은 이슬람주의자들이 스스로 폭력을 —특히 무고한 시민들에게— 사용하고 있는 지금, 그들은 무슬림 중산층의 지지를 잃고 있다. 그리하여 9·11은 강건한 이슬람주의의 신호이기는 커녕 "이슬람주의 운동의 고립, 분열, 쇠퇴에서 오는 자포자기의 상징"이었다. 케펠은 9·11이 미국을 쓰러뜨리고 무슬림 세계 전반에 혁명을 불러일으킬 것이라는 게 알카에다의 생각이었지만 그런 일은 전혀 일어나지 않았다고 쓰고 있다. 그는 "이슬람주의 운동은 21세기 문명과 맞서는 동안, 쇠퇴 일로를 되돌리는 데 많은 어려움을 겪게 될 것"[51]이라고 결론짓는다.

올리비에 로이(Olivier Roy)는 프랑스의 또 다른 뛰어난 이슬람주의 학자이며, 많은 무슬림 국가들 가까이서 실제 이슬람주의자들을 연구해온 사회학자이다. 로이의 주장은 복잡하지만, 그의 일반적인 논지는 이슬람주의가 모순으로 갈가리 찢어져 있기 때문에 제대로 작동될 수 없으며, 살아남기 위해서는 더 온건해져야 한다고 말한다. 『정치 이슬람의 실패(The Failure of Political Islam)』에서 로이는 20세기 중반 수십 년간 원조 이슬람주의자였던 하산 알-반나(Hassan al-Banna)와 아불 알라 마우두디(Abul Ala Maududi)는 완전히 이슬람화한 국가를 추구했지만, 실제로 이러한 이슬람주의자들이 권력을 획득하자 자신들의 극단적인 요구 중 많은 것을 양보하고, 현대적 사회 건설에 대한 요구에 직면했다고 주장한다.[52] 더 최근에 로이는 대부분의 이슬람주의자들이 좀 더 친숙하고 그야말로 평범한 민족주의를 향한 보편주의적 시각을 포기했다고 주장한다.[53] 실질적인 정치권력을 잡는 것이 이슬람주의자들로 하여금 그들의 목표 일부를 누그러뜨리게 한다는 로이의 말은 의심할 여지없이 정확하다. 이런 경향은 내가 교훈 5에서 검토할 것이다. 그러나 로이가 인정하듯이, 이슬람주의자들은 샤리아를 확립하려는 그들의 핵심 목표를 계속 유지할 것이다. 더욱이 이 책에서 다루고 있는 역사가 보여주듯이, 때때로 어떤 이데올로그들이 그들의 계획을 누그러뜨리는가 하면, 또 다른 이데올로그들은 이들과 관계를 단절하고 급진주의를 유지하며 새로운 그룹을 형성한다. 세속주의파 무슬림들에게 그것은 사소한 일이 아니다.

로이와 케펠은 이슬람주의에 대한 훌륭하고 박식한 분석가들이다. 알카에다식의 급진적 지하디즘이 특정한 지역의 특정한 사람들 사이에서 오래 지속될 수 없다는 그들의 진단은 정확하다고 할 것이다. 그러나 우리는 이슬람주의에 대한 그들의 주장을 일반화하며 믿기 전에 조심해야 한다. 왜냐하면 이데올로기들은 대체로 그들의 적에 의해, 그리고 국외 세력들에 의해 과소평가된다는 강력한 역사적 교훈이 있기 때문이다.

외국 이데올로기를 경시하는 이런 경향은 인지적 부조화를 줄이려는 우리의 필요성에서 비롯하는지도 모른다. 만약 내가 이데올로기 A에 찬동하고, 그 정반대인 이데올로기 B를 거부한다면, 이데올로기 B는 부당하고 잘못되었을 뿐 아니라 비현실적이라고 생각하는 한, 나는 사태를 내 자신을 위해 더욱 단순화하게 된다. 우리는 좋은 일들은 순행하기를 바란다. 즉, 도덕적으로 나쁜 것은 또한 실패해야 마땅하다. 이슬람주의가 불우한 운명을 맞을 것이란 예언은 그 운동 자체만큼이나 오래된 이야기다. 아타튀르크 같은 초기의 세속주의자들은 전통적 이슬람 사회가 종교적으로 형성된 제도들과 함께 현대화의 공격으로 붕괴되고 있다고 믿었다. 그 믿음은 그들의 세속주의 채택을 정당화하는 데 도움을 주었으며, 어쩌면 그러한 채택의 원인이 되었을 법도 하다. 20세기의 무슬림 세속주의자들은 전통적인 제도와 관습을 근절하고 세속적 무슬림 국가들 ― 터키, 이란, 파키스탄, 이집트, 시리아, 이라크 등 ― 도 서구 국가들처럼 현대적인 국가로 번창할 수 있음을 보여주면서 자신들의 사례를 입증하기 시작했다.

케말리즘(Kemalism)으로 불린 아타튀르크의 터키 현대화 프로젝트에는 도시화 계획이 포함되어 있었는데, 바로 그 젊은 국가 터키는 전통적인 이슬람 제도와 관행이 가장 강력하게 뿌리를 내린 시골 지역 아나톨리아를 방치했다. 국가의 통제를 벗어난 시골에서는 케말리스트들의 면전에서 전통적인 이슬람 관행들이 계속 번성하고 있었다. 이 관행들과 일반적인 반세속주의 정서가 1946년 다당제 민주주의가 실시되면서부터 정치계에 나타나기 시작했다.[54] 오늘날 터키의 온건한 이슬람 정당인 정의개발당(AKP: Justice and Development Party)이 존재하는 이유는 케말리스트들이 개인 네트워크를 통해 지탱하면서 그 자신을 현대적인 운동으로 수정하기 위해 전통적 이슬람 권력을 과소평가한 데 있다.

이란의 경우는 훨씬 더 드라마틱하다. 이 책 서론에서 언급했듯이 레자 샤는(Reza Shah)는 아타튀르크의 현대화와 세속화 프로젝트를 복제하여 이란에 시행하려고 했다. 그와 그의 아들 모하메드 레자 샤(Mohamed Reza Shah)는 울레마(Ulema), 즉 성직자들로부터 권력을 빼앗았으며 성직자들은 마지못해 이를 묵인했다. 샤 부자와 그들의 동료 현대주의자들은 전통적으로 존재해온 이슬람, 즉 사회에 강력하고 제도적인 영향력을 행사해온 이슬람이 서서히 사라져갈 것이라고 확신했다. 그러나 그동안 내내 이슬람 성직자들은 조용히 조직을 재편성하고 어떻게 하면 서구의 영향을 받는 현대적이고 기술적인 사회에서 이슬람을 유지하고 경건한 무슬림들을 양성할지에 대한 생각을 발전시켰다. 알리 샤리아티(Ali Shariati), 루홀라 호메이니, 그리고 다른 지도적인 성직자들이 샤에 대한(그리고 특히 그의 반공산주의에 대한) 충성을 맹세하기는 했지만, 이란에 대한 그들의 비전은 점점 더 샤로부터 멀리 일탈하기 시작했다.[55]

샤도, 그를 찬미하는 서구인들도 실제로 이슬람이 사회적·정치적 세력으로 재등장할지 모른다는 생각을 해본 적이 없었다. 1974년 11월 4일 자 《타임(Time)》은 "이란: 석유, 위엄, 그리고 서구에 대한 도전"이란 기사를 포함하여 이란에 대한 몇 가지 이야기를 특집으로 내보냈다. 이란에 이슬람 혁명이 일어나기 5년 전에, 이 미국의 대표적인 시사 주간지는 이른바 공작 왕좌(Peacock Throne)*에 대한 이슬람의 위협은 존재하지 않는다고 보도했다.[56] 정치학자인 로버트 저비스(Robert Jervis)는 왜 CIA는 1978~1979년에 샤의 실각을 예측하지 못했는가에 대해 연구했다. 무엇보다 그가 내린 결론에 따르면, 미국의 정보 분석가들은 세속화가 확실히 성공한 사회에서는 종교에 근거한 반대가 그만큼 필연적이게 된다는 점을 진지하게 받아들이기 어려워했다는 것이다. "비록 현대화 이론이 1970년대 말에 이르러 타격을 받기는 했지만, 종교 같은 퇴보적인 것, 특히 근본주의적인 종교 같은 것이 결정적일 수 있다고는 여전히 상상하기 어려웠다."[57]

따라서 분명한 것은 이슬람주의에 대한 세속주의자들의 묵살이 서구인들의 뇌리에 깊이 배어 있다는 점이다. 저비스가 말했듯이 그것은 전통적인 종교가 현대 세계와 조화될 수 없다는, 지금은 믿지 않는 오랜 사회과학적 합의와 연결되어 있다. 여러 해 동안 학자들은 현대화는 당연히 세속화와 결부되어 있다고 ─ 서로에게 원인이 되거나, 아마도 단지 같은 것이거나 ─ 생각했다. 이 이야기는 서구 학계에서 당연한 것으로 굳어졌다. 다시 말해서 사회는 확실히 다른 시간과 공간에서 서로 연관된 일련의 변화를 겪는다. 즉, 기술은 근육 노동을 대체하고, 사람들은 시골에서 도시로 이동하며, 점점 더 서로 중복되는 사회 그룹에 속하게 되고, 제도가 점점 더 효율화하고, 과학이 세상을 이해하는 근원으로서 계시 종교를 대체한다. 사회학자인 피터 버거(Peter Berger) ─ 그도 한때 지도적인 세속화 이론가였다 ─ 가 지적하듯이, 이 이야기는 그것을 생각해낸 서구 학계에 특히 잘 적용되며 아마도 서부 유럽과 몇몇 북미 연안 지역에 적용된다. 그러나 세계의 대부분 지역은 기술적으로 더 정교해지고

• 이란 국왕의 왕좌.

도시화하고 사회적으로 복잡해지는 동안, 여전히 예전처럼 종교적인 성격을 유지해왔다. 사실 케펠이 다른 곳에서 주장했듯이, 현대화는 전통적인 믿음을 재확립하고 재형성하려고 하는 종교적 반응을 유발해왔다.[58]

우리는 다음과 같이 해결되지 않은 사실과 씨름해야 한다. 세속주의는 중동과 그리고 그것이 작동하지 않는 여러 곳에서 시도되었다. 이슬람주의는 사실 수십 년 전 유럽인들에 의해, 그리고 무슬림 세속주의자들에 의해 강요된 세속주의에 대한 반작용이다. 중동이 단지 근대 초기의 서구가 겪었던 일을 겪어야 한다고 말하는 사람들은 그런 일이 이미 일어났음을 알아야 한다. 더군다나 세속주의는 전통적 이슬람을 절멸하기는커녕 그것을 설득력 있고 얼룩덜룩한 현대적 이데올로기로 변형시켰다. 무슬림 세계 곳곳에 이슬람주의자 그룹들과 정당들 ― 어떤 것은 급진적이고, 어떤 것은 온건하며, 그러면서도 모두가 세속적인 정부를 약화거나 제거하려고 결심한 ― 이 지지를 이끌어내고 있다. 세속주의를 가장 단호하게 시도한 국가들만큼 아이러니가 두드러진 곳도 없다. 이슬람주의자들은 이란을 통치하고, 파키스탄에서는 영향력을 행사한다. 심지어 터키도 '이슬람에 뿌리를 둔' 정당이 다스리고 있다. 이집트에서는 아랍의 봄에 이어 실시한 자유선거로 이슬람주의자인 대통령 및 대다수 의회 의원들이 선출되었는데, 2013년 여름에 군부가 정부를 탈취하여 세속주의 통치를 복원했다.

정치 이슬람의 역동적인 에너지처럼 보이는 것이 오히려 그것의 죽음을 알리는 쉿소리일 수도 있다. 세속주의가 어느 순간에 추진력을 다시 얻을 수도 있을 것이다. 중동의 세속주의 정부들은 권위주의적이었으며, 자유민주적 세속주의는 아직 더 기다려야 할 것 같다. 그러나 그날은 현재로선 멀리 있는 것 같다. 지금은 이슬람주의를 과소평가할 때가 아니다.

이데올로기는 (대체로) 단일체가 아니다

컴퓨터 용어를 빌려 오건대 만약 아야톨라 호메이니, 오사마 빈 라덴, 니달 하산이 이슬람주의 1.0을 대표한다면, 레제프 타이이프 에르도안(2003년 3월부터 2014년 8월까지 터키 총리, 그 이후에는 터키 대통령), 타리크 라마단(스위스의 지식인), 케이스 엘리슨(미국 의회 의원)은 이슬람주의 2.0을 대표한다. 전자는 더 많은 사람들을 죽이지만, 후자는 서구 문명에 커다란 위협이 되고 있다.

대니얼 파이프스 Daniel Pipes, 2009년

매우 상이한 목적과 수단을 가진 다수의 국가와 조직이 모두 이 같은 단일체적인 위협의 일부로서 분류된다. 레바논의 헤즈볼라, 이란 정부, 알카에다, 탈레반, 가자의 하마스와 소말리아의 알샤바브는 미국의 많은 지도자들의 눈에는 동일한 세계적 괴물의 여러 얼굴들 중 일부일 뿐이다.

브렌던 오라일리 Brendan O'Reilly, 2011년

모놀리스(monolith, 단일체)는 글자 그대로 하나의 암석에서 깎아낸 비석이다. 역사에서 어떤 이데올로기 운동이 존재할 때마다 그것을 반대하는 국외 세력들은 그것이 모놀리스와 같이 완전히 단일체인지 아닌지, 이를테면 구분되지 않는 한 덩어리로서, 분할할 수 없는 것인지에 대한 토론을 벌인다. 1790년대에 영국인들은 신생 미국과 프랑스 공화국이 동질적인 하나인지를 두고 논쟁을 벌였다. 20세기 냉전 기간 내내 서구의 각국 정부는 온 세계의 공산주의자들이 단단한 블록을 형성한 것인지 골똘히 생각했다.

이슬람주의는 단일체인가? 이슬람주의자들은 샤리아를 그들 사회의 사실상 실정법으로 만들려는 일반적인 목적을 공유한다. 그러나 이슬람주의자들은 다양한 부류로 나타난다. 일부는 아랍인이고 다른 일부는 페르시아인 또는 파슈툰인이나 벵골인이고, 일부는 수니파이고 다른 일부는 시아파이다. 일부는 테러를 수행하고 다른 일부는 평화적인 수단으로 목적을 달성한다. 일부는 민족주의자들이고 다른 일부는 국제주의자들 또는 제국주의자들이다. 이 그룹들을 관통하는 문제는 누가 올바른 형식의 샤리아를 갖고 있는지, 그리고 누가 과연 그렇게 말할 수 있는지에 대한 깊은 의견 충돌이다.

그리고 일부 이슬람주의자들은 다른 이슬람주의자들을 적으로 간주한다. 탈레반과 이란 현 정권 사이의 반목은 오래되고 깊다. 사우디 왕실의 가장 치명적인 적들 중 하나는 알카에다이다. 이들 둘 모두 이란을 적으로 간주한다.

그렇다면 이슬람주의는 폴리리스(polylith) ─ 잠재적으로 분리할 수 있는 복합 석재로 만들어진 구조물 ─ 로서 더 잘 이해되는 것일까? 이슬람주의자들은 꼭 같은 일반적인 것 ─ 샤리아 ─ 을 찾지만 분명히 그들은 행동을 같이하지 않는다. 실제로 일부 이슬람주의자들은 다른 이슬람주의자들에게는 적이다. 우리 국외자들은 그들의 차이를 인정하고 거기에 걸맞게 아마도 그들 중 일부와 협력을 모색해야 하는가? 우리는 일부 이슬람주의자들 — 즉, 온건파 또는 민주주의파 또는 친서방파 — 을 다른 파벌들에 대항시켜 그들을 분할해서 지배하는(divide et impera) 고대 로마인들의 게임을 해야 하는가?

일부 논평가들은 단일체 전략(monolithic strategy)을 요구한다. 대니얼 파이프스(Daniel Pipes)는 저술을 통해 그가 이슬람주의는 종교가 아닌 이데올로기인 만큼 하나의 단일체로 간주해야 한다는 점을 분명히 한다. 그는 "이슬람주의는 하나의 재앙이자 지구적인 고통으로서 그 희생자에는 모든 종교의 사람들이 포함된다. [그러나] 무슬림들이 그 주된 희생자들이다"[1]라고 쓰고 있다. 신보수주의의 숨은 실력자로 널리 인정받는 노먼 포도레츠(Norman Podhoretz)는 "이슬람파시스트(Islamofascist)"라는 용어를 만들어냈다. 그는 "그들 이전의 나치스와 공산주의자들처럼, 이 이슬람파시스트들은 우리가 소중히 여기는, 그리고 미국이 그것을 위해 싸우고 있는 자유를 파괴하는 데 전념하고 있다"[2]고 말했다. 포도레츠와 파이프스의 관점은 분석가들 사이에서 흔히 발견되는 것이다. 즉, 문제는 종교가 아닌 이데올로기지만 이 이데올로기는 그것이 어디에서 발견되든 반대해야만 하는 일종의 단일체라는 것이다 [논리적으로 이슬람주의는 단일체이지만 협의조정주의(counsel accommodation)로 볼 수 있다. 그러나 어떤 "단일체주의자"도 조정주의자(accommodationist)인 경우는 거의 없는 것 같다].

다른 한편으로 많은 분석가들은 이슬람주의가 복합체(polylithic)라는 반대 입장을 취한다. 이들은 이슬람주의자들이 다양한 형태를 보이며 모두가 위험한 것은 아니라고 주장한다. 사회학자인 찰스 커즈먼(Charles Kurzman)은 극소수의 이슬람주의자들이 호전적이며 — 심지어 오사마 빈 라덴을 존경한다고 공언한 사람들도 대부분 폭력적인 성전(聖戰)을 결코 실행하지 않는다 — 실제로 온건한 이슬람주의자들이 알카에다 같은 그룹들로부터 잠재적 호전파 활동가들을 흡수하고 있는 데 주목한다.[3]

이슬람주의가 단일체인가 복합체인가는 미국의 외교 정책에 문제가 된다. 미국 육군 장교인 유세프 아불-에나인(Youssef Aboul-Enein)은 무슬림, 이슬람주의자, 호전적 이슬람주의자를 구분한다. 호전적 이슬람주의자들은 폭력적인 수단을 사용하여 샤리아를 달성하려 하는 반면, 평범한 이슬람주의자들은 대체로 평화적이고 합헌적인 수단을 사용하며 종종 호전주의자들을 적으로 간주한다. 아불-에나인은 호전적 이슬람주의자들에 대항하여 평범한 무슬림 및 이슬람주의자들과 협력하라고 조언한다.[4] 유사한 방식으로 기자 브렌던 오라일리(Brendan O'Reilly)는 이렇게 쓰고 있다. "이라크와 아프간에서 폭력 반란자들이 되는 동기는 주로 개인적이고 민족주의적인 것이다. 이렇게 서로 다른 그룹을 알카에다 테러리스트들과 한 가지로 묶는 것은 공정하지 못할 뿐만 아니라, 실패를 자초하는 정책의 근거가 된다."[5]

실제로 미국과 그 외 많은 비무슬림 국가들은 이미 이슬람주의자들 간의 차이점을 알고 구별할 줄 안다. 워싱턴은 1940년대 이래 사우디 왕실 ─그들의 와하비 이슬람주의는 오늘날 세계에서 가장 엄격한 것으로 유명하다─ 은 물론 페르시아 만의 다른 온건한 이슬람주의 왕실들과 밀접한 관계를 유지한다. 그러나 파이프스와 로버트 베어(Robert Baer) 같은 일부 비평가들은 사우디-미국 관계의 재검토를 요청한다.[6]

그렇다면, 이슬람주의를 단일체로 다루어야 할까, 아니면 복합체로 다루어야 할까? 다시 말해 이슬람주의자들을 한 덩어리로 함께 다루어야 할까 분리해서 다루어야 할까?[7] 이것은 우리가 지닌 성향이 매우 강력하기 때문에 대답하기가 꽤 어려운 질문이다.

일부 사람들은 어디를 보든 유사성을 보는 경향이 있지만, 다른 사람들은 상이성을 보는 경향이 있다. 고대 그리스 시인인 아르킬로쿠스(Archilochus)

는 "여우는 많은 것을 알고 있지만, 고슴도치는 중요한 것 한 가지만 알고 있다"라고 썼다. 정치 이론가인 이사야 벌린(Isaiah Berlin)은 주장하기를, 작가들은 모든 사건, 진술, 대상을 단 하나의 지배적인 원칙에 연결 짓는 고슴도치 유형, 아니면 일부 서로 모순되기도 하는 많은 발상을 한꺼번에 추구하는 여우 유형으로 분류될 수 있다고 했다.[8] (벌린은 적어도 그 글에서는 고슴도치 유형이었다.) 고슴도치 유형은 폭넓은 범주를 창안하길 좋아한다. 여우 유형은 폭넓은 범주의 조야함과 고슴도치 유형의 무지를 보여주는 걸 대단히 즐긴다.

설사 당신이 여우 유형인지 아니면 고슴도치 유형인지 알고 있다 해도 그런 문제는 없어지지 않는다. 우파 또는 좌파의 정치적 정당성이 우리가 "단일체 또는 복합체"적인 문제에 대답하는 방식에 중대한 영향을 미친다. 미국 라디오 대담 프로그램을 조롱하는 한 가지 확실한 방법은 모든 이슬람주의자들이 똑같은 것은 아니라고 — 예컨대 이집트의 무슬림형제단은 진정으로 민주주의를 원할지도 모른다고 — 암시하는 것이다. 왜냐하면 그것은 죽을죄인 유화책에 해당하기 때문이다. 대부분의 미국 대학 캠퍼스를 모욕하는 한 가지 확실한 방법은 모든 이슬람주의자들은 다 **똑같다고** — 예컨대 심지어 온건한 무슬림형제단도 자유를 제한하는 의제를 갖고 있다고 — 암시하는 것이다. 왜냐하면 그것은 상투화나 불관용이라는 죽을죄에 해당하기 때문이다.

다행히도 우리는 서구 역사에서 그 단서를 찾을 수 있다. 서구 자신의 역사가 가르쳐주는 바는 국가를 초월한 이데올로기 운동은 항상 국외자들에게 다음과 같은 딜레마를 안겨준다는 것이다. 즉, 국외자들은 서로 다르게 반응한다. 그리고 때로는 단일체가 복합체보다 다루기가 실질적으로 수월하다. 그리고 이 모든 것 중 가장 성가신 것은 국외자들에게는 주요한 보편적 전략이 없다는 것이다. 누군가가 여우 역할을 하든 고슴도치 역할을 하든 간에 그는 위험을 감수한다.

우리는 그런 역사를 들추어내기 전에 단일체-복합체 문제를 특별히 복잡하게 만드는 것들을 알아야 한다. 올바른 대답은 부분적으로 그 사람의 가치관 ─ 도덕적으로 또는 신중하게 고려할 때 그가 어느 정도로 그 이데올로기를 반대하고 있느냐 ─ 에 달려 있다. 심지어 대부분의 여우 유형들도 일부 이데올로기 그룹들이 도덕적으로 용납될 수 없으며 단일체로 취급되어야 한다는 고슴도치 유형의 주장에 동의할 것이다. 나치즘은 가장 명백한 사례이다. 나치스사이의 파벌주의와 배신은 1960년대 텔레비전 시리즈인 〈호건의 영웅들(Hogan's Heroes)〉에 나오는 농담거리로 끝나는 것이 아니다. 그것은 역사적 사실에 관한 문제이다. 그리고 소련에 대항하여 서구와 거래하길 원하는 나치스가 있었다. 나치스 독일의 부총통이었던 루돌프 헤스(Rudolf Hess)는 영국에 그러한 거래를 제의하기 위해 1941년에 스코틀랜드로 비행기를 타고 왔다. 헤스의 제의를 딱 잘라 거절하고 그를 감옥에 집어넣은 윈스턴 처칠(Winston Churchill)을 비난하는 사람은 거의 없다.

그러한 점에서 이슬람주의는 나치즘과 같은 것인가? 국가가 강행하는 샤리아라는 개념 자체가 도덕적으로 역겹기 때문에 그 옹호자들 ─ 비록 비폭력적이고 민주적인 사람들일지라도 ─ 은 절대로 수용해서는 안 되는 것일까? 어떤 사람들은 그렇다 라며, 갖은 전략과 전술로도 그들을 움직이지 못할 것이라고 말할 것이다. 그들의 주장은 어느 것이나 특별히 심각한 논쟁을 불러일으킨다. 왜냐하면 테러리즘을 거부하고 민주주의를 옹호하는 이집트의 유수프 알-카라다위(Yusuf al-Qaradawi) 같은 온건한 이슬람주의자들마저도 극도로 불쾌한 반유대주의적 발언을 해왔고, 배교자 ─ 이슬람교를 버리고 기독교나 다른 종교로 개종하는 사람 ─ 는 죽임을 당해야 한다는 데 동의하고 있기 때문이다.[9] 하지만 나는 여기서 이슬람주의에 대한 이 같은 단정적인 거부를 받아들이지 않는다. 왜냐하면 모든 형태의 이슬람주의가 그런 극단적인 종교적 편협성을 갖는 것은 분명히 아니기 때문이다. 사우디 정권과 같은 많은 이슬람주의자들은 실용적으로 이스라엘 문제를 다루는 것으로 증명되었다.[10]

그렇다고 그들이 자유주의자들이라는 의미는 아니다. 또한 국외 세력들이 온건파 이슬람주의자들과 협력해야 한다는 의미도 아니다. 그것은 단지 이슬람주의의 유형을 구분해야 마땅하고, 모든 이슬람주의자들 — 온건파든 급진파든 — 을 반대하는 것은 항상 또 다른 커다란 대가를 요구할지도 모른다는 점을 긍정해두어야 옳다는 의미다. 바꾸어 말하면, 우리는 최상의 것에 대한 집착이 오히려 좋은 것에 대한 적이 되는 사례를 경계해야 할 것이다.

교훈 2는 그래서 복잡하다. 이데올로기 그룹들은 때로는 단일체들이며 때로는 복합체들이다. 어느 것이 사실인지 결정하는 데는 세심한 모니터링과 판단이 필요하다. 마치 그 문제가 그다지 당혹스러운 것이 아닌 양, 국외 세력들은 어느 한 이데올로기 그룹이 얼마나 단일체적인가에 영향을 미칠 수 있다. 이를테면 그것을 자기 충족적으로 예언하듯이 취급하는 것이다. 그러나 그러한 통찰로 인해 너무 많은 것이 생겨날 수도 있다. 때때로 이데올로기가 단일체인지 어떤지는 국외자들의 통제를 벗어나는 일이다.

우리는 나폴레옹의 마지막 패배 직후인 2세기 이전의 유럽에서부터 시작하고자 한다.

19세기 : 메테르니히가 자유주의자들을 한 덩어리로 묶다

19세기 초 유럽의 '보수주의자'는 오늘날 미국에서 의미하는 바로 그 보수주의자는 아니었다. 보수주의는 1789년에 시작된 프랑스 혁명에 대한 반동으로 탄생했다. 그 후 60년 동안 보수주의의 주된 관심사는 혁명으로부터 유럽의 계층적 사회질서를 보전하는 것이었다. 오늘날엔 자유시장 자본주의가 미국 보수주의의 특징이지만, 200년 전 유럽에서 권력을 지주 귀족한테서 상인과 은행가에게로 재분배한 자유시장 자본주의는 실질적으로 보수주의자들이 두려워했던 변화의 하나였다.

1814년부터 35년간, 유럽의 지도적 보수주의 정치가는 오스트리아의 재상인 메테르니히였다. 젊은 메테르니히는 에드먼드 버크(Edmund Burke)의 유명한 논쟁적 저서인 『프랑스 혁명에 관한 고찰(Reflection on Revolution in France)』에 영향을 받았으며, 1794년엔 버크의 가정에 손님으로 초대를 받았다.[11] 그러나 영국 휘그당원으로서 버크는 왕은 의회가 만든 법률의 제한을 받아야 한다고 주장하는 입헌군주주의자였던 반면, 메테르니히는 절대군주론자로서 왕은 ─ 그의 경우에는 합스부르크가의 황제 ─ 하느님에 의한 것을 제외하고는, 그가 규정한 법령에 구애받지 않는다는 것을 확고하게 주장했다.

노년에 메테르니히는 유럽에서 수십 년에 걸쳐 일어난 반란, 격변, 그리고 전쟁은 "법에 의한 통치(Rule of Law)"라는 영국 사상이 대륙으로 이동했기 때문이라며 다음과 같이 썼다. "오늘날의 유럽을 특징짓는 엄청난 혼란의 원인들 중에 하나는 대륙의 현 상황과는 전혀 어울리지 않는 영국의 관습을 이식한 것이다. 그러다 보니 그 제도를 응용한다는 것은 왜곡된 환상에 그칠 뿐이다. 이른바 '영국 학파'가 프랑스 혁명의 원인이었으며, 이 혁명의 결과와 그로 인한 반영국 풍조는 오늘날 유럽을 황폐화하고 있다."[12] 나폴레옹이 지배한 이후의 유럽에서 메테르니히와 다른 대륙의 보수주의자들 ─ 프러시아의 프리드리히 폰 겐츠(Friedrich von Gentz)와 애덤 뮐러(Adam Müller), 프랑스의 조제프 드 메스트르(Joseph de Maistre), 프랑수아-르네 드 샤토브리앙(François-René de Chateaubriand) 등 ─ 에게 "법에 의한 통치"라는 이 영국식 개념은 사회질서의 주적이었다. 그리고 보수주의자들은 비록 프랑스 혁명이 오래전에 끝나긴 했지만, 혁명의 위협이 아직도 감돌고 있음을 알고 있었다. 자유주의자들의 조직망이 사상과 음모들로 북적거리며 계속 온 유럽을 (그리고 신세계의 유럽 식민지를) 위협하고 다녔다. 프리메이슨의 집회소와 비밀결사에서 혁명가들은 그 꿈을 지켜 나갔고 1789년의 재연을 획책했다.[13]

그러나 자유주의자들은 두 가지 기본 유형, 즉 입헌군주주의자들과 공화주의자들로 양분되었다. 공화주의자들은 의회가 군주에게 제약을 가하는 데 만족하지 않았다. 공화주의자들에게 유일하게 좋은 사회는 1790년대 몇 년 동안의 프랑스처럼, 그리고 1776년 이후의 젊은 미국처럼 국왕이 없는 사회였다.

유럽의 보수주의자들에게 공화정체와 입헌군주정체를 나눈다는 것은 차이가 없는 구별이었다. 군주들이 하느님에 의한 것을 제외하고는 제약을 받아서는 안 되기 때문에 두 '이즘들' 모두 불법이었다.[14] 게다가 또 입헌군주국가들이 대체로 공화국으로 변질되어갔다. 프랑스 혁명 이후 3년째인 1792년에 의회는 루이 16세(Louis XVI)에게 의회가 만든 법률을 따르도록 압박했다. 많은 관찰자들은 바로 그 의회가 입헌군주제에 만족할 것으로 생각했다. 그러나 1년 후에 의회는 루이를 아예 타도해버리고 공화국을 선포했다. 그 후 몇 달 만에 급진주의자들이 루이를 처형했다.[15]

메테르니히와 보수주의자들은 그때 고슴도치들이었다. 그들에게 입헌군주주의자는 공화주의자였고, 공화주의자는 자유주의자였으며 자유주의자는 급진주의자였다.

이 고슴도치 전략의 첫 번째 큰 시련이 1820년대 초에 왔다. 사건은 스페인에서 시작되었다. 1820년 1월 1일에 자유주의적인 스페인 육군 장교들이 반란을 일으켜 1812년의 국가 헌법이 유효함을 선포했다. 8년 전에 나폴레옹과 전쟁을 벌이던 중에 초안이 작성된 이 1812년 헌법은 오늘날의 기준에 비춰 봐도 온건한 것이었다. 그러나 성문헌법이라는 바로 그 개념이 많은 보수주의자들을 분개시켰다. 더군다나 이 성문헌법은 군주인 페르디난트 7세 국왕(King Ferdinand VII)에 대한 법적인 제약 조항을 명쾌하게 담고 있었다. 1820년의 스페인 혁명은 포르투갈, 나폴리, 피에몬테와 그리스에서 ― 그리고 라틴아메리카에서는 그란 콜롬비아(Gran Colómbia), 베네수엘라, 아르헨티나, 우루과이, 페루 및 멕시코 같은 신생국들에서 ― 유사한 반란을 촉발했다. 이 모든 나라들이 1812년의 스페인 헌법과 비슷한 내용을 채택했다.

아주 많은 나라에서의 이 같은 자유주의의 분출은 유럽의 보수적인 왕실에 충격을 주었다. 오스트리아, 러시아 및 프러시아의 통치자들은 자신들—이른바 신성동맹국들—이 유럽에 평화와 질서를 복원하기 위해 이들 혁명을 타도할 권리를 확보하고 있다고 선언했다. 그 당시에 프랑스는 절대주의자들이 지배했던 입헌군주국이었으며, 그들은 자신들의 왕 루이 18세를 절대군주로 만들기를 원했다. 그래서 프랑스는 신성동맹에 참여했다.

1821년 3월에 오스트리아 군대가 절대군주제를 복원하기 위해 나폴리를 침략했다. 조그마한 입헌군주제 국가들에 대한 또 다른 침략이 잇달았다. 가장 큰 침략은 1823년에 있었는데, 십만 명의 프랑스 군이 바로 스페인을 침략하여 1812년 헌법을 폐기하고 페르디난트의 절대주의 통치를 복원시켰다.[16] 이들 불운한 반란자들이 모두 군주주의자들이었다는 점은 중요한 것이 아니다. 그들은 공화주의자들과 다를 바 없는 입헌군주주의자들이었고 그들을 진압하기 위해 유럽의 절대주의자들이 모여들었다.

유사한 자유주의 혁명의 물결이 1830년대에 바로 프랑스에서 시작되어 벨기에, 이탈리아, 폴란드 및 독일로 밀어닥쳤다. 독일의 경우엔 유일하게 반란자들이 공화제를 요구했으며, 나머지 국가들은 단지 그들의 국왕이 헌법의 제약을 받기를 원했다. 그러나 다시금 보수 세력들이 군대를 동원하여 그 혁명을 되돌려버렸다—프랑스에서만큼은 예외적으로 혁명 세력이 강력하여 대규모 침략을 하지 않고는 굴복시킬 수 없었다.

1848년에 가장 큰 자유주의 혁명의 마지막 물결이 유럽의 대부분 지역을 휩쓸었다. 프랑스에선 군주정이 폐지되고 제2공화국이 수립되었다. 동쪽으로는 빈에서 연로한 메테르니히 정권 또한 마침내 무너졌고, 프러시아 정부도 그러했다. 그러나 오스트리아, 러시아 및 프러시아의 절대군주제는 1849년에 반격을 가했으며, 오늘날의 독일과 이탈리아 지역에서 작은 국가들을 하나씩 침략하여 절대군주제를 복원했다.

자유주의자들 간의 차이를 구별하지 않았던 — 공화주의자들과 입헌군주주의자들을 단일한 적으로서 한데 묶은 — 19세기 보수주의자들은 그들의 원칙에 충실했다. 그들의 관점에서 보건대, 그들은 신중한 과정을 추구했다고 말할 수도 있을 것이다. 그들은 자유주의를 해외로 되돌려 보내는 데 성공했다. 만약 그들이 극단주의자(공화주의자)들을 쳐부수기 위해 온건주의자들(입헌군주주의자들)과 친구가 되는 분할통치 전략을 수행했다면, 자유주의자들을 자기 나라에서만 활동하게 했을지도 모른다. 그렇게 하는 대신, 유럽은 아직도 세력이 큰 절대주의와 흩어져 몸을 숨기거나 망명을 한 자유주의자들과 함께 1850년대로 진입했다.

보수주의자들은 하지만 대가를 치렀다. 그들은 또 다른 강대국인 영국을 멀리했다. 영국은 스페인, 이탈리아, 독일 및 그 밖의 나라에서 그들이 입헌군주제를 전복하는 것을 공공연히 승인하지 않았다. 실제로 영국은 1826년에 페드로 4세(Pedro IV)의 입헌 통치를 복원하기 위해 포르투갈에 역습적인 개입을 했다.[17]

그러므로 역시 우리가 교훈 5에서 보게 되겠지만, 1849년의 보수주의자들의 그 승리는 결코 최종적인 것이 아니었다. 1870년대가 되자 러시아를 제외한 유럽의 모든 강대국들이 책임 있는 의회를 가진 입헌적인 체제로 진화했다. 절대주의자들의 고슴도치 전략은 시간을 벌었지만, 문제를 제거하진 못했다.

합스부르크가와 프로테스탄트들 : 유럽, 17세기 초기

이보다 3세기 전에 합스부르크가는 중부 유럽 대부분과 스페인 전체, 그리고 현재의 네덜란드와 벨기에 지역을 다스리는 유럽의 초강대국이었다. 합스부르크가의 군주들에게는 외부의 적들 ― 프랑스의 왕들, 오스만제국의 술탄들, 그리고 때로는 교황들 ― 이 있었지만, 거의 1세기 동안은 다른 종류의 심각한 위협에 직면했다. 프로테스탄티즘은 줄곧 치명적인 위험 요소였는데, 이것은 합스부르크가의 통치 지역 안팎에서 제후들과 백성들을 유럽의 가장 강력한 왕가의 적으로 만들고 있었다.

처음부터 프로테스탄트들은 각 분파로 나뉘어 서로 대치해왔고 ― 1520년대에는 루터교 신자들이 재세례파 신자들과 대치했고 재세례파 신자들은 츠빙글리파 신자들과 대치했다 ― 그리고 합스부르크가의 군주들은 이러한 분파들을 승인했다. 사실 가톨릭 신자들이 보기에 프로테스탄트 세력의 분열은 그들이 이단이라는 걸 확인해주었다. 가톨릭 신자들은 주장하기를, 프로테스탄트의 근본적인 교리적 오류는 가톨릭 교회의 권위를 부정하고 그 자리에다 개인적인 양심의 권위를 가져다놓은 것이라고 했다. 성경이나 하느님의 의지에 대한 개인적인 해석을 가능하게 하면 온갖 종류의 분쟁에 휩싸이는 것은 그들에게 당연했다.

하지만 교황과 대부분의 주교들에게 프로테스탄트 내부의 분쟁은 핵심을 벗어난 문제였다. 모든 프로테스탄트들은 항상 배척되어야 하며, 프로테스탄트 운동을 단일체로 보아야 한다는 것이다.

합스부르크가는 그러나 제후들이지 성직자들이 아니었다. 그들은 이단을 근절하는 일뿐만 아니라, 계속 뻗어 나가는 그들의 제국을 단결시키면서 외부의 적들 ― 프랑스와 터키 ― 을 저지하는 일도 걱정해야 했다. 그리하여 합스부르크가는 끊임없는 의문에 직면했다. 즉, 프로테스탄티즘이 복합체인 것으로 보였던 만큼 프로테스탄트들의 분열을 활용해보는 것이 좋은가, 아니면 그것은 위험 부담이 큰 것이었을까 하는 점이다. 그들은 그 의문에 여러 가지 방식으로 답을 했다. 한 가지 유독 사라지지 않는 이야기가 있으니 그것은 17세기 초기에 있었던 일이다.

루돌프 2세와 칼뱅교도

1550년대에 들어서 프로테스탄트들 사이에서 가장 큰 분열은 루터교와 칼뱅교가 갈라선 것이었다. 장 칼뱅(1509~1564)은 마르틴 루터(Martin Luther)를 숭배하면서도, 자기 자신이 독일 수도사들의 통찰력을 논리적 결론으로 이끌고 간다고 여긴 프랑스 학자였다. 칼뱅은 방대한 논저인 『기독교 강요 (Institutes of the christian religion)』를 썼다. 이 저서의 초판은 그가 겨우 27세 때 나왔는데 체계적인 형태로 그의 신조를 서술했다.

프로테스탄트의 두 거인 루터와 칼뱅은 몇 가지 문제에서 서로 달랐다. 우리의 논점에 비추어 보건대, 그들의 주된 차이는 교회 및 세속 사회와 관계가 있었다. 칼뱅은 하느님만이 누가 구원받아야 할지 또는 누가 "의롭다고 인정받을지" 결정 ─ 루터도 동의했다 ─ 했을 뿐 아니라, 그분은 구원받은 자(또는 "뽑힌 자")를 거룩하거나 신성하게 만든다는 점을 강조했다. 루터는 지상의 삶이 얼마나 개선될 수 있을지에 대해 비관적이었던 반면, 칼뱅은 경건한 사회의 설립을 독려했다. 칼뱅은 또한 주교 제도를 없애고 지역 신도들 관할 아래 장로와 집사를 두어 교회 관리자들을 평등하게 했다. 1536년에 칼뱅은 자신의 생각을 실천에 옮겨, 제네바를 개혁된 교회가 공공질서에 필수적인 거점이 되는 모델 도시로 만들었다.

칼뱅교는 중부와 북서부 유럽 전역으로 급속히 퍼지기 시작했다. 칼뱅교가 관심을 끌게 된 일부 원인은 하느님의 명령 아래 번영하는, 순화되고 단련되고 의로운 사회라는 그 비전에 있었다. 반세기 동안 합스부르크가는 여우전략을 통해 프로테스탄트들에 대한 분할통치 전략을 추구하여 루터교도와 칼뱅교도의 불화를 활용하고자 했다. 1555년에 합스부르크가는 루터교 제후들과 도시위원회가 외부 세력의 간섭 없이 그들의 영토에 자신들의 기독교 양식을 확립할 권리를 인정하는 아우크스부르크 종교화의(Peace of

Augsburg)에 합의했다. 칼뱅교는 아우크스부르크 화의에 포함되지 않아 사실상 신성로마제국에서 불법적인 종교가 되었다.

칼뱅교는 죽어 없어지기는커녕 금지당하면서 번창했다. 칼뱅교가 성장한 것은 부분적으로는 합스부르크가가 칼뱅교로부터 루터교의 분리를 조장했을 뿐만 아니라 간접적으로도 루터교도 간에 분열을 촉진했기 때문이었다. 1546년에 루터가 서거한 후 루터의 본래 가르침이 변경되거나 수정되어서는 안 된다고 주장한 루터교도一'진정한' 루터교도(Gnesio-Lutherans)들一가 있었다. 그리고 이와는 달리, 루터의 제자인 필리프 멜란히톤(Philip Melanchthon)을 추종하며 루터의 가르침이 사실상 보완될 수 있다고 믿는 사람들이 있었다. '진정한' 루터교도가 결국 승리했으며, 멜란히톤 추종자들은 그들로부터 떨어져 나가 칼뱅교도로 인식되기 시작했다. 이들 가운데는 신성로마제국의 지도적인 제후들, 즉 팔츠 백작령의 선제후 프리드리히 3세(Friedrich III), 낫소(Nassau)의 백작 요한 4세(Johann IV), 헤센-카셀(Hessen-Kassel)의 방백(傍白)˙ 모리츠(Moritz), 작센의 선제후 크리스티안 1세(Christian I), 그리고 브란덴부르크의 선제후 요한 지기스문트(Johann Sigismund)가 있었다.

제프리 파커(Geoffrey Parker)와 사이먼 애덤스(Simon Adams)는 "루터교 성직자들이 가톨릭교도에게 진저리를 내는 것 이상으로 칼뱅교도를 몹시 싫어했다는 것은 그렇게 이상한 일은 아니다"라고 썼다. 유력한 루터교도인 마티아스 회 폰 회네그(Matthias Hoë von Hoënegg)는 『칼뱅교도와 가톨릭교도에 대한 확고하고 공정한 그리고 공인된 증오(A Solid, Just, and Orthodox Detestation of Calvinists and Papists)』(1601)와 『칼뱅교도보다는 가톨릭교도와의 일치점을 찾는 것이 더 나은지, 그리고 왜 그런지에 대한 중대한 (그리고 이 위험한 시대에 매우 필요한) 검토[A Weighty (and in These Dangerous Times

---

˙   백작(Graf)과 공작(Herzog) 사이의 계급을 일컫는다.

Very Necessary) Discussion of Whether and Why It Is Better to Have Conformity with the Catholics··· Than with the Calvinists]』(1610)와 같은 제목의 소책자를 발행했다.[18]

그 결과 제국 내에서 합스부르크가가 극단주의자들(칼뱅교도)을 적대하고 온건주의자들(루터교도)과 제휴했다. 복합체 전략은 가톨릭-루터교 사이의 평화가 대체로 수십 년간 유지되었다는 점에서 효과가 있었다. 루터교는 사라지지 않고 안정되었으며, 루터교도는 제국이 설립될 때 지분을 얻었다.

하지만 또 다른 의미에서 프로테스탄트를 복합체로 ― 여우 전략을 쓰며 ― 취급한 것은 실패했다. 합스부르크의 전략에는 루터교 사람들 중 멜란히톤 추종자들의 탈퇴로 칼뱅교의 성장이 시작된다는 것이 계산되어 있지 않았다. 독일과 네덜란드에서, 그리고 프랑스에서 가톨릭교도에 의해 배제되고 박해를 받은 칼뱅교도는 훨씬 더 호전적인 반가톨릭파가 되어 성상을 박살내는 싸움에 주기적으로 가담했다. 칼뱅의 추종자들은 로마 교회의 미신적인 요소로부터 기독교를 정화하는 데 더욱 매진했다는 표시로서 그들의 호전성을 드러냈다. 칼뱅교도는 루터교도가 아우크스부르크 화의를 통해 가톨릭으로 변절했다고 비난함으로써 전향자들을 얻었다.

칼뱅교는 유럽의 여러 지역에서 엄격한 규율을 가진 조직망을 확보함으로써 이득을 보았다. 1570년대에 이르기까지 제네바를 중심으로 한 '칼뱅교 인터내셔널(Calvinist International)'이 남프랑스에서 네덜란드, 영국, 스코틀랜드를 거쳐 팔츠 백작령과 독일 내 다른 소국들로, 동쪽으로는 보헤미아와 모라비아로 뻗어 나갔다. 칼뱅교도는 스코틀랜드(1559년), 프랑스(1562년), 스페인령 네덜란드(1567년), 그리고 보헤미아(1618년)에서 세력을 동원하여 반란을 획책했다. 그들은 영국에서 영향력을 행사하여 엘리자베스 여왕으로 하여금 반합스부르크 정책을 펴도록 했다. 국경을 초월한 강한 연대 의식에 힘입어 한 영토 안의 칼뱅교도는 다른 영토에 있는 그들의 형제들이 진보하는

데서 용기를 얻곤 했다.[19]

칼뱅교도로부터 루터교도를 유인해낸다는 합스부르크가의 여우 전략은 두 번째 시도에서 실패했다. 루터교도는 결국 단일체적인 프로테스탄트 전선에서 칼뱅교도와 연합하기 시작했다. 더욱 고약한 것은 그 연합이 합스부르크가의 통제력 바깥에서의 사건들로 인해 일어난 점이었다.

1575년에서 1612년까지 신성로마제국의 황제였던 합스부르크가의 루돌프 2세는 특별히 독실한 가톨릭 신자는 아니었다. 예술과 과학 ─ 비술(秘術, occult)을 포함하여 ─ 의 후원자였던 루돌프 황제는 프로테스탄트들의 신념에 너그러웠는데, 이는 단순히 신중한 태도로만 보이지 않았다. 그의 친척들 일부와 그의 전임자들과는 달리 그는 종교전쟁을 전혀 원하지 않았다.[20] 그러나 일어나는 사건들은 루돌프 황제를 앞질러 갔다. 1581년에 칼뱅교도가 북서 독일의 아헨 시를 탈취하여 가톨릭을 억압했다. 루돌프는 17년 동안 그 상황을 묵인했다. 마침내 아우크스부르크 화의를 보호해야 했으므로 1598년에 그는 스페인 군을 아헨에 투입하여 가톨릭 통치를 복원했다.

같은 해에 제국 내 일부 가톨릭 제후들이 지난 46년 동안 프로테스탄트 ─ 루터교와 칼뱅교 ─ 통치자들이 장악해온 모든 지역을 가톨릭 교회로 넘기는 결정을 제국의회에서 통과시키려 했으나 실패했다. 그러나 이 사건은 가톨릭의 아헨 시 침범과 결부되어, 루터교도가 그들이 처한 상황에 대하여 달리 생각하도록 하기에 충분했다. 그들은 가톨릭교도가 칼뱅교도뿐 아니라 모든 프로테스탄트들에게 위협이 된다고 느끼기 시작했다. 루터교도는 항의의 표시로 황제가 개최하는 회의들을 보이콧하기 시작했다.

프로테스탄트-가톨릭의 대립은 1607년까지 계속되었는데, 이 해에 루터교도는 아우크스부르크 화의를 위반하면서 남쪽의 도나우뵈르트 시에서 가톨릭 교회의 행렬을 저지하려고 시도했다. 루돌프 황제의 승인 아래 바이에른(가톨릭 세력)의 군대가 그 시를 엄습하여 루터교 통치자들을 내쫓았다.

2년 후 루터교와 칼뱅교 제후들과 여러 도시들은 프로테스탄트 연합을 결성하여 한데 뭉쳤다. 다음 해인 1610년에 그에 대한 대응으로 가톨릭 연맹이 결성되었다.[21] (루터교 신자인 폰 회네그의 잠음이 많았던 반칼뱅교 소논문들은 부분적으로 이러한 움직임에 대한 반응이었다고 할 수 있다.) 합스부르크가가 피하고자 안간힘을 썼던 상황 ─ 단일체이자 적대적인 프로테스탄티즘 ─ 이 이제 도래하고 있었다.

루돌프 황제는 1612년에 서거했으며, 그의 후계자 마티아스는 프로테스탄트를 달래려고 노력했다. 그러나 마티아스는 늙었으며,· 그가 살아 있는 동안 훨씬 더 호전적인 가톨릭 신자인 사촌 페르디난트(Ferdinand)가 후계 황제로 선출되었다. 1618년에 보헤미아의 칼뱅교도가 독립된 프로테스탄트 왕국을 건설할 목적으로 합스부르크 왕가의 통치를 거부하며 반란을 일으켰다. 가톨릭파 군대가 반란을 진압하기 위해 보헤미아를 침공했으며, 이에 대항하여 프로테스탄트 연합이 반란군 편에 가담했다. 나머지는 슬프게도 역사가 말해주고 있다. 이 충돌이 확대되어 이미 교훈 1에서 상기한 바 있는 비참한 30년 전쟁으로 번진 것이다.

이 역사의 교훈은 무엇인가? 합스부르크가는 1555년부터 프로테스탄트를 복합체로 취급했으며, 40년 이상 루터교도와 칼뱅교도 사이에 증오감을 심어왔다. 그러나 장기적으로 그 교활한 분할통치 전략은 실패했으며 심지어 역효과를 초래했던 경우도 있다.

현재까지 우리는 (한 이데올로기의 모든 지지자들을 하나로 묶는) 고슴도치 전략 수행이 당분간은 효과를 낼 수 있으며, (이데올로그들을 분열시키는) 여우 전략의 수행도 마찬가지라는 점을 확인했다. 이 두 접근법은 또한 위험이 따른다. 실제로 이 두 방식 모두 결국은 실패했다. 더 큰 교훈은 반대에 부딪히

· 그는 56세에 황제가 되었다.

는 이데올로기가 제기한 문제들에 대해 궁극적인 해결책이 가끔씩은 없다는 점이다. 적어도 우리가 교훈 5와 교훈 6에서 언급하게 될 가능성, 즉 그 이데올로기가 낡아서 사라져버릴 때까지는 없다. 우선은 한 강대국이 어떻게 여우-고슴도치 게임을 좀 더 미묘하게 전개하여 성공하는지를 알기 위해 몇 세기 이후로 돌아와보자.

공산주의자들과 사회주의자들

20세기의 거의 전 기간에 미국은 현대의 정치적 좌파라고 널리 부를 수 있는 세력과 대치했다. 우리가 말하는 '좌파'는 대체로, 미국에 의해 대표되고 선전된 경제 체제, 즉 자유시장 자본주의에 적대적인 이데올로기로서 생산수단의 완전한 또는 상당한 정도의 국가 통제를 주장했다. 미국의 지도자들은 좌파를 단일체로 취급해야 하느냐 아니면 복합체로 취급해야 하느냐는 문제에 직면했다. 만약 복합체라면, 정확히 어디서 하나의 기념 비석이 끝났으며, 말하자면 또 다른 비석이 시작되는 것일까? 무엇이 공산주의자들과 사회주의자들을 갈라놓는 단층선이었을까? 그리고 그들 중 일부는 다른 편을 거슬러 이용될 수 있었을까?

현대의 좌파는 1876년 국제노동자협회(International Workingmen's Association) 또는 '제1인터내셔널(First International)'의 와해 이후 줄곧 분열되어 있었다. 마르크스와 엥겔스 본인들이 창건한 인터내셔널은 국가 — 중앙의 강제력을 가진 당국 — 가 자원의 공동 소유를 도입할 필요가 있는지 여부를 둘러싼 무정부주의자들과 사회주의자들 사이의 이론적인 충돌(사회주의자는 '필요하다'라고 했고 무정부주의자는 '아니다'라고 했다)로 와해되었다. 1889년에 조직된 제2인터내셔널은 무정부주의자들을 배제함으로써 그 분란을 해결했다.

그러나 그 회원들 역시 전략을 둘러싸고 오래지 않아 서로 갈라졌다. 즉, 그 갈등은 프랑스인들과 많은 독일인들이 원했던 것처럼 의회제도를 통해 국가를 접수하는 것이 좋은가, 아니면 러시아인들과 다른 독일 사회주의자들의 바람대로 혁명을 통해 접수해야 하는가에 관한 문제였다.

개혁 대 혁명의 차이는 제1차 세계대전이 1914년 8월에 발발함으로써 그 틈이 더 벌어지게 되었다. 독일에서, 그 다음엔 프랑스에서 사회주의 정당이 의회 선거에서 압도적인 지지를 받고 당선되어 자기들 정부의 전시채권을 확대했다. 마르크스주의는 "노동자에게는 조국이 없다"라고 가르쳤지만, 1914년 8월은 실제로 노동자들과 그들의 정당이 그렇게 생각하지 않았음을 증명했다. 여러 나라의 급진적 사회주의자들은 의회 사회주의자들이 변절했다고 보았다. 강경파들이 1년 후 스위스의 침머발트에서 만났지만 유럽 전역에서 총파업을 벌일 것이냐를 두고 그들 자신조차 분열되어 있음을 알게 되었다.

좌파의 이 같은 아메바 같은 분열로 인해, 카리스마 있고 투지가 넘치는 강경파인 레닌은 진정한 사회주의를 만드는 데 필요한 것은 부르주아 민족주의의 유혹에 영향을 받지 않는 규율 있고 위계질서를 따르며 중앙집중화한 정당이라고 확신했다. 그리하여 러시아에서 볼셰비키 운동이 생겨났다. 볼셰비키들은 러시아 혁명이 진행 중인 1917년 11월에 권력을 장악하여 소비에트 연방을 수립하고 제3인터내셔널(또는 공산주의 인터내셔널)을 창설했다.

볼셰비키들이나 공산주의자들은 그들이 습관적으로 퍼붓는 예민한 모욕적 언사, 이를테면 우파 편향자, 수정주의자, 기회주의자, 사회주의 파시스트, 주구(走狗), 아첨꾼 등으로 부르는 것에서 알 수 있듯이 사회주의 신봉자들을 몹시 싫어했다.[22] 공식적인 레닌주의 노선에 따르면 민주적 사회주의자들은 스스로를 속이는 자들이었다. "부르주아"(자유민주적인) 정권 내에서 활동하고 있는 사회주의자들은 자본주의자들에게 편입되었으며 진정한 사회주의의 도래를 지연시킬 뿐이라는 것이다. 민주적 사회주의자들은 그러는 동안 볼셰비키와 혁명에 대한 적절한 태도를 둘러싸고 분열되어 있었다. 1935년에 영국의 사회학자인 시드니와 비어트리스 웹 부부는 『소비에트 공산주의: 새로운 문명?(Soviet Communism: A New Civilization?)』이란 책을 펴냈는데, 그들은 이 책에서 일반적인 볼셰비키 모델을 옹호하면서도 그것이 점점 강압을 노골화하고 있다고 비판했다. 영국 노동당의 일부 당원들은 공산주의자들을 멀리했고, 프랭클린 루스벨트의 뉴딜 정책 같은 것을 더 많이 원했는데, 이 정책이 자본주의를 대체하기보다는 자본주의를 길들이는 데 의의를 두었다.[23]

공산주의 자체 내에서 더 큰 분열이 생겨났다. 이오시프 스탈린(Iosif Stalin)이 소련의 독재자가 되어, 제4인터내셔널을 설립한 레온 트로츠키(Leon Trotsky)를 포함한 옛 볼셰비키들 대부분을 숙청했다. 1948년에 유고슬라비아의 강자인 요시프 브로즈 티토(Josip Broz Tito)가 스탈린과 절연했다. 1950년대 말에는 마오쩌둥주의의 중국과 소련의 관계가 헐거워지기 시작했다. 이데올로기 국가들이 이성적으로 행동하는지에 관심을 갖는 교훈 4에서 우리는 매우 중대한 것으로 밝혀진 마오쩌둥주의와 소비에트 공산주의의 분열을 분석한다.

하지만 이제 우리는 냉전시대에 미국이 직면했던 곤경이라는 약간 다른 주제들, 예컨대 제2차 세계대전이 일어난 이후 유럽에서 공산주의자들과 사회민주주의자들 간의 관계에 미국이 어떻게 대응했으며, 아마도 어떻게 이용했는지를 되돌아보고자 한다. 자유방임주의 경제로부터의 어떠한 일탈도 완강히 반대해온 미국인들에게 좌파는 모름지기 수용 불가능한 무리였다. 그러나 미국은 프랭클린 루스벨트의 뉴딜 정책을 지지하면서 활기를 찾은 그 자신의 좌파를 갖고 있었다. 미국의 좌파는 가장 온건한 유럽 사회주의자들보다 더 오른쪽에 있었지만, 미국의 많은 좌파들 ─ 노동운동가, 대학인, 성직자, 언론인 등 ─ 은 바다 건너에 있는 그들의 상대자들과 교류했다. 그들에게 유럽 좌파의 분열 ─ 민주적 사회주의자들과 공산주의자들 간의 분열, 그리고 공산주의자들 자체의 분열 — 은 의미심장한 것이었으며 심지어 중대한 것이기도 했다. 그들은 다양한 방법으로, 때로는 한데 묶고 때로는 갈라놓으면서 그런 유럽인들을 다루었다.

사회주의자들을 어떻게 다루어야 하나? 1940년대 말

전쟁의 직접적인 여파 속에서 유럽의 공산주의는 실제로는 단일체였다. 공산주의자들의 대다수는 교조주의자들이었고 충직한 스탈린주의자들이었다. 프랑스의 모리스 토레즈(Maurice Thorez), 이탈리아의 팔미로 톨리아티(Palmiro Togliatti) 같은 많은 공산주의 지도자들은 전쟁 시기를 소련에서 보냈다. 공산주의운동은 광범위한 대중의 호응을 얻었다. 공산주의자들은 독일이 소련을 침략하는 1941년 6월부터 전쟁 기간 내내 가장 헌신적인 반파시스트들이었다. 소련 자신이 잘 해내고 있었다. 소련은 1943년 스탈린그라드에서 나치 독일의 후방을 공격하여 역사상 가장 큰 침략군을 격퇴했다. 유럽 전승일(1945년 5월 8일) 이후로는 독일, 이탈리아, 프랑스, 벨기에, 그리고 동유럽 전역에서 공산주의자들이 노동조합에서 두드러진 역할을 했고, 대중에 대한 구제와 형평성을 약속했다.

같은 시대에 공산주의자는 아닌, 인기 있는 마르크스주의 및 다른 좌파 정당들이 있었다. 유럽의 사회주의자들은 혼합된 그룹이었다. 그들은 모두 제2 인터내셔널에 가입되어 있는데, 레닌과 공산주의자들은 1916년에 여기서 이탈했다. 이들 모두가 대체로 자본주의에 적대적이었으며, 국가가 산업생산을 소유하고 (어떤 이들은) 재정 수단도 장악하길 원했다. 그러나 1945년에 사회주의자들은 공산주의에 대해 다양한 태도를 취했다. 이탈리아 사회당(PSI)을 비롯한 일부는 공산당과 긴밀히 보조를 맞추었고, 영국 노동당과 같은 다른 정당들은 클레멘트 애틀리(Clement Atlee)와 어니스트 베빈(Ernest

Bevin) 같은 반공산주의자들이 이끌었다.

미국의 트루먼 정부는 이 복잡한 분열을 인지하고 서유럽의 사회주의자들을 아주 재치 있게 다루었다. 해리 트루먼(Harry S. Truman)은 민주당원이었으며, 그는 공정(Fair Deal) 정책으로 그의 전임자인 프랭클린 루스벨트의 뉴딜 정책보다 앞서가기로 결정했다. 그러나 공정 정책을 추진하는 민주당원들이라 해도 유럽의 사회주의 정당들보다는 정치적으로 오른쪽에 있었고, 민주당은 사회주의 인터내셔널에 가입하지 않았다. 설령 그렇다 해도 트루먼의 민주당원들은 좌파 전체를 단일체로 간주하지 않는 것, 즉 사회주의자들(비공산주의자들)을 단일체라고 간주하지 않는 것에만 그치지 않았다. 그 대신 그들은 다양한 사회주의자들이 어떻게 공산주의자들과(결국은 크레플린과) 얼마나 긴밀히 제휴하고 있는지 예의주시했다. 세 가지 경우, 즉 이탈리아, 프랑스 및 독일의 경우를 간단하게 살펴보자.

이탈리아: 사회주의자와 공산주의자 사이에는 아무런 틈이 없다

유럽 사회주의 정당들 가운데서 이탈리아 사회당(PSI)이 맨 왼쪽에 자리 잡고 있었다. PSI와 이탈리아 공산당(PCI)은 제도상으로 분리되어 있었지만 1940년대 말에는 두 정당 모두 스탈린에 찬성하고 미국에 반대했다. PSI의 당수였던 피에트로 넨니(Pietro Nenni)는 제2차 세계대전이 끝났을 때 자기 당을 PCI와 협력하게 했다. 왜냐하면 그때 PCI가 볼셰비키 스타일의 혁명을 포기하고, 민주적 제도를 통해 사회주의를 달성할 것임을 공약했기 때문이었다. 공산주의자 지도자인 팔미로 톨리아티가 이 역사적인 전략 변화를 수행한 것은 미국과 영국 군대가 이탈리아를 점령하고 있었고, 아마도 그들이 혁명을 용납하지 않을 것으로 생각했기 때문이었다.

1946년에 결성된 PCI-PSI 인민전선(PCI-PSI Popular Front)은 이탈리아와

유럽에서 전후 질서를 확립하려던 미국의 목표에 중대한 위협이 되었다. 톨리아티와 넨니는 '노동자들의 국가'를 건설하는 데 협력하기로 약속했다. 그들은 미국이 제의하고 있던 수백만 달러의 원조 자금—마셜 플랜—을 이탈리아가 수령하는 걸 반대했다. 그리고 이미 형성되고 있던 앵글로-아메리칸 국가 블록에 경도되는 것에도 반대했다. 주세폐 사라가트(Giuseppe Saragat)가 이끄는 몇몇 반스탈린 이탈리아 사회주의자들은 분열로 흩어졌다가 1947년에 이탈리아 사회주의 노동자당(Italian Socialist Workers' Party)을 결성했다. 그들의 이탈은 PSI-PCI 관계를 강화시켰다.[24]

PSI와 PCI 모두 수많은 추종자들을 두고 있었는데 특히 산업 지역인 북부에 많았다. 새로운 헌법을 제정하기 위한 제헌국회 의원들을 선출하는 1946년 6월 총선에서 인민전선은 40퍼센트를 득표(대략 PSI와 PCI가 각각 20퍼센트씩)한 반면, 가장 근접한 경쟁 정당이었던 기독교민주당(Christian Democrats)은 35퍼센트를 득표했다.[25]

이 선거 결과는 미국을 곤혹스럽게 했다. 친소련파인 인민전선이 친미국파인 기독교민주당을 이긴 것이다. 이 시점에서 트루먼 행정부는 PCI로부터 PSI를 떼어놓는 복합체 전략을 추구함직도 했다. 그러나 미국 관리들은 그것이 불가능하다고 판단했다. 그 대신 이탈리아 좌파들을 단일체라고 인식하고 있는 워싱턴은 새로운 이탈리아 공화국의 첫 정부를 구성할 중대한 선거인 1948년 4월 선거에서 인민전선이 승리하는 것을 저지하는 데 노력을 집중했다. 미국 의회는 이탈리아와 프랑스(역시 강력한 공산당을 두고 있었다)에 6억 달러의 원조안을 승인했다. CIA는 보수적 유권자들이 선거일에 투표하도록 독려하는 지방 조직에 1,000만 달러의 자금을 사용했다.[26]

마침내 기독교민주당이 인민전선을 누르고 압도적 승리를 거두었다.[27] 1948년 이탈리아 좌파의 패배에 결정적이었던 것은 선거가 있기 2개월 전에 체코슬로바키아에서 공산주의자들이 권력을 강탈한 것, 그리고 넨니와 톨리아티 모두 그 처사를 비난하기를 거부한 것이었다. 체코슬로바키아 공산당은 민주적으로 선출된 연립정부의 한쪽 당사자였지만, 2월에 쿠데타를 일으킨 것이다. 이탈리아 유권자들은 다음과 같은 의문을 가졌다. 공산주의자들이 프라하에서 그런 짓을 했다면, 로마엔들 꼭 같은 짓을 안 하겠는가? PCI와 PSI의 침묵은 이탈리아의 대다수 유권자들이 가진 의문에 대한 답이 되기에 충분했다.[28]

트루먼은 이탈리아 좌파를 모스크바에 신세를 지고 있는 단일체로 취급했다. 이탈리아 좌파는 그 시절에 실제로 단일체적이었기 때문에 그것은 올바른 정책이었다. 그리고 이탈리아의 사회주의자들은 대가를 치렀다.[29] PSI는 1960년대까지 정부에서 제외되어 있었다.

프랑스: 미국이 사회주의자들과 협력하다

프랑스에선 이야기가 달랐다. 전쟁이 끝난 후 초기 몇 년 동안은 3개 정당이 선거를 휩쓸었다. 1945년 10월의 국회의원 선거에서 공산주의자들(PCF)은 26퍼센트라는 최고 득표를 했다. 2위는 24퍼센트를 얻은 중도우파인민공화주의운동(MRP: Center-Right Popular Republican Movement)이 차지했고, 그리고 사회당(PS: Socialist Party)은 23퍼센트로 3위를 했다. 불과 1년 후에는 공산주의자들은 자신들의 지지율을 유지한 반면, MRP는 28퍼센트로 득표율을 끌어올렸고, PS는 21퍼센트로 약간 줄어들었다.[30]

프랑스 공산주의자들은 그들의 이탈리아 동지들처럼 스탈린주의자들이었고, 프랑스와 소련이 제휴하기를 원했으며, 혁명이나 쿠데타보다는 재건된 공화주의 제도를 통해 정권을 잡으려고 생각했다. 워싱턴에서 트루먼 정부는 가능한 한 공산주의자들을 프랑스 정부에서 밀어내겠다고 결심했다.

그러나 여기에서 이탈리아와의 유사성은 끝이 났다. 프랑스에서 중도우파

(MRP)는 미국의 뜻대로 움직이지 않았다. 트루먼의 일반적인 유럽 전략에는 소련 공산주의를 방어하는 보루로서 독일을 재건하는 계획이 포함되어 있었다. 양차 세계대전에 대한 기억이 아직도 생생한 MRP는 독일을 재무장하는 어떤 계획에도 절대로 반대했다. 전쟁 때 자유 프랑스군을 이끌었던 샤를 드골(Charles de Gaulle) 장군은 MRP 외부에 있으면서 그 자신의 정치적 추종자들을 갖고 있었다. 그러나 그 역시 독일에 대해서는 완강했다. 미국 관리들은 드골이 파시즘을 선호하는 경향이 있는 것 역시 우려했다. 그리고 또한 드골은 전쟁 중에 미국 사람들에게는 충동적이고 믿을 수 없는 동맹자였다.[31] 프랑스의 중도우파는 이탈리아의 그것과는 달리 유럽에서 미국의 패권을 유지하는 데 관심이 없었다.

미국이 프랑스에서 무엇을 해야 했을까? 공교롭게도 프랑스 사회당—SFIO 또는 글자 그대로 노동자 인터내셔널의 프랑스 지구(French Section of the Worker's International)—은 공산주의자들과 같은 노선을 취하지 않았다. 사회당은 공산당과 협력한 역사를 갖고 있었다. 레옹 블룸(Leon Blum)의 지도 아래 사회당은 1936년에 인민전선 정부를 구성하기 위해 공산주의자들과 협력한 것이다. 그러나 그 정부는 블룸이 그 당시 끔직한 내전을 겪고 있던 또 다른 인민전선, 즉 스페인 인민전선에 대한 지원을 거부하자 재빨리 와해되었다. 그 후 제2차 세계대전 중에 독일군에 의해 다하우 강제수용소에 수용되었던 블룸은 프랑스가 해방된 후 원로 사회주의자 정치인으로 정계에 다시 모습을 드러냈다. 여전히 생산수단의 공공 소유를 실현하기 위해 헌신했던[32] 블룸은 이제 그의 SFIO를 공산주의와는 거리를 두게 했으며, 프랑스가 극좌나 극우로 기울지 않도록 진력했다.

블룸은 자기 당의 운명을 미국인들과 함께하는 데 걸기로 결정했다. 1946년에 이 옛 사회주의자는 거의 2개월을 미국에서 보냈다. 미 국무부는 프랑스의 공산주의자들이나 드골주의자들보다도 그가 독일의 재건에 대해 더 '유연하다'는 것을 알고 그를 따뜻하게 보살폈다.

블룸의 상대적인 친미국적인 자세는 미국인들에게 그를 프랑스 공산주의자들과 구분할 여지를 만들어주었다. 그 시절 한 미국인 기자는 이렇게 적고 있다. "월 스트리트 은행가는 프랑스가 그의 취향에 비해 너무 왼쪽을 지향한다고 느끼면서 프랑스의 국유화 프로그램에 분개할지도 모른다. 그러나 그는 사회주의에도 여러 브랜드가 있고, 만약 프랑스가 파산하면 그 나라가 러시아 브랜드를 선택할 것 같다는 데 동의할 것이다."[33] 바꾸어 말하면, 미국인들은 사회주의를 좋아하지 않지만, 블룸은 우리가 함께 일할 수 있는 사회주의자다. 그리고 만약 우리가 그와 함께 일하지 않으면, 우리는 프랑스 사회주의자들을 공산주의자들의 품에 던져버릴 것이라는 이야기다.

더 최근에 어떤 역사가는 이렇게 썼다. "미국은 그들의 공산주의 적들을 아주 강력한 것으로 보았다. 따라서 미국은 다른 상황에서도 늘 그렇게 하듯이 전체 프랑스 좌파나 전체 프랑스 노동계급을 결코 고립시키려고 하지 않았다. 그 대신 미국인들은 좀 더 우파에 속한 구성 분자들보다는 사회주의자들과 비공산주의 노동조합 지도자들에게 더 크게 의존하기로 결정했다. 그들의 유일한 희망은 궁극적으로 좌파를 분열시키기 위해 좌파를 이용하여 좌파와 싸우게 하는 것이었다."[34] 트루먼 정부는 프랑스 좌파의 진짜 분열이 무엇인지 알아차렸으며 기교와 참을성을 가지고 그 대부분을 해냈다.

독일의 사회민주당: 두 초강대국의 골칫덩이

서독의 경우는 여전히 다시금 주목할 만한 것이었다. 독일의 사회민주당(SPD)은 유럽에서 가장 오래된 사회주의 정당이었다. 1952년 사망 때까지 SPD 당수로 있었던 쿠르트 슈마허(Kurt Schumacher)는 반공주의자(그리고 반소비에트주의자)이며 동시에 반자본주의자(그리고 반미주의자)였다. 의심할 나위 없이 용기로 충만한 사람이자 나치 강제수용소에서 12년을 보낸 퇴역 군인이었던* 슈마허는 자신과 그의 당을 독일 노동자들의 진정한 대변자라고 생각했다. 사회주의자로서 슈마허는 그러한 이해관계가 그에게는 미국을 지배한다고 보인 소유계급의 이해관계와는 날카롭게 대치된다고 믿었다. 슈마허는 그래서 영·미의 재정적이고 상업적인 이해관계가 스며들지도 않고, 미국과 동맹도 맺지 않은, 그러나 동시에 공산주의 인터내셔널(코민테른)에 사로잡히지도 않고, 소련과 동맹을 맺지도 않은, 중립적이고 사회주의적이고 민주적인 연합 독일을 추구했다.[35]

트루먼 정부 관리들은 슈마허가 권위주의적인 사회주의자가 아닌가 하고 우려했으며 그와는 일정한 거리를 유지했다. 그들은 슈마허의 라이벌인 기독교민주당의 콘라트 아데나워(Konrad Adenauer)를 지원했는데, 그는 이탈리아의 기독교민주당처럼 친미적이었다. 그러나 미국의 엘리트들이 슈마허의 SPD를 독일 공산주의자들과 한 묶음으로 취급한 것 같지는 않다.[36] 그들은 슈마허가 반스탈린주의자라는 걸 알고 있었다. 트루먼 정부는 단지 슈마허가 프랑스의 중도우파인 드골과 유사하게 함께 일하기가 불가능한 사람이란 걸 알았다.[37]

요컨대, 제2차 세계대전의 여파 속에서 미국인들은 유럽 좌파를 단일체로서 다루지 않았다. 그들은 공산주의자들(한결같이 반미적인)과 사회주의자들(서로 이질적인) 간의 차이를 인식하고 있었다. 트루먼 정부 관리들은 유럽 사회주의자들이 공산주의자들과 연합하지 않을까 하는 점과 그들이 각자 미국과 소련에 대해 보여주는 태도에 관심을 쏟았다. 이탈리아의 경우에서는 사회주의자들과 협력한다는 것은 있을 수 없었다. 독일의 경우에는 다른 이유가 있지 않고서는 마찬가지 결과를 가져왔다. 그러나 프랑스에선 사회주의

•   그는 제1차 세계대전에 참전한 상이군인이었다.

자들이 반공주의자들이며 미국의 지도를 받아들이는 데 개방적이라는 점이 밝혀졌다.

여우들, 고슴도치들, 그리고 이슬람주의자들

오늘날 이슬람주의자들을 다루는 미국에게 이 모든 서구 역사의 교훈은 무엇을 의미하는가? 국외자들은 이슬람주의를 단일체로 다루어야 할까, 복합체로 다루어야 할까?

서술의 편의를 위해 온건파 이슬람주의자들을 급진파 이슬람주의자들과 구분하도록 하자. 온건파를 우리는 샤리아를 실행하기 위해 평화적이고 합법적인 수단을 사용해야 한다고 공언하는 이슬람주의자들로 정의한다. 온건파의 사례로는 터키의 정의개발당(AKP)과 튀니지의 엔나흐다 당(Ennahda Party)을 들 수 있다. 이들은 공정한 선거를 통해 경쟁하면서 세속주의자 무슬림과 비무슬림들이 다 함께 입법부에서 일하는, 그리고 테러리즘을 거부하는 정당들이다. 유력한 아랍 온건파 이슬람주의자인 유수프 알-카라다위는 "민주주의의 본질을 깊이 생각하는 사람은 누구든지 그것이 이슬람의 본질과 일치한다는 것을 알게 된다"라고 썼다. 이집트 무슬림형제단의 주요한 지식인인 카라다위는 2001년 9월 11일의 알카에다 공격을 호되게 비난했다.[38]

급진파를 우리는 샤리아를 실행하기 위해 폭력과 그 밖의 강압적인 수단에 전념하는 이슬람주의자들로 정의한다. 그 사례로는 알카에다, 탈레반, 그리고 이란의 현 집권자들을 들 수 있다. 급진파와 온건파는 일반적으로 앙숙이다. 이집트의 무슬림형제단과 그들에게서 파생한 알카에다 사이의 경쟁과 상호 비방은 아랍인들에게 이미 전설이 되어 있다.[39]

이렇게 정의된 온건파 이슬람주의자들은 자유주의자들이 아니지만(자유주의자들은 어쨌든 샤리아를 반대해야 한다), 아마도 민주주의자들이면서 법의 통치를 선호할 것이라는 점을 주목할 필요가 있다. 또한 우리는 온건파가 평화롭고 합법적인 수단에 대한 그들의 약속을 영원히 지킬 것이라고 확신할 수 없을 뿐 아니라 그들이 미래에도 친미적일 것이라고도 확신할 수 없다는 점을 주목해야 한다. '온건하다'라는 것은 '훌륭하다'거나 '우리와 비슷하다'('우리'가 누구이든 간에)는 의미는 아니다. 그것은 단순히 폭력에 반대하는 전략을 선택해온 이슬람주의자들을 의미할 뿐이다. 온건파를 다루는 데는 얼마간 위험이 따른다. 물론 그들을 다루길 거부하는 것도 위험이 따른다.

고슴도치들

미국은 19세기 전반기 유럽의 절대군주제라는 대본을 따라가면서 고슴도치 역할을 할 수도 있다. 2세기 전에 절대주의자들은 온건파(입헌군주주의자들)와 급진파(공화주의자들)를 사실상 동일한 것 ─ 사회질서의 위험한 적들 ─ 으로 취급했다. 그들은 말하길, 입헌주의자들은 공화주의, 혁명, 혼돈 및 전면전으로 안내하는 트로이 목마라고 했다.

이슬람주의자들에게 고슴도치 전략을 추구하는 것은 온건파와 급진파 이슬람주의자들을 한 덩어리로 묶어 그들이 나타나는 어디서든 둘 다 반대한다는 의미일 것이다. 그것은 본질적으로 대니얼 파이프스가 촉구한 정책이다. 파이프스 등에게 목적(샤리아)은 수단(합법 대 폭력)보다 훨씬 더 중요하다. 이 정책을 일관되게 적용하면, 이집트, 시리아, 튀니지 또는 리비아나 그 어느 곳에서도 무슬림형제단과는 결코 협력하지 못하게 될 것이다. 그렇게 되면 사실상 이라크와 아프가니스탄의 온건파 이슬람주의자들과 더 멀어진다는 것을 뜻한다. 단일체 정책은 이데올로기적으로는 미국의 자유주의적인 원칙들에 부합하고 명쾌하며 또한 그 원칙에 충실한 것이라고 할 수 있다.

거의 2세기 전에 자유주의자들을 적대시하는 보수주의자들에 의해 사용되었을 때 이런 종류의 단일체 전략이 수십 년 동안 제대로 작동했다. 1820년 이후 1848년을 거치면서 유럽에 들이닥친 자유주의자들의 모반의 다양한 충격파를 절대주의자들이 진압할 수 있었다는 의미에서는 그것이 통했다. 그러나 그것은 절대주의자들이 적은 비용으로 유럽의 불안정한 나라들을 침입하고 정복할 수 있었기 때문에 가능했다. 로마의 한 공화국이나 심지어 스페인의 입헌군주국을 전복시킨 것은 오스트리아나 프랑스의 대군에게는 어려운 일이 아니었다. 이 정권들이 그들의 소망을 실행할 강제력이 부족했다면, 모든 자유주의자들을 한 덩어리로 묶는 것은 훨씬 더 어려웠을 것이다. 보수주의자들은 자유주의자들을 구별하여 적어도 일부 온건한 입헌주의자들에게 접근하지 않을 수 없었을 것이다.

미국은 오늘날 무슬림 국가들에서 완전한 정권 교체를 실행하는 것이 얼마나 큰 대가를 치러야 하는지를 이제 막 알게 되었다. 미국은 터키 군부를 굴복시키고 앙카라의 정권을 내쫓을 능력을 갖고 있지만, 지속가능한 새 정권을 세우는 데 어마어마한 비용이 든다는 것을 알고 있을 것이다. 물론 그것은 미국의 터키 침공이라는 생각 자체가 왜 불합리한지를 말해주는 한 가지 이유이다. 그러나 광범위한 온건파 이슬람주의 국가에서의 강제적인 정권 교체라는 바로 그 터무니없음은 모든 이슬람주의자들을 적으로 돌리는 것이 무리수임을 시사한다. 만약 우리가 이 정권들과 함께 살아야 하고, 그리고 우리가 부정할 수 없는 적들 — 예컨대 알카에다 — 을 갖고 있다면, 역사는 일부 온건파들과 협력을 모색하는 것이 더 낫다는 것을 가르쳐준다.

여우처럼 교활하게

여우이면서도 신중한 여우가 되는 방법은 그럼에도 간단하지 않다. 학자들은 온건파들을 찾아내고 그들과 협력한다는 발상을 좋아한다. 그러나 역사는 온건파를 급진파에서 구분해내는 것이 항상 쉬운 것은 아니며, 때로는 자멸적인 결과로 드러난다는 것을 가르치고 있다. 450년 전 유럽에서 가톨릭을 믿는 합스부르크가는 온건파(루터교도)와 협력하고 급진파(칼뱅교도)를 배제하는 여우가 되었다. 이 복합체 전략은 몇 십 년간 유효했지만, 앞에서 이야기한 것처럼 결국 실패했다. 칼뱅주의는 가톨릭의 박해와 루터교의 배제 아래서도 계속 번창해갔다. 그리고 합스부르크가 편에 속한 가톨릭교도 일부는 자신들의 통제력을 벗어난 채 본질적으로는 루터교도를 칼뱅교도의 품속으로 밀어 넣었다. 이들 두 프로테스탄트 라이벌은 서로 연합하기 시작했고, 1618년에 합스부르크가는 결국 과거 그 어느 때보다 더 크고 더 결합된 프로테스탄트 적과 마주하게 되었다.

미국은 온건파 이슬람주의자들이 급진파와 연합하지 않을 것이며 더 친서방적인 자세로 교화될 수 있다는 당연한 전제를 갖고 — 또는 희망을 갖고 — 그들을 다루어왔다. 이 장 앞 부분에서 말했듯이 2002년 이래 터키에서는 정의개발당(AKP)이 집권해왔다. 정의개발당은 이슬람주의 뿌리를 갖고 있으며 분명히 터키를 역사적 세속주의의 길에서 적어도 얼마쯤 벗어난 곳으로 이동시키고 있다. 이렇게 한창 나가 있는 터키가 나토의 정회원국이면서 미국의 동맹국으로 남아 있다. 터키는 예컨대 연례적인 이거 라이온(Eager Lion) 군사 훈련에 참여함으로써 미국과 밀접한 군사 협력을 계속하고 있다.[40] 여우가 되는 것, 즉 터키를 급진파 이슬람주의자들과는 공통점이 거의 없는 온건한 이슬람 국가로 계속 다루는 것은 신중한 정책 같다.

하지만 서구의 역사는 미국이 조심해야 한다고 가르친다. 터키의 외교 정책은 최근 몇 해 동안 몇몇 시합장에서 미국의 의도를 무시했다 — 2003년 이라크 전쟁 때 가장 분명히 드러났고, 하마스가 다스리는 가자 지구에 대한 다국적 통상금지령을 터키가 사기업들을 부추겨 깨뜨리기도 했다. 터키의 외무장관인 아흐메트 다우토을루(Ahmet Davutoğlu)*는 이제 더 이상 "나토의 전략적 틀 아래서 '날개 노릇을 하는 국가(wing country)'로 있지 않고 스스로 더 많이 날아가려 한다"라고 말하면서 터키의 새로운 비전을 펼쳐 보였다. 다우토을루는 EU 및 미국과의 관계와 마찬가지로 러시아, 아랍 국가들 및 이란과도 우호적으로 지내는, 이웃과 "아무런 문제가 없는" 터키를 구상하고 있다.[41]

미국은 2012~2013년에 이집트에 이슬람주의 정부가 잠시 들어섰을 때 훨씬 더 난처한 상황에 직면했다. 이집트가 1970년대에 안와르 사다트 정부 아래서 친소 국가에서 친미 국가로 방향을 튼 이래, 워싱턴은 이 나라의 세속주의 독재정권이 이스라엘과 평화를 유지하고 대체로 미국의 중동 정책을 지지하기를 기대했었다. 2012~2013년에 모하메드 무르시는 온건파 이슬람주의 단체인 무슬림형제단(1928년에 창설된 세계 최초의 이슬람주의 운동단체)의 환호를 받으며 대통령직을 수행했다. 수년간 무슬림형제단이나 이콴은 비폭력 수단을 통해 일하는 데 전념했으며, 알카에다 같은 급진적 지하디스트들의 적수이다. 정치학자인 마크 린치(Marc Lynch)는 알카에다와 무슬림형제단은 수단뿐 아니라 목표도 다르다고 주장한다. 알카에다는 독립된 민족-국가 개념을 거부하고 세계를 다스리는 통일 이슬람 제국을 건설하기 위해 일한다. 무슬림형제단은 독립된 민족-국가 건설에 만족해한다.[42]

오바마 정부는 짧은 임기의 이슬람주의 이집트 정부와 관계를 버려놓지 않기 위해 애썼다. 터키와 마찬가지로 이집트가 2012년 이거 라이온 군사 훈련에 참가했다는 것은 확실히 의미심장한 일이었다.[43] 그러나 무르시는 이집트의 외교 정책이 변경될 것임을 분명히 했다. 그는 이란을 향해 유화적인 손짓을 했다. 호스니 무바라크 대통령 아래서 이집트는 이스라엘과 평화 조약

---

* 2014년에 터키 총리 취임.

을 맺고 있는 세속주의적인 팔레스타인 자치정부를 지원했고, 이스라엘의 분쇄를 분명히 하고 있는 하마스의 기반을 침식했다. 가자 지구를 다스리는 하마스는 팔레스타인의 무슬림형제단으로부터 성장했으며, 무르시 정부 아래서 이집트가 하마스를 재편성하고 지원하려 한 징후가 있었다. 450년 전에 온건파와 급진파 프로테스탄트를 다루던 가톨릭 합스부르크가처럼, 미국은 자신이 중동에서 이콴 동맹과 맞서게 될지도 모른다는 점을 두려워했다.

트루먼처럼 되라

그런 동맹은 있을 법하지만 불가피한 것은 전혀 아니다. 온건파 이슬람주의자들이 급진파들과 연합하여 단일체를 형성하는 것은 부분적으로 국외자들, 특히 미국이 그들을 어떻게 다루느냐에 달려 있다. 가장 유용한 역사적교훈은 아마도 가장 최근의 것으로, 미국 자신이 제2차 세계대전 이후 유럽에서 좌파들을 다룬 내력일 것이다. 트루먼 정부는 비록 유럽의 사회주의자들이 뉴딜 정책을 추구한 미국의 민주당보다도 더 좌편에 속해 있었지만 그들과 협력할 의향을 갖고 있었다. 그러나 트루먼 정부 관리들은 서유럽의 다양한 사회주의 정당들이 얼마나 반미적 또는 친미적인지 세심한 주의를 기울였다. 미국 관리들은 이탈리아의 경우처럼 상대가 친소련파 사회주의자일때는 그들과 협력하지 않았으며, 프랑스의 경우처럼 (충분히) 친미국파 사회주의자들일 때는 협력했다. 그리고 독일의 경우처럼 결연하게 중립적인 사회주의 정당일 때는, 친절을 다하되 거리를 두고 더 협력적인 정당들과 함께일했다.

미국 외교 정책에 대한 다른 질문에서와 마찬가지로, 이슬람주의자들에 관한 한, 미국 지도자들은 트루먼식으로 하는 것보다 훨씬 잘못할 수도 있다. 트루먼식 정책은 복합체 전략의 한 버전이지만, 더 미묘한 버전이다. 즉, 일부 이슬람주의자들은 온건하다는 것을 알아차리는 것, 그들을 교화하고 그들과 협력할 여지를 만드는 것, 그러나 지역 질서에 관한 온건주의자들의 비전이 미국의 그것과 조화가 되는지를 예의주시하는 것이다. 물론 트루먼은 그가 항상 생존력 있는 친미 정당, 이를테면 이탈리아와 서독에선 기독교 민주당, 프랑스에선 사회당을 발견했다는 점에서 행운이었을 수 있다. 아마도 일부 무슬림 국가들에선 정치적으로 자생력 있는 그런 정당들이 없을 것이다. 특히 이스라엘과 관련하여, 온건파와 극단적 이슬람주의자들에게 공통적인 한 가지 원칙은 시오니즘 또는 유대인 국가라는 생각에 적대적이라는 점이다.

그 질문의 중요성은 이란이 2003년에 미국에 제의했다고 일부에서 주장하는 "그랜드 바겐(Grand Bargain)"에 대한 서로 상반되는 보도에서 드러나고 있다. 힐러리와 플린트 레버렛(Hillary and Flynt Leverett) 부부, 트리타 파르시(Trita Parsi), 그리고 또 다른 이란 전문가들은 이란 대통령 모하마드 하타미가 이웃 이라크의 사담 후세인 정권이 전복된 뒤에 스위스 대사를 통해 이란의 핵 프로그램, 헤즈볼라와 하마스에 대한 지원, 그리고 팔레스타인 문제를 포함한 이란과 미국 간의 모든 현안을 해결하기 위한 제안을 가지고 조지 W. 부시(George W. Bush) 정부에 접근했다고 주장한다. 파르시는 당시 미국 국무장관 콜린 파월(Colin Powell)은 관심을 가졌지만 부통령 리처드 체니(Richard Cheney)를 포함한 다른 사람들이 이 제의를 무시했다고 쓰고 있다.[44] 하지만 그때 미국과 이란의 다른 관리들은 그 제의의 중대성과 심지어 진위 여부에 대해 그저 냉소하고 말 뿐이었다.[45] 부시 정부에서 일부 관리들은 고슴도치들이었지만 심지어 여우들조차도 온건파 하타미와 이란 과격파 사이에 실제로 틈이 벌어져 있는지 확신하지 못했다.*

---

* 2015년 7월 14일 이란은 미국을 비롯한 서방과 핵협상을 타결하여 이란은 IAEA의 핵 사찰을 수용하고 서방은 이란에 대한 제재를 해제하기로 합의했다.

하지만 1940년대 말에 미국이 자신과 기꺼이 협력하면서, 거기에 상응하여 소련에 대해서는 회의적이거나 적대적인 지도자들과 정당들을 어떻게든 항상 발견했다는 것은 놀라운 일이다. 신중한 장려책은 일정한 시간을 필요로 했다 — 프랑스 사회주의자인 레옹 블룸은 미국에서 두 달을 보냈다 — 그러한 사실은 어떤 이데올로기 그룹의 지도자들을 어떻게 다루느냐에 따라서, 어느 정도까지는, 그 그룹의 단일체적인 정도에 영향을 미칠 수 있다는 점을 보여주는 것이다.

여기에서 떠오르는 흥미로운 사례는 세계에서 가장 엄격한 이슬람주의 정권 — 그리고 절대주의 군주국 — 이지만 오랜 기간 미국의 경제 및 안보 파트너로 있는 사우디아라비아이다. 사우디는 전혀 친이스라엘 국가가 아니지만, 그들의 지하디스트 적들의 견해는 옳다. 즉, 리야드 왕실은 실제로 이스라엘과의 싸움에 손가락 하나 까딱하지 않았으며, 1973년 석유금수 조치에 대한 중대한 불복에서 보듯, 페르시아 만에서 미국 패권의 핵심 지지국들 중 하나였다. 만약 완고한 이슬람주의자들이 사실상 친미주의자들이 될 수 있다면, 온건파 이슬람주의자들 또한 그렇게 될 수 있다는 것은 당연한 일이다.

그러나 우리는 계속 경계해야 할 필요가 있다. 마크 린치는 온건파 이슬람주의자들도 이슬람주의자들이지 자유주의자들은 아니라는 점을 지적한다. 아랍 국가들 이곳저곳에서 무슬림형제단은 샤리아를 자기 나라의 법률로 만드는 것을 정말로 목표에 두고 있다. 그런 정부는 현대적인 서구 인권 개념과 결코 잘 어울릴 수 없다. 그러므로 설사 정의개발당(AKP)이 다스리는 터키가 미국과 좋은 관계를 유지하고 있다 하더라도, 그리고 미국과 이란이슬람공화국이 긴장 완화의 기간을 갖는다 해도 그 관계가 온전하게 조화로울 수는 없는 것이다. 역사는 어느 쪽이든 그 관계를 예상해서는 안 된다는 점을 가르치고 있다.

외국의 간섭은 통상적인 일이다

우리는 이슬람 세계에서 진정한 새로운 시작을 지지할 기회를 맞았다. 테러 집단과 폭력적 극단주의에 대한 지지를 현저히 줄어들게 함으로써. 그 나라의 시민들에게 공공 서비스와 기회를 제공할 책임 있는 정부가 새롭게 출발할 것이다.

— 앤-마리 슬로터 Anne-Marie Slaughter, 2011년 3월

이란은 종교적 민주주의 개념을 가지고 아랍 국가들에게 자신의 이슬람 체제를 주입해야 한다.

— 아야톨라 알리 하메네이 Ayatollah Ali Khamenei, 2011년 9월

"리비아는 우리가 상관할 바가 아니다"라고, 미국 공화당 대통령 예비후보 였으며 오랜 경력의 국회의원인 론 폴(Ron Paul)이 2011년 6월 어떤 기자에게 말했다. 폴은 무아마르 카다피(Muammar Qaddafi)의 독재에 저항하는 반군들을 보호하기 위해 그 해 3월에 미국, 프랑스, 영국이 시작한 리비아 공습을 언급하고 있었다.

하원의원 폴은 혼자가 아니었다. 리비아 폭격이 시작되자, 미국인들의 70퍼센트가 리비아에 미 지상군을 파병하는 데 반대했다.[1] 미국인 모든 세대에게 현명한 조언가인 코미디언 존 스튜어트(Jon Stewart)는 미군이 이미 아프가니스탄과 이라크에서 싸우고 있는 판에 카다피를 공격하는 것이 과연 현명한 일인지 의문을 나타냈다. 스튜어트는 눈이 높은 그의 청중에게 외쳤다. "큰 아이 둘이 막내를 돌볼 테니 여러분은 그 막내에겐 신경 쓸 필요가 없겠지요. 그런데 알다시피 전쟁은 아이들이 아닙니다."[2]

그러나 그 공습—작전명 오디세이 새벽과 통합 보호자(Odyssey Dawn and Unified Protector)—은 계속되었고 결국 반군의 카다피 축출을 성공하게 만들었다. 달리 말하면 세 나토 동맹국 군대가 개입하여 리비아의 정권 교체에 도움을 준 것이다. 이런 식으로 미군이 연루된 개입이 세 번째라는 점에서는 적어도 존 스튜어트가 옳았다. 왜 미국은 이런 종류의 개입에 그토록 자주 착수할까?

미국인들은 특히 2011년 초에 아랍의 봄에 확실히 관심이 있었다. 이집트 혁명이 절정에 이르던 그 해 1월 말과 2월 초에 미국 대부분의 TV 방송과 케이블 뉴스의 시청률이 약간 줄어든 반면, 알 자지라(Al Jazeera) 웹 사이트에 대한 미국인의 조회수는 다섯 배로 증가했다.[3] 수십 만 명의 미국인들에게 튀니지, 이집트, 리비아, 시리아 및 그 외 여러 지역에서의 아랍의 봄 개화는 이들 나라의 시민들, 아랍인들 또는 무슬림들에 관한 것만이 아니라 마치 우리 모두에 관한 일인 것 같았다. 틀림없이 많은 미국인들은 그들이 중동에서 일어나고 있는 사태에 어떤 종류의 도덕적 이해관계를 갖는다고 느꼈을 것이다. 이 중동인들은 억압적인 정권을 타도하기 위해 목숨을 거는 피압박 민중이었다. 미국인들은 억압에 맞선 외국인들의 투쟁을 영국의 식민지 정책과 폭정에 맞서 싸우며 미국을 건국한 선조들의 투쟁과 동일시하는 경향이 있다. 1989년에 그들은 동유럽의 공산정권 붕괴를 방영하는 텔레비전 화면 앞을 떠날 줄 몰랐다. 1810년대와 1820년대에 미국인들은 라틴아메리카의 스페인 식민지들이 스페인과 포르투갈로부터 해방되어 새로운 공화국을 창건한다는 소식에 열광했다.

전 국무부 정책실장 앤 마리 슬로터가 리비아에 대한 개입을 요청한 것은 순수한 이상주의처럼 들릴 수도 있다. "우리는 이슬람 세계에서 진정한 새로운 시작을 지지할 기회를 맞았다 — 그 나라의 시민들에게 공공 서비스와 기회를 제공할 책임 있는 정부가 새롭게 출발할 것이다"라고 그녀는 말했다. 여기에 미국의 능동주의 외교 정책의 원인이 놓여 있다고 많은 비평가들은 말한다. 몇몇 분석가들은 미국은 폭넓은 자유주의 전통 때문에 특별히 이런 종류의 개입을 곧잘 하는 것 같다고 주장했다. 정치학자인 마이클 데시(Michael Desch)는 미국의 자유주의 — "개인의 자유, 기회의 균등, 자유시장, 그리고 정치적 대표성"이라는 이데올로기 — 는 최근 수년 동안 보았듯이 외국 세력이 미국을 제지할 능력이 없으면, 자기 나라를 성전(聖戰)으로 몰고 간다고 주장한다.[4] 또 다른 사람들은 미국의 외교 정책은 최근에 이데올로기 전사에게 점령되었다고 주장한다. 또 한 사람의 정치학자인 토니 스미스(Tony Smith)는 "이 땅에는 자유주의 지하디스트라고 말할 수 있는 자유주의적 극단주의자들이 활동하고 있다. 테러와의 전쟁에서 그들은 근본주의 …… 호전적인 신념, 성전의 형태를 띤 자유주의를 요구하고 있다"라고 경고한다.[5]

그 귀결은 미국이 다른 나라들의 국내 문제에 특별히 관심을 갖는 것으로 나타난다. 그렇다면 이란의 최고 지도자가 같은 종류의 관심을 표명하고 있다는 점은 흥미로운 일이다. "이란은 종교적 민주주의 개념을 가지고 아랍 국가들에게 자신의 이슬람 체제를 주입해야 한다"라고 그는 주장한다. 분명히 자신들이 가진 것을 외국인들도 얻도록 돕겠다는 충동은 미국인들에게만 있는 것은 아니다.

사실 미국만이 무력을 사용하여 다른 나라의 정권이나 지도자들을 교체하는 나라인 것은 결코 아니다. 지난 500년 동안 강대국들의 그러한 개입이 200번 이상 있었으니 2년 반마다 한 번씩 있었던 셈이다. 다른 자유민주주의 국가들도 그런 일을 했다(프랑스와 영국도 2011년의 경우처럼 리비아 개입만 한 것이 아니다). 공산주의 국가와 파시스트 국가들도 그렇게 해왔다. 군주국들, 가톨릭과 프로테스탄트 국가들, 그리고 이슬람주의 국가들도 그렇게 했다. 또한 그러한 개입의 압도적 다수는 중동이 경험하고 있는 것처럼 지역 전역에서 정통성 위기와 이데올로기적 갈등을 겪고 있는 동안에 일어났다.[6]

더욱이 개입국들은 보통 이상주의적 동기뿐 아니라 자국의 이익이라는 동기를 갖고 있기 마련이다. 간단히 말해서 1개국 또는 몇 개국이 정권 교체를 야기할 수 있는 국내 불안을 겪고 있을 때, 외부 국가들이 종종 그 결과에 대한 **전략적** 또는 **군사적** 이해관계를 갖게 된다. 슬로터는 자치권을 획득하려는 리비아인들을 도우려는 이타적인 욕망에 그치지 않는다. 즉, 그녀는 민주주의가 "테러리즘과 폭력적인 극단주의를 현저히 줄일 수 있다"라고 주장한다. 그녀는 미국이 더 유복해질수록, 그리고 더 안전해질수록, 더 많은 국가들이 민주정부를 갖게 될 것이라는 초당적인 신념을 표현하고 있다.

이란의 경우도 여기 견줄 수 있다. 아야톨라 하메네이(Ayatollah Khamenei)

가 주장하는 "종교적 민주주의"는 원칙에 충실한 소리로 들리지만, 그것은 바로 아랍의 봄이 이란 스타일의 정권을 만들어내어 아랍 세계에 이란의 영향력을 증대시키고자 하는 테헤란 정권의 야망을 드러내고 있는 것이다. 이란 정권은 1928년에 이집트에서 결성된 수니파 이슬람주의자 그룹인 무슬림형제단의 여러 국가 지부들과 오랜 관계를 갖고 있었다. 1979년 당시에 이집트 무슬림형제단 단원들은 이란의 이슬람주의 혁명을 크게 환영했다.[7]

이란은 또한 아랍의 봄을 다른 나라들의 시아파 무슬림들을 강화한다는 오랜 전략의 관점에서 보았으며, 이는 시아파들이 이란의 영향력 행사에 더 긍정적일 것이라는 개념에서 나온 전략이다. 그래서 아랍 군주국들은 이란이 자그마한 바레인에서 시아파 반란을 부추겼다고 비난했다. 바레인은 수니파 왕실이 다스리고 있지만 국민들 대다수가 시아파이며 이란과 페르시아만을 사이에 두고 있는 군주국이다. 테헤란은 어떤 개입도 부인하고 있지만, 그러나 공식적으로 바레인을 "잃어버린 한 지방"으로 간주하고 있는 이란은 바레인 정권이 수니파에서 시아파 이슬람주의자들의 것으로 바뀌기를 바라고 있었음이 분명하다.[8] 바레인에서 시아파 봉기는 다양한 이슬람주의 특색을 띤 수니파 군주국들의 조직 걸프협력회의(Gulf Cooperation Council)에 의한 사우디 주도의 침략을 초래했다.

이와 거의 반대되는 사태가 시리아에서 발생했는데, 바로 바샤르 알-아사드(Bashar al-Assad) 정권이 다양한 파벌을 가진 국내 다수파인 수니파 무슬림과 내전에 빠져들게 된 것이다. 아사드 정권은 세속주의 정권이지만 종족으로는 알라위 파(Alawites)에 속한다. 알라위 파는 시아파 이슬람의 분파이며, 이란은 시리아 군에게 진압 기술을 훈련시키고, 레바논의 헤즈볼라에게 알라위 정권을 위해 싸우도록 압력을 넣으면서 아사드 정권이 반군에 맞서도록 돕고 있다.[9] 한편 사우디와 다른 수니파 이슬람주의 국가들은 시리아 정권을 대대적으로 적대시해왔으며, 그 바람에 아랍 연맹이 아사드 정권의 야만적인

반군 진압을 더 쉽게 비난할 수 있게 되었다.[10]

바레인과 시리아 양국에서 이란 통치자들은 시아파 정당이면 어느 것이든 지원했다. 정치학자인 발리 나스르(Vali Nasr)가 써놓았듯이, 아랍의 봄은 이슬람주의의 표본으로서 더 유력한 지위를 놓고 오랜 기간 경쟁을 벌인 이란과 사우디의 냉전에 말려들었다.[11] 미국은 그들의 우방국인 사우디와 꽤 밀접하게 연결된 전략적 이해관계를 갖고 있으며 미국 해군 제5함대가 바레인에 사령부를 두고 있다. 그러나 오바마 행정부는 바레인의 봉기에 대한 사우디 주도의 진압을 공공연히 불만스러워했다.

따라서 비록 미국이 직접 시리아에 개입하지는 않았지만, 미국이 그렇게 해야 한다고 일부 지도자들은 강력히 주장해왔으며, 그러한 주장의 많은 부분이 핵심적인 이란 동맹국을 제거할 기회와 관계있다는 사실은 그리 놀랍지 않다. 미국 상원에서 존 매케인(John McCain), 린제이 그레이엄(Lindsey Graham), 그리고 조지프 리버만(Joseph Lieberman)은 미국의 시리아 개입을 가장 소리 높여 지지하는 사람들이었다. 그들은 아사드가 일으킨 잔인한 전쟁의 인적 손실뿐 아니라 미국을 위한 물질적 이해관계도 열거했다. "아사드는 아랍 세계에서 이란의 가장 중요한 동맹자이며, 이란은 현 시점에서 이 지역과 이 지역을 넘어선 세계의 안정에 가장 큰 위협이 되고 있다"라고 리버만은 말했다.[12]

정치 이슬람이 아랍의 봄을 일으킨 것이 아니었다. 2010년 12월에 튀니지에서 시작하여 북아프리카와 서남아시아로 퍼진 일련의 반란과 혁명은 실패한 권위주의 정권들로 인해 아랍 사회 전반에 팽배한 깊은 불만의 산물이었다. 그러나 역사가 보여주듯이 혁명의 원인은 꼭 그 결과의 훌륭한 예언자라고 할 수는 없다. 혁명은 일반적으로 현 상태의 정권이 구제할 길 없을 정도로 나쁘고, 그 정권을 전복시킬 가능성이 현저하게 높다는 확신을 공유하는 사람들의 연합체에 의해 추진된다. 그 정권이 축출되는 이후라야만 이데올로기적 분열이 나타난다.[13]

그것이 우리를 교훈 3으로 이끈다. 즉, 어떤 지역이 이데올로기 투쟁에 의해 갈기갈기 찢어질 때 외국의 개입이 예상된다는 것이다. 내가 말하는 '개입'이란 다른 국가의 국내 문제에 영향을 미치려고 고안한 어떤 정책을 의미한다. 조지프 나이(Joseph Nye)는 가장 온화한 것(공개적인 언급)에서 가장 치명적인 것(군사 침략)에 이르는 외국 개입의 스펙트럼을 제시한다. 그 중간에는 경제 원조, 정부 반대파 지원, 그리고 봉쇄와 같은 정책들이 있다.[14] 모든 이런 유형의 조치—군사적 침략을 포함하여—는 이데올로기 싸움으로 사분오열된 지역에서 예상될 수 있다. 비록 외국의 개입은 그러한 이데올로기 싸움이 없을 때도 일어날 수 있지만, 그것이 있을 때 국외 세력들이 종종 개입 유혹을 더 많이 느끼게 된다.

그러한 개입은 성전을 촉구하는 수사로 장식되고 심지어 정말로 이상주의에 경도된 채 심각한 정도로 진행될 수도 있다. 그러나 그러한 개입은 어떤 의미에서는 합리적일 수도 있다. 때때로 그러한 것들은 개입하는 국가의 이익에 기여하기까지도 한다. 외국인들은 종종 여러 나라에서 벌어지는 투쟁의 결과에 대하여 물질적인 이해관계를 감지한다. 그들이 이러한 이해관계를 알아차리는 것은, 결국은 그 투쟁이 초국가적이기 때문이다. 즉, 한 나라가 아닌 그 이상의 나라에서 일어나기 때문이다. 세속주의자들과 이슬람주의자들 사이의 경쟁은 수십 년 동안 무슬림 국가들 전역에서 나타났으며, 한 나라에서의 그런 경쟁이 다른 나라들의 그것들과 차단되어 있지 않았다. 오히려 경쟁 참여자들은 한 나라에서 이슬람주의의 승리가 다른 나라들에서 그러한 승리 가능성에 영향을 미치는 것으로 보았다. 1979년의 이란 혁명은 그 지역 전체에서 이슬람주의자들을 고무하고 세속주의자들을 불안하게 했다. 그들 각 국가의 투쟁들은 상호의존적이다.

서구의 역사에서 이데올로기 투쟁도 이와 마찬가지였다. 즉, 그 투쟁은 이렇듯 확실한 의미에서 국경을 초월한 것이었으며, 많은 국가들의 개입을 촉발했다. 서구 역사는 이런 외국의 개입이 두 가지 이유 중 하나 ─ 때로는 두 가지 모두 ─ 때문에 일어난다는 점을 시사한다.

첫째, 개입국들 자체의 정권의 장래가 불분명한 경우이다. 1789년에 프랑스에서 자유주의 혁명이 발발했다. 1791년에 폴란드에서 유사한 혁명이 분출했으며, 폴란드의 반란자들은 그들이 프랑스인들로부터 영감을 얻었다고 선언했다. 다음해에 러시아의 예카테리나 대제(Catherine the Great)는 폴란드 혁명을 진압하기 위해 군대를 파견했다. 1년 후 프러시아의 프리드리히 빌헬름(Frederick William) 황제는 러시아 군과 합동 작전을 벌이기 위해 역시 폴란드에 군대를 파견했다. 이들 양 군주는 그 혁명이 자신들의 나라에 영향을 미치고 있는 점을 두려워하여 어떻게든 중단시켜야 했다.

둘째, 어떤 나라에 혁명이 일어나면, 그 나라의 외교 정책과 외국과의 협력 관계가 때로는 근본적으로 변할 수 있다. 폴란드 혁명 다음해에 신생 프랑스 공화국은 오스트리아와 프러시아에 선전포고를 했다. 프러시아의 프리드리히 빌헬름 황제는 혁명의 물결이 폴란드로부터 자기 나라로 밀려올까봐 두려웠을 뿐 아니라 신생 폴란드 공화국이 프랑스와 연합하여 자기 나라에 전쟁을 선포할까봐 두려웠다. 프러시아의 안보와 유럽에서의 힘의 균형이 폴란드의 혁명에 연루된 것이다.

바로 그렇기 때문에, 레바논 출신 기자인 라미 쿠어리(Rami Khouri)는 아랍의 봄이 두 이슬람주의 표본 국가인 사우디아라비아(수니파)와 이란(시아파) 사이의 힘의 균형에 영향을 미칠 수밖에 없다는 점을 주목했다. 페르시아 만을 사이에 두고 서로 노려보고 있는 이 두 나라 사이의 냉전은 그 지역 전체에 걸친 모반과 탄압으로 악화되었는데 그것은 바로 두 나라 각각 몇몇 나라들에 동조자들을 거느리고 있었기 때문이다.[15] 이 역동성이 서구 국가들을 포함하여 멀리 떨어져 있는 나라들의 이해관계에 영향을 미쳤다. 오바마 정부는 이집트의 무바라크 정권이나 바레인의 알 할리파(al-Khalifa) 왕정이 붕괴되면 이 나라들이 '미국의 동맹국' 대열에서 이탈한다는 것을 정확히 알고 있었다. 바로 이들 두 나라 모두에서 이익을 얻은 이슬람주의자들은 미국의 힘과 영향력을 덜 인정했기 때문이다.[16]

때로는 이들 두 문제 — 혁명의 감염과 힘의 균형 — 가 모두 나타난다. 각국 정부는 대체로 그 이해관계를 잘 알고는 종종 반란과 혁명의 결과에 영향을 미치려한다. 그들은 경제 제재를 가하거나 비밀 공작을 하고, 그리고 때로는 혁명을 뒤집어엎기 위해(또는 성공시키기 위해) 노골적인 군사 개입을 한다. 중동에서 일어나는 사상의 충돌은 이데올로기적인 언어에 가려진 권력 투쟁에 해당하는 것만은 아니다. 그러나 분명한 것은 있다. 즉, 권력의 이해관계는 가장 훌륭한 통치체제를 놓고 무슬림들 사이에 벌어지는 장기적인 투쟁에 달려 있다 — 다양한 무슬림 엘리트들의 권력도 그렇지만 미국을 포함한 외부 국가들의 권력도 마찬가지다.

다음으로 우리는 역사적 사례 세 가지 — 초기 유럽의 가톨릭-프로테스탄트 투쟁, 그 후의 군주주의자들과 공화주의자들 간의 투쟁, 그리고 20세기의 공산주의-파시즘-민주주의 투쟁 — 모두에서 동일한 역학이 작동했다는 것을 알게 될 것이다. 그 사례들이 보여주는 것은 비록 이데올로기와 자기 당위적 충동이 종종 분명히 드러나긴 했지만, 외국의 개입은 사정에 따라서는 이따금 합리적이었다는 점이다.[17] 우리는 두 번째 사례로 시작할 텐데, 1789년의 프랑스 혁명과 그것이 국제 권력 균형에 미친 영향을 특히 프랑스 최대의 라이벌인 대영제국과 관련하여 주목해 나갈 것이다.

* * *

영국의 에드먼드 버크와 프랑스의 '무장 노선', 1790~1799

에드먼드 버크(Edmund Burke, 1729~1797)는 정치가로서의 경력 대부분을 보건대, 1789년 프랑스에서 발발한 것과 같은 '인간의 권리'를 수호하는 혁명에 가장 덜 반대하는 영국 정치가들 중 한 사람이었다. 영국 하원의회에서 수사적(修辭的) 능력으로 유명했던 문필가이자 아일랜드 출신인 그는 국왕의 권한을 제한하는 데 전념했던 휘그당 당원이었다. 1770년대에 버크는 영국에 저항하는 북아메리카 식민지 개척자들 편에 서서 그들에게 세금을 부과할 권리는 그들 자신이 세운 식민지 의회에서 관장할 일이지 웨스트민스터의 영국 국회가 관여할 일이 아니라고 했다. 다음은 1774년 하원에서 했던 말이다. "평화를 추구하고 그것의 달성을 위해 노력하라. 아메리카를 내버려두라. 아메리카에서의 과세 문제는 그들 자신에게 맡겨두라."[18] 1776년에 버크는 사형제도를 "우리가 정의라고 부르는 도살"이라고 규정했다.[19] 1780년대에 그는 영국 식민지 관리들의 무지막지한 통치를 받는 남아시아인들을 옹호하며 이런 말을 했다. "독단적인 권력은 어느 누구도 가질 수 없고, 어느 누가 줄 수도 없다. 아무도 자신의 의지에 따라 스스로를 적법하게 통치할 수 없는데, 하물며 어떤 사람이 다른 사람의 의지에 따라 지배될 수는 없는 일이다." 버크는 법의 지배는 보편적인 권리라는 가장 중요한 주장을 했다. "인간에 대한 인간의 모든 지배는 …… 그것을 주시는 하느님의 영원법의 제약을 받으며, 그것 없이는 어떠한 인간적 권위도 성립할 수 없다."[20]

그러던 중 1789년 7월에 프랑스 혁명이 발발했다. 그 혁명은 유럽과 아메리카 전역의 자유주의자들을 흥분시켰다. 이들 자유주의 정치가들, 정치 평론가들, 그리고 성직자들에게 프랑스에서 일어난 것은 바로 그들이 다루어야 할 일이었다. 그들은 자기 나라에서 유사한 격변이 일어나길 소원했기 때문에 프랑스 혁명이 꼭 성공하길 바랐다. 1789년 11월 4일 유니테리언 교회의 목사인 닥터 리처드 프라이스(Richard Price)는 그의 신도들에게 이렇게 권고했다. "용기를 내십시오. 여러분 모두는 자유 편에 선 친구들입니다. …… 보십시오, 여러분이 아메리카를 해방시킨 후 끌어내어 프랑스를 비춰준 저 빛을. 그 빛이 프랑스에서 폭정을 잿더미로 만들어 유럽을 따뜻하게 하고 환하게 비추는 불길로 활활 타오르고 있습니다."[21] 미국 혁명 때 노련한 정치 팸플릿 집필자였던 토마스 페인(Thomas Paine)은 몹시 흥분하여 그의 정치적 동지인 버크에게 이렇게 써 보냈다. "프랑스 혁명은 확실히 유럽에서의 다른 혁명들의 선두 주자입니다 — 정치적으로 그것은 여러 나라들과 긍정적으로, 그리고 왕실들과는 부정적으로 동맹을 형성하는 새로운 양식으로 생각됩니다."[22]

버크는 그의 친구들이 놀랄 정도로 사태를 결코 그렇게 보지 않았다. 처음부터 그는 프랑스 혁명을 증오했다. 그것은 사회제도를 폭력적으로 뒤집어엎는 **혁명**이었기 때문이다. 그리고 그것이 영국과 그 외 나라에서 바로 그런 열정을 자극했기 때문에, 프랑스에서의 혁명은 정말로 그를 불안하게 했다. 버크는 그의 여생을 혁명과 혁명이 가져오는 타락하고 폭력적인 결과를 경고하는 데 바쳤다.

그러므로 좌파 쪽인 프라이스와 페인에게, 그리고 (이제는) 우파 쪽인 버크에게 프랑스에서의 혁명은 프랑스에 관한 것만이 아니었다. 그것은 영국에 관한 것이기도 했다. 즉, 영국의 제도, 생활 방식, 사회 안정성, 그리고 국가의 안보와 권력에 관한 것이었다. 1793년 초에 프랑스 공화국이 영국에 선전포고했을 때, 이른바 급진파 인사들—페인, 프라이스 등—은 윌리엄 피트(William Pitt the Younger) 정부에 평화 협상을 하도록 압력을 가하기 시작했다. 한편 버크는 피트 정부에게 전쟁을 수행할 뿐만 아니라 영국은 프랑스 혁명을 뒤엎고 프랑스 군주제를 복원시키려 한다는 것을 천명하도록 촉구했다.

버크는 두 가지를 우려했다. 첫째는 바로 그의 말에서 입증된다. 그는 "프랑스 혁명(French Revolution)"이라 하지 않고 "프랑스에서의 혁명(revolution in France)"이라고 말한다.[23] 혁명은 프랑스만의 것이 아니었다. **잠재적인 혁명이 전 유럽에 퍼져 있었다.** 영국 차례가 오고 있다는 징후가 보였다. 버크는 영국적인 생활과 관습을 그 자체로 사랑했다. 정치적 격변이 영국 해협을 건너온다는 것은 생각만 해도 혐오스러웠다. 그는 자신을 취재하는 프랑스인 기자에게 이렇게 쓰고 있다. "예전에 당신들의 일은 당신들의 관심사일 뿐이었습니다. 우리는 인간으로서 그것들을 인정했습니다. 그러나 우리는 그 일들과 거리를 두었습니다. 우리가 프랑스 시민이 아니기 때문입니다. 그러나 우리가 그 모델을 우리 자신에 관한 것으로 받아들인다면, 우리는 그것을 영국인으로서 느껴야 하며, 영국인의 감정을 내보여야 합니다. 우리도 모르게, 당신들의 일은 우리 관심사의 일부가 되어버립니다. 적어도 당신들의 만병통치약, 곧 당신들의 역병과 거리를 두는 것에 관한 한 그렇습니다."[24]

버크의 두 번째 우려는 그 혁명이 영국의 국제적 위상과 국가 안보에 위협이 된다는 것이었다. 영국의 안보는 적어도 두 가지 방식으로 절충될 수 있었다. 첫째, 영국은 오스트리아와 프러시아라는 동쪽 열강의 위협에 대한 완충장치로서 독일의 소국들(그 당시에 통일 독일은 존재하지 않았다)의 독립과 안정에 의존해왔다. 그런데 혁명의 원리들이 독일의 소국들을 감염시키며 혼란의 씨를 뿌리고 있었다. 그 감염이 오스트리아와 프러시아를, 그 두 나라에 둘러싸인 독일어권 유럽을 갈라놓아 영국을 침략할 수 있는 끔찍한 연합을 결성해 낼 하나의 동맹으로 유도할지도 모를 일이었다. 두 번째 위협은 더 직접적인 것이었다. 즉, 혁명이 한때 기력이 쇠했던 주민들에게 에너지와 역동성을 불어넣어 프랑스의 국력을 강화시키고 있었다. 작고한 크리스토퍼 히친스(Christopher Hitchens)가 지적했듯이, 버크는 심지어 프랑스가 군사독재국가로 퇴보할 것이라고 정확하게 예측했다(그런 일은 9년 후 나폴레옹 보나파르트의 바로 그 파렴치한 쿠데타와 함께 일어났다).[25] 1791년 말 무렵에 버크는 이렇게 공언했다. "프랑스 혁명은 프랑스를 자유롭게 만들기 위해서가 아니라 가공할 나라로 만들기 위해 일어났다."[26] 프랑스는 이미 일부 옛 영토들을 합병하고 있었으며, 제국이 되기 위해 유럽의 여러 나라에 영향력을 행사할 준비를 착착 진행해가고 있었다.[27]

에드먼드 버크는 모든 영국 사람들을 대변하지는 않았다. 자유주의자들과 급진파들 — 프랑스의 체제가 가장 매력적이라고 생각했던 사람들 — 은 평화를 원했고 프랑스 정권에 관한 결정을 프랑스 사람들에게 맡겨두기를 원했다.[28] 그러나 버크는 그 논쟁에서 승리했다. 즉, 영국 각료들은 그 공화국을 어떤 체제로 대체하길 원하는지 모호한 태도를 보였지만, 영국의 공식적인 전쟁 목적은 프랑스의 정권 교체를 포함하고 있었다.

그다음 몇 해 동안 프랑스 혁명은 영국뿐만 아니라 프랑스에 의해서도 수많은 외부 개입을 겪었다. 그러한 개입은 부분적으로는 유럽 전역에서 그 혁명에 관한 여론이 크게 양극화되어 있었기 때문에 일어났다. 대부분의 사람들은 혁명에 매우 호의적이든지 그것에 강력히 반대했다. 중간 입장인 사람들은 그렇게 많지 않았다. 이 양극화는 프랑스인들과 적들을 양산했고, 그 적에는 영국인들과 몇몇 나라의 제5열들 — 그들과 함께 봉기하고 싸우기를 열망하는 동조자들 — 이 포함되어 있었다. 1795년부터 프랑스 군은 이러한 제5열들을 이용하기 시작했다. 그렇게 하기 위해 프랑스는 여러 소국들 — 네덜란드, 스위스 및 이탈리아 내의 여러 나라들 — 에 침입하여 공화국을 세웠는데, 이번에는 이 공화국들이 프랑스에 너무 충성하여 사실상 위성국이 되었다. 혁명의 전염성이 프랑스로 하여금 하나의 유럽 제국을 건설하게 했고 그들이 거침없이 전쟁을 수행하도록 자원을 추가로 얻게 해주었다. 영국은 외연이 좁긴 하지만 매우 실속 있는 제5열들을 이용하여 똑같은 일을 했다. 1794년에 그들은 코르시카에 침입하여 파스쿠알레 파올리(Pasquale Paoli)와 협력해서 입헌군주국을 세웠고 이 나라는 그들의 동맹국이 되었다.[29]

버크가 죽고 나폴레옹이 득세한 지 20년이 지나 거의 전 유럽이 정복되었으나, 프랑스는 결국 다국적군에게 패배했고, 영국과 동맹국들은 결국 버크가 생전에 원했던 대로 했으며 프랑스에 옛 부르봉 왕조를 다시 세웠다. 사실 프랑스 군대가 1790년대에 공화정을 강제로 실시하거나 1800년대에 보나파르트주의(관료적 권위주의) 정권을 강요한 유럽의 소국들에서는, 영국의 동맹자들도 옛 왕실의 복구를 원했다. 교훈 1에서 본 것처럼, 승리자들의 정책은 프랑스 군을 참패시켰을 뿐 아니라, 그 군대에 영감을 주고 또한 그 군대가 확산시키고 온존시킨 바로 그 이데올로기도 참패시킬 수 있었다.

1790년대의 '공화주의의 봄(Republican Spring)'과 그에 뒤이은 '나폴레옹의 겨울(Napoleonic Winter)'은 프랑스에 관한 것만이 아니었다. 그것들은 대부분의 다른 유럽 국가들과 통치자들의 권력과 이해관계에 관한 것이었다. 프랑스와 다른 나라들에서 일어난 일―반란, 혁명, 그리고 복고―은 바로 그들 자신에 관한 일이었고, 그것이 바로 그들이 그렇게 자주 개입한 이유이다.

유럽의 민주주의 증진과 소련-미국의 경쟁, 1945~1949

자유주의자인 에드먼드 버크가 프랑스 혁명의 적으로서는 어울리지 않아 보였다면, 한 미군 장군은 그로부터 1세기 반 이후에 서독 민주화의 진로를 잡아 나가기에는 어울리지 않는 사람으로 보일 수도 있다. 그러나 조지아 주 출신의 루시어스 클레이(Lucius Clay) 장군은 바로 그런 사람이었다.

나치 정권의 패전 이후 독일 미군 점령지역의 부사령관이었던 클레이 장군은 민주적이고 자유시장주의적인 독일을 원했다. 이는 그가 민주주의와 자유시장이 옳다고 생각하고 독일을 좋아했기 때문만은 아니었다. 그 또한 미국이 독일의 민주화에 구체적인 안보 이해관계를 가졌음을 확신하게 되었기 때문이다. 실제로 오직 그만이 민주화를 위해 그의 상관들을 다그치기 시작했다. 그는 당시에 독일의 민주화가 미국이 소련과 경쟁하는 데 도움을 주는 쓸모 있는 도구라는 것을 확신했던 것이다.

민주자본주의 독일에 걸려 있는 미국의 이해관계는 두 가지 관련 사실에서 생겨났다. 즉, 이제 막 시작되고 있는 소련과 미국의 경쟁, 그리고 유럽 대부분의 국가들로 빠르게 번지고 있는 깊은 이데올로기 분열이었다. 미국, 영국, 그리고 캐나다 군대는 서쪽으로부터 침입하여 독일을 점령했다. 소련의 붉은 군대는 동쪽에서부터 그렇게 했다. 1945년 봄까지 소련은 중부 유럽 국가들과 동부 독일의 광범위한 지역을 점령했다. 이들 나라 전 지역의 주민들은 이데올로기에 따라 크게 양극화되어 있었다. 1917년 러시아 혁명 이후 줄곧 유럽을 포함한 세계의 많은 지역이 정치학자인 칼 프리드리히(Carl Friedrich)가 공산주의, 파시즘 그리고 민주자본주의가 패권을 겨루는 "혁명적인 상황"이라고 호칭한 것 속에 들어가 있었다.[30] 전쟁의 참화로 정부들은 약해졌고, 위험 요소는 높아졌으며, 이데올로기 그룹들 사이의 신뢰는 낮아졌다. 어떤 사람들은 이데올로기를 공유하지 않는 자국인들보다 그것을 공유하는 외국인들 — 말하자면 이탈리아와 프랑스의 공산주의자들처럼 — 에게서 더 강한 유대를 느꼈다.

루시어스 클레이는 이 이데올로기적 양극화는 독일에서의 이데올로기 승자가 독일과의 동맹 관계와 결국 유럽에서의 권력 균형을 결정한다는 것을 의미한다고 생각했다. 독일이 공산화되면 소련의 동맹국이 될 것이다. 민주주의 독일은 미국과 서방으로 기울게 될 것이다.

미국의 모든 정책 입안자들이 적어도 처음에는 사태를 클레이처럼 본 것은 아니었다. 1945년 4월 서거할 때까지 프랭클린 루스벨트 대통령은 미국과 소련이 경쟁국이 되지 않기를 바랐다. 루스벨트 역시 독일의 전후(戰後) 운명에 대해서는 입장이 모호했다. 제1차 세계대전이 일어난 지 25년이 지나 제2

차 세계대전이 끝날 무렵 루스벨트 대통령에게 가장 시급한 문제는 어떻게 하면 독일이 결코 또 다른 전쟁을 벌이지 못하게 할 것인가였다. 1943년 테헤란 회담에서 루스벨트는 독일을 영구히 분할하기로 처칠 및 스탈린과 합의했다. 루스벨트 행정부의 재무장관인 헨리 모겐소(Henry Morgenthau)는 독일의 모든 산업 능력을 파괴하여 영구히 농경 사회로 만들어버리자는 이른바 "카르타고 방식"의 화평을 계속 주장했다. 1945년 4월에 쓴 미국 합참의장의 비망록엔 이렇게 적혀 있다. "독일은 해방의 목적으로 점령되는 것이 아니라 전쟁에 패한 적국으로서 점령되는 것이다. …… 주요 연합국들의 목표는 독일이 다시는 세계 평화에 위협이 되지 않게 예방하는 일이다."[31] 루스벨트 대통령과 그의 참모들은 소련이 새로운 강국이 되어 장차 미국에게 잠재적인 문제가 될 수 있다고 생각했다. 그러나 그들은 미국이 결코 위협이 되지 않는다는 것을 소련에게 확신시키고 싶었다.[32]

하지만 다른 지도자들 ― 처칠과 미국 외교관인 조지 케넌(George Kennan)을 포함하여 ― 은 이미 서방의 가장 큰 골칫덩어리로 소련의 영향력에 초점을 맞추고 있었다. 그들은 패망한 독일이 아직도 자체의 전략적 자산 ― 수많은 교육받은 주민들, 방대한 산업 능력, 중요한 전략적 위치 ― 을 갖고 있음을 알았다. 그들은 독일이 붉은 군대와 소련의 힘을 막을 방벽이 될 수 있다고 생각했다. 그러나 그들은 독일을 어떻게 해야 할지에 대해서는 의견일치를 보지 못했다. 케넌은 포르투갈의 안토니노 살라자르(Antonino Salazar)의 통치와 같은 어떤 것, 즉 일종의 유연한 권위주의 정권을 생각했다. 미 국무장관인 코델 헐(Cordell Hull)은 독일을 자유주의적 시장 중심의 민주국가로 회복시키기를 원했다.[33] 헐 장관과 그의 그룹이 논쟁에서 결국 승리하게 되었는데, 그 당시 클레이 장군은 독일을 민주주의 국가로 만들면 강력하고 성실한 동맹국이 될 것이라고 워싱턴의 많은 인사들을 설득시켰다.

소련은 독일을 분할하여 영구히 약화시킨다는 모겐소 계획과 매우 닮은 그들 자신의 계획을 갖고 있었다. 동시에 크렘린은 노동조합에 침투하여 서부 유럽에 공산주의를 확산시키는 작업을 하고 있었다. 스탈린은 노동조합들이 프랑스, 이탈리아 등지의 좌파 정당들을 통제하고, 그 정당들이 이제는 유럽의 황폐해진 상황을 이용하여 권력을 잡아 소련의 영향력이나 통제 아래 공산 정권을 세우기를 바랐다.

1946년 5월에 이 같은 소련의 전략은 프랑스 공산당이 프랑스의 신헌법에 대한 국민투표에서 패배하는 바람에 실패로 돌아갔다. 당시 소련 외무장관이던 뱌체슬라프 몰로토프(Vyacheslav Molotov)는 프랑스를 공산화하려던 계획이 실패했기 때문에 이젠 독일에 초점을 맞춰야 한다고 결정했다. 크렘린은 독일을 소련에 고분고분한, 공산주의자들이 지배하는 연합국가로 만들기로 결정했다. 그러나 독일의 대부분을 서구 강대국들이 점령하고 있기 때문에, 소련은 쉽게 이 나라를 접수할 수 없다는 사실을 알고 있었다. 그들은 매력 있는 공세를 펴기로 결정했다. 6월에 몰로토프는 크렘린이 강경한 독일 정책을 거두었으며, 이제 소련은 독일이 통일되어 다시 산업화한 국가가 되기를 원한다고 발표했다.[34]

미군 점령지구에서 조용히 민주주의를 증진해왔던 클레이는 몰로토프가 무슨 짓을 하고 있는지를 간파했다. 소련은 독일 전체를 신흥 공산주의 블록으로 끌어들인다는 궁극적인 목표를 갖고 독일인들의 마음과 지성을 얻기 위한 노력을 하고 있었다. 그 위협은 독일 좌파 ― 공산주의 정당과 사회주의 정당으로 구성된 ― 들이 강력했기 때문에 자못 심각했다. 1933년 히틀러가 정권을 잡기 전에는 두 개의 정당이 함께 투표자의 40퍼센트 내지 50퍼센트 지지를 끌어내는 것이 상례였다. 이제 소련은 그들의 점령 지역 내에서 이 두 정당을 통일사회당(Socialist Unity Party)으로 합쳤는데, 이는 서구 점령 지역의 공산주의자와 사회주의자들이 이 사례를 따라 독일 전역을 아우르는 친소 정당을 만들기를 바랐기 때문이다.[35]

소련의 협공이 가까이 다가왔음을 알게 된 클레이는 이제 국무장관이 된 제임스 번스(James Byrnes)에게 대항 수단을 강구하도록 촉구했다. 즉, 클레이는 미국의 목표는 통일된 **민주적** 독일이라는 것을 정식으로 선포해야 한다고 말했다. 그의 전기 작가는 클레이는 "통일 독일은 달성될 수 있으며 자유주의적이고 민주적인 가치가 결국 승리한다는 확신을 갖고 있었다. 그 결과로서 기대한 것은 서방의 영향력을 소련 점령구로 확대하고 폴란드와 체코슬로바키아가 민주주의 사상과 직접 접촉하는 것이었다"라고 썼다.[36]

미국 국무부와 육군성의 일부 고위 관리들은 클레이의 계획에 반대했으며, 그 해 8월에 그는 거의 사임해야 할 지경이 되었다. 그러나 그는 마침내 번스를 설득해냈다. 9월의 한 연설에서 번스는 지금부터 미국은 자치적이고 민주적인 독일을 재건할 것이라는 정책 전환을 발표했다.[37] 미국은 옳은 일을 하고 있었지만, 그러나 분명히 전략적인 이유 때문이었다.

유럽 대부분의 나라들이 독일처럼 이데올로기적으로 양극화되어 있었기 때문에, 소련과 미국은 다른 나라들에 개입하는 데 유사한 동기를 갖고 있었다. 이 초강대국들은 각각 자신의 체제가 어떤 나라에 널리 보급되면, 그 나라는 자신의 동맹국이 될 것이란 점을 알고 있었다. 그리하여 외국 체제의 장려와 실행이라는 연쇄 반응이 전후 유럽과 동아시아에서 시작되었다. 소련은 폴란드, 동독, 헝가리, 체코슬로바키아, 루마니아 및 불가리아를 공산주의 국가로 만듦으로써 소련의 국력과 영향력을 확대시켰다. 이에 미국은 민주 자본주의가 이탈리아와 프랑스에서 승리했고 이들 나라가 미국의 동맹국이 된다는 것을 확실히 해두지 않을 수 없다고 느꼈다. 이렇게 통치체제 장려를 위해 벌인 결투는 서로를 자양분으로 이용했으며, 소련과 미국의 경쟁을 강화하고 냉전을 낳게 했다.

스탈린은 그의 이전과 이후를 통틀어 소수만이 알고 있는 이데올로기와 권력의 관련성을 이해하고 있었으며, 유럽의 미래를 가장 먼저 내다봤다. 그

표 3.1 **유럽에서의 외국 개입과 동맹 재조정(1945~1950)**

시기	국가	승리한 개입자	개입자 쪽으로 동맹이 재조정되었는가?
1944~1947	이탈리아	미국	O
1944~1946	불가리아	소련	O
1945	폴란드	소련	O
1945	유고슬라비아	소련	O/×*
1945~1947	헝가리	소련	O
1945~1948	루마니아	소련	O
1945~1949	동독	소련	O
1945~1949	서독	미국	O
1948	체코슬로바키아	소련	O

* 유고슬라비아와 소련은 1948년에 절교했다.
자료: *Encyclopaedia Britannica*(1997).

가 유고슬라비아의 공산주의 지도자인 티토에게 다음과 같이 열변을 토한 것은 1945년 4월이었다. "이 전쟁은 전과 같지가 않습니다. 어떤 영토를 누가 점령하든지 또한 거기에 자신의 사회 체제를 실행하려 듭니다. 모든 국가는 자신의 군사력이 미칠 수 있는 한 자국 체제를 실행합니다. 달리 어떻게 될 수가 없습니다."[38]

표 3.1은 이 점을 분명히 보여주고 있다. 즉 소련과 미국이 공산주의와 민주주의를 장려하면서 지정학적 지분을 만들어낸 것이다. 1940년대 말에 유럽은 적어도 한 가지 측면에서 꼭 프랑스 혁명 시기의 유럽처럼 보였다. 즉, 이데올로기 투쟁이 한창 벌어지고 그 과정에서 여러 국가의 주민들은 서로 자기들이 선호하는 통치체제가 최고라며 몹시 양분되어 있었다. 그리고 한쪽이 선호한 어떤 통치체제는 그들이 어떤 외국 세력과 제휴하기를 원하는지 보여주는 훌륭한 예측 변수였다. 유럽 각국은 지정학적 이해관계를 가진 이데올로기 격전장이었다. 그러나 1940년대에 유럽의 갈등은 유럽에 관한 것

만이 아니었다. 새로운 두 초강대국 미국과 소련은 유럽의 어느 한쪽 편에 서면서 어떤 이념이 승리하는가에 중요한 이해관계를 두었다. 공산주의가 승리한 곳에서는 소련이 더 많은 영향력과 권력을 가졌고, 민주자본주의가 승리한 곳에서는 미국이 주도권을 향유했다. 이것이 전후 유럽이 그토록 외국 개입의 실험실이 되었던 이유이다.

일본과 이탈리아와 더불어 서독의 민주주의 증진은 도덕적이고 실용적인 면에 걸쳐 미국이 가장 성공한 사례의 일부로 종종 인용된다. 당연한 이야기다. 1945년 이래 일본, 독일, 이탈리아의 평균적인 시민들은 모두 과거 역사 어느 때보다도 경제적으로 정치적으로 더 나은 생활을 해왔다. 그러나 그들은 또한 미국의 가장 중요하고 충성스런 안보(그리고 경제) 파트너들 중 일부였다. 그 결과를 1948년 6월에 프랑스 주재 이탈리아 대사가 제대로 표현한 바 있다. "유럽의 다른 모든 나라들처럼 우리도 독립적이기를 멈춰온 것이 현실이다. …… 우리는 마치 폴란드가 미국에 접근할 수 있는 만큼만 자유롭게 러시아에 접근할 수 있다."[39] 정확히 말하자면, 이탈리아와 독일이 자본주의적 민주국가가 되는 것이 미국의 안보에 중대했던 이유는 그렇게 되면 그들이 소비에트 러시아와 제휴한다는 바로 그 생각에서 물러날 것이라는 데 있었다. 한 지역이 이데올로기에 의해 찢어지면, 외국의 개입이 예상된다.

진정한 국외 세력: 무슬림 초강대국과 유럽의 서로 싸우는 기독교도, 16세기와 17세기

1790년대도, 1940년대도 오늘날 이슬람주의와 세속주의의 투쟁이 갖는 중대한 특징, 그리고 특히 국외 세력들이 그 투쟁에서 얻는 이해관계를 포착하지 못한다. 그러한 역사적 사례들에서 타국 내 이데올로기 전쟁에 매우 자주 개입한 지정학적 세력들은 자국에서 매우 이데올로기적이었다. 프랑스는 그들이 확산시키려 했던 공화주의의 표본이었다. 소련은 공산주의의 표본이었고, 미국은 민주자본주의의 표본이었다.

그러나 오늘날의 중동에 관한 한, 미국 ─ 그리고 서구의 나머지 국가들, 인도, 러시아, 중국, 그리고 다른 외부 강국들 ─ 은 문화적이고 이데올로기적인 의미에서 진정한 국외 세력이다. 무슬림 사회에서 진행 중인 정통성 위기는 **무슬림 사회**, 즉 대다수가 이슬람교 원리를 실천하는 사회에 관한 것이다. 급진적인 이슬람주의 테러리즘은 미국인들의 생활과 자산에 위협이 되지만, 이슬람주의가 미국의 헌정질서에 위협이 되지는 않는다. 미국 인구 중 무슬림 비율은 대략 1퍼센트다. 그 숫자는 2030년이 되면 1.7퍼센트로 증가할 것 같지만, 그 1.7퍼센트마저 극히 적은 소수이다.[40] 일부 사람들이 두려워하긴 하지만, 샤리아가 미국에서 시행되지는 않는다.[41]

더군다나, 다른 주장이 있긴 하지만, 보수적인 기독교인들은 일부 '종교 국제단체(religious international)'에서는 이슬람주의자들과 협력하지 않는다. 수년간 미국인들은 '세속적인 좌파'와 대립하는 '종교적 우파'라는 상황 속에서 국가에 대한 교회의 적절한 관계를 놓고 논쟁해왔다.[42] 그러나 어느 쪽도 어떤 근본적인 의미에서 미국의 통치체제를 바꾸려고 하지 않는다. 어느 쪽도 국교(國教)의 수립을 금지하고 자유로운 신앙 행위를 보장하는 미국 수정헌법 1조를 받아들인다. 미국의 종교적인 우파와 중동의 이슬람주의는 둘 다 세속주의와 퇴폐에 대하여 불평하겠지만, '기독교주의자들(Christianists)'과 이슬람주의자들은 함께 세계적인 정치운동을 하지 않는다. 실제로 미국인들 중 보수적인 기독교도는 가장 반이슬람적이다. 중동에서 이슬람주의(또는 세속주의)의 승리는 미국에서의 문화 전쟁에 영향을 미치지 못할 것이다.[43]

역사는 친절하게도 이데올로기 투쟁을 겪는 어떤 지역에 대한, 그리고 그 투쟁의 결과에 물질적인 이해관계를 가진 진짜 외부 권력에 대한 적어도 한 가지 사례를 우리에게 제공한다. 그 사례는 아이러니하다.

500년 전 유럽에서는 기독교 세계가 이데올로기 투쟁에 의해 갈가리 찢겨 있었고, 무슬림 세계는 오스만제국이라는 안정된 통치체제를 갖고 있었다. 유럽의 변방인 현재의 터키 지역에 자리 잡은 오스만제국은 일반적으로 칼리프가 다스리는 나라 또는 보편적인 이슬람 제국으로 인식되었다. 그리고 바로 미국이 오늘날 중동의 일부 지역, 특히 석유가 많이 생산되는 지역에 중대한 물질적 이해관계를 갖고 있는 것처럼, 5세기 전의 이 무슬림 초강대국은 지중해와 남동부 유럽에 중대한 안보 및 경제적 이해관계를 갖고 있었다.

오스만제국의 황제들 또는 술탄들은 자신들을 로마 황제의 후계자로 간주했고 옛 로마 제국의 영토를 재통일하는 데 목표를 두었다.[44] 그들의 야망은 망상적인 것이 아니었다. 1453년에 술탄 메흐메드 2세(Mehmed II)는 비잔틴 제국, 곧 동로마 제국의 수도로서 천 년 이상의 역사를 가진 콘스탄티노플을 정복했다.[45] 유럽에 전략적 발판을 갖게 된 메흐메드의 군대는 다음 10년 동안에 계속하여 세르비아, 그리스, 그리고 왈라키아*를 정복했다. 오스만 군대는 또한 헝가리에 대해 잦은 공격을 감행했으며, 오스만 해군은 동지중해 지역의 패권을 놓고 베네치아 공국과 겨루었다.[46] 누구보다도 가장 위대한 술탄은 술레이만 대제(Suleyman the magnificent, 1494~1566)였다. 몇 마디만 바꾸면, 술레이만의 포고문들은 도널드 트럼프(Donald Trump)**의 자서전 서문으로 사용하면 적절할지도 모른다. "나는 술탄 중의 술탄, 왕 중의 왕, 이 세상의 왕자와 대공들에게 면류관을 씌우는 자, 땅 위의 신의 그림자, 백해(白海)와 흑해, 루멜리아, 아나톨리아의, 그리고 내 승리의 칼로 정복한 나라들의 최고 군주이다."[47]

• 오늘날의 루마니아 지역.

•• 2016년 대선에서 미국 공화당의 대선 후보로 출마하여 민주당의 힐러리 클린턴을 누르고 대통령에 당선됨.

술레이만은 1521년에 베오그라드를, 그리고 1522년에는 로도스 섬을 정복했다. 그 시대 유럽의 주요 상업 강국인 베네치아 공국은 터키인들과의 전쟁을 중단하기로 결정하고 술탄과 조약을 체결했다. 오스만제국의 목표는 1571년까지 동지중해 전역을 지배하는 것이었다. 그다음 150년 동안 오스만 군대는 현재의 루마니아와 헝가리를 정복했고 빈을 두 번이나 포위 공격했다.

터키인들은 1517년에 시작된 유럽에서의 가톨릭-프로테스탄트 싸움의 진전과 결말에 큰 관심을 보였다. 종교개혁이 유럽에서 정치권력을 재편했기 때문에, 그것이 오스만제국의 술탄들에겐 위협이 되면서 동시에 기회를 제공했다. 그 바람에 오스만제국은 기독교 내부의 투쟁 결과를 좌우할 강력한 동기를 갖게 되었다. 유럽의 기독교도 편에서는 터키인들의 원조에 대한 수락 여부를 둘러싸고 의견이 이리저리 갈렸다. 그들은 무슬림 이교도의 존재를 예사롭지 않은 장기적인 위협으로 간주했다. 또한 기독교도가 터키인들과 협력한다는 것은 정치적으로 신학상으로 올바르지 못한 일이었다.

그래서 오스만제국은 결코 유럽의 종교개혁-반종교개혁에 무력으로 직접 개입하지는 않았지만, 여러 가지 간접적인 방법으로 속임수를 썼다. 그들은 여러 프로테스탄트 제후들과 외교 관계를 트고 조약을 맺을 생각을 품었다. 그들은 가톨릭교도인 합스부르크가에 대해 무력을 행사하면서 결정적인 시점에 종교개혁파들에게 숨 쉴 틈을 주고 프로테스탄트의 생존과 번영에 일부 역할을 했다.

오스만의 개입 동기

유럽의 가톨릭-프로테스탄트 투쟁에 걸린 오스만제국의 이해관계는 그들이 로마 황제의 계승자라고 주장하는 또 다른 사람들과 치열한 경쟁을 벌인 데서 생겨났다. 신성로마제국(대략 근대의 독일 지역), 스페인, 그리고 신세계*의 광대한 지역을 다스리는 합스부르크가와 경쟁을 벌인 것이다. 16세기와 17세기에 여러 번 합스부르크가는 이탈리아 반도와 유럽의 극동 지역에 대한 패권을 추구했다. 근대 초기의 두 제국인 합스부르크와 오스만은 남동부 유럽과 지중해에서 서로 밀고 당기며 맞섰다. 그들의 지속되는 경쟁은 오스만인들로 하여금 프로테스탄트 개혁자들의 성공에 흥미를 갖게 만들었다. 프로테스탄트들은 결국 신성로마제국을 분할하고 아마도 해체함으로써 합스부르크가 권력의 심장부에 진을 칠 잠재력을 갖고 있었다. 그런 이해관계 면에서, 오스만의 술탄들은 합스부르크가의 또 다른 주요 라이벌인 프랑스의 왕들과 비슷했다. 실제로 프랑스인들과 오스만인들은 1526년에 조약을 체결하고 2년 후에 두 나라가 합동으로 합스부르크가를 ― 프랑스는 서쪽에서, 오스만은 동쪽에서 ― 공격했다.[48] 술탄들은 또한 베네치아 공국과 헝가리의 제후들을 포함한 다른 가톨릭 통치자들과 협력했다.

오스만 술탄들은 독일의 루터교도와 네덜란드의 칼뱅교도에게 여러 측면으로 접근하여 공동의 적인 합스부르크가에 대처하기 위한 협력을 제안했다. 이해관계는 때때로 정반대 방향으로도 달려가기도 했다. 가톨릭 국가인 스페인에 저항하는 네덜란드 칼뱅교 반란군의 지도자 오렌지공 윌리엄(William of Orange)이 1569년에 반합스부르크 동맹을 제의하고자 오스만제국의 왕위 상속 후보자인 셀림(Selim)에게 특사를 파견했다.[49] 오스만인들은 즉각 대응을 하진 않았지만, 1570년대 어느 시점에 가서 술레이만 1세(Suleyman I)의 편지를 플랑드르의 '루터교' 교파 ― 그는 거의 확실히 칼뱅교도를 언급하려고 했다 ― 에 보내 그들의 종교를 칭찬하고 스페인의 "교황주의자들"과 싸우기 위한 공동 유인을 조성하자고 제안했다.[50]

오스만-네덜란드 조약은 서명된 적이 없지만, 터키인들은 네덜란드의 칼

• 　남북 아메리카 대륙.

뱅교도에게 간접적인 도움을 주었다. 1572년 오스만과 스페인의 펠리페 함대 사이에 벌어진 지중해 해전은 네덜란드에 주둔하는 스페인 해군을 철수하게 했으며, 그리하여 칼뱅교 소속의 민간 무장 선원들인 '바다의 거지들(Sea Beggars)'이 가장 중요한 브릴 항구를 빼앗을 수 있었다. 이들은 브릴에서 시작하여 더 많은 주요 시내와 영토를 획득할 수 있었다.[51] '바다의 거지들'이 "교황주의자들보다는 차라리 터키인들이 더 낫다(Liever Turks dan Paaps)"라는 슬로건을 표방했다고 해서 이상할 것이 없었다. 그들의 깃발은 터키인들을 상징하는 붉은색이었으며, 심지어 이슬람의 상징인 초승달 모양을 두드러지게 강조했다.[52]

비슷한 방식으로 영국의 프로테스탄트 지역이 스페인에 맞서기 위해 오스만인들의 원조를 구했다. 오스만인들은 원조를 하진 않았지만, 오스만과 영국이 동맹을 맺는다는 소문이 펠리페 함선의 일부를 지중해에 묶어놓았다는 증거가 있다. 그렇지 않았더라면, 1588년 영국에 침입하려다 실패한 치욕스런 스페인 무적함대처럼 되었을지도 모를 일이다.[53]

흐려진 시야

비록 네덜란드와 영국의 프로테스탄트들이 터키인들의 도움을 구했다고는 해도, 이슬람 초강대국을 다루는 일은 근대 초기의 기독교도에겐 민감한 문제였다. 그것은 우리들에게 그 시대와 지금 시대의 또 다른 놀랄 만한 유사성을 제시한다. 오늘날 무슬림들은 국외자들, 특히 미국과 공개적으로 협력하는 걸 싫어한다. 많은 사람들이 미국은 이슬람에 대해 전쟁을 벌이고 있다고 믿기 때문이다. 바로 그렇게 근대 초기의 프로테스탄트들도 "입에 담지도 못할 터키인들"과 협력하는 것으로 보이는 걸 싫어했다. 대개 기독교도는 터키인들이 기독교를 제거하는 데 열중한다고 믿었기 때문이다.

모든 유럽인들은 이교도인 터키인들과 협력하는 것은 높은 위험성을 수반할 뿐만 아니라 시야를 흐리게 한다고 생각했다. 적어도 1009년에 무슬림 통치자들이 예루살렘으로부터 기독교도를 추방하여 저 악명 높은 십자군의 파고를 일으킨 이후, 이슬람은 기독교 왕국이 규정한 적, 즉 기독교도에겐 "멀리해야 할 타자"였다. 이슬람 교리는 기독교를 결함이 있고 부패한 종교로 취급하며, 무함마드의 종교는 이 같은 기독교를 대신하기 위해 창건된 것이라고 가르쳤다. 무슬림들은 그리스도의 신성(神性)과 삼위일체 교리(하느님이 세 위격, 즉 성부, 성자, 성령 속에 존재한다는 것)를 부인했다. 이슬람의 옹호자인 오스만제국의 술탄은 기독교 왕국의 일부를 정복하기 시작했다. 유럽인들은 오스만인들이 그들의 정복지에서 기독교도에게 자기 종교를 신봉하도록 허용했다는 점을 알고 있었다. 그러나 그들은 이 같은 관용을 속임수로 간주했다. 왜냐하면 오스만이 유럽인들의 가정에서 소년들을 차출하여 술탄에 헌신하는 전사로 만들기 위해 이슬람교를 믿도록 세뇌하고 있었기 때문이다. 1529년의 오스만 군의 빈 포위는 독일인들로 하여금 오스만인들이 기독교를 완전히 없애고 이슬람교를 온 세상에 강요하기로 작정한 것이라고 특별히 확신하게 했다.[54]

기독교인들이 무슬림들과 협력하지 않기로 한 것은 오스만인들과의 협력에 대한 유럽 프로테스탄트들의 모순된 감정을 설명하는 데 도움이 된다. 1520년대 초기부터 루터교 제후들은 언젠가는 합스부르크가가 자기들을 가톨릭으로 강제로 되돌리기 위해 싸움을 걸어오지 않을까 우려했다(결국 그 예언적인 우려가 입증되었다).[55] 신성로마제국 황제 카를 5세로부터 신앙에 대한 관용을 얻어내기 위해 투쟁하던 초기에, 루터교도는 오스만제국의 위협이 자기들에게 유용한 지렛대가 된다는 것을 알았다. 합스부르크가 사람들 ─ 특히 이들의 동부 유럽 땅을 책임지고 있는 카를의 동생인 페르디난트 ─ 은 터키인들로부터 그들의 남동부를 방어하기 위해 루터교도의 도움이 이따금 필요했다.

가장 심각한 위협은 터키 군대가 빈의 성문 바깥을 포위하고 있을 때인 1532년에 다가왔다. 루터교 제후들은 그들의 가톨릭 군주들을 돕는 일을 거절하면서 기독교 왕국을 거슬러 무슬림 이교도를 돕는다는 비난을 감수했다.

그들은 또한 자신들의 양심과 싸웠다. 그 당시 발행한 루터교도의 소논문들은 술탄과 교황 둘 다 꼭 같이 나쁘며, 둘 다 신실한 기독교인들을 적대시하는 사탄의 도구들이라는 신념을 드러낸다. 그들은 이슬람교가 그릇된 종교라는 것을 분명히 했다. 그들은 프랑스의 프랑수아 1세(François I)가 술탄과 교섭한 것에 대해 그를 기독교 왕국에 대한 배반자로 간주했다.[56] 그러나 오스만인들에 대한 루터교도의 견해는 많은 유럽 가톨릭교도의 그것보다는 부드러웠다. 루터교도는 술탄을 변절한 기독교 왕국을 응징하기 위해 하느님이 내린 "하느님의 징벌"로 간주했다. 성경에서 말하는 것처럼 하느님이 이교도 왕들을 이용하여 죄지은 고대 이스라엘을 벌하는 것과 마찬가지라는 것이다. 루터 자신은 1529년에 발표한 「터키인들과의 전쟁에 관하여(On the War against the Turks)」란 소논문에서 루터교 제후들에게 카를 황제를 도와 이슬람 군을 격퇴하는 전쟁에 참여하도록 촉구했다. 그러나 그는 십자군이라는 개념 — 마치 인간의 군대가 그리스도를 지킬 수 있는 양하는 — 을 공공연히 비난하고, 그 대신 방어하기 위한 "정의의 전쟁"을 요구했다. 즉, 루터는 독일 군대가 터키인들을 동부 유럽에서 쫓아내고 기독교 왕국을 위해 그 땅을 이용한다는 것을 원하지 않았다.[57]

국외 세력들의 간접적인 영향

루터교 제후들은 술탄과 어떤 조약도 체결하지 않았다. 그러나 그들은 합스부르크가의 양보를 얻어내기 위해 오스만의 위협을 활용했다. 그들의 주요한 단기 목표는 독일 내에서 루터교를 가르치고, 실천하고, 복음을 전도하도록 허락받는 일이었다. 그것은 루터교의 가르침, 실천, 복음 전도를 허락한다는 제국의 공식적인 선언을 의미했다. 장기적으로 그들은 가톨릭과 루터교가 함께 참여하는 교회평의회를 (그들이 희망했던 대로) 독일 내에서 개최하고자 노력했다. 루터교도는 그러한 일반 평의회가 그들의 지위에 유리할 것이며 가톨릭 교회를 루터교 방향으로 개혁하는 결과를 가져올 것이라고 확신했다.

오스만 군대의 간헐적인 침략과 침략설은 루터교도에게 가톨릭교도와 싸우는 데 이용할 수 있는 튼튼한 지렛대가 되었다. 1526년 여름, 터키인들의 군대가 오스만제국과 신성로마제국 사이의 완충지대인 헝가리를 위협했을 때, 루터교도는 교파를 아우르는 교회평의회 설립을 즉각 허락한다는 서약을 해주지 않으면 헝가리를 구하려는 합스부르크가를 지원할 수 없다고 했다. 합스부르크가가 이에 굴복했고, 독일 제후들은 터키인들의 격퇴를 돕기 위해 2만 4천 명의 군대를 헝가리에 파견했다(그러나 파견이 너무 늦었고, 군대의 규모가 너무 작았다. 터키인들이 모하치 전투에서 승리한 것이다). 약 3년 후인 1529년 2월에 루터교 군대는 오스만 군의 빈 포위를 푸는 작전을 돕는다.

다음해에 더 자신감을 갖게 된 합스부르크가는 다시 한 번 루터교를 불법화했다. 한 해 뒤인 1531년에 카를 5세와 그의 동생 페르디난트가 또 다른 터키인의 침략을 걱정하고 있을 때, 루터교도는 그들의 요구 조건이 수락되지 않으면 헝가리나 빈을 방어하는 합스부르크가를 지원하지 않겠다고 선언했다. 카를 5세와 페르디난트는 다시 한 번 굴복했고 뉘른베르크 종교화의(1531년 7월)는 루터교의 신앙의 자유를 보장하고, 그들이 오랫동안 추구해온 일반교회평의회 설치를 허락했다.[58] 카를 5세는 마침내 1545년 터키인들과 조약을 체결하고서야 독일의 루터교도와 전쟁을 벌일 수 있었다.[59]

따라서 초강대국인 오스만제국은 16세기의 가톨릭-프로테스탄트 싸움에서 종교적 또는 이데올로기적 이해관계를 전혀 갖고 있지 않았다. 그럼에도 그들은 군사적인 이해관계를 갖고 있었기 때문에 최소한으로 거기에 개입했다. 종교적인 이유로 프로테스탄트들은 이슬람교도의 지원을 수락하느냐 여부를 두고 모순된 태도를 취했다. 결국 터키인들의 개입에 한계가 있었던 것이 프로테스탄트의 생존 보장에 중요한 역할을 했다.

현재로 되돌아와서: 이슬람주의, 세속주의, 그리고 외국의 개입

오늘날 세계에서는 국면이 뒤바뀌었다. 즉, 이슬람 세계가 이데올로기에 의해, 또 그 이데올로기가 개입을 부추긴다는 것을 알게 된 외부 세력에 의해 분열되어 있다. 바로 그 상황이 16세기 중반, 18세기 후반, 그리고 20세기 중반의 서구 세계 상황과 여러 가지 면에서 유사하기 때문이다. 사람들이 사회를 규율하는 최상의 방법이나 질서를 둘러싸고 첨예하게 분열된 지역들에서, 정부들은 어떤 사람들과 이데올로기들이 이런저런 국가들을 통치하는가에 전략적 이해관계를 가진다. 그리하여 국외 세력들은 비밀 공작 또는 공공연한 무력으로 다른 나라의 국내 문제에 개입할 동기를 갖게 된다. 잠재적인 표적에 해당하는 이데올로기 경쟁자들도 외국의 개입을 불러들이는 동기를 갖지만, 때때로 — 그 외국이 다른 문화나 다른 종교를 가진 경우처럼 — 그 경쟁자들은 모순적인 태도를 취하고 외부 세력의 직접적인 개입을 더 어렵게 한다.

중동에서의 일부 외국 개입은 다른 이슬람 정부들에 의한 것이었다. 1950년대와 1960년대에 가말 압델 나세르(Gamal Abdel Nasser)의 세속적인 아랍 사회주의는 군대와 그 외 엘리트 네트워크를 통해 이집트로부터 다른 아랍 국가들로 확산되었다. 나세르주의자들은 1955년에 사우디아라비아의 군주정을 타도하려 했으며, 이들과 제휴한 바티스트 운동(Ba'athist movement)은 1958년에 이라크 군주정을 타도하는 데 성공했다. 같은 해 바티스트 노선의 시리아가 이집트와 합병하여 통일아랍공화국(United Arab Republic)을 출범시켰다. 1962년에 나세르주의자들은 새로 등극한 왕을 끌어내리기 위해 북예멘에서 내전을 일으켰다. 이집트 군이 예멘의 나세르주의자들을 지원하기 위해 침입했는데, 1964년까지 예멘 주둔 이집트 군의 숫자가 4만 명에 이르렀다. 사우디아라비아와 영국이 예멘 군주 편을 들기 위해 개입했다.[60] 때때로 "나세르의 베트남전"이라고 불렸던 예멘 내전은 1970년까지 계속되었다.[61]

1980년대의 파멸적인 이란-이라크 전쟁은 또 하나의 사례이다. 1979년에 팔레비 왕조를 타도하고 아야톨라 호메이니의 이슬람공화국을 세운 이란에서의 혁명은 이라크의 시아파 무슬림들을 동요시켰다. 이라크는 호메이니 자신이 여러 해 동안 망명 생활을 한 곳이기도 했다. 이라크의 세속주의적인 바티스트 독재자인 사담 후세인은 이란 혁명을 되돌리기로 결정했고, 이에 대응하여 이란의 호메이니 추종자들은 후세인 정권을 타도하기로 결정했다. 1980년 9월에 5만 명의 이라크 군이 이란에 침략했다. 10년에 걸친 전쟁에서 어느 정부도 상대 정부를 타도하지 못했지만, 150만 명이나 되는 많은 사람들이 희생되었다.[62]

그리고 물론 비이슬람 열강들이 무슬림들 간의 다툼에 개입했다. 1979년에 시작한 소련의 아프가니스탄 침략과 점령은 이슬람 반군과 싸우는 세속주의(공산주의) 정권을 계속 버티도록 돕기 위한 것이었다. 이에 대응하여 미국, 사우디아라비아, 그리고 파키스탄 연합군이 소련군과 싸우는 이슬람주의 전사들(mujahedin)을 지원했다. 소련의 아프가니스탄 개입 실패와 철수, 그리고 미국의 이 지역에 대한 흥미 상실로 1990년대에 급진파 이슬람주의 단체인 탈레반이 아프가니스탄 대부분을 장악하게 되었다. 그로부터 몇 년 이내에 알카에다 테러리스트들이 미국을 공격한 데 이어 미국이 무력으로 탈레반 정권을 전복했다. 그렇게 해서 수십 년 동안 미국, 영국, 소련, 이스라엘, 프랑스, 그리고 여러 나라들이 무슬림 지역에 은밀히 개입했다.

9·11 사태 이후의 또 다른 상황인 이라크 전쟁은 더 복잡하다. 사담 후세인의 바티스트 정권은 9·11 사태에 아무 역할도 하지 않았으며 이슬람주의 국가인 이란의 대적(大敵)으로 남아 있었다. 다른 전쟁들과 마찬가지로 이라크 전쟁의 원인은 복잡하지만, 이라크에 자유민주주의 정부를 설립하는 것이 부시 정부의 전쟁 목적 중 하나였음은 명백하며, 그들이 바랐던 대로 중동 전체에서 이슬람주의 독재정권이 도미노 현상처럼 무너졌다.[63] 여러 정치학자들이 하나의 중요한 동기 요인으로 간주하는 것은 그 지역에서 진행 중인 이데올로기 투쟁에 영향을 주고 싶어 했던 부시 정부의 소망이다.[64] 이들 두 경우 모두에서 미국(그리고 어느 정도는 미국의 동맹국들)은 표적으로 삼은 국가의 정권 유형에 엄청난 관심을 쏟았으며, 그러한 정권을 바꾸기 위해 많은 피를 쏟고 재물을 소비했다.

무슬림들의 투쟁에 대한 이러한 외국의 개입은 모두 논란을 낳고 있다. 많은 경우 개입한 나라들은 국익에 손상을 입었을 것이다. 그러나 현실주의자들이 대체로 그렇듯이, 다른 나라들이나 다른 문화권의 이데올로기적인 다툼에 외국이 개입하는 것은 항상 분별없는 짓이라고, 즉 명민한 국가 운영이라기보다는 항상 악한 것을 물리치겠다는 사람들의 단순한 히스테리의 발로일 뿐이라고 주장하는 것은 잘못이다. 반란이 터져 나오고 혁명과 진압이 계속되면 그것을 겪는 나라들의 사상과 이해관계는 재조정된다. 그런 일들은 국외 세력들이 새로운 친구를 만들거나 새로운 적의 출현을 피할 수 있도록 새로운 기회와 위협을 만들어낸다. 서구에서 이어진 이데올로기 투쟁의 긴 역사는 국외 세력들이 강력한 개입 동기를 갖고 있으며 그 동기가 다른 이해관계에 밀려나지 않는 한, 그들은 그렇게 할 것이라는 점을 매우 분명히 보여준다. 외부 개입은 이슬람주의-세속주의 투쟁에 추가되는, 분리되어 있고 어리석은, 그리고 피할 수 있는 문제가 아니다. 그것은 바로 그러한 투쟁의 본질적인 부분이다.

국가는 합리적인 동시에
이데올로기적일 수 있다

이란과 비교할 수 있는 더 나은 사례는 소련보다는 제2차 세계대전 당시의 일본 ― 순교적 강박관
념에 사로잡힌, 세계적인 야망을 가진 또 다른 비서구 문화 ― 일 수도 있다. 이란이 자신의 이해
관계를 실용적으로 평가하면서 움직인다는 시각에는 문제가 있다.

― 브레트 스티븐스 Bret Stephens, 2010년 7월

우리는 이란 정권이 합리적으로 행동한다고 생각한다.

미국 합참의장 마틴 뎀프시 Martin Dempsey 장군, 2012년 2월

의심할 여지없이 이란 정권은 아마도 내가 서구적인 사고라고 부르는 바로 그런 식으로 합리적
이지는 않을 테지만, 그들이 자신들의 행동이 미칠 모든 영향을 고려하고 있다는 점은 분명하다.

전 모사드 책임자 메이어 다간 Meir Dagan, 2012년 3월

이슬람주의라는 이데올로기는 터번을 두른 성직자들과 구호를 반복하는 성난 젊은 군중들 그 이상의 것이다. 지하디스트들의 테러 세포조직과 국가 간 조직망을 결합시키는 것은 외래적 자극만이 아니다. 이슬람주의는 실제로 몇몇 국가들의 통치 이데올로기다. 사우디아라비아와 이란 — 이슬람주의 운동의 주도권을 놓고 다투는 — 이 가장 두드러진 국가들이다. 수단도 또 하나의 사례이다. 다른 국가들도 역시 적어도 몇몇 법률 분야에서 합법적인 수단으로 샤리아를 구현하기 위해 노력하는 이슬람주의 정당들이 다스리고 있다. 이들 가운데 터키가 가장 두드러진다.

미국을 포함한 비무슬림 국가에서 종종 제기되는 질문은 이런 것이다. 즉, **이슬람주의 국가들 또는 그 정부들은 과연 합리적일까?** 아랍의 봄 이후 무슬림 국가들은 무슬림형제단 정당들의 지배를 받아야 하지 않을까? 그러한 나라들은 현실 정치라는 전통을 따라갈까? 이스라엘과 평화를 유지할 것인가? 그리고 팔레스타인 영토에서는 이슬람주의 전사들의 세력을 약화시킬 것인가? 그렇지 않다면 그들은 팔레스타인 전사들처럼 이데올로기화하여 이스라엘과의 조약을 파기하고, 전쟁의 유령을 부활시키고, 그 지역에서 급진적인 새로운 질서를 세우기 위해 일할 것인가?

정의개발당이 집권하고 있는 터키는 어떠한가? 한때는 중동에서 세속주의의 전형이었던 미국의 나토 동맹국이 지금은 광신주의를 추구하며 그들의 현실 정치 전통을 저버리고 있는 것인가? 앙카라의 최근 정책이 가자 지구의 하마스 쪽으로 옮겨가고 아랍 세계에서 이슬람주의 운동이 더 광범위해지는 것은 이데올로기적인 외교 정책의 전조인가? 터키의 고위 정책 관료들의 거대 비전에는 터키가 다시 주도하여 일종의 칼리프 영토를 재편한다는 계획이 포함되어 있는가?

파키스탄은 또 어떤가? 1947년에 세속주의 무슬림 국가로 건국된 파키스탄은 1970년대에 공식적으로 이슬람주의 방향으로 나아갔다. 그들의 영토 일부는 엄격한 계율을 지키는 이슬람 근본주의자들인 살라피스트들(Salafists)이 사실상 통치하고 있다. 그들의 군 첩보국인 ISI(Inter-Services Intelligence)는 이슬람주의자들로 가득하다. 여론조사는 파키스탄 국민들의 절대다수가 법률을 이슬람에서 직접 도출해야 한다고 믿고 있음을 보여준다. 이슬람주의자들이 이 나라를 인계받아야 하는가? 그들은 외부 전문가들이 90~100개에 이르는 핵탄두가 있다고 말하는 이 나라의 핵 무기고를 가지고 무엇을 할 것인가?[1]

그리고 이란이슬람공화국은 이슬람주의 정권과 다분히 종교적인 지도자들을 보유한 채 온건한 국가, 그리고 선량한 국제 시민이 될 수 있는가? 엄격한 공상적인 도그마에 기초한 국내 질서를 가진 나라는 항상 무모하게 혁명적인 목표를 추구하고 평화를 위협하게 되어 있는가? 이란은 매우 광신적인 나라여서 이스라엘이 받아칠 수 있는 핵탄두를 적어도 100개는 가지고 있다는 것을 알면서도 이스라엘을 핵무기로 공격할 것인가?[2]

정치 이슬람에 대한 아주 많은 문제들이 그렇지만, 이슬람주의 국가들이 합리적인지 또는 광신적인지에 대한 토론은 당황스럽고 혼란스럽다. 그 혼란스러움의 한 가지 근본 원인이 과거에 특정한 이데올로기, 즉 정치적 칼뱅주의, 공화주의 또는 공산주의를 천명한 서구 국가들을 다스리려고 노력했던 정치가들을 괴롭혔다. 그러한 국가들과 직면한 정치가들은 때때로 이데올로기적인 국가의 **수단**을 그들의 **목표**와 구분하는 데 실패하곤 했다. 그 결과 그들은 종종 중요한 가능성을 놓친다. 즉, 한 국가는 국외자들에게 불합리한 것으로 비칠 수도 있지만, 자신의 이데올로기에 따라 형성된 목표를 합리적으로 추구하는지도 모른다.

1979년 혁명 이후의 이란을 살펴보자. 적어도 이 이슬람 공화국은 미국을 포함한 서방 국가들은 말할 것도 없고, 그들의 여러 이웃 국가들을 곤란하게 하고 불쾌하게 하며 처신해왔다. 그들은 1979년에 52명의 미국인 인질들을 붙잡아 테헤란의 미국 대사관에 444일 동안 가두었다. 이 나라는 이웃 이라크와 10년 동안 무익하고 파괴적인 전쟁을 벌였다. 이란은 테러리스트들에게 자금을 지원했고, 여러 번에 걸쳐 유엔의 국제원자력기구(IAEA)와의 협력을 거부하면서, 그들이 핵무기를 개발하여 이스라엘과 미국에 그것을 터뜨릴지도 모른다는 의혹을 키웠다.

왜 이란은 이런 방식으로 행동했을까? 어떤 사람들은 이란 지도자들이, 그리고 아마도 평범한 국민 중 상당수가 분별이 없고, 광신적이고, 그리고 어떤 종교적 이데올로기에 사로잡혀 이끌리고 있다고 말할 것이다. 독일 잡지인 《슈피겔(Der Spiegel)》은 이렇게 보도했다. "[2005년] 9월에 [이란 대통령 마무드 아마디네자드(Mahmoud Ahmadinejad)가] 유엔에서 연설하는 동안 그는 자신이 '핵 차별주의(nuclear apartheid)' 정책이라고 부르는 미국의 정책에 격노하면서, 자기 나라가 독자적인 핵 프로그램을 가질 당당한 권리를 가져야한다고 요구하고, 심지어 계몽가인 양 자처했다. 아마디네자드는 그가 유엔에서 연설하는 동안 한 가닥 빛이 자기를 둘러쌌으며, 세계의 지도자들이 '마치 얼어붙은 것처럼' 자기를 뚫어지게 응시했다고 말했다."[3] 이 기사를 보아도 이란의 정치가들과 그들의 신학자 스승들은 다른 별에 살고 있는 것이다.

'이란은 미쳤다(Iran-is-crazy)'라고 설명하기가 곤란한 것은, 뎀프시 장군과 메이어 다간(Meir Dagan)도 동의하는 듯한데, 이란 사람들이 분명히 자신들의 상황에 주목해왔기 때문이다. 그들은 어떻게 다른 사람들이 그들의 행동에 반응하는지 점검하면서 자신의 대응을 거기에 맞게 조정해왔다. 그들은 사회학자들이 도구적 합리성(instrumental rationality) 또는 수단-합리성(means-rationality)이라고 부르는 것, 즉 독일의 위대한 사회학자 막스 베버

(Max Weber)의 용어인 합목적이성(Zweckrationalität)을 내보였다.

어떤 분석가들은 이란이 **도구적으로는** 합리적이라는 언급에서부터, 미국과 나머지 다른 세계들은 자신들 역시 합리적이라면 이란도 여느 다른 나라처럼 다룰 수 있다는 주장에 이르기까지 허둥거리는 태도를 취했다. 이런 주장은 두 가지 기본적인 양상으로 나타난다.

첫째, 만약 이란이 불쾌하게 행동했다면, 그것은 우리가 그들에게 불쾌하게 행동했기 때문일 것이다. 세계 유일의 초강대국으로서 미국은 이란과의 관계를 바꿀 수단을 갖고 있다. 스티븐 월트(Stephen Walt)는 이렇게 쓰고 있다.

> 바로 지금 미국과 이스라엘은 이란에 대한 다양한 비밀 첩보 활동에 적극적으로 관여하고 있으며, 미국은 아직도 이란 주변에 군 기지와 군대를 두고 있다. 최고위 미국 관리들, 상원의원들 및 하원의원들은 공공연히 이란의 정권 교체를 촉구했다. 그러고는 우리는 이상하게 여긴다. 도대체 왜 이란이 우리를 경계하는지, 왜 일부 이란인들이 우리의 압도적인 군사적 우위에 대응할 수 있는 효율적인 억제력을 갖는 것이 좋다고 생각하는지 하고 말이다.[4]

플린트 레버렛(Flynt Leverett)과 힐러리 레버렛(Hillary Leverett)은 이란이슬람공화국이 자신을 공격에서 방어하고, 어렵게 얻은 자치권을 적대적이고 간섭하고 탐욕스러운 미국으로부터 보호하려고 하며, 그러면서도 항상 바로 그미국과 협상할 준비를 하고 있는 만큼, 합리적인 국가라고 표현한다. 실제로이들 레버렛 부부에게 미국은, 이스라엘을 파괴하기로 작정하여 설령 그 지역이나 세계에 불이라도 지를 미친 율법학자들에 대한 신화에 사로잡힌 이데올로기적인 나라다.[5]

아니면 둘째로, 이란의 행동은 위험한 이웃들 속에서 살아가면서 자신을 보호하기 위해 각별히 경계해야 한다는 바로 그 이유 때문에 우리를 불쾌하게 했다는 것이다. 20세기 초기에 독일인들은 적대적인 세력들에 둘러싸이는 포위(Einkreisung)를 두려워했으며, 그 대응으로 군사력을 증강하며 으스대는 경향이 늘어갔다. 이란은 그런 독일보다도 더 한층 어려운 상황에 있는지도 모른다. 이름을 밝히지 않은 한 이란 관리는 2012년 파리드 자카리아(Fareed Zakaria)에게 그런 점을 이야기했다.

> 우리가 핵무기 프로그램을 계속 추구하는 것이 어째서 아주 비합리적인 일인가? 이웃 나라들을 보자. 러시아는 핵무기를 갖고 있다. 인도는 핵무기를 갖고 있다. 파키스탄도 핵무기를 갖고 있다. 중국도 핵무기를 갖고 있다. 그리고 이스라엘도 핵무기를 갖고 있다. 그런데 우리 국경 한쪽인 이라크에서 미국은 10만 명의 군대를 주둔시키고 있다. 우리 국경 다른 쪽인 아프가니스탄에서 미국은 10만 병력을 전개하고 있다. …… 지금 만약 당신이 우리 입장이라면, 신경과민이 되어 어떤 종류의 보험을 사려 하지 않겠는가?[6]

이 이란 관리는 이란이 에너지에 굶주린 세계에 크나큰 이익이 될 거대한 석유 매장량을 갖고 있다는 말도 보탰을 수 있다. 이란은 최대의 라이벌인 사우디아라비아와 페르시아 만을 사이에 두고 마주 보고 있다. 그리고 조그마한 바레인에는 미군 5함대가 주둔하고 있고, 그리고 한술 더 떠서 북쪽에는 러시아 함대의 안마당인 카스피 해가 있다.[7] 아마도 이란이 핵무기 보유를 추구하지 않는 것이 비합리적이지 않겠는가?[8]

그러나 만약 이 모든 문제가 이란이 위험한 이웃 속에서 살고 있기 때문에 생긴 것이라면, 그 이웃들도 유사한 방식 — IAEA를 무시하고, 테러리즘을 후원하고, 이스라엘을 직접 위협하고 — 으로 행동했어야 한다. 그러나 그 이웃들 대부분은 그렇게 하지 않았다. 그리고 만약 이란이 원하는 모든 것이 미국한테서 제대로 대접받는 것이었다면, 이란은 **비합리적으로** 행동해온 것이다. 미국에 도전하는 것, 이스라엘을 위협하는 것, 핵무기 프로그램을 가동하는 것,

그리고 페르시아 만의 아랍 국가들과 대결하는 것을 중단했더라면 회의석상에서 이란은 그러한 위치를 차지할 수도 있었을 것이다. 실제로 이란은 1953년 샤 레자 팔레비(Shah Reza Pahlai) 치하에서부터 1979년 혁명 때까지 이들 중 두 가지 — 미국과 제휴하기와 이스라엘과 교섭하기 — 를 했다. 왜 율법학자들은 그러한 정책으로 회귀하지 않았는가?

자카리아는 왜 이란이 지금과 같은 행동을 하는지에 대한 가장 그럴듯한 이유를 지적한다. "[이란의] 목표는 당연히 우리의 목표가 아니다. 그러나 그런 문제는 초점이 아주 다르다"라는 것이다. 그것은 확실히 다른 문제이지만, 우리가 주의를 기울여야 하는 문제이다.

일부 국제관계 학자들은, 어떤 국가에 대한 분석을 그 국가의 근본적인 목표 — 사회과학적인 언어로는 그들이 선호하는 것, 즉 그들이 가장 갖고 싶어 하는 결과 — 를 가지고 시작해야 한다고 주장한다.[9] 학자들은 때때로 국가들을 두 가지 유형으로 구분한다. 즉, 하나는 **현상 유지**(status quo) 국가들인데 이런 국가들은 현재의 국제체제와 그 안에서의 자신들의 위치에 지극히 만족하고, 그 두 가지 중 어느 것도 바꾸려고 하지 않는다. 다음으로는 **수정주의**(revisionist) 국가들인데, 이런 국가들은 현재에 만족하지 못하고, 국제체제를 약화시키거나 뒤집어엎고 새로운 체제를 만들고 싶어 한다.[10]

수정주의 국가들은 때때로 스스로에게 자명할 만큼 합리적이고 보편적이라고 여겨지는 다른 국가들의 선호 사항들을 침해하는 행동을 하기 때문에 비합리적으로 비친다. 하지만 그러한 수정주의 국가들이 합리적으로 — 효율적으로 그리고 신중하게 — 다른 나라들의 목표와 모순되는 목표를 추구하는 경우가 흔히 있다. 우리가 교훈 3에서 보았듯이, 그러한 목표에는 외국으로부터의 전염과 제5열들로부터 자신들의 정권을 수호하고, 다른 나라들을 자신들의 이데올로기와 이해관계에 더 우호적이게 만드는 일이 포함된다. 바꾸어 말하면, 어떤 국가가 이데올로기적인 동시에 합리적인 경우가, 즉 목표가 이데올로기적이고 수단이 합리적인 경우가 전적으로 가능하다는 것이다. 또한 어떤 국가가 이데올로기적인 목표를 비합리적으로 추구하는 것도 가능하다. 즉, 다른 국가들이 자신에게 어떻게 반응하는지 점검하지 않은 채, 또는 그에 따라 행동을 조정하지도 않은 채, 자멸적인 방식으로 추구할 수도 있다.

이것들 중 어느 것이 이란에 해당하는 것일까? 다른 이슬람주의 국가들은 어떠할까? 서방 세계의 역사는 다른 나라들을 당황스럽게 한 이데올로기적 수정주의 국가들로 충만하다. 이 국가들 중 일부는 정말로 비합리적이었고 적어도 한동안은 자멸적이었다. 하지만 다른 국가들은 실제로 그들이 어떤 다른 국가들에게는 의미 없는 목표를 합리적으로 추구하고 있을 때, 그 다른 국가들에게 불합리해 보였을 뿐이다. 여기서 우리는 세 가지 사례, 즉 옛 신성로마제국의 독일령인 팔츠 백작령, 소련, 그리고 추가로 미국을 고찰한다.

포효했던 생쥐: 팔츠 백작령, 1556~1621

400년 전에 유럽에는 많은 국가들에게, 심지어 자신과 가까운 일부 국가들에게도 비합리적으로 보였던 한 국가가 있었다. 신성로마제국 안에 있는 국가인 선제후 팔츠 백작령(독일의 팔츠 지방)은 독보적인 명성을 누렸다. 그 통치자인 팔츠 백작(Pfalzgra)은 장엄한 하이델베르크 성을 소유하고 있었으며 제국 내에서 두 번째로 높은 지위의 세속(비성직자) 제후였으며, 그의 위로는 오직 황제뿐이었다. 중세까지 거슬러 올라가는 전통에 의해 이 백작은 제국에서 한층 독립적인 제후들 중 한 사람이었으며, 황제가 너무 많은 권력을 축적하지 못하도록 막을 수 있는 자리에 있었다. 그 시절에 아주 많았던 공국(公國)들과 마찬가지로 팔츠 백작령은 두 개의 비접경 지역, 즉 오늘날 독일의 라인란트-팔츠(Rhineland-Pfalz) 주와 바덴-뷔르템베르크(Baden-Württemberg) 주를 포함

하는 지역인 라인 강 유역 팔츠와 오늘날의 바이에른 주 동부에 해당하는 상
(上) 팔츠로 나뉘어 있었다.

그러나 팔츠 백작령은 그 시대 그곳의 국제질서에 깊은 불만을 가지고 있
었다고도 할 수 있다. 그곳은 프로테스탄티즘을 일찍 받아들인 곳이 아니었
지만 — 1544년이 되어서야 팔츠 백작이 루터교를 공식적인 종교로 선포한다 — 일
단 개종을 한 다음에는, 반가톨릭 투쟁 정신으로 충만한 자신의 종교적 동포
들을 이끌며 후발 개종자로서 그 열성을 맘껏 발휘했다.[11] 1559년에 프리드
리히 3세[이른바 "경건한 자(the Pious)]가 팔츠 백작이 되었다. 프리드리히는
헌신적인 칼뱅교 신자였으며 그의 후계자 네 사람 중 세 사람이 유럽 전역에
서 가장 열성적인 칼뱅교 투사가 되었다.[12] 다음 몇 세대를 내려오면서 팔츠
백작령은 자신의 체급에 비해 상당한 위력으로 유럽 정치에 주먹을 날렸다.

두 개의 주요 전쟁을 겪은 후인 1555년에 신성로마제국 내의 가톨릭과 루
터교 제후들은 아우크스부르크 종교화의에 합의했다. 가톨릭이든 루터교이
든, 각 제후는 자기가 다스리는 주민들의 종교를 결정할 배타적 권리를 가졌
다. 다른 공국의 종교를 하나에서 다른 하나로 변경을 시도하는 것은 불법이
었다. 교훈 3에서 지적했듯이 골칫거리는 개신교의 더 새로운 가지인 칼뱅교
가 아우크스부르크 종교화의에 포함되지 않았다는 점이었다. 그 협정은 루
터교 제후들에게 현상 유지를 위한 지분을 주었지만, 칼뱅교도인 팔츠 백작
령은 그러한 지분을 갖지 못했다. 팔츠 백작령의 지도자들은 아우크스부르
크 종교화의에서 배제되고 오히려 위협받는다고 느꼈으며, 신성로마제국과
궁극적으로는 유럽 전체에서 가톨릭을 근절하는 과업에 나서게 되었다.

역사가인 클라우스-페터 클라젠(Claus-Peter Clasen)이 쓰고 있듯이, "대략
1556년부터 1618년까지 하이델베르크 성은 호전적인 프로테스탄티즘의 중
심지로 남아 있었다". 프리드리히 3세와 그의 후계자들은 프로테스탄트 신앙
을 확산시키고 가톨릭교를 근절하는 일에 비하면 독일의 평화 유지에는 별 신

경을 쓰지 않았다. "그들은 가톨릭 영토에 사는 프로테스탄트 신자들을 위한 완전한 종교의 자유를 요구하면서도, 프로테스탄 제후들에 소속된 가톨릭 신자들에게는 같은 권리를 허락하지 않았다. 바꾸어 말하면, 팔츠 백작령은 1555년 화의의 폐기를 추구했다. …… 더 중요한 건, 그들이 이 목적을 달성하기 위해 무력을 포함한 어떤 방법도 사용할 준비가 되어 있었다는 점이다."[13]

그다음 수십 년 동안에 루터교도와 가톨릭교도는 완벽한 화합을 이루지는 못했지만, 자신들의 차이점들을 이해하려고 노력했다. 다양한 "교회 영토들(ecclesiastical territories)" — 가톨릭 주교가 직접 다스리는 지방 — 의 주민들이 프로테스탄티즘으로 개종했을 때, 처음에 루터교 제후들은 가톨릭 주교들을 쫓아내기 위해 공모했다. 그러나 제국 내의 가톨릭 제후들이 아우크스부르크 화의를 따라야 한다고 주장하면서 완강하게 루터교 제후들과 맞섰다. 종교적 평화를 지키기로 결정한 대부분의 루터교 제후들은 한 발 물러섰다.[14]

팔츠 백작령의 칼뱅교 통치자들은 매우 다르게 대응했다. 1583년에 프리드리히 4세(Friedrich IV)의 섭정을 담당하던 요한 카시미르(Johann Casimir)는 쾰른을 가톨릭에서 프로테스탄트 지역으로 바꾸려고 노력했다. 그를 지원하는 프로테스탄트 제후는 아무도 없었다. 그리고 팔츠 백작들은 가톨릭과 맞서기 위해 많은 다른 수단을 사용했다. 1557년, 1576년, 1582년, 1594년, 그리고 1597년에 그들은 루터교 제후들에게 그들의 공동의 적인 터키 군의 위협을 물리치려는 합스부르크가 황제를 돕지 말도록 설득하려 했다. 루터교 제후들은 거절했다. 팔츠 백작들은 루터교도에게 황제 선출 선거(황제는 투표로 선출되었고, 팔츠 백작은 7명의 선거인 중 한 사람이었다)에서 합스부르크가 후보자에게 투표하지 말도록 호소했다. 루터교 선거인들은 거절했다. 팔츠 백작들은 1555년의 아우크스부르크 종교화의를 집행하고 있었던 제국 법정의 재판권을 거부했다. 1591년에는 프리드리히 4세가 직접 제국 전체의 프로테스탄트 동맹체를 만들려 했으나 성공하지 못했다.[15]

팔츠 백작령의 통치자들은 반가톨릭 투쟁을 독일에 한정하지 않았다. 칼뱅교 투사라는 지위로 인해 팔츠 백작들은 이웃 국가의 칼뱅교 동포들 중에서 찬미자들과 동맹자들을 얻었으며, 그들은 종종 이 동맹자들을 돕기 위해 개입했다. 1568년, 1576년, 그리고 1587년에 팔츠 백작령 군대가 가톨릭교도와 싸우고 있는 위그노들을 돕기 위해 프랑스로 건너갔다. 1578년에 이들 군대는 네덜란드의 칼뱅교도와 함께 스페인 군대와 싸웠다. 1568년에 그들은 독일 프로테스탄트와 영국 프로테스탄트 사이에 동맹을 맺는 산파역을 했다. 그리고 1572년에 프랑스와 유사한 동맹을 맺었다. 어떤 호전적인 정책이 제안되거나 시도될 때마다 그것은 하이델베르크에서 나온 것으로 보였다. 클라젠은 "거의 모든 경우, 독일 프로테스탄트 대부분은 강력하게 팔츠 백작령의 급진주의를 비난했다"라고 쓰고 있다. 칼뱅교와 루터교의 차이는 심지어 그들이 국제 정치에 관해 기록하는 방식에까지 확대되었다. 백작령 통치자들은 일반적으로 "하느님 영광의 증진과 하느님의 교회 설립"이라고 쓰는 반면, 루터교도는 "독일 민족의 사랑하는 조국에서 소중한 평화, 평온무사, 그리고 통일을 확고히 보존하고 전파한다"라는 세속적인 관용구로 기록했다.[16]

팔츠 백작령 통치자들이 종교적 광신에 빠져 비합리적이었던 것일까? 그 시대 많은 유럽인들은 의심할 여지없이 그렇게 생각했다. 팔츠 백작들은 확실히 다른 독일 프로테스탄트들보다 더 호전적이었으며, 그 호전성의 한 가지 원천은 그들의 칼뱅교 신앙이었다. 그 시절 칼뱅교는 교리와 가르침에서 더 단호하게 반가톨릭이었을 뿐 아니라, 1555년 아우크스부르크 화의로부터의 배제가 자연히 그들을 더 독하게 만들었다.[17]

그러나 팔츠 백작들은 맹목적인 광신도들이 아니었다. 수십 년 동안 가톨릭교도의 저항이나 또는 동료 프로테스탄트들의 냉담에 직면했을 때, 그들은 자신의 행동을 조정했다. 완강한 저항에 직면할 때까지는 탐색하고 찔러보고 했다. 따라서 그들은 더 큰 목표들을 유지하면서도, 다른 전략과 전술을

사용하곤 했다. 팔츠 백작들은 합리적인 이데올로그들로서 유럽에서 프로테
스탄트의 승리와 가톨릭의 제거를 추구했지만, 목적에 맞게 조심스럽게 수단
을 교정해가면서 그렇게 하고 있었다.

그들은 약간의 승리를 거두었다. 국제적인 프로테스탄트 동맹들을 성공적
으로 중개한 것이다. 그들의 도움으로 네덜란드가 마침내 스페인 사람들을
내쫓고 칼뱅교 공화국으로 독립했다. 1608년에 팔츠 백작령은 독일의 다른
프로테스탄트들을 설득하여 터키인들과 싸우고 있는 황제에 대한 지원을 철
회하도록 했다. 다음해에 백작령은 마침내 제국 내의 프로테스탄트 연합을
급조해냈다.[18] 그뿐만 아니라 팔츠 백작들은 유럽의 정치에, 특히 유럽 전역
에서 그들이 옹호했던 칼뱅교도 사이에서 큰 영향력을 행사했다. 1612년에
프리드리히 5세는 영국 국왕 제임스 1세의 딸과 결혼했다. 1618년까지 그들
은 어떤 전쟁도 유발하지 않고 이런 모든 일을 해냈다.

불합리로의 하강: 프리드리히 5세와 안할트의 크리스티안

하지만 결국 팔츠 백작령 지도자들은 밀어붙이고 탐색하는 것을 언제 멈
춰야 하는지 잊고 있었다. 재난을 초래한 사람들은 안할트-베른부르크
(Anhalt-Bernburg)의 대공(大公) 크리스티안(Christian)과 그의 주군인 팔츠 백
작 프리드리히 5세(재위: 1610~1623)였다. 크리스티안과 그의 동료들은 합스
부르크가가 이제 막 프로테스탄트를 소멸시키고 보편적인 가톨릭 제국을 건
설할 것이라고 확신했다. 1608년에 프로테스탄트 연합을 앞장서 급조한 인
물이 바로 크리스티안이었다. 1612년에 그는 프로테스탄트 연합과 영국 사
이의 동맹을 이끌어냈다.

1618년에 크리스티안은 결국 너무 앞서가버렸다. 동쪽 영토인 상(上) 팔츠
백작령이 합스부르크가의 직할령이며 거대한 합스부르크 제국의 심장으로

간주되는 보헤미아와 국경을 맞대게 되었다. 그해 5월에 보헤미아에 사는 프로테스탄트 동료들이 합스부르크가에 저항했을 때, 크리스티안은 유럽과 프랑스의 프로테스탄트를 결집시켜 반란을 일으키려 했다. 그러나 그런 민감한 장소에서 합스부르크가에 도전하는 것이 두려워서인지, 대부분의 칼뱅교도조차도 그 요청에 응하지 않았다. 팔츠 백작령은 거의 고립되었지만, 크리스티안이 전면에 나서 프리드리히 5세를 보헤미아 왕으로 선출하는 공작을 펼쳤다. 그 위험성을 알아차린 프리드리히 5세의 보좌진들 대부분은 그의 장인인 영국 제임스 1세의 지원 없이는 보헤미아 왕좌 제의를 수락하지 말도록 조언했다. 그러나 프리드리히는 제임스 1세와 상의조차 하지 않고 1619년 10월에 보헤미아 왕이 되는 것에 동의했다.[19]

만약 합스부르크가의 권력이 붕괴되면, 독일 가톨릭의 미래가 불확실해진다는 것을 알고 있는 신성로마제국의 가톨릭교도가 한데 뭉쳤다. 바이에른 왕 막시밀리안(Maximilian)이 그의 합스부르크 라이벌인 페르디난트 황제를 위해 싸우는 데 동의했다. 페르디난트의 사촌인 스페인 합스부르크가의 펠리페 3세(Felipe III)도 함께 싸우기로 했다. 바로 그 무렵 처음부터 루터교도와 칼뱅교도 간의 분란으로 크게 시달려온 프로테스탄트 연합은 프리드리히 5세를 지지할 것인지 여부를 둘러싸고 분열했다. 황제는 핵심 루터교 제후인 작센의 요한 게오르크(Johann Georg)를 매수했다. 막시밀리안은 다른 프로테스탄트들과 타협을 보았다. 보헤미아 안에서도 새 왕인 프리드리히 5세는 인기가 없는 것으로 입증되고 있었다. 보헤미아 프로테스탄트 귀족의 대다수는 루터교도였으며, 칼뱅교 신자인 프리드리히 5세와 그의 프라하 대성당 약탈을 좋게 보지 않았다.[20]

크리스티안과 프리드리히 5세는 합스부르크가로부터 보헤미아를 빼앗아 프로테스탄트 왕국으로 만들려는 그들의 도박을 계속 강행했다. 1620년 11월에 가톨릭 군대가 보헤미아에 침입하여 프라하 교외의 백산 전투(Battle of

White Mountain)에서 크리스티안의 프로테스탄트 군대를 결정적으로 패배시 킴으로써 반란을 진압했다. 사기가 땅에 떨어진 보헤미아 군은 뿔뿔이 흩어져버렸다. 다음해 6월에 합스부르크가는 공개적으로 26명의 보헤미아 귀족들을 프라하에서 처형했다.[21] 프로테스탄티즘이 불법화되었다.

합스부르크가는 이번엔 팔츠 백작령을 건방지다며 처벌하기 시작했다. 황제는 프리드리히 5세를 제국에서 연금시키고 그와 그의 상속자들에게서 모든 영지를 박탈했다. 가톨릭 군대는 상 팔츠 백작령을 거쳐 라인 강 유역 팔츠 백작령과 그 수도인 하이델베르크로 서진했다. 소수의 프로테스탄트 귀족들이 이제 프리드리히에게로 모여들었으며, 1622년 4월에 비슬로흐 전투에서 이겼다. 그러나 어떤 중요한 제후국의 지원도 받지 못한 이 프로테스탄트 군은 어떻게든 그 땅에 의지해 살아가야 했다. 그들은 독일 농민들로부터 식량과 보급품을 강요하기 시작했다. 농민들이 저항하자 군대가 흉포해져 마구 강탈하고 불태우기 시작했다. 일부 프로테스탄트 군이 뿔뿔이 흩어져버렸고, 다른 일부는 다른 곳으로 싸우러 갔다. 가톨릭 군은 1622년 여름에 수도인 하이델베르크를 포위했다가, 9월 16일에 시내로 돌격해 들어갔다.[22]

팔츠 백작령의 칼뱅교 교회가 파괴되었다. 프리드리히 5세는 네덜란드로 달아나 거기서 여생을 보내다 1632년에 죽었다. 안할트의 크리스티안은 스웨덴으로 달아났다. 한때는 번영했던 라인 강 유역의 팔츠 백작령은 황폐해졌다.[23]

선제후 팔츠 백작령에 대한 비참한 이야기는 내용이 복잡하다. 그 이야기는 한 이데올로기적인 국가가 수십 년에 걸쳐 적절한 지점에서는 밀어붙이고, 곤란한 지점에서는 물러나고, 그리고 일부 성공을 거두며 신중하게 처신할 수 있음을 보여준다. 그러나 그 이야기는 또한 어떤 지도자들 아래서 그런 국가는 신중성을 잃고 국운이 다한 때에도 버티다가 자신과 다른 나라에 재앙을 가져오는 어리석은 위험을 떠맡을 수도 있음을 보여준다. 결국 팔츠 백작령 통치자는 비합리적인 이데올로그가 되어버렸다는 결론을 피하기가 어렵다.

소련 : 한 이데올로기 국가의 진화, 1917~1989

1917년 11월 러시아에서 권력을 장악한 볼셰비키들은 늘 자신들을 초국가적인 운동의 지도자로 생각했다. 한동안 사회주의 인터내셔널 러시아 지부의 한 파벌에 불과하던 그들은 1915년이 되자, 그렇게 호전적이지 못했던, 그리고 "부르주아 제국주의자"들의 제1차 세계대전을 묵인했던 유럽 사회주의자들과 관계를 단절했다. 볼셰비키들은 공교롭게도 대부분 러시아인들이었으며, 그들이 1917년에 빼앗은 국가는 러시아였다. 그러나 그들은 자신들을 러시아의 정당으로 생각지 않았다. 그들은 국제주의자들이었다. 그들은 러시아보다도, 그리고 심지어 옛 로마노프 제국보다도 세계의 노동자들에게 더 관심을 기울였다.

혁명 초기 : 비합리적으로 추구한 급진주의

그리하여 볼셰비키들의 주된 과제는 그들이 파악한 대로 세계 곳곳에서 유사한 혁명을 촉진하는 일이었다. 수십 년 전 마르크스와 엥겔스는 독일이 첫 사회주의 국가가 될 것으로 예측했다. 그리고 볼셰비키들은 러시아 혁명이 성공한 직후 독일에서도 혁명이 성공할 것이고, 뒤이어 다른 자본주의 산업국가들이 세계혁명으로 들어갈 것으로 믿었다. 레닌과 그의 지배층은 거의 300년 동안 국제 사회의 토대였던 국가들의 주권을 공개적으로 비웃었을 뿐만 아니라, 그것을 뒤집어엎기 위해 수선을 떨었다.[24] 초기의 소련은 그 목적 면에서는 급진적이었고, 나중에 드러난 것처럼, 채택한 수단 면에서는 비합리적이었다.

레온 트로츠키는 그의 자서전에서, 한 동지가 레닌에게 트로츠키를 외교인민위원회 위원장으로 임명하도록 제안했던 당시를 이야기한다. "우리가 다루게 될 외교 문제란 게 있긴 한가?" 하고 레닌이 물었다. 그럼에도 그는 트로츠키를 그 자리에 임명했다. 트로츠키는 그 직위는 꼭 해야 할 일들이 별로 없고, 그런 만큼 실제로 자신이 관심을 두었던 일을 추진할 수 있다고 생각하여 의기양양했다. 그가 훗날 상기했던 것처럼 "외교인민위원회는 나에게는 부서 업무로부터의 자유를 의미했다. [어떤 동지는] 뒷날 그의 회고록에서 소련 정부가 수립된 직후 나와 나누었던 대화에 관해 매우 흥미로운 보고를 남겼다. '우리가 해야 할 외교 업무는 어떤 것입니까?' 그의 이야기에 대하여 나는 그에게 이렇게 말했다. '이보게, 나는 [외국] 인민들에게 혁명 선언서 몇 부나 배포하고는 업무를 접을 거야.'" 로버트 서비스(Robert Service)는 트로츠키가 "1915년의 연합국 비밀 조약들을 급히 발표해버리고 온 세계의 노동자들에게 그들의 정부에 반기를 들고 일어나라고 촉구함으로써 자기 말에 충실한 셈이었다"라고 쓰고 있다.[25]

실제로 초기의 소비에트 사회주의 공화국 연방은 주권 국가 정부들 — 비밀 외교, 제국주의, 전쟁에 책임이 있는 — 과 상대하길 거부하면서 각국의 프롤레타리아트와 직접 대화하겠다는 매우 급진적인 태도를 보였다. 트로츠키는 이렇게 썼다. "프롤레타리아트는 시대착오적 민족국가인 '조국'에 관심이 없으며 …… 새롭고 더 안정되고, 강력한 조국, 세계 연방 국가의 토대가 될 유럽 공화국 연방 창설에 관심이 있다." 그들은 세계혁명이 불가피하다고 믿었으며, 실제로 그것 없이는 그들 자신의 혁명은 운을 다할 처지에 있었다. 왜냐하면 곧 자본주의자들과 그들의 군대가 자기들을 향해 밀어닥칠 테니까.[26]

볼셰비키들의 급진주의는 유럽에서 제1차 세계대전을 치르고 있는 양 진영 정부들에 경종을 울렸다. 1918년 1월에 미국 국무장관 로버트 랜싱(Robert Lansing)은 우드로 윌슨(Woodrow Wilson) 대통령에게 "레닌, 트로츠키 그리고 그들의 동료들은 세계 각국의 현 사회질서에 아주 적대적이기 때문에, 내 확신으로는 그들의 찬성을 얻거나 그들로 하여금 이성에 따르도록

할 수 있는 것은 없습니다"라고 써 보냈다.[27]

실용적인, 그러나 여전히 급진적인

하지만 볼셰비키들에게 한 가지 문제가 있었다. 제1차 세계대전은 아직도 치열하게 진행 중이었고, 독일 육군이 이제 갓 태어난 소련을 갈기갈기 찢어 놓으려 위협하고 있었다. 니콜라이 부하린(Nikolai Bukharin)과 같은 "좌경 이탈자들"은 그에 저항한 반면, 레닌은 소련이 가장 탁월한 국가처럼 행동해야 한다고 결정했다 — 정확히 말하자면 그들이 죽였던 차르*로부터 물려받은 기관들을 이용하기로 했다. 혁명은 특히 자본주의에서 사회주의로 이행하는 동안에는 "숨 돌릴 틈"이 필요하다고 레닌은 말했다. 트로츠키는 붉은 군대를 창설하고 주권국 정부, 그것도 특히나 반동적인 독일과 브레스트리토프스크 조약을 협의하면서 결국 그가 예상했던 것보다 더 많은 외교 문제를 다루게 되었다. 1918년 3월에 체결된 브레스트리토프스크 조약은 볼셰비키들에게 숨 돌릴 틈을 주었지만, 거대한 영토를 잃었을 뿐 아니라 주권 국가들의 체제를 넘어섰다는 그들의 주장은 힘을 잃게 되었다.[28]

그런 상황에서 볼셰비키들은 이데올로기적이기를 중단하지 않았다. 그들은 초국가적인 프롤레타리아 계급 — 마르크스가 말했던 것처럼 "조국이 없는" 노동자들 — 을 통해 혁명을 확산시키겠다는 목표를 계속 유지했다.[29] 그들은 러시아에서 혁명을 일으켰던 꼭 같은 조건이 그 밖의 지역에서도 생기리라고 믿을 만큼 망상에 사로잡히지는 않았다. 1918년 1월에 볼셰비키의 영향을 받은 핀란드의 공산주의자들이 반란을 일으켜 노동자들의 국가를 선포했다. 그 해 11월에 전쟁이 끝나가자 독일은 혁명으로 요동쳤다. 베를린에서 소비

---

* 니콜라이 2세.

에트 공화국이 선포되었으며, 뮌헨에서는 바이에른 사회주의 공화국 창건이
발표되었다. 1919년 1월에 헝가리의 공산주의자들이 소비에트 공화국을 선
포했다. 같은 달 레닌은 볼셰비키들이 이끄는 많은 국가들의 정당 연합체인
공산주의 인터내셔널(코민테른)의 결성을 발표했다.[30]

그러나 세계는 1790년대 초 프랑스 자코뱅 당의 무모했던 시절 이래 어떤
강대국에서도 볼 수 없었던 이 같은 급진적 대외 정책을 되돌리고 있었다. 유
럽의 다른 공산주의 혁명들은 모두 실패했다. 결정적으로 중요했던 것은 독
일의 사례인데, 사회민주주의자들―공산주의자들의 이전 동맹군으로서 국제
노동자 운동에 참여했던―이 공산주의자들의 반란을 가차 없이 진압했던 일
이다. 그리고 바로 러시아에는 1918년에 프랑스, 영국, 미국 및 여러 세력들
이 침입하여 볼셰비키들을 권력에서 몰아내고자 했다.

그 바람에 볼셰비키들은 세계 공산화를 위한 그들의 수단을 온건한 것으
로 바꿔야 한다는 점을 배우게 되었다. 공산주의 건설이라는 목표를 염두에
둘 때, 레닌, 트로츠키 및 그 협력 집단들이 당초 수립한 급진적인 전술을 고
집했다면 비합리적인 세력이 되었을 것이다. 소련은 공산주의 혁명을 확산
시키는 데 계속 매진했지만, 곧 자기 훼손적인 존재에서 전통적인 도구들―
육군, 해군 그리고 외교―뿐만 아니라 코민테른을 이용하여 목표를 달성하는
신중한 존재로 진화했다.[31]

소련이 끝까지 합리적인 수정주의자 노선을 지키도록 한 인물은 1942년까
지 소련 공산당을 확고히 책임지다가 결국 레닌의 후계자가 된 이오시프 스탈
린이었다. 스탈린은 "프롤레타리아 국제주의(proletarian internationalism)"라
는 옛 슬로건을 계속 유지하긴 했지만 "일국 사회주의(socialism in one coun-
try)"란 말을 추가했다. 이는 최우선 사항을 소련 영토 내에서 새로운 사회를
건설하는 데 두겠다는 신호였다. 스탈린은 이 두 가지 원칙이 자연스럽게 서
로 들어맞도록 재정의함으로써 그 둘을 융합시켰다. 그는 이렇게 주장했다.

"국제주의자는 거리낌 없이, 흔들림 없이, 무조건적으로 소비에트 사회주의 공화국 연방을 방어할 준비가 되어 있는 사람이다. 왜냐하면 소련은 세계혁명운동의 기지이기 때문이며, 그리고 이 혁명운동은 소련이 방어되지 않으면 지켜질 수도 촉진될 수도 없기 때문이다."[32] 어떤 의미에서 스탈린은 소련의 이해관계에 국제 공산주의를 종속시켰다고 할 수 있다. 그러나 소련이 안보를 위한 모색을 이데올로기적 언어로 단순히 가려놓은 '정상적인' 권력 추구형 국가가 되었다고 생각하는 것은 잘못이다. 정치학자인 앤드루 모라비치크 (Andrew Moravcsik)의 말로 하자면 우리는 "무언가를 선호할 때 진지해야 한다".[33] 소련은 소프트 파워 ― 코민테른을 경유하여 전파되는 공산주의 사상의 호소력 ― 를 계속 이용하여 다른 나라 정부들에 영향력을 행사하고 더 일반적으로는 소련이 처한 국제 환경을 개선하려고 했다.

교훈 1에서 자세히 이야기했듯이, 그 시절 서구에는 서방 정부들이 소련과의 관계를 정상화할 수 있고 또 정상화해야 한다고 주장하는 외교관, 학자, 상인, 은행가 등이 있었다. 이들 자칭 실용주의자들은 스탈린 ― 1920년대 후반엔 이미 독재자가 되어 있었다 ― 은 정상적으로 대접해주면 정상적으로 행동하는 합리적인 행위자라고 믿었다. 그들은 주장하기를, 만약 이데올로기가 소련과 서구의 관계를 파멸시키고 있다면, 문제가 되는 것은 공산주의 이데올로기가 아니라 서구의 반공주의라고 했다.

이런 종류의 주장에는 두 가지 문제점이 있었다. 첫째, 이러한 주장은 서구는 이데올로기적이지만 소련은 그렇지 않다고 단언했다. 왜 유독 한쪽만이 이데올로기적이겠는가? 둘째, 소련이 계속 수정주의적 목표를 유지했다는 점을 묵살하거나 배제했다. 바로 소련의 정권은 유럽과 아시아 여러 정권들의 정통성, 따라서 안정성에 대한 하나의 도전이었다. 코민테른과 더불어 서구 지식인들과 노동조합들에게 소비에트 공산주의가 더 널리 호소력을 얻은 것은 소비에트 권력이 다른 나라들의 권력과는 다르다는 것을 의미했다.

공산당의 초국가적인 힘은 그것과 정반대 편에서 전체주의 집단, 즉 파시즘이 처음에는 1920년대 초에 이탈리아에서, 다음으로 1930년대에 독일과 유럽과 아메리카의 여러 곳에서 생겨나는 방식을 보면 알 수 있다.[34]

서구의 여러 강대국들은 소련과의 관계를 정상화했으며 — 미국은 1933년에 관계를 튼 최종 국가들 중 하나였다 — 소련은 1934년에 국제연맹에 가입했다. 그러나 스탈린이 지속적으로 소비에트 소프트 파워 — 많은 나라에 공산주의의 매력을 확산시키는 것 — 를 활용하자 서방 강대국들은 결코 그를 신용할 수 없었고 소련의 부와 권력이 성장하도록 방치하는 문제를 우려했다. 소련 주재 미국 대사가 1935년에 이렇게 쓴 바 있다. "세계혁명을 일으키겠다는 소련의 결심이 약화된 적은 전혀 없다. 우호적인 국가들과의 외교적 관계는 소련 정부에 따르면 정상적인 우호 관계가 아니라 '휴전관계'이며, 그리고 이 '휴전'은 아마도 확실한 평화에 의해서가 아니라 오직 전쟁의 재개에 의해서만 끝날 수 있다는 것이 소련의 확신이다."[35] 그리하여 프랑스와 영국 정부가 1933년 이후 나치 독일의 급격한 군사력 증강에 직면했을 때, 그들은 스탈린보다는 히틀러와 관계를 트는 쪽으로 더 기울었다.[36]

소련의 소프트 파워와 불신이라는 이러한 문제들은 제2차 세계대전 중에 한편으로는 스탈린과 미국 루스벨트와의 관계를, 다른 한편으로는 스탈린과 영국 처칠과의 관계를 괴롭혔다. 서방 지도자들은 대체로 스탈린이 소련의 이익을 수호하고 있다고 생각했지만, 그 이익이라는 것은 붉은 군대가 독일군으로부터 해방시킨 지역에 '우호적인' — 즉, 친공적인 — 정부를 수립함으로써 공산주의를 확산시키는 것과 결부된다고 이해했다.

스탈린은 1953년에 죽었지만, 소련은 계속 이데올로기에 따라 형성된 수정주의적 권력이고자 했다. 소련은 특히 '제3세계인' 아시아, 아프리카 그리고 라틴아메리카에서 공산주의를 계속 확산시키려 했다. 크렘린이 공산주의를 소비에트 권력의 도구로 활용하여 대대적인 선전을 벌인 것은 부분적으로는 1970년대의 미국-소련 데탕트가 실패하는 원인이 되었다. 그 당시 아프리카 그리고 아프가니스탄으로 공산주의가 확산된 것은 미국 의회의 많은 의원들로 하여금 소련이 제3세계에 대한 더 큰 영향력을 축적하기 위해 시간을 버는 데 데탕트를 이용하고 있다는 확신을 갖게 했다.

냉전시대 내내 소련은 미국의 권력과 영향력에서 나타날 수 있는 약점을 탐색했다. 하지만 소련은 1948년 베를린과 1962년 쿠바에서처럼 저항에 직면하면 일단 뒤로 물러서서 다른 곳을 탐색했다. 미국과 서방으로선 소련과의 문제는 그 나라가 비합리적이기 때문이 아니라, 오히려 소련이 가차 없는 정교한 합리성을 통해 그들의 수정주의적 목표를 추구했기 때문에 생긴 것이었다.

고르바초프가 소련을 현상 유지 권력으로 만들다

소련 지도자들이 결국 스스로 공산주의를 포기하고 소련을 추종하는 국가들에게도 공산주의를 버리라고 명했을 때, 소련과 서방 국가들과의 관계가 진정으로 정상화될 수 있었다. 1985년에 권력을 잡은 미하일 고르바초프(Mikhail Gorbachev)와 그의 개혁가 집단은 국내외에서 공산주의를 증진한다는, 레닌 이래 줄곧 추진해온 공산당의 목표를 완전히 포기했다. 고르바초프는 소련을 현상 유지 권력으로 만들었다. 그의 목적은 소련을 미국과 서구의 민주-자본주의 동맹국들에 필적하는 국가로 만드는 것이었다. 그리고 서방국가들은 이제 더 이상 소련을 그들의 안보에 대한 위협으로 생각하지 않게되었다. 미국의 가장 반공주의적인 대통령인 로널드 레이건(Ronald Reagan)마저 소련에 대한 생각을 바꿀 정도였다.[37] 우리는 교훈 5와 교훈 6에서 공산주의의 종말에 대한 매력적인 이야기를 이어갈 것이다.

성공한 수정주의자: 미국, 1776~1950

의심할 여지없이 대부분의 미국인들은 자기 나라가 소련이나 이란(또는 그들이 알고 있다면, 선제후 팔츠 백작령)처럼 이데올로기적이라는 관념을 거부할 것이다. 확실히 대다수 미국인들은 미국이 자명하게 합리적이라고 말할 것이다.

그러나 우리가 지금까지 해온 논의는 모든 국가는 어떤 의미에서 이데올로기적임을 암시한다. 왜냐하면 모든 국가나 정권은 국내적이든 국제적이든 좋은 사회에 대한 어떤 비전을 갖고 있기 때문이다. 미국은 이러한 다른 국가들만큼이나 가치 있는 목표나 목적을 가지고 있다. 토마스 제퍼슨(Thomas Jefferson)에 따르면, 미국인들은 독립선언서에 담긴 진리가 자명한 것이라고 믿기 때문에 그들의 나라가 이데올로기적이지 않다고 믿는다. 그것이 사실이라 할지라도, 그러나 만약 그들의 진실이 자명한 것이라면, 미국이 대 테러 작전과 대 게릴라 작전을 수행하기 위해 수많은 사람들의 '마음과 지성'을 얻을 필요가 없을 것이다. 실제로 역사상 무수한 사상가들은 모든 사람들이 동등한 것은 아니라고 생각했다. 정말 자명한 진실은 미국적인 가치가 세계적으로 의문시되고 있다는 점이다. 그것은 온 세계 많은 사람들에게 미국은 이데올로기적인 국가이지 합리적인 국가가 아니라는 의미이다.

제퍼슨 자신은 국내외적인 생활이 어떻게 규제되어야 하는지에 관하여 신생 미국이 일련의 혁명적인 사상을 갖고 있음을 잘 알고 있었다. 미국은 수정주의 권력이었다. 18세기 말에 유럽에 기반을 둔 서구적인 국제체제는 왕위의 정통성에 근거하여 수립되었다. 정당한 국가들은 오직 **군주제** 국가들뿐이었다.[38] 1세기 이상 유럽의 제왕들은 중세시대에 아주 강력했던 귀족들을 복속시킴으로서 자신들의 권력을 증대해왔다. 유럽에는 귀족들이 다스리는 공화국 — 베네치아, 네덜란드 그리고 스위스가 두드러진 사례들이다 — 이 있었지만, 거대한 군사 강국들은 모두 프랑스의 루이 14세(Louis XIV)의 성공을 본 떠 만든 군주국이었다. 이 체제를 중심으로 왕실 주권이라는 이데올로기가 구축되어 있었고, 이는 영국의 제임스 1세와 프랑스의 장 보댕(Jean Bodin) 및 주교 보쉬에(Bishop Bossuet)의 저술에서 볼 수 있다.[39]

중요한 것은 이들 군주국들이 저마다 ─ 추가 영토를 경제적으로 다스리고 독점하기 위해 ─ 제국을 추구했다는 점이다. 18세기에 유럽에서 일부 제국 건설이 있긴 했지만, 그 대부분은 라틴아메리카, 아프리카 그리고 아시아에서 있었다. 유럽의 군주들은 경제적 착취를 목적으로 새로운 영토에 대한 소유권을 요구하는 업무를 민간의 사업가와 모험가들에게 위임했다. 중상주의로 알려진 체제 아래서 제국(또는 본국)은 영토를 정복하고 다스리기 위해 식민지 개척자들을 파견했다. 그 영토는 본국에 원자재를 수출하고, 본국은 그 식민지에 다시 완제품을 수출한다. 각 제국은 자기 식민지에 무역독점권을 요구했기 때문에 영토 쟁탈전이 아주 치열해질 수도 있었다.

중상주의는 18세기 서부 유럽에서 많은 비판을 받았다. 프랑스에서 중농주의자들은 부의 수단은 귀금속의 취득이나 제조업의 발전이 아니라 농업에서 나온다고 주장했다. 영국에서 애덤 스미스(Adam Smith)는 경제적 교류에 대한 정치적 장벽이 사실상 국가를 빈곤하게 만들었다며, 국가 내에서 또는 국가 간에 독점적인 특권 없이 자유롭게 상업 거래를 할 수 있어야 한다고 주장했다.[40]

이 계몽사상은 일부 미국 건국자들 특히 훗날 공화당(그 뒤 민주당) 지도자가 된 버지니아인들인 토마스 제퍼슨과 제임스 메디슨(James Madison)에게 영향을 미쳤다.[41] 이 공화당원들은 국민국가에서 권력을 중앙집중화하는 것도, 또는 그들이 특히 영국과 동일시했던 유럽식 정식 제국도 결코 원하지 않았다. 그들은 조그마한 자작농들의 공화국을 목표로 했으며, 수평적으로(대통령, 의회 및 법원 사이에), 그리고 수직적으로(중앙정부와 주정부 사이에) 권력을 분산하는 것이 그러한 공화국을 유지하는 데 필요하다고 믿었다. 그들은 어느 누구와의 관계도 독점하는 법이 없이 자유롭게 거래하는 독립 국가들의 세계를 목표로 했다.[42]

제퍼슨주의 지지자들은 경쟁적인 권력 추구보다는 공동으로 부를 추구하는 데에 근거하여 다른 국가들과 상호 작용하는 새로운 정치경제학을 가지고 새로운 종류의 공화국을 건설함으로써 국제체제를 변형시키려 했다. 1790년 대에 신생 미국이 이 같은 비전을 실현하기 위해 급진적인 조치를 취할 생각을 한 순간들이 있었다ー또는 엄밀히 말해서 제퍼슨과 다른 공화당원들이 그렇게 하기 위해 위험도가 높은 정책을 밀어붙였던 것이다. 대개 이러한 순간들은 프랑스와 영국 간의 전쟁에 대한 미국의 정책과 관련이 있었다.[43]

1789년에 프랑스 혁명이 시작되었다. 1792년에 프랑스는 수세기 동안 이어져온 군주제를 폐지하고 공화국을 수립했다. 그들은 또한 오스트리아, 프러시아, 그리고 영국에 선전포고했다. 제퍼슨과 그의 동료들은 북대서양 전역을 휩쓸고 있는 민주혁명의 미국식 서사(敍事)를 확인해주는 것처럼 보였던 이 사건들에 감격했다.[44] 1793년 4월에 젊은 에드몽 샤를 주네(Edmond-Charles Genêt)가 새로운 프랑스 공사(公使)로 사우스캐롤라이나의 찰스턴에 부임해 왔다. 주네는 새로 부임하는 주요 외교관이 통상적으로 하듯이 대통령인 조지 워싱턴(George Washington)에게 자기를 소개하기 위해 당시 수도인 필라델피아로 직행하지 않고, 영국과 전쟁을 벌이고 있는 프랑스 군에 참가할 미국 시민군들을 모집하고 있는 남부 여러 주에 체재했다.[45] 주네는 또한 프랑스가 영국 상선을 공격할 수 있도록 미국의 항구에서 민간선을 무장시킬 수 있기를 바랐으며, 또한 미국이 프랑스의 전쟁 수행을 위해 지원금을 교부하길 원했다. 사실상 그의 목표는 미국을 전쟁에서 프랑스 편으로 끌어들이는 것이었다.[46]

처음에는 제퍼슨ー당시엔 국무장관ー자신이 주네의 제의를 받아들일 용의가 있었다. 그러나 대통령인 워싱턴은 그렇지 않았으며, 재빨리 영·불 전쟁에서 중립을 선언했다. 일부 공화당원들은 출판물을 통해 대통령을 비판했다. 국가 관보(官報)인 ≪베리타스(Veritas)≫는, 중립은 미국의 동맹국인 프랑스를 포기하는 것이라고 주장했다. 주네에게는 경악스럽게도, 제퍼슨은 중립은 완전한 불편부당을 의미한다고 주장하며 워싱턴에 동조했다.[47] 워싱턴 행정부는 1794년에 프랑스보다는 영국에 상당히 유리한 제이 조약(Jay Treaty)을 영국과 체결함으로써 미국의 자매 공화국을 다시 한 번 무시하게 되었다.[48]

신생국 미국은 자유롭게 거래하는 공화국들의 세계라는 비전을 무분별하게 추구하는 데서 한걸음 물러났는데, 이는 부분적으로는 제퍼슨마저도 대영 제국과 전쟁을 치르고 싶지 않았기 때문이다. 미국은 그러한 호된 체험을 할 준비가 되어 있지 않았음이 분명했다. 그러나 또한 중요한 것은 미국 정치에서 경쟁 세력의 존재였는데, 이는 알렉산더 해밀턴(Alexander Hamilton)과 연방주의자들의 대안적인 비전이었다. 연방주의자들은 영국의 산업과 국력을 선망했으며, 자기들의 젊은 국가가 강력한 대통령직, 국립은행, 산업의 발전, 부채의 사용, 그리고 상비군을 통해 영국을 본뜨기를 원했다. 해밀턴을 지지하는 사람들은 고대 로마제국에 필적하는 아메리카 제국을 예견했다.[49] 해밀턴 자신은 재무장관으로서 대통령 워싱턴에게 큰 영향력을 행사했으며, 대통령 자신은 연방주의자들과 더 많은 일체감을 가졌다.

19세기에 그들이 민주당원으로 알려지게 되었을 때, 제퍼슨의 이데올로기 계승자들은 대규모 군대 조직이나 공식적인 제국의 형태를 갖지 않은, 자유롭게 거래하는 농경 공화국이라는 비전을 계속 유지했다. 그러나 그들은 그런 비전을 추구하는 과정에서 대체로 합리적이었다. 앤드루 잭슨(Andrew Jackson)의 부하였던 대통령 제임스 포크(James K. Polk)는 엄청난 크기의 새로운 농지를 개간하기 위해 미국의 영토를 확장하길 원했다. 포크는 영토를 얻기 위해 멕시코와 전쟁을 벌였는데, 적정한 비용으로 이길 수 있다는 것을 알고 벌인 전쟁이었다. 그리고 영국과의 전쟁은 적정한 비용으로 이길 수 없다는 것을 알고서 포크는 그 대신 오레곤 지역의 정착지에 대해 협상을 벌였다.[50]

동시에 연방주의자들의 후계자들 ― 휘그당원들, 그 후 공화당원으로 바뀜 ― 은 대체로 유럽이 지배하는 국제체제를 받아들이는 데 계속 더 호의적이었으며, 은근히 민주당원들로 하여금 어떤 경솔한 행동을 하게 만들었다. 휘그당 그리고 공화당은 정권을 잡은 후 유럽 경쟁자들로부터 제조업자들을 보호하며 미국을 공업 강국으로 발전시켰다.[51]

그러나 미국의 농부들은 자유무역에 애착을 두고 있었으며, 1890년대의 짧은 기간을 제외하면 미국은 북미 바깥 지역에서 결코 공식적인 제국이 되려 하지 않았다. 심지어 그들의 해외 영토 ― 하와이, 필리핀, 푸에르토리코 등 ― 에서 다른 나라들과의 거래가 허용되었다. 20세기 초에 카리브 해와 중앙아메리카에 대한 미국의 빈번한 군사 개입은 위압적이었지만, 미국은 남쪽으로 새로운 영토를 합병하지도 않았고 이 지역 나라들이 다른 나라와 경제적으로 거래하는 것을 제한하지도 않았다. 미국은 아시아에서와 마찬가지로 서반구에서도 '개방(open door)' 정책을 폈다.

20세기에 들어와 미국은 마침내 산업적인 부와 군사력의 성장이라는 충분한 힘을 갖게 되었으며, 국제관계에 대한 제퍼슨식 그리고 해밀턴식 비전을 종합한 외교 정책을 실행하기 시작했다. 해밀턴식으로 국력을 배양하고, 제퍼슨식으로 세계경제를 개방시킨 것이다. 제1차 세계대전 중에 발표한 윌슨의 14개 조항은 자유무역을, 그리고 공식적인 유럽 제국들의 해체를 예견했다. 윌슨의 국제연맹 구상은 그의 자국민, 특히 공화당원들에게조차 너무 급진적인 것으로 입증되었다. 1940년대에 국제체제를 전환시키는 데 미국의 국력을 활용한 사람들은 윌슨의 민주당 동료들과 그의 후배 프랭클린 델러노 루스벨트였다.

　루스벨트는 나치 독일과 일본과 같은 침략 제국들을 몹시도 저지하고 싶었지만, 영국과 프랑스 같은 제국들에 대해서도 그다지 우호적이지 않았다. 1941년 8월(미국이 제2차 세계대전에 참전하기 이전)에 루스벨트와 영국 수상 윈스턴 처칠이 공동으로 발표한 중대한 「대서양 헌장(Atlantic Charter)」은 민족자결권, 무역 장벽 낮추기, 세계적인 경제 협력 그리고 자유 항행권을 공통의 목표로 지정했다. 그 헌장에는 영국이 자신의 제국을 지키기 위한 권리에 대하여 어떠한 언급도 분명히 빠져 있었다.[52] 루스벨트의 후계자인 해리 트루먼과 그의 보좌진은 유럽인들과 일본인들로 하여금 공식적인 제국을 건설하도록 압박했던 만성적인 경제 및 안보 문제를 주요하게 다루고자 국제기구들을 설립했다. 실제로는 제2차 세계대전이 끝난 후 미국은 옛 제국주의 국가들에게 그들로서는 거절할 수 없는 거래를 제의했다. 즉, 낡아빠진 제국주의를 포기하고 경제를 개방하라는 것이었다. 그렇게 하면 미국은 군사적 보호 조치를 취할 것이고, 경제적 개방으로 인한 혼란을 최소화하기 위한 국제기구들을 서면으로 보장하겠다는 것이었다.[53]

　냉전 기간에 미국은 시종일관하게 이 프로그램을 따르지는 않았다. 소련식 공산주의와의 투쟁은 트루먼 정부와 그 후속 정부들로 하여금 아시아와 아프리카의 반제국주의 좌파들과 싸우는 유럽의 옛 제국들을 지원하게끔 했다. 미국 자신이 강압적인 무력을 포함하여 온갖 방식으로 제3세계에 개입하며 제국주의 국가라는 비난을 들었다. 그러나 특히 소련이 붕괴하고 국제질서에 대한 그들의 대안적인 비전이 사라짐에 따라,[54] 국제체제가 오늘날에는 여태까지의 그것과는 다르다는 점이 널리 확인되고 있다. 공식적인 중상주의 제국들은 과거의 유물이다. 상품과 화폐는 과거 어느 때보다도 더 자유롭게 더 많은 나라의 국경을 넘나든다. 국제기구들 — 세계무역기구, 세계은행, 국제통화기금, 여러 유엔 기구들 — 은 주권을 가진 정부들을 강제하고 동시에 가능성을 열어준다. 이렇게 된 것은 부분적으로는 기술적·사회적 변화 탓이지만 미국의 패권도 한몫하고 있다. 미국은 국력을 이용하여 다른 국가들이 국경을 개방하고 일부 경우에는 더 민주적으로 변하도록 설득하고 회유하고 강제한다.

따라서 애초부터 미국은 독특한 글로벌 비전을 갖고 있었지만, 그 비전을 실행하는 데는 대체로 신중하고 그리고 참을성이 있었다. 미국 지도자들은 일부 급진주의자들이 원하는, 국제체제를 변형시키는 부주의한 위험을 떠안기보다 오히려 북미에서의 영토 확장, 라틴아메리카에서 재개된 유럽 제국주의에 대한 기선 제압, 모든 외국 국가들과의 상거래 모색, 그리고 동맹과 전쟁을 회피하는 데에 만족했다. 20세기에 미국은 유럽식 강대국이 지닌 일부 속성을 띠긴 했지만, 새롭게 획득한 힘을 사용해서 미국의 오랜 비전에 해당하는 요소들을 실행했다.[55]

수정주의 국가들이 반드시 비합리적인 것도 아니며, 그들이 실패하게 되어 있는 것도 아니다. 미국의 사례가 보여주는 것은 만약 그들이 국제적인 삶을 변화시키기 위한 목표를 추구하는 데 합리적이라면 — 만약 그들이 자신의 상대적인 힘을 정확하게 파악하고, 그들의 행동에 대한 다른 나라의 반응을 점검하여 그에 따라 대응한다면 — 그들은 궁극적으로 성공할 수 있다는 점이다. 수정주의 국가인 미국 — 일종의 자유시장 공화국 — 은 전면전을 일으키거나 자멸 행위를 하지도 않았으며, 천천히 그리고 조심성 있게 국제체제를 변형시킬 기회를 이용했다. 지금의 세계는 1800년 또는 1900년의 세계와는 다르다. 공식적인 제국들은 사실상 사라졌으며, 외국 무역과 투자의 장벽이 낮춰졌고, 자유시장 체제의 민주주의가 규범이 되었다. 이러한 변화는 결코 미국의 노력만으로 온 것은 아니다. 많은 다른 국가들, 전반적인 기술과 사회의 변화, 그리고 20세기의 강대국 갈등 역시 한몫을 했다. 그리고 국제체제는 일부 미국인들(또는 다른 나라 사람들)이 희망한 것만큼 철저하게 변화하지는 않았다.

그러나 미국은 세계를 변모시켜왔다.

* * *

    그러므로 역사는 한 국가가 다른 국가들에게 비합리적으로 보이는 방식으로 행동할 수도 있지만, 일단 그들의 목표가 이해가 되면 합리적으로 보인다는 점을 보여준다. 그 국가를 비합리적으로 보이게 하는 것은 그들의 목표와 다른 국가들의 목표 사이의 간격이다. 비합리적이라고 추정되는 국가의 목표는 이데올로기의 산물, 즉 좋은 사회에 대한 비전을 구체화하고 특정한 제도와 관행을 수반하는 공공질서(국제질서를 포함하여)에 대한 어떤 계획일 것이다. 국가는 달리 말하면 합리적인 이데올로그일 수도 있다. 팔츠 백작령은 1555년 이후 대략 반세기 동안 그러한 국가였다. 소련은 1920년대에 합리적인 이데올로기 정책이 자리 잡혔으며 수십 년 동안 그것을 추구했다.

    그 사례들은 또한 이데올로기적인 국가가 때때로 '비합리적으로' 행동할 수도 있다는, 즉 이데올로기적 목표에 도달하기 위해 비효율적인 또는 심지어 자멸적인 수단을 사용할 수도 있다는 점을 보여준다. 소련 사례만 생각한다면, 우리는 국가들은 항상 중도가 가장 훌륭한 정책이라는 교훈을 배워 비합리적인 것에서 합리적인 것으로 옮겨간다고 결론 내릴 수 있다. 팔츠 백작령에 관한 이야기는 우리에게 그런 결론을 허용하지 않을 것이다. 근대 초기 유럽의 이 중간 규모의 국가는 반대 방향으로 가버렸다. 합리적인 수정주의의 수십 년 세월이 흐른 후, 이 나라의 통치자들인 프리드리히 5세와 안할트의 크리스티안은 1610년대에 열정에 너무 도취되었고 심지어 동료 프로테스탄트들이 위험하다고 판단한 그들의 대의명분을 위해 위험을 감수했다. 경솔한 프리드리히 5세와 크리스티안은 팔츠 백작령의 이데올로기적인 목표를 변경하지 않았다. 그들은 단지 그 목표를 쟁취하기 위해 너무 서두른 나머지 불합리에 빠져버렸다. 그렇게 하면서 그들은 30년 전쟁을 일으키는 데 일조했으며 결국 자신들의 나라를 파멸시켰다.

이 역사에서 중요한 질문이 나온다. 즉, 합리적인 이데올로기 국가가 비합리적으로 되는 원인은 무엇인가? 무엇이 반대운동을 일으키는가? 하는 두 가지 질문이다. 이 질문들에 답하는 것은 이 책의 논의 범위를 크게 넘어서는 것이지만, 한 가지 훌륭한 작업 가설은 지도자들이 거기에 큰 역할을 한다는 점이다. 이것의 가장 두드러진 증거는 프리드리히 5세로 하여금 매우 분별없는 행동을 하게 한, 위험 감수형 이데올로그인 크리스티안에게서 나온다. 소련의 사례는 덜 드라마틱하지만 역시 중요하다. 레닌과 트로츠키는 국제관계에 대한 전망에서부터 비합리적이 되기 시작했지만, 곧 절도를 되찾았다. 그러나 신생 소련을 합리적인 이데올로기 국가라는 장기적인 자세로 자리 잡게 한 사람은 스탈린이었다. 그는 아이러니하게도 그 자신의 공산당 내에서 자신의 권력에 대한 위협을 염려하는 편집증 환자였다.

오늘날로 되돌아와서: 이슬람주의자들과 합리성

이슬람주의 국가들은 합리적인가? 우리는 그러한 국가들의 목표를 수단에서 구분하는 것에서부터 시작한다.

목표들

정의하건대, 이슬람주의자들은 샤리아 — 어떤 형식이든, 어느 성직자에 의해 해석되든 간에 — 를 자기 나라의 법률로 만든다는 일반적인 목표를 공유하고 있다. 그런 사실과는 또 다르게 그들의 목표들은 매우 다양하다.

세계에서 가장 엄격한 이슬람주의 정권인 사우디아라비아는 아라비아 반도 ― 메카와 메디나에 있는 두 개의 신성한 모스크로 향하는 본거지 ― 에서 사우드 왕가의 생존과 번영을 목표로 삼고 있는 것으로 보이며, 그 이상의 것으로, 와하비파의 네트워크를 통해 세계 무슬림들 사이에서 영향력을 행사하려고 하는 듯하다. 그러나 사우디 왕조의 권력은 석유 판매 역량에 의존하고 있으며, 적은 인구를 가진 광대한 사막을 다스리고 있다. 이란, 이라크, 그리고 이집트를 포함하여 더 많은 인구를 가진 이웃 국가들의 침략에 취약할 수밖에 없는 사우디는 오래전에 페르시아 만과 더 일반적으로는 중동에 영향력을 행사하는 서구 패권을 받아들이고 지지하기로 결정했다. 사우디의 워싱턴과의 경제적·군사적 협력은 사우디 왕조를 위선과 모순에 차 있다는 비난에 노출시켰다.[56] 수십 년 동안 사우디 왕조는 그런 비난에도 불구하고 번영해왔다. 사우디아라비아는 페르시아 만에서 현상 유지라는 목표를 합리적으로 추구하고 있다. 사우디는 1990년에 이라크로부터 자국을 보호하기 위해 미국을 불러들였으며, 1991년 미국의 이라크와의 전쟁에는 많은 돈을 제공하고, 그리고 미국 제5함대 사령부를 이웃 바레인에 두는 것을 환영했다.

다른 이슬람주의 국가의 주요 표본인 이란 또한 그들 이슬람 공화국의 보존을 모색하고 있다. 하지만 이란 지도자들은 미국에 대해, 그리고 중동과 서남아시아에서의 미국의 영향력 ― 그리고 실로 국제체제 그 자체 ― 에 대해 다른 시각을 갖고 있다. 정치학자이며 테헤란의 외교 정책 관리인 대하니 피루자바디(Dehghani Firoozabadi)는 이란이 "구조적 개혁"을 통한 국제체제의 "진화", 즉 강대국들의 지배 종식을 추구하고 있다고 말한다. 그것을 넘어서 이란은 국제체제가 "무정부적인 성격"에서 벗어나 새로운 체제로 "진화"한다고 예견한다. 이란의 궁극적인 목표는 모든 사람들이 "이슬람 세계정부" 아래서 자유롭고 동등하게 사는, "권력관계와 지배와 억압과 폭력이 전혀 없는" "이슬람 세계사회"의 건설이다.[57]

아마 다른 이란 학자들은 그 문제를 다르게 말할 것이다. 그러나 이란이 갈망하는 지역 질서와 세계 질서가 미국이 원하는 바와는 날카롭게 상충되어 왔다는 것에는 논쟁의 여지가 거의 없다. 모하마드 하타미와 하산 로하니 (Hassan Rouhani) 같은 개혁적인 대통령들마저 미국의 패권을 수용하지 않았다. 이란은 단지 미국의 힘에 저항해왔으며, 이슬람주의 이데올로기는 그저 아주 독특한 방식으로 자기 이익을 거론하는 것일 뿐이라고 주장하는 것은 충분하지 않다. 이란의 반미주의는 이란의 이슬람주의 버전에 근거를 두고 있고 그것에 의해 형성된 것이며, 이슬람주의는 냉전시대에 미국의 피보호자였던 샤 레자 팔레비가 이란 사회에 강요한 세속화에 대한 거부이기도 하다. 이념과 이해관계는 서로 얽혀 있다.[58] 미국의 분석가인 수잰 멀로니(Suzanne Maloney)는 이란의 정체성에는 민족주의, 이슬람주의, 그리고 반제국주의가 포함되어 있으며, 이 세 개 요소가 공존하면서 서로를 보강할 수 있다고 주장한다.[59]

이란은 따라서 수정주의 국가였다 — 400년 전 팔츠 백작령도 그랬고, 20세기 대부분 기간 동안 소련도 그랬으며, 1940년대까지 미국도 그랬다. 이데올로기를 포함하여 많은 요인들 때문에, 이란은 미국의 정책뿐 아니라 그 자신이 속한 채 가동되고 미국이 떠받치고 있는 지역체제 및 국제체제에 깊은 불만을 가져왔다. 이란은 그 체제의 변경을 원해왔으며, 그들의 정책 중 아주 많은 것이 미국을 어리둥절하게 하고 불쾌하게 할 수밖에 없었다. 사실상 미국의 대 이란 정책에 대한 가장 저명한 미국의 비평가들인 플린트(Flynt)와 힐러리 레버렛(Hillary Leverett) 부부가 아마도 이에 대해 상당히 옳은 진단을 내리고 있는 것 같다. 즉, 미국이 이데올로기적이라는 것이다. 그들이 놓치고 있는 것은 이란을 포함한 모든 국가는 이데올로기적이라는 사실이다. 이란과 미국 사이의 근본적인 문제는 두 나라 모두 이데올로기적이며 그들의 이데올로기가 서로 공존할 수 없다는 점이다.

20세기 말의 이란 외교 정책에 대한 미국의 지도적인 학자인 라마자니(R. K. Ramazani)는 이란과 사우디아라비아의 각 이데올로기를 "반서구주의 대 친서구 비동맹주의"로 대비시켰다.[60] 두 이슬람주의 표본 국가들이 왜 미국의 패권에 대해 정반대의 시각을 유지해왔는지는 별도의 논의가 필요할 정도의 주제이다. 결정적인 질문은 다음과 같다. 이 책 서문에서 주장한 바와 같이, 만약 중동의 많은 국가들이 앞으로 수년 동안에 이슬람주의 국가로 변한다면, 그들의 이슬람주의가 사우디아라비아의 그것과 유사할까, 아니면 이란의 그것과 더 유사할까?

특히 오늘날 이슬람주의는 민중 주권(popular sovereignty)과 협력하고 있기 때문에, 이란식 반미주의가 성공하리라는 예측이 우세하다. 정권을 잡지 못한 때에 이슬람주의 정당들은 미국 패권에 완강하고 떠들썩하게 반대하는 경향이 있다. 권력을 잡게 될 때, 그들은 자기 나라의 외교 정책상 미국을 멀리하는 경향이 있다. 많은 미국인들이 받아들이기 어려운 일이긴 하지만, 중동에 관한 한 민주화가 더 진행될수록 미국에 대한 사랑이 더 줄어듦을 의미하는 것이다. 이는 부분적으로 더 많은 민주주의는 더 많은 이슬람주의를 의미하기 때문이다. 가자 지역을 통치하는 하마스는 서안 지구를 다스리는 세속주의적인 팔레스타인 자치정부보다 더 반미주의적인 것으로 입증되었다.[61] 교훈 3에서 논의했듯이 온건한 이슬람주의 정의개발당이 집권할 때의 터키는 나토 회원국으로 남아 있긴 했지만, 터키의 외무장관은 서구 국가들과 마찬가지로 이란, 러시아 및 아랍 국가들과도 꼭 같이 우호적인 관계를 가질 것이라고 선언했다.

이슬람주의 국가들의 목표를 언급하기엔 너무 많은 것들이 있다. 하지만 의문은 여전히 남는다. 그들은 과연 이 목표들을 합리적으로 추구할까? 아니면 그들은 아마도 전쟁과 파괴를 야기하며 무모하고 자멸적인 방식으로 추구할까?

수단들

　적어도 한 이슬람주의 국가는 시종일관 비합리적이었다고 말할 수 있다. 바로 탈레반이 다스릴 때의 아프가니스탄이다. 물라 오마르(Mullah Omar) 정권은 더 강력한 적들에게 도전하는 방식으로 거의 완벽하게 자신들을 고립시켰다. 탈레반은 이슬람주의라는 독특하고 신랄한 브랜드를 확산시키려는 의도에서 이란, 인도, 러시아를 비롯한 그들의 이웃 대국들에게 스스로를 아주 밉살스러워 보이게 만들었다. 뻔뻔스럽게도 오마르 정권은 1998년 수단으로부터 추방된 오사마 빈 라덴과 그의 알카에다 조직망을 맞아들였다. 그들은 세계 유일의 초강대국 미국에 대하여 줄곧 자칭 전쟁 상태를 유지하고 있었는데도 그랬다. 결국 미국 주도의 연합군이 2001년 10월에 오마르 정권을 전복했다. 전투 부대로서의 탈레반의 효율성은 문제될 게 없다. 이 책을 쓰고 있는 순간에도 탈레반은 파키스탄과 아프가니스탄의 일부 지역에서 계속 번성하며 나토 군 및 아프가니스탄 정부군과 전투를 벌이고 있다. 하지만 탈레반이 어리석게도 1998년부터 2001년까지 알카에다와 자신들을 지나치게 밀착시키지 않았다면, 아직도 아프가니스탄 전체를 다스리고 있을지도 모른다.

　이제 우리는 더 어려운 사례인 이란을 논의할 때다. 이란은 이데올로기적으로 형성된 그들의 목표를 합리적으로 추구해왔는가? 일부 전문가들은 사실상 "그건 상황에 따라 다르다"라고 말한다. 집권한 후 1979~1980년의 초기 몇 달 동안 그 정권은 분명히 경솔했다.[62] 1917~1918년의 러시아 볼셰비키처럼, 신생 호메이니 정권은 뻔뻔스럽게 외교 규범을 농락했다. 그들은 과격파 학생들을 선동하여 테헤란의 미국 대사관 직원 52명을 인질로 삼았다. 그들은 다수의 다른 나라들과 외교적으로 타협하기를 거부하고, 오히려 이슬람혁명위원회(Islamic Revolutionary Council)를 만들어 그 정권들의 전복을 촉구했다.[63] 그 대상 중 하나가 바로 이웃한 이라크의 사담 후세인 정권이었는데,

후세인은 신생 이란 정권을 타도하려는 시도로 응수했다. 1980년 9월에 이라크가 이란에 침입함으로서 8년간 지속되며 100만 명의 목숨을 앗아간 전쟁이 시작되었으며, 그렇게 해서 사담 후세인은 세속주의자들도 비합리적으로 자신의 목표를 추구할 수 있다는 점을 처음으로 ― 그러나 그것이 마지막은 아니었다 ― 입증해 보였다. 하지만 이란 정권은 이라크 내에서 무분별하게 반란을 선동하는 방식으로 공격하며 사담을 괴롭혔다.

그럼에도 다른 시기에는 이란이 좀 더 실용적이었다. 1984년에 호메이니는 혁명 수출에 반대한다면서 대부분의 나라들과 외교 관계를 맺도록 촉구했다. 이란은 1988년에 이라크와의 전쟁을 끝냈다. 이란은 시리아와 강력한 유대 관계를 구축했는데, 시리아는 이란의 대적수인 이라크의 사담 후세인 정권과 유사한 세속적인 바티스트 정권이 다스리는 국가였다.[64] 가장 놀라운 것은 이란이 미국과 협력한 경우다. 1991년 걸프 전쟁 기간에, 미국이 이라크에 맞서 다국적군을 투입했을 때, 이란은 미국과 접촉을 계속했으며 미군 공군기가 이란 영공에 들어오는 걸 허용했다.[65] 2001년 9월 11일 알카에다 공격 후에, 이란은 공식적으로 테러리즘을 비난하고, 아프가니스탄에서 탈레반 정권을 타도하려는 미국의 군사 작전을 여러모로 도왔다.[66] 2013년에 이란의 새 대통령인 하산 로하니는 이란의 핵 프로그램을 둘러싸고 미국 및 다른 강대국들과 협상을 시작했다.

400년 전의 팔츠 백작령의 경우, 그리고 20세기의 소련의 경우와 마찬가지로 이란의 합리성은 지도자들에 따라 다양해지는 것 같다. 현 이란 정권의 창시자인 열성적인 아야톨라 호메이니는 1979년 미국 대사관에서의 인질 억류를 조종하고, 혁명 수출을 추진하는 틀림없는 비합리적인 지도자였다. 다른 지도자들, 예컨대 대통령을 지낸 라프산자니(Ayatollah Akbar Hashemi Rafsanjani)와 하타미는 혁명을 중시하지 않았으며, 이란을 국제 규범에 더 순응시키려 했다.

1989년부터 1997년까지 대통령을 지낸 라프산자니는 외교 정책을 국내이데올로기와 분리시키기 위해 국가최고안보위원회(Supreme National Security Council)를 설치했다. 그는 1991년 걸프 전쟁 때 이란 국내의 극단주의자들이 미국의 작전을 방해하는 것을 차단시켰으며, 그의 마지막 임기 때는 헤즈볼라를 설득하여 이스라엘과 휴전하도록 했다.[67] 1997년부터 2005년까지 대통령을 지낸 하타미는 한 발 더 나아가 비무슬림 국가들과의 이데올로기적 긴장관계를 해소하기 위해 "문명 간의 대화(Dialogue among Civilizations)"를 시도하기도 했다. 그는 또한 라이벌인 사우디아라비아를 포함하여 페르시아 만 이웃 국가들과의 관계를 개선하기 위해 "좋은 이웃(Good Neighbor)" 정책을 시작했다. 그의 대통령 재임 중에 이란은 EU와 외교 관계를 수립했다.[68]

2005년에 하타미가 물러난 후 이란은 위험 부담이 큰, 스스로를 고립시키는 1980년대의 전략으로 되돌아갔다. 대통령 마무드 아마디네자드(Mahmoud Ahmadinejad, 재임 2005~2013)는 이란의 이른바 뉴라이트(New Right) 운동 지도자였다. 이란의 뉴라이트들은 1980년대에 이라크를 패배시키는 데 실패한 것은 서방의 개입 때문이었다고 비난하고, 전직 대통령들인 라프산자니와 하타미를 이슬람 혁명을 방해한 사람들로 간주했다. 뉴라이트는 그 자신이 호전파와 온건파로 분열되어 있긴 하지만, 이란이 페르시아 만에서 지도적인 강국이 되어야 한다는 데는 모두들 의견이 일치한다.[69] 그것은 미국과 사우디아라비아를 적으로 만드는 대가를 치러야 할 일이다.

아마디네자드 대통령 정부 아래서 이란은 두 개의 서로 관련된 완고한 정책을 추진함으로서 더 많은 위험을 떠안았다. 첫째, 이란은 그들의 핵 프로그램을 지속시키고 국제원자력기구의 통제와 공개 요건을 따르지 않음으로써 미국, EU, 그리고 유엔의 국제원자력기구에 노골적으로 도전했다. 이란 지도자들은 그들의 핵 프로그램은 엄격하게 평화적이고 민간을 위한 목적을 지향한다고 주장했지만, 거기에 반대되는 태도와 행동은 서방의 많은 전문가들과 정부 관리들로 하여금 이란이 거짓말을 하고 있으며 핵무장 국가가 되는 쪽을 선택하는 것으로 결론짓게 했다. 둘째, 이란은 명백하게 이스라엘을 위협했다. 아마디네자드는 유대인 국가는 "제거될 것"이라고 수차례에 걸쳐 말했다.[70] 2006년에 그는 나치의 유대인 대학살이 실제로 일어났는지 조사하기 위한 회의를 주재했다.[71] 2012년 여름에 이란 부통령인 모하마드 레자 라히미(Mohammad Reza Rahimi)는 한 국제 회의에서 유대인은 불법적인 마약의 세계 확산에 책임이 있다고 말했다.[72]

이 같은 이데올로기적인 발언과 행동 모두가 국내용으로 활용하려는 것이라고 설명하는 분석가들도 그것이 도발적이고 위험했다는 점은 알아야 한다. 이란이 이스라엘과 미국으로 하여금 이란 폭격을 감행하도록 유도한 짓이었다면, 그것은 효과적인 행동일 수가 없다. 특히 이스라엘은 서슴없이 공습을 할 수도 있다고 언급했다.[73] 물론 같은 이유에서 미국이나 이스라엘이 이란을 폭격했다면 비합리적이었을 수도 있다. 그러나 의심할 여지없이 이란이 그러한 폭격 작전을 도발하는 것은 자멸적임을 예견할 수 있었을 것이다. 이란의 핵 프로그램은 몇 년간 지연되었을 것이며, 미국의 패권에서 벗어난 이슬람적인 세계 질서라는 이란의 거대한 비전은 현실과는 한참 동떨어진 것이 되었을 것이다.

따라서 이란의 사례는 오랜 기간 불합리한 승부를 걸었던 경우에 해당한다 ― 그것은 그들의 이슬람주의 이데올로기에 부합하여 큰 영향력을 모색하는 것이 아니라 그러한 영향력을 갖기 위해 큰 위험을 감수하는 데서 온 것이다. 그러나 그 문제를 다른 방식으로 살펴볼 수 있다. 작가인 리 해리스(Lee Harris)는 이란이 서구로 하여금 균형을 잃도록 의도적으로 서구인들의 합리적이고 선한 행동 개념을 위반하는 방식으로 행동했다고 주장한다. 이란은 도박을 했지만, 거기에는 이상한 것이 전혀 없다.[74] 바꾸어 말하면 이란은 합리적으로 행동했을 수도 있다. 말하자면, 미국이나 이스라엘의 공격을 유발시키지 않고도 그 지역에서 지배권을 얻으려는 계획을 추진할 수 있는 만큼만 위험을 감수했을 수도 있다.

결국 우리는 순환 논증(circular argument)의 상황에 놓이게 된다. 즉, 우리는 이란이 합리적인지, 아니면 사태의 진행에 근거하지 않고 판단하는지 알게 될 것이다. 만약 이란이 폭격을 당하면, 그들은 비합리적이다. 폭격을 받지 않는다면, 합리적이다.

어쨌든 간에 이란의 이데올로기적인 합리성은 그들의 미래에 대한 상을 그려줄 만한 것이다. 이슬람주의를 추구하는 이집트나 리비아, 시리아 또는 팔레스타인은 아주 불쾌하거나 어리둥절하여 그들을 비합리적이라고 부를 수밖에 없는 방식으로 행동할지도 모른다. 이들이 이데올로기적인 **국가들**이라는 걸 고려하면, 거대한 이슬람주의 블록이 일제히 미국에 적대적으로 형성되어 행동하지는 않을 것이다. 두 이슬람주의 표본 국가들인 사우디와 이란 간의 오랜 냉전이 바로 그것의 충분한 증거이다. 그러나 일부 새로운 이슬람주의 국가들은 그들이 속한 세계에서 미국이 후원하는 질서에는 적어도 회의적일 것이며, 미국으로서는 더 복잡한 삶을 겪도록 행동할 가능성이 크다.

이란과 같은 국가들을 비합리적이라고 부르는 것은 위안이 되는 자기 기만이다. 그것이 자기 기만인 것은 모든 국가들은 자신의 목표를 형성하는 이데올로기와 비전을 갖고 있다는 점을 역사가 분명히 밝히고 있기 때문이다. 그것이 위안이 되는 것은 역사는 그들이 실패하리라고 암시하기 때문이다. 아이러니하게도 미국의 사례는 이데올로기적인 국가들이 합리적일 수 있고 때때로 마침내 성공한다는 것을 보여주고 있다.

승자는 "어느 누구도 아닐" 수 있다

터키에서의 성공은 많은 국가들에게 본보기가 될 수 있다. 진화하지만 점진적인, 즉 제도와 관계에 대한 가치 보존을 중시하는 변화 과정을 지지하는 것은 이 지역에서 성공의 열쇠다. 터키의 민주주의적 이상은 선거와 제도로 축소된 기계적 민주주의가 아니라 행정적, 사회적, 그리고 정치적 활동 무대에 스며드는 유기적 민주주의에 있다. 우리는 이것을 '유기적 민주주의', '심화된 민주주의'라 부른다.

— 레제프 타이이프 에르도안 Recep Tayyip Erdoğan, 2004년

샤리아에는 민주주의를 위한 여지가 없다. …… 이슬람법은 남성과 여성, 무슬림과 비무슬림 모두를 위한 법률적 동등권은 물론 언론과 종교의 자유를 부인한다. 그뿐 아니라 성범죄를 처벌하기 위해 태형, 참수, 그리고 돌멩이로 쳐 죽이는 것을 허용하는 법률이 있으며, 민주주의의 창출을 사실상 불가능하게 하는 다른 요소들도 있다.

노니 다르위시 Nonie Darwish, 2012년

공산주의 체제가 동유럽에서 허물어지기 시작하던 1989년 여름에, 프랜시스 후쿠야마(Francis Fukuyama)가 「역사는 끝났는가?(The End of History?)」라는 유명한 글을 발표했다. 그는 이 글을 통해 사회를 규율하는 최선의 방법을 둘러싼 인류의 긴 투쟁이 마침내 끝났으며, 승자는 헌법에 준거한 자유시장 민주주의였다는 사실을 제시하고 있다. 마르크스 레닌주의가 탈진해버렸고 파시즘이 오래전에 사라졌기 때문에, 자유민주주의에 대한 대안이 남아 있지 않다. 철학자 헤겔은 거의 2세기 전에 역사는 일종의 이념 전쟁이었으며, 자유민주주의가 이제 막 전장을 휩쓸었다고 주장했다.[1]

　베를린 장벽의 붕괴와 소련 자체의 와해를 포함하여 그 이후 몇 년에 걸쳐 일어난 사건들은 후쿠야마의 평가를 확인해주는 것 같았다. 후쿠야마는 1992년에 낸 책에서 자유민주주의는 인간 본성 ─ 특히 인간의 활발성(spiritedness)과 인식 욕구(need for recognition) ─ 에 가장 적합한 체제였기 때문에 사상 전쟁에서 최종적으로 이겼다는 주장을 계속했다.[2]

　후쿠야마가 인정했듯이, 자유민주주의는 대부분의 이슬람 사회에서는 아직 승리하지 못했었다. 그다음 몇 해 동안에 일어난 일들 ─ 특히 이란 정권의 내구력과 2001년 9월 11일의 테러리스트 공격 ─ 은 많은 사람들에게 이슬람 세계가 매우 끈질기게도 바로 그 역사에 계속 참여하고 있는 것인가 하는 궁금증을 던져주었다. 그러나 2010년 12월에 시작된 아랍의 봄은 많은 사람들에게 후쿠야마가 이슬람 사회에 대해서도 옳은 진단을 내렸을지 모른다는 희망을 주었다. 많은 아랍 국가에서 일어난 반란은 분명히 민중적이었으며, 그 당시 등장한 레토릭과 리더십은 자유주의적이었다.

다른 한편으로 이집트, 리비아, 튀니지 등에서 이어진 사건들은 옛 아랍 독재정권들이 사라지기를 원했던 사람들 대다수가 민중정치를 원할지는 모르나 자유주의적이지는 않다는 것을 분명히 해주었다 — 즉, 그들은 대부분의 서구인들이 소중히 여기는 개인의 권리와 세속적인 정부 체제를 원하지 않는다는 것이다. 일부 전문가들은 만약 민주주의가 아랍 세계에서 승리한다면 그것은 후쿠야마의 자유민주주의가 아니라, 중요한 비아랍 국가인 터키의 정의개발당(AKP)이 만들고 시행한 노선과 맥을 같이 하는 일종의 이슬람식 민주주의라고 말한다.

세속주의와 이슬람주의 간의 장기적인 주도권 다툼에서 한쪽 이데올로기와 통치 형태가 결국 승리하게 될까? 만약 그렇다면 그 승리자는 어떤 쪽일까? 아니면 승리자가 없을 수도 있을까? '이슬람식 민주주의'는 가능할까? 그것은 어떤 것일까? 그것은 오랫동안 지속될 수 있을까? 이슬람주의자들은 권력을 잡기 위한 도구로서 민주주의를 받아들이는 것일까? 레제프 타이이프 에르도안(Recep Tayyip Erdoğan)의 터키는 이슬람식 민주주의의 모델인가?

이 물음들에 대한 답은 다양한 이슬람주의자들의 변화하는 담론과 목표, 그들 사이의 권력 분배, 그들이 자신의 사회에서 다른 행위자들과 제도와 맺는 관계, 그리고 다수의 다른 요인들에 대한 깊은 분석을 필요로 한다. 몇몇 유능한 학자들이 그런 분석을 하고 있다. 그러나 정치 이슬람과 관련된 다른 질문들과 마찬가지로 서구 자신의 역사를 되돌아보는 것이 역시 우리에게 도움이 될 수 있다. 서구의 역사는 세속주의와 이슬람주의 사이의 그것과 같은 초국가적인 이데올로기 투쟁이 세 가지 방식 중 하나로 끝날 수 있음을 보여준다.

한 이데올로기 — 이를테면, 21세기 초반에 순풍에 돛단 듯하던 이슬람주의 — 가 다른 이데올로기에 대해 승리한다고 가정해보자. 세속주의 정권들은 점점 중대하는 국내 혼란에 계속 부딪힐 것이다. 일부는 붕괴될 것이고, 아마도 다른 일부는 스스로 해체할 것이다. 의심할 여지없이 이슬람주의 정권들은 지금처럼 다양해지고 서로 경쟁할 것이다. 그러나 정치, 사회, 경제의 질서는 서구나 아시아보다는 이슬람 사회에서 두드러지게 달라질 것이다. 우리는 이 같은 결과를 승리라고 부를 수 있다.

반면에 세속주의자들과 이슬람주의자들이 그들을 갈라놓는 쟁점이나 경계선에 최우선 순위를 두는 것을 어떻게든 중단했다고 가정해보자. 무슬림들이 국가가 샤리아를 강화해야 하는지에 여전히 의견 일치를 보지 못하지만, 그렇게 하느냐 안 하느냐에 지나치게 신경을 쓰지는 않는다고 가정해보자. 그 상황은 마치 오늘날 유럽에서 군주정과 공화정 사이에 벌어질 법한 어떤 것이다. 즉, 이 같은 통치 형태는 지속되겠지만, 19세기와는 대조적으로, 유럽인들은 거의 신경을 쓰지도 알아차리지도 못할 것이다. 이 같은 균형 상태에서 이슬람주의-세속주의 경쟁은 경쟁자들이 그 주제를 바꾸었을 것이기 때문에 끝날 것이다. 우리는 이 같은 결과를 초월이라 부를 수 있다.

마지막으로 이슬람주의자들과 세속주의자들이 상대방의 관례와 관습 중 일부를 받아들이기 시작했다고 가정해보자. 만약 양쪽이 형법은 세속적인 출처에서 나오되, 가족법은 샤리아에서 유래한다는 다원적 법률 모델에 동의한다면 그러한 일이 일어날 수도 있다. 혼합 통치체제는 만약 유권자들이 원한다면 헌법에 따라 샤리아나 성직자의 더 강력한 역할을 배제하지 않는 다당제 민주주의가 될 수도 있다. 우리는 이 같은 결과를 수렴이라 부를 수 있다.

이 세 가지 결과는 각각 서구 역사에서 전례가 있다. 20세기에 공산주의, 파시즘, 그리고 자유민주주의 사이에 벌어진 경쟁이라는 가장 익숙한 사례는 승리로 끝났다. 즉, 셋 중에 맨 마지막 것이 명백하게 나머지에 대해 승리를 거둔 것이다. 이것을 후쿠야마는 역사의 종말 ― 20세기 후반에 공산주의에 대해 민주자본주의가 승리한 것 ― 이라 불렀다.

그 경우들 중 또 다른 것은 초월로 끝났다. 옛날의 이데올로기적 차이를 중시하지 않는 새로운 통치 유형이 나타났다. 이것은 근대 초기 유럽에서 종교-정치적 투쟁을 차츰 사라지게 했다. 유럽인들은 여전히 가톨릭과 프로테스탄트로 남아 있었지만, 정치적으로는 더 이상 많은 차이가 나지 않았다. 종교적 차이는 새로운 통치 유형, 즉 세속주의 아래서 그 정치적 특징 대부분을 상실했다.

아울러 그 사례의 또 다른 것은 수렴으로 끝났다. 혼합 통치체제는 이전에 경쟁하던 이데올로기들의 각 요소를 하나로 융합시킨 형태를 띠었다. 수렴은 1860년대에 유럽에서 일어났는데, 이때 군주주의자들과 공화주의자들이 그들의 차이를 제쳐두고 종종 자유주의적 보수주의라 부르는 통체체제를 구축한 것이다.

이 장의 교훈은 세 가지 유형의 결말 — 승리, 초월, 그리고 수렴 — 모두에 관해 이야기하면서, 이 세 가지 중 어느 것을 향해 이슬람주의-세속주의 경쟁이 움직이는 것으로 보이는지 검토하고 있다. 현 시점에서는 수렴으로 신호가 가고 있는데, 이는 서구인들에게는 직관을 거스르는 것으로 여겨질 수도 있는, 그러나 많은 이슬람 사회에서 이제 막 작동될 수도 있는 이슬람주의-세속주의 혼합 통치체제이다.

승리 : 민주자본주의의 의기양양함 – 20세기 후반

아직도 종종 이런 사례를 만날 수 있다. "더욱더 마오를(Mao More Than Ever)"이라고 쓴 티셔츠를 입고 다니는 진지하고 젊은 또는 나이가 좀 든 사람들, 글로벌리즘과 계급투쟁을 주제로 여러 대학 캠퍼스에 마련된 강좌, 그리고 글로벌 금융자본에 초점을 맞추는 점거(Occupy) 시위대들이다. 그러나 갖가지 형태의 마르크스주의는 한때 가졌던 힘을 상실했다. 그것이 어느 날 세계적인 복귀를 경험할지도 모르지만, 현재까지 마르크스주의는 그것이 섬긴다고 주장하는 노동자들도, 또는 그것의 전통적인 선도자였던 지식인들도 사로잡는 데 실패해왔다(심지어 경제학자이며 세계 좌파의 대중 스타인 토마스 피케티(Thomas Piketty)마저 마르크스에겐 어떤 신세도 지지 않았다고 말한다).[3]

1990년대 초반으로 거슬러 올라가면 마르크스주의의 문제점은 분명했다. 카를 마르크스의 저술을 가장 분명하게 추종한 통치 형태인 공산주의가 명백하게 실패했던 것이다. 소련은 1991년에 붕괴했다. 마르크스-레닌주의와 그것의 변종은 사회를 규율하기 위한 지속적인 방안을 전혀 제공하지 못할 뿐이었다. 케임브리지, 매사추세츠, 맨해튼, 버클리, 시카고, 그리고 다른 미국 도시들에 있는 레볼루션 북스(Revolution Books) 서점들은 여전히 그들의 제품을 팔면서 지식 계층들이 많이 사는 도시에 좌익 기호 성향의 전율을 퍼뜨리고 있었다. 초국가적인 여러 공산주의 단체들이 오늘날까지도 계속 형성되고, 해체되고, 서로 저주하고, 재결합하고 있으며, 그들의 번잡한 이름은 항상 쓰기 편하게 약자로, 이를테면 CWI, ICC, RIM, ISO 등으로 표시되고 있다.[4] 그 밖에도 트로츠키주의자들로 재구성된 제4차 인터내셔널이 아직도 있다.[5]

중화인민공화국 창건자인 마오쩌둥(毛澤東) 주석의 신봉자들을 생각해보자. 마오쩌둥주의자들의 네트워크는 미국, 페루, 콜롬비아, 터키, 이란, 아프가니스탄, 인도, 네팔, 그리고 필리핀에 계속 활동 중이다. 이들 가운데서 필리핀 신인민군(Filipino New People's Army), 인도의 낙살라이트(Naxalites), 그리고 페루의 빛나는 길(Shining Path)은 그들 나라의 정권을 무너뜨리기 위해 지금도 싸우고 있다. 대부분의 다른 나라에서 마오쩌둥주의자들은 비록 그들의 운동이 수십 년 전 중국에 가한 트라우마가 가치 있었다고 계속 주장하긴 하지만 평화적이다. 미국에서 마오쩌둥주의자들은 문화혁명(1964~1976) ─ 중국 공산당이 중국 인민들에게 항구적인 혁명을 강요하기 위해 벌인 파멸적인 행동 ─ 이 실제로는 훌륭한 것이었다고 사람들을 설득시키려 한다.[6]

하지만 지금의 마오쩌둥주의는 예전의 그것이 아니다. 마오쩌둥주의자들은 2008~2009년에 네팔을 공동 통치했으며, 아시아와 남아메리카의 게릴라들은 계속 사람들을 살해하고 정부를 괴롭히고 있다. 그러나 그들의 이데올로기는 1960년대와 1970년대에 기성 정권에 광범위한 위협을 가했던 그것과는 전혀 다르다. 콜롬비아의 FARC(콜롬비아혁명군)는 여전히 위험한 단체이지만, 대부분의 다른 급진 좌익 단체들은 모호하게만 알려져 있다.

옛 공산주의 국가들 가운데서 스스로 곤궁에 빠져 있는 전형적인 두 나라가 있다. 스탈린주의 세습 독재국가인 북한은 주로 천성적인 분개 기질, 굶주림, 배가 불룩한 세습 지도자들, 그리고 주기적으로 부당한 핵 개발을 시도하는 것으로 알려져 있다. 쿠바는 반미 성향의 부유한 서구인들의 관광에 의존하여 살아가며, 2010년에 그들의 국부이며 우상인 피델 카스트로(Fidel Castro)마저 그 정권을 가리켜 일하지 않는다고 인정한 국가이다.[7]

물론 초국가적인 공산주의가 괴짜들, 암살단원들, 그리고 낭만적인 지식인들로 이루어진 낡은 수집품인 양 무시되어서는 안 되던 때가 있었다. 공산주의는 한때 유럽뿐 아니라 온 세계에 출몰하는 유령이었으며, 그 신봉자들이 독재자들과 민주주의자들을 똑같이 전율하게 한 도덕적 열정과 꺾이지 않는 신념을 가지고 벌이는 운동이었다. 공산당들은 많은 나라들을 다스렸고 더 많은 나라들을 접수할 가능성도 있었다. 독재와 강요된 기근 같은 공산주의의 엄혹함을 거부한 다른 좌파들은 그들이 가치 있는 목적을 위해 미심쩍은 방법을 사용한다는 것을 알면서도 공산주의자들과 협력한다는, 그리고 자신들의 나라와 소련의 제휴를 추진한다는 인상을 주기에 충분했다. 1920년대부터 1970년대에 이르도록 공산주의자들과 그들의 많은 적들은 공산주의가 민주자본주의를 누르고 승리를 거둘 것으로 확신했다.[8]

초국가적인 공산주의는 이미 1980년대 초 무렵에 위기에 처했다. 그 위기는 소련 경제의 지속적인 정체와 공산주의 국가인 중국의 자본주의 채용으로 분명해졌다.

덩샤오핑(鄧小平)이 1979년에 중국에서 시작한 시장 개혁은 국가사회주의가 생활수준을 끌어올리고 그 이데올로기를 실행한 나라들을 위대하게 만든다는 약속을 이행하지 못하고 있다는 신호였다. 소련에서도 경제성장은 1950년대의 인상적인 수준으로 다시는 회복되지 않았다. 레오니트 브레즈네프(Leonid Brezhnev)의 통치 시기는 1980년대 말에 '경제침체 시기'로 알려질 수밖에 없었고 이는 당연한 것이었다. 그 자신이 공산주의자이기도 한 영국 역사가 윌리 톰프슨(Willie Thompson)은 이렇게 쓰고 있다. "1981년이란 해는 흐루시초프(Khrushchev)가 제22차 공산당대회에서 큰소리친 바에 따르면 소련이 공공복지에 대한 다른 지표는 말할 것도 없고 물질적 소비에서 미국을 추월할 것으로 기대한 해였다. 물론 조용히 잊혀간 모든 것들, 그리고 미국산 곡물 수입에 대한 소련의 계속적인 의존은 훨씬 작은 농업 부문을 가진 나라인 미국에 소련의 농업 생산력이 얼마나 열등한지를 굴욕적으로 상기시켰다."[9]

작고한 미국 상원의원 대니얼 패트릭 모이니한(Daniel Patrick Moynihan)이 쓴 바에 따르면, 1970년대 말에 그는 내막을 알려주는 소련의 통계 수치를 적어놓았는데 이는 극심한 인력 부족을 알려주는 것이었다고 한다. 즉, 남성(64세)과 여성(74세)의 기대수명 차이가 10년이나 벌어지고 있었으며, 영아사망률이 1971년에 1,000명 중 22.9명이던 것이 1976년엔 31.1명으로 높아졌다. "한마디로 공산주의는 사망했다"[10]라고 모이니한은 썼다. 대체로 브레즈네프는 서방 언론들이 "제국의 과잉 확장"이라 부르는 방향으로 소련을 끌고 갔는데, 이는 부분적으로는 국가사회주의의 본질적인 무능력이 작동한 결과이다.

아프리카, 라틴아메리카, 그리고 동아시아에서 마르크스-레닌주의를 채택한 나라들은 경제적 자유주의를 채택한 그들의 상대국들보다 대체로 훨씬 뒤떨어진 수준을 보였다. 데이비드 레인(David Lane)은 이렇게 쓰고 있다. "세계적 규모에서 자본주의는 레닌에서 브레즈네프로 이어져온 공산주의 지도자들이 예상했던 것보다 생산과 소비 체제로서 한층 더 성공한 것으로 증명되었다. …… 국가사회주의의 '발전 모델'은 제2차 세계대전 직후 동유럽과 제3세계에 긍정적인 영향을 미쳤다. 그러나 1980년대부터 대만, 말레이시아 그리고 한국과 같은 동아시아 자본주의 체제의 부상이 제3세계 발전의 대안을 제시했다."[11] 프레드 할리데이(Fred Halliday)는 이렇게 덧붙인다. "결국 …… 소비에트 체제 그리고 거기에서 이탈한 동맹국들의 체제를 붕괴시킨 것은 서구의 압력, 무엇보다도 자본주의 경제의 성공이라는 과시효과였다."[12] 한 가지 사례로 즈비그네프 브레진스키(Zbigniew Brzezinsky)는 1980년대에 국가사회주의를 채택했던 탄자니아가 경제적으로 정체되고 실질적으로 산업 생산이 축소된 반면, 더 많은 시장 메커니즘을 채택한 이웃 국가 케냐는 전반적으로 어느 정도의 경제성장을 누렸다고 지적한다.[13]

제3세계 공산 국가들의 문제를 더 악화시킨 것은 소련 원조의 감소였다. 1970년대에 모스크바는 앙골라와 에티오피아 같은 전략적인 국가를 겨냥한 원조를 시작했다. 마르크스-레닌주의를 지향하던 제3세계 어떤 정권에도 더 이상 대규모 원조는 이루어질 수 없었다. 1985년에 직무를 시작한 고르바초프는 외국 공산당과 공산 정권에 대한 원조를 더욱 줄였다. 그 무렵 모스크바는 모잠비크, 앙골라, 에티오피아, 베트남을 포함한 아프리카와 아시아의 피보호국들에게 세계 시장 속으로 들어가 외국 투자를 끌어들이도록 노력하라고 이야기하고 있었는데, 이는 브레진스키가 말한 바처럼 "크렘린이 피보호국들의 개발 비용을 부담할 생각이 없다는 분명한 신호"였다. 고르바초프는 쿠바 사람들에게 미국과 화해하여 경제 상황을 개선시켜야 할 것이라고 통보했다.[14]

동시에 한국, 대만, 칠레와 같이 자국의 경제를 개방한 국가들의 눈부신 성공으로 경제 개발에 관한 서방의 충고를 따르는 것이 후한 보상을 받는 것임이 증명되었다. 사회주의 혁명 및 미국과 서방 전체로부터의 경제적 고립을 처방했던 신마르크스주의 종속이론은 그 주장 면에서 실패하고 있었다.

공산주의의 몰락은 단순한 동질적인 통치 유형의 승리를 의미하진 않았다. 자유민주주의적 자유시장 국가들은 결코 모두 동일한 것이 아니다. 특히 미국, 영국, 그 밖의 영어 사용권 국가들에서 실행한 '앵글로-색슨' 모델은 종종 프랑스, 독일 및 그 밖의 유럽 국가들로 대표되는 '대륙' 모델과는 대조를 이룬다. 앵글로-색슨 모델은 대륙 모델보다 경제에 대한 국가 통제를 적게 용납한다.[15]

하지만 이들 차이는 정책에 관한 것이지 통치체제에 관한 것은 아니다. 영국 또는 미국의 헌법은 더 많은 국가 통제를 향한 조치를 수용할 수 있었으며, 실제로 이들 두 나라는 1930년대와 1940년대에 그렇게 했다. 프랑스나 네덜란드 헌법은 더 적은 국가 통제를 향한 조치를 수용할 수 있었으며, 실제로 이들 두 나라는 1980년대와 1990년대에 그렇게 했다. 이러한 차이는 제2차 세계대전 이후 내내 나타났다. 두 개의 기본적인 이데올로기들 사이에 지구적인 경쟁이 있었고, 그중 하나가 승리한 사례는 이렇게 남아 있다. 그리고 그것은 이슬람주의 아니면 세속주의가 원칙적으로는 앞으로 수년 또는 수십 년 안에 중동에서 승리할 수 있다는 것을 우리에게 말해준다. 가끔은 한쪽이 승리하는 것이다.

초월 : 네덜란드는 17세기의 주제를 변화시켰다

때로는 어느 쪽도 승리하지 못한다. 그 대신 그 싸움에서 새로운 통치 유형이 나타난다. 그 이야기는 몇 세기 이전 서구에서 세속적인 정권들이 출현한 사건과 관련된다.

어떤 의미에서, 수십 년에 걸쳐 중동에서 패권을 다투고 있는 세속주의는 그 세계에만 있는 독특한 것이다. 세속주의는 신성과 세속의 관계에 대한 독특한 개념에 의해 형성된 전통적인 이슬람 체제를 명확히 거스르고 있다. 하지만 또 다른 의미에서 무슬림 세속주의는 서구 세속주의와 매우 닮았으며, 실제로 역사적으로도 서로 관계가 있다. 이 책 서론에서 우리는 오스만제국 말기의 현대화론자들과 현대 터키를 건국한 아타튀르크가 그들의 사회를 튼튼하게 만들고 서구 사회들과 겨룰 수 있게 하겠다는 열망에서 세속적인 서구를 어떻게 의식적으로 모방하려 했는지 보았다.

그러나 서구식 세속주의는 어떻게 발생하게 되었는가? 그것은 근대 초기 유럽에서 정치적 가톨리시즘과 정치적 프로테스탄티즘 사이에서 벌어진 서구적인 이데올로기 갈등의 결과 발생한 것이다. 세속주의는 적어도 그 갈등의 후반기까지는 그 자체가 경쟁자는 아니었다. 세속주의는 세 번째 선택지로서 출현했지만, 다른 것들을 초월한 것이다. 즉, "기독교의 어느 분파가 이 통치체제에 필요불가결한 것일까?"에서 "그 통치체제는 여러 기독교 분파들 간의 경쟁에 얼마나 무관심해질 수 있는가?"로 주제를 효과적으로 바꾼 것이 바로 세속주의이다.[16]

16세기 유럽의 이른바 신앙고백 국가들(confessional states)은 기존의 교회를 세속적인 통치자들 및 제도와 밀접하게 결합시켰을 뿐만 아니라, 대체 기독교와 비기독교적인 관행 및 단체들을 제약하거나 허용하지 않았다. 대부분의 유럽인들은 종교에 불관용적인 국가가 오래 지속될 수 있는 유일한 유형이라고 믿었다. 문제는 그것이 가톨릭 국가냐 아니면 어떤 종류의 프로테스탄트(루터교, 칼뱅교, 영국 국교회 또는 다른 어떤 것) 국가냐 하는 것이었다. 그것은 중세로 거슬러 올라가는 규범, 즉 라틴어로 religio vincula societatis(종교는 사회를 결합하는 끈)이기 때문이다. 응집하는 사회가 되기 위해서는 —신민들이 통치자들에게 충성하기 위해서는 —모두가 공통의 종교적 권위 아래 공통된 종교에 매여 있어야 한다. 중세 유럽인들은 종교는 로마 가톨릭 기독교 —그리하여 주기적인 유대인 박해 사건이 일어난다 —라고 믿었으며, 초기 프로테스탄트들은 사회를 결합하는 종교가 기독교에 대한 그들의 대체 양식이라고 믿었다. 정신적이고 관습적인 면에서 대다수 사람들에게 교회와 국가 사이의 친밀성은 라이벌 종교의 확산이 실제로 통치자들에 대한 위협이었음을 의미했다.

17세기 무렵에 종교는 사회의 끈이라는 옛 규범은 대부분의 유럽 사회에서 점점 빛을 잃기 시작했다. 종교적 반대자들은 자신들이 사라져가고 있는 것이 아니라 충성스런 신민이나 시민이 될 수 있다는 것을 증명해 보이기 시작했다. 이제 그것은 프로테스탄트 통치자들이 가톨릭교도에게 관대해지고, 가톨릭 통치자들이 프로테스탄트들에게 관대해지는 것이 이치에 더 맞는다는 의미였다. 기독교의 한 분파의 성장은 이제 더 이상 다른 분파를 고수하는 통치자들을 위협하지 않았다.

확실히 종교적 관용은 새삼스런 것이 아니었다. 그러나 그것은 항상 잠정적이고 일시적이었으며, 그리고 모든 사람이 그런 사실을 알고 있었다. 종교적 관용은 종교개혁이 시작될 때부터 유럽의 거의 모든 지역에서 시도되었다. 제후들과 도시위원회들은 때때로 종교적 소수자들이 통치자들과 법률에 충실하겠다는 것을 전제로 일정한 제약 조건 안에서 평화롭게 그들의 신앙을 실천할 수 있다고 선언했다. 신성로마제국 황제 카를 5세는 루터교 제후들이 자신과 함께 터키인들이나 프랑스인들 또는 교황에 대항해 싸우는 한 루터교를 용인하면서, 1520년과 1555년 사이에 몇 차례에 걸쳐 이른바 종교화의에 동의했다. 프랑스 왕 앙리 4세는 1598년에 낭트 칙령을 발표하여 위그노(칼뱅교도)들에게 제한적인 관용을 베풀었다. 그러나 카를 5세, 앙리 4세 및 그 외 군주들은 그 관용을 취소하고 박해를 다시 시작할 수 있는 권리를 항상 유보해두고 있었다. 프랑스의 루이 14세는 악명 높게도 1685년에 낭트 칙령을 폐기했고 이는 위그노 교도 대학살과 수많은 사람들의 프로테스탄트 나라로의 탈출로 이어졌다. 다른 곳에서와 마찬가지로 프랑스에서도 종교의 자유는 아직 제도화되지 않았고, 통치자의 뜻에 따라 결정되었으며, 반대자들은 그런 종교의 자유에 의존할 수가 없었다.[17]

네덜란드가 길을 알려주다

종교적 관용을 따르는 헌정을 구축하기 위해 통치 유형을 바꾼 최초의 나라는 네덜란드 연합주(the United Provinces of the Netherlands), 즉 네덜란드 공화국(Dutch Republic)이었다. 1581년 탄생할 무렵에 네덜란드 연합주는 아마도 세계에서 가장 강력한 제국(스페인)에 어떻게 도전하느냐 하는 것 외엔 본보기가 될 만한 점이 뚜렷한 후보자는 아니었다. 1579년에 스페인 왕실에 저항하는 세력에 참여한 저지대 7개 북부 주들로 구성된 네덜란드 연합주는 규모가 작았고, 그리고 지리 조건만 감안할 경우 매우 취약했다. 그리고 실제로 네덜란드가 독립을 선언한 이후 여러 해 동안 외국의 우방과 적들이 계속 이 땅에서 싸움을 벌였다.

초기 수십 년 동안에는 네덜란드 연합주도 종교적으로 특별히 관대하지는 않았다. 네덜란드 독립의 동기 중 많은 것이 스페인 왕실의 종교적 완고함 때문이었기에, 이제 갓 태어난 네덜란드 공화국의 완고함은 오늘날의 우리에게는 아이러니해 보인다. 네덜란드가 아직도 스페인에 의해 통치되고 있을 때인 1562년에, 스페인 왕 펠리페 2세(Felipe II)는 이 지역에 악명 높은 종교재판을 도입하여 칼뱅교의 성장에 대응했다.[18] 이 종교재판의 도입이 1567년에 네덜란드 주민들의 반란을 촉발했다. 9년 후 겐트 강화조약(Pacification of Ghent)이 성립하자 네덜란드의 모든 주들이 스페인으로부터 독립을 선언하기 위해 단합할 것 같았다. 그러나 특히 남부의 주들에서는 많은 네덜란드인들이 가톨릭 신자였다. 네덜란드는 반스페인 통일 노선을 위해 모든 네덜란드 기독교인들이 자신의 종교 생활을 영위할 수 있도록 종교적 평화(Religionsfrieden)를 실행하느냐 여부를 두고 격렬히 토론했다.[19] 그러나 북부 주의 칼뱅교 지도자들은 신념에 따른 원칙상, 그리고 네덜란드 가톨릭 신자들이 스페인의 제5열이 아닌가 하고 의심한 나머지 그 발상을 거부했다.[20] 남부의 가톨릭 귀족들은 1579년 5월에 아라스 동맹(Union of Arras: 대개 오늘날 벨기에의 왈로니아 지역을 경계로 구분된)을 맺고 스페인과 제휴하는 것으로 대응했다. 반면 북부에서는 프로테스탄트 귀족들 대부분이 위트레흐트 동맹(Union of Utrecht)을 결성했다.[21] 1581년에 이 위트레흐트 동맹은 연합주를 형성하고, 1585년에 스스로 공화국을 선포했다.[22]

스페인의 통치 아래 있던 아라스 동맹은 프로테스탄트를 용인하지 않았고, 네덜란드 공화국은 가톨릭을 용인하지 않았다. 두 동맹 사이에 거대한 자기 분할이 진행되어 다음 40년 동안 약 15만 명의 프로테스탄트가 아라스 동맹을 떠나 신생 네덜란드 공화국으로 넘어갔으며, 이는 공화국의 프로테스탄트 기질을 강화시켰다.[23] 네덜란드 공화국은 칼뱅교 주도의 종교재판 같은 것은 시행하지 않았다. 실제로 칼뱅교 교리는 국가의 노력으로 사람들을 개종시키는 것은 하느님의 주권에 대한 침해로 간주했다.[24] 그러나 공적 예배와 그 밖의 신앙 표현 양식에서 종교개혁을 따르지 않는 것들은 금지되었다. 개혁파 교회의 신자들만이 공직을 가질 수 있었다. 수천 명의 리프헤버들(Liefhebbers) ─ 글자 그대로 번역하면 "사랑하는 이들(Lovers)"들 ─ 이 설교에는 참석했지만, 영성체는 받지 않았다.[25] 네덜란드 공화국의 불관용은 17세기 초에 이른바 다수의 아르미니우스파 신자들* ─ 인간은 자유의지를 가졌다고 주장했던 사람들 ─ 을 재판에 넘기고 감옥에 보낸 데서 잘 드러났다.[26]

아르미니우스파 신자들의 투쟁이 낳은 트라우마는 네덜란드 사회에서 종교적 동질성을 둘러싼 끝없는 논란을 불러일으켰다. 관용에 우호적인 옛 주장들 ─ 진실한 신앙은 절대로 강요될 수 없으며, 다른 교파의 신자들은 충성스런

• 항론파(抗論派, Remonstrant) 교회 신자들. 네덜란드 개혁교회의 신학자인 야곱 아르미니우스(Jacob Arminius)를 따르는 이들로서 인간의 구원은 하느님이 이미 예정해놓았다는 칼뱅주의 교리를 반박하며 구원은 인류에게 주어진 보편적인 것이고 이를 받아들이는 것은 인간의 자유의지로 인해 가능하다는 주장을 폈다.

시민일 수 있으며, 반대자들도 이 나라에 한때는 머물렀다는 주장들 — 이 더 많이 인정받기 시작했다. 암스테르담과 로테르담에서 비칼뱅교도가 공개적으로 종교 활동을 할 수 있게 되었다. 1630년에 아르미니우스파 교회가 문을 열고, 마찬가지로 루터교 교회도 그곳에 문을 열었다. 1638~1639년엔 유대인의 시나고그가 활동을 시작했다. 가톨릭교도조차 자신들이 일정한 지역에서 예배를 볼 수 있다는 것을 알고 있었다.[27] 1650년 무렵부터 개혁파 교회의 신자들은 가톨릭교도를 괴롭히는 일을 중단했다.[28] 종교적 관용은 꾸준히 직선적으로 증가하지는 않았다. 반대 입장의 신자들이 점점 대담해지고 혁신적으로 되어가자, 네덜란드 공화국 통치자들은 때때로 한 발 물러서곤 했다. 요한 드 비트(Johan de Witt)의 영도 아래서 네덜란드의 섭정들은 1653년에 반(反)삼위일체론의 가르침을 허용하지 않았고, 3년 후에는 프랑스 철학자 르네 데카르트(René Decartes)의 종교사상을 보급하는 것에 엄격한 규칙을 정했다.[29] 그럼에도 요한 드 비트의 치세 기간에는 지도자들이 대부분의 종교적 소수파들을 엄중하게 단속하기가 더 어려워졌다.

네덜란드 연합주들이 돌이킬 수 없는 이 같은 관용의 길을 택한 원인은 무엇이었을까? 평범한 네덜란드인은 자기 동료들과 잘 지내기 위해 순전히 실용주의에 근거하여 "서로 존중하는 삶"(live and let live)을 실천했던 것으로 보인다. 그러나 그러한 일은 대체로 평신도들에게 있는 일이다. 사회적 영향력이 매우 큰 많은 개혁파 목사들은 지배적인 종교에 국가가 지금까지보다 더 많은 호의를 베풀 것을 간절히 원했다. 하지만 주지사들은 그렇게 하길 거부했다. 그래서 우리는 질문을 이렇게 바꾸어볼 수 있다. 즉, 왜 네덜란드 지도자들은 다른 유럽 통치자들이 유사한 계기가 주어진 바로 그 시기에 관용을 철회하기로 했을 때 또는 처음부터 관용을 베풀지 않기로 했을 때, 관용을 그토록 장려했을까? 역사가들의 의견은 일치하지 않는다. 일부 역사가들은 그것을 그 이전 세기의 네덜란드 가톨릭 인문주의자였던 에라스무스의 영향 탓으로 돌린다. 다른 역사가들은 일종의 상업 공화국에 불관용이 가져올 파괴적인 영향 탓으로 돌린다.[30] 네덜란드 통치자들이 국내 안정을 유지하는 데 크게 관심을 가졌던 것은 분명하다.[31] 암스테르담 시장이었던 후프트(C. P. Hooft)는 그 세기 초에 비칼뱅교도의 신앙 행위를 근절하려 한다면 내전을 유발할 것이며 스페인의 재정복을 허용하는 계기가 될 것이라고 말했다.[32]

어쨌든 유럽의 군주들은 관용을 베풀면서도 그것을 철회할 권리는 유보한 반면, 네덜란드 공화국은 관용을 스스로를 강화하는 제도로 만들었다. 관용에 대한 국제적인 명성을 얻게 되자, 연합주는 남부 네덜란드(여전히 스페인이 통치했다)와 다른 유럽 지역에서 여러 유형의 종교적 소수파에게 매력 있는 망명 지역이 되었다. 경제사학자인 앵거스 매디슨(Angus Maddison)이 이야기하듯이, 이 망명자들 대부분은 "자본, 기술 그리고 국제적 연줄"[33]을 함께 가지고 왔다. 이 새로운 이민자들의 산업과 부가 칼뱅교 신앙의 강요를 훨씬 어렵게 만들었다. 네덜란드의 부와 권력이 관용의 담보물이 된 것이다.

마지막 교훈 6에서는 네덜란드의 사례 — 덩치보다 훨씬 큰 일을 해내는 조그마한 나라 — 가 17세기 말과 18세기에 전 유럽에서 어떻게 모방 바람을 일으켰는지를 보게 될 것이다. 특히 영국은 네덜란드의 상업 및 해군력의 득세로 성가시게 — 네덜란드와 몇 번의 무역 전쟁을 치를 정도로 — 되었는데, 영국의 언론들은 네덜란드의 비밀이 무엇인가에 대해 묻기 시작했다. 그들이 찾아낸 답들 중 하나는 종교적 관용이었다. 네덜란드 공화국의 공식적인 종교는 칼뱅교였으며, 대부분의 네덜란드 사람들은 신앙심이 깊었다. 그러나 17세기를 지나면서 이 나라는 시민들이 칼뱅교도인지, 아르미니우스파 교도인지, 또는 심지어 가톨릭인지, 유대교도인지에 대해 점점 무관심해졌다. 영국이 관용 정책으로 성공하자 그것이 프랑스를 감동시켰고, 18세기에는 프랑스 역시 종교적 관용을 실천하기 시작했다.

그리하여 여기서 우리는 이데올로기 투쟁이 끝나는 두 번째 경로를 알게 된다. 다른 두 유형을 효과적으로 초월하는 새로운 통치 유형이 실행을 통해 모습을 드러내고 지지와 명료한 윤곽을 얻고, 그리고 모방된다. 세속주의는 가톨릭과 프로테스탄티즘을 유럽 땅에서 몰아내지 않았으며, 심지어 교회 제도를 폐지시키지도 않았다. 단지 그 주제를 변화시켰을 뿐이다.

수렴 : 군주주의 대 공화주의 대결의 종말, 1870년대

장기적인 이데올로기 투쟁이 중단되는 세 번째 경로는 수렴 또는 혼합 통치체제의 수립을 통해 생겨난다. 초월은 불화의 오래된 원인을 한쪽으로 치워놓는 새로운 통치체제를 필요로 하는 반면, 수렴은 불가능한 것을 해내는 방법을 창조적으로 알아내어 옛 요소들을 결합하는 새로운 통치체제를 수반한다. 1980년대에 소련이 다당제 민주주의를 채택했지만 국가사회주의를 그대로 유지했고, 미국은 국가사회주의를 채택했지만 다당제 민주주의가 그대로 유지되었다고 가정해보자. 또는 17세기에 네덜란드가 칼뱅주의와 가톨릭을 결합한 일련의 교의와 실천을 어떻게든 이뤄냈다고 가정해보자(실제로 그것은 영국이 영국 국교회(Anglicanism)로 알려진 것을 통해 정확히 해냈다라고 말하는 것이 옳다 — 영국 국교회는 그 교리 내용과 교황의 권위에 대한 거부라는 점에서는 프로테스탄트가 분명하지만, 전례(典禮)와 교회 조직 면에선 가톨릭적인 요소가 많이 남아 있다. 영국 국교회 모델은 하지만 세계 다른 곳에선 인기를 끌지 못했다).

그와 같은 것이 19세기 유럽에서, 즉 군주주의와 공화주의 사이의 긴 경쟁의 마지막 무대에서 일어났다. 이때 그 해법을 최초로 찾아낸 나라는 네덜란드나 미국이 아니라 영국이었다.

1870년대의 자유주의적 보수주의의 승리

1760년대 이후 수십 년간 세 개의 이데올로기, 즉 절대군주주의, 입헌군주주의 그리고 공화주의가 패권을 겨루었다. 가장 큰 싸움터는 또다시 유럽이었지만, 아메리카 역시 그 싸움에 말려들었다. 싸움은 1770년대에 네덜란드와 영국령 북아메리카에서의 혁명과 함께 시작되었다. 그 싸움은 1세기를 끌었으며 때로는 잠복해 있기도 하고 때로는 매우 크게 터지기도 했다. 그러나 이 싸움 역시 마침내 끝났다. 19세기 말엽에 유럽에는 여전히 군주정과 공화정이 있었지만, 이것들의 차이에 주의를 기울이는 사람들은 소수였다. 칼뱅주의와 가톨릭의 정치적 특성이 18세기 초반에 이르자 유럽 대부분의 나라에서 많이 희석되었듯이, 군주권이 미치는 범위에 관한 문제, 그리고 군주가 대관절 있어야 하는지에 대한 문제 역시 19세기 말에는 거의 중요하지 않게 되었다. 이탈리아는 입헌군주국이었지만 그것으로 오스트리아-헝가리 제국이라는 (이름뿐인) 절대군주국을 위협하지 않았다. 프랑스의 공화주의는 영국의 입헌군주제를 위협하지 않았다.

이들의 형태상 뚜렷한 차이는 사라져버렸는데, 이는 실제로 이 통치체제들이 결코 과거만큼 서로 차이가 난다고 볼 수 없기 때문이다. 그것들은 결코 동일한 것은 아니었다. 새롭게 연합된 독일에서는 오직 군주만이 정부를 해산시킬 수 있었던 반면, 영국에서는 오직 의회만이 그렇게 할 수 있었다. 그러나 그 두 통치체제는 지난 수십 년의 폭넓은 차이에 비하여 모두 꽤 좁은 차이의 범위 안에 들어가게 되었다. 1870년대엔 사회 전반에 걸쳐 다스리는 사람들과 다스리고자 열망하는 사람들이 새로운 타협점을 찾았다. 혁명을 추구했던 사람들 대부분과 그들을 무자비하게 억압했던 사람들 대부분이 서로 중대한 양보를 하기 시작했다. 역사가인 마이클 브로어스(Michael Broers)는 이렇게 쓰고 있다. "1848~1851년의 혁명은 유럽의 정치 생활 모습을 영구히 [바꾸었다.] ······ 그 혁명들은 심각한 무질서가 발생한 모든 나라에서 현존의 정치 질서를 산산이 부수어버렸다. 그 혁명들은 민족주의 또는 사회주의에 영향을 받은 새로운 급진적인 정권을 만들어내는 대신 ······ 자유주의, 민족주의, 그리고 심지어 사회주의 요소들을 흡수할 수 있는, 그리고 그것들을 거의 알아볼 수 없을 정도로 변형시킬 수 있는 새로운 형태의 보수주의를 낳았다."³⁴ 초기의 한 가지 사례는 이탈리아 반도의 중요한 도시국가인 피에몬테였다. 피에몬테의 국왕인 카를로 알베르토(Carlo Alberto)는 1848년 혁명 기간에 그의 왕위가 불안정하다고 느꼈던 절대군주였다. 피에몬테에서 권력을 유지하고 사회 안정을 찾기 위하여 그는 헌법 제정을 허용했다. 이탈리아의 소생(Risorgimento) 또는 통일에 이어 카를로 알베르토가 1861년 신생 민족국가의 국왕이 되었다. 그는 파편화한 국가를 단결시키기 위해서는 동일한 통치체제가 계속 유지되어야 하며 그 체제 안에서 군주는 법에 따라 제약받아야 한다는 설득을 받아들였다. 피에몬테의 1848년 헌법이 통일 이탈리아의 헌법(Statuto)이 되었다.

그 후 여러 해에 걸쳐, 다른 유럽 강대국들은 각각 그 나름의 방식으로 피에몬테의 선례를 따랐다. 오스트리아 황제 프란츠 요제프(Franz Joseph)는 그의 합스부르크가 선조들처럼 열성적인 절대군주제 신봉자였다. 그러나 또한 그의 왕국을 하나로 단결시키고 싶어 한 나머지 1867년에 그는 자신의 수상인 프리드리히 폰 보이스트(Friedrich von Beust)가 (헝가리를 공동 파트너로 삼아) 이중 군주정(Dual Monarchy)을 수립하는 걸 허용하고, 오스트리아와 헝가리의 의회 둘 다에게 강력한 권력을 부여했다. 프로이센의 황제 빌헬름(Wilhelm)도 수상인 오토 폰 비스마르크(Otto von Bismarck)와 유사한 태도를 취했다. 1866~1871년에 정복을 통해 독일을 통일시키자마자 그들 역시 국민의회(Bundestrat)에 광범위한 권력을 부여했다. 마지막으로 프랑스에서는 1851년에 제2공화국을 무너뜨린 황제 나폴레옹 3세(Napolen III)가 1861년에 국민 의회에 더 많은 권력을 허용하기 시작했고, 1870년엔 그의 장관들이 통치체제를 책임지도록 만든 새로운 헌법을 공포했다.[35]

러시아의 차르인 알렉산더 2세(Alexander II)마저도 자유주의 개혁을 요구하는 사람들과 타협할 계획을 세우고 있었다. 무정부주의자들에 의한 몇 차례의 암살 기도를 모면한 차르와 그의 장관인 미하일 로리스-멜리코프(Mikhail Loris-Melikov)는 주민 선거에 의한 입법기관 설치와 그 외 변화들을 약속했다. 그러나 알렉산더는 1881년 3월 13일, 그가 개혁을 시작하기 위한 훈령에 서명한 날 암살되었다.[36] 그의 아들이며 후계자인 알렉산더 3세(Alexander III)는 개혁에 무관심한 것으로 증명되었고 그의 손자인 니콜라스 2세(Nicholas II)도 그러했다. 1917년에 완고한 로마노프 왕조가 잔혹하고 비극적인 종말을 맞은 것은 지난 수십 년간 개혁 요구를 받아들였던 서유럽 통치자들 모두가 지혜로웠음을 입증한다.

역사가인 그렌빌(J.A.S. Grenville)은 그 문제를 이렇게 요약한다. "1848년 이전에는 의회다운 의회는 일반적인 것이 아니라 예외적인 것이었다. 프랑스와 영국은 유럽의 지도적인 입헌 국가들이었다. 1878년에 이르자 선출된 의회의 통치 참여는 러시아를 제외한 사실상 유럽 모든 곳에서 훌륭한 정부를 구성하기 위한 요소로 인식되었다. 빈, 베를린, 부다페스트, 로마, 파리 그리고 런던의 의회들은 점점 더 많은 권력을 요구하고 있었다. 몇몇 나라의 의회들은 이미 보편적인 성년 남자의 참정권을 근간으로 선출되었다."[37] 장기적인 이데올로기 싸움은 끝났고, 중산 계급의 혁명은 과거의 일이 되었다. 어떤 사람들은 이 새로운 통치체제를 '자유주의적 보수주의' 체제라 불렀다. 그것은 입헌주의자들과 공화주의자들이 오랫동안 선호해왔던 개혁들의 일부, 즉 '법 아래서의 평등, 교회와 귀족 계급의 특권 축소, 선출된 입법기관의 제약을 받는 행정부'를 구체화한 것이기 때문에 자유주의적이었다. 그것은 급진적인 공화주의자들과 사회주의자들의 요구와는 달리 전통적인 질서의 많은 요소들을 보호했던 만큼 보수주의적이었다. 자유주의적 보수주의 통치는 개혁을 받아들일 수 있었지만 관습을 따르는 경향이 있었다.

무엇이 이 변화를 일으켰을까? 앞선 여러 세기의 종교적 정치적 갈등을 고려하면 이야기는 복잡해진다. 그러나 두 개의 발전이 결정적 역할을 했다. 첫째, 1848년 이후 상업화가 낳은 사회적·경제적 변화가 사라지지 않고 있음을 지배 엘리트들이 점점 더 분명히 알게 되었다는 점이다. 그러한 변화는 상인 계급―상속받은 토지가 아니라 상품과 서비스의 생산으로부터 부를 획득한 계층―의 성장하는 자아의식과 정치적 자기주장을 수반했다. 증대하는 부와 교육, 그리고 열망을 가진 중산 계급은 더 많은 권력 욕구를 멈추려 하지 않았다.

교훈 2에서 보았듯이, 1814~1815년에 나폴레옹을 물리친 승리자들은 그들이 무력과 비밀경찰로 혁명을 진압할 수 있다고 확신했다. 그러나 그 다음 33년 동안 세 차례의 혁명 물결―1820년대 초, 1830년대 초, 그리고 1848년―이 전 유럽을 휩쓸었다. 마지막 물결은 가장 위험했다. 프랑스에서는 부패한 군주정을 무너뜨렸고, 오스트리아와 프러시아에선 반동적인 정부 각료들을 몰아냈다.

그러나 중산 계급은 또한 타협해야 했다. 1848년은 그들에게도 겁을 주었기 때문에 그들은 요구 수준을 낮췄다. 그 해에 중산 계급은 자신들이 신분이 다른 사람들은 물론 사회에 대해 훨씬 더 급진적인 목표를 갖고 있는 사람들과 바리케이트를 공유하고 있다는 것을 알았다. 칼 마르크스와 프리드리히 엥겔스가 "유령이 유럽을 배회하고 있다 ― 공산주의라는 유령이"[38]라는 문구로 시작하는 『공산당 선언(The Communist Manifesto)』을 출판한 때는 파리에서 혁명이 분출하기 직전이었다. 1848년의 혁명들은 공산주의 혁명이 아니었지만 ― 옛 통치체제의 경제를 복원하려는 길드 조합원들은 적어도 공장 노동자들만큼이나 유력했다[39] ― 이 혁명들은 어린이 노동계층 문제를 크게 부각시켰다. 역사가인 에릭 홉스봄(Eric Hobsbawm)은 정치가인 피에몬테의 카보우르 백작(Conte di Cavour)이 1846년에 사유재산을 위협하는 진짜 급진적인 혁명이 많은 입헌주의자들과 공화주의자들을 보수주의자들로 몰아갈 것이라고 예언했다는 사실에 주목한다. 바로 1848년에 그와 같은 일이 일어났던 것이다. "파리에 바리케이드가 들어서는 순간부터 모든 온건파 자유주의자들은 …… 정치적 보수주의자들이 되었다"라고 홉스봄은 쓰고 있다.[40]

교훈 6은 19세기 대영제국의 인상적인 국가 업적을 포함하는 이야기로 끝맺게 될 것이다. 대영제국은 특별한 자연 혜택을 거의 입지 않았는데도 단연코 세계에서 가장 부유한 국가, 그리고 역사상 가장 큰 제국을 가졌던 나라다. 더욱이 영국은 1790년대, 1820년대, 1830년대 그리고 1848년의 혁명의 물결을 모면했던 나라다. 대륙의 카보우르 백작과 다른 보수주의자들은, 점진적인 개혁을 허용했다는 바로 그 이유 때문에 혁명에 대한 저항력을 가질 수 있었던 영국의 입헌군주정이야말로 열쇠라고 결론짓기 시작했다.

하지만 현재로서 교훈은 분명하다. 거대한 초국가적인 이데올로기 싸움의 종말로 향하는 세 번째 경로는 종종 유용하다. 즉, 한 편의 요소들을 다른 편의 요소들과 새롭게 결합하여 새로운 혼합에 이르게 하는 것이다.

이슬람주의 – 세속주의의 싸움은 어떻게 끝날까?

승리

무슬림들 사이에 진행 중인 경쟁은 1989년에 한 쪽의 승리로 끝난 공산주의와 자유민주주의 사이의 경쟁처럼 끝날 수도 있다. 만약 그렇다면, 어느 쪽이 승리할 공산이 클까? 그 경쟁이 일어나기 시작해서 1970년대 초까지는 세속주의가 승리하는 것처럼 보였다. 아타튀르크의 터키, 이란의 팔레비 왕조,

무함마드 알리 진나(Muhammad Ali Jinnah)의 파키스탄, 나세르의 이집트, 시리아와 이라크의 바티즘, 그리고 팔레스타인에서 우위를 장악한 PLO 등 지난 수십 년 세월이 바로 그랬다. 세속주의자들 자신이 이슬람주의자들을 젊은 층에게 호소력도 없고 미래도 없는 유물이라고 생각하는 경향이 있었다. 이란의 샤(Shah)에 대한 1974년 11월 4일 자 ≪타임≫ 특집 기사에 그런 내용이 잘 나타나 있는데, 이 기사는 이란을 중동에서 강국으로 부상하는 나라로 극구 칭찬했으며 이슬람주의가 부활하는 움직임에 대해선 일언반구도 언급하지 않았다.[41]

1967년 6월에 이스라엘이 이웃 아랍 3개국을 패배시킨 후에 시작된, 그리고 1979년 이란 혁명으로 가속화한 이슬람주의의 부활은 일부 사람들에겐 세속주의의 반대 상황, 즉 정치 이슬람이 승리하는 전조인 것처럼 보였다. 어떤 사람들의 말로는, 최근까지는 이슬람 세계의 모든 문젯거리에 대해 "이슬람이 답이다"라고 주장하는 사람들이 이긴다는 전망이 확실했다. 확실한 것은 세속주의 정권이 세계에서 가장 큰 무슬림 국가인 인도네시아를 포함한 많은 국가들에서 살아 있다는 것이다. 그러나 아랍 세계에서 이슬람주의는 대체로 파악하건대 엘리트 층과 일반 시민층, 젊은 층과 노년층, 시골과 도시를 가리지 않고 사람들의 상상력을 사로잡고 장악해온 것으로 보인다.

일부 중동 전문 학자들로서도 이슬람주의의 지속적인 호소력을 인정하기는 어려운 것으로 알려지고 있다. 교훈 1에서 보았듯이 서구인들은 반사적으로 정치 이슬람을 과소평가한다. 왜냐하면 그것이 사회의 진보는 (우리가 상상하는 것처럼) 되돌릴 수 없다는, 즉 "아무도 시간을 되돌릴 수 없다는" 서구인들의 의식에 어긋나기 때문이다. 그러나 실제로 이슬람주의자들은 그들의 운동을 진보적인 것으로 알고 있으며, 세속주의를 무지와 이교도의 시대로 "시간을 되돌리려는 것"으로 알고 있다. 이슬람주의가 1920년대에 탄생한 이래 과소평가되어왔다는 것은 다시 한 번 강조할 가치가 있다. 20세기 중반의 세속주의자들―아타튀르크와 그의 모방자들―은 자연히 이슬람주의의 생존 능력을 얕잡아 보았다. 그렇게 함으로써 자신들의 현대화 프로젝트를 스스로에게 그리고 외부 세계에 대해 정당화했다.

2010~2012년의 아랍의 봄은 이슬람주의가 (다시금) 색 바랜 운동이라고 오랫동안 주장해온 전문가들에게 처음으로 확신을 주었다. 그 당시 일어난 봉기의 주체가 민중이었기 때문에, 정의하건대 그들이 이슬람주의자들일 수 없었다. 그래서 어떤 분석가는 아랍 세계는 지금 "이슬람주의 이후"[42]에 와 있다고 단언했다. 그 말은 선거가 치러지기 이전에 나온 것이었다. 2011년 10월에 튀니지에서 치른 선거[이슬람주의자들의 알 나흐다 당(al Nahda)이 40퍼센트의 득표로 제1 다수당이 됨],[43] 2개월 후에 치른 이집트의 선거[무슬림형제단의 자유정의당(Freedom and Justice Party)이 37퍼센트, 극단적인 보수주의 당인 알 누르 당(al Nour Party)이 24퍼센트를 득표]는 아랍에서든 서구에서든 자유주의자들을 둘러싼 분위기를 바꾸어놓았다.[44] "이슬람주의의 겨울"을 언급하는 일이 점점 보편화했다.[45]

사실, 서구의 역사가 풍부하게 입증해 보이듯이, 제도와 관습을 낳는 어떤 이데올로기가 말하자면 세계를 그 이데올로기에 유리한 쪽으로 변경할 수 있으며, 그것은 우리가 추측하는 것보다 훨씬 더 오래 지속된다. 절대군주정은 1790년대에 유럽에서 자유주의자들에게 운명을 맡기는 것처럼 보였지만, 다음 몇 십 년에 걸쳐 회복력을 보이며 아마도 우수한 것으로 증명되어 거의 또 다른 한 세기를 존속할 수 있었다. 달리 말하면 1815년 이후 절대주의자들은 자유주의는 프랑스 혁명 후 프랑스를 지배한, 주제넘게 날뛰는 보나파르트주의 같은 괴물로 타락했기 때문에 더 이상 지속될 수 없다고 생각했다. 우리는 모두 우리의 이데올로기가―우리에게 이데올로기라는 것이 있다고 한다면― 가장 공명정대할 뿐 아니라 가장 생존력 있는 것이라고 믿는 경향이 있으며, 그것의 대안 이데올로기를 하찮게 여긴다. 그러나 우리는 자유민주주의의 필연적인 보편적 승리라는 관념 때문에 경향을 판단하는 관점을 흐려서는 안 된다. 비록 1989년의 후쿠야마가 옳았고, 자유민주주의가 전 세계에 걸쳐 승리하게끔 되어 있다고 하더라도, 그 운명이 실현되려면 한참 시간이 걸릴 수 있다. 세속적인 사람들이 가늠하기엔 어렵겠지만, 이슬람주의는 오늘날 세계에서 생존력이 있는 것으로 증명될 수도 있다.

물론 교훈 4에서 논의했듯이, 이슬람주의는 결코 단일체적인 것이 아니다. 대체로 이슬람주의가 승리한다 해도 어느 이슬람주의 ― 수니파 또는 시아파, 온건파 또는 과격파, 군주주의파 또는 공화주의파 등 ― 가 우위를 차지할지는 해결되지 못할 것이다. 1990년대의 자유민주주의의 승리는 민주주의 안팎에서 일어나는 이데올로기적 불일치와 경쟁이 끝났다는 의미는 아니었다. 그러나 중동에서 세속주의가 지속될 만한 본보기가 되지 못하고 끝난다면, 적어도 그것은 중대한 일이다.

초월

아니면 이슬람주의와 세속주의의 싸움은 여러 세기 전에 가톨릭과 프로테스탄트의 정치적 투쟁처럼 ― 주제를 지속하거나 바꾸어가며 ― 끝날 수도 있다. 17세기 말과 18세기 초에 유럽인들은 정치적 충실성의 문제로부터 종교적 차이들을 분리함으로써 그들의 정치-종교적 차이를 조금씩 초월해갔다. 가톨릭교도와 프로테스탄트는 그들 각자의 교회와 교리에 충실했지만, 시간이 갈수록 정치적 제도나 권력을 기독교의 교리나 실천과 연결시키기를 중단했다. 가톨릭교도가 네덜란드 공화국의 충실한 신민일 수도 있었고, 프로테스탄트가 프랑스 왕의 충성스런 신민일 수도 있었다.

중동에서의 해결책으로서 초월이 가진 한 가지 문제점은 세속주의자들이 이미 이 해결책에 도달했다고 주장하고 있는 점이다. 어떤 의미에서는 그들이 옳다. 근대 초기의 유럽에서 가톨릭-프로테스탄트의 정치적 싸움을 초월하는 것은 세속화하는 것을 의미했다 — 이는 종교를 포기한다는 의미가 아니라 국가로 하여금 어떤 특정한 종교 교리에 기울어지지 않고 무관심한 태도를 보이게 한다는 의미였다. 이에 대한 극명한 진술 중의 하나는 17세기의 철학자 토머스 홉스(Thomas Hobbes)의 유명한 책 『리바이어던(Leviathan)』이다. 정치적 질서는 올바른 사회나 신의 왕국을 건설하는 것이 아니라 비명횡사를 막기 위해 개개인을 안전하게 하는 것이라고 홉스는 주장한다. 홉스는 종교적 충성의 문제를 종교를 책임지고 있는 주권자에 대한 복종으로 축소시켰다.[46] 실제로 20세기 무슬림 세속주의자들은 공공질서를 지킬 목적에서 그러한 서구 사상을 직간접으로 차용했다. 그렇게 한 것은, 우리가 이 책 서론에서 보았듯이, 그들이 생각하기에 이슬람의 전통적인 정치와 종교의 혼합은 중동을 퇴보시켜왔고, 세속주의가 서구 국가들로 하여금 세계 지배력을 갖도록 도와주었기 때문이다.

그렇다면 초월적 해결책이라는 것이 세속주의를 의미할 수는 없다. 그것은 주제를 바꾸는 것이기보다는 경쟁자들 중 하나의 승리를 의미하기 때문이다. 그렇다면 이슬람주의자들과 세속주의자들 사이의 초월적 해결은 어떤 것일 수 있을까?

엘리트 층과 평범한 사람들을 포함하여 무슬림들은 이슬람이 얼마만큼이나 법과 제도를 형성하거나 결정해야 하는지를 생사의 문제로 여기는 태도를 멈출 필요가 있을 것이다. 그들은 이슬람주의와 세속주의 사이에서 무관심해질 필요는 없을 것이다. 그러나 그들은 대부분의 미국인들이 세금에 대한 논쟁을 보는 방식과 비슷하게 그 경쟁을 볼 필요가 있을 것이다. 일부 미국인들은 높은 (또는 낮은) 세금이 그 나라의 기반인 헌법적 질서를 위태롭게 할 것이라고 믿는다. 하지만 대부분의 미국인들은 세금 감면이나 증액의 문제를 통치체제와 관련 없는 정책적인 문제로 본다. 이 다수파가 세금에 대한 우세한 견해와 선호도를 가지며 그것에 근거하여 투표할 것이다. 그러나 그들이 선거나 의회 투표에서 패하더라도, 혁명이나 해외 이주를 위해 세력을 동원하지는 않는다. 설령 앞으로 오랫동안 이기지 못한다는 것을 알고 있다고 하더라도, 그들은 손실을 견디며 관심을 갖는 다른 문제에 집중한다.

바로 그렇다면 만약 세속주의자들과 이슬람주의자들이 그들의 체제 경쟁을 초월하게 되면, 각 그룹은 다른 그룹의 승리를 유감스럽지만 그렇게 재앙스런 것으로는 보지 않을 것이다. 종교와 국가의 관계는 선거나 법률에 의해 결정될 다양한 문제들 중 겨우 일부에 지나지 않게 될 것이다. 이슬람주의자들이 권력을 잡아 법률을 개조하기 시작하더라도, 세속주의자들은 낙담하고 심지어 격분하기도 하겠지만 그렇다고 지하로 숨어들어 혁명적인 세포조직을 만들거나 하지는 않을 것이다. 그 대신 그들은 이슬람주의자들의 정부를 합법적인 것으로 받아들일 것이다. 세속주의자들이 권력을 획득하여 법률과 정책을 그들이 원하는 쪽으로 개조하기 시작하더라도 이슬람주의자들에게 똑같은 상황이 일어날 것이다. 양쪽 모두 이것이 "통치체제의 변화가 아닌 정책 변화"라는 자세를 가질 필요가 있을 것이다.

어떤 사람들은 종교와 국가의 관계가 세금 같은 문제와는 질적으로 전혀 다른 문제라며 항의할지도 모르겠다. 이 책 서론에서 설명했듯이 나는 고려 대상인 이데올로기들의 내용을 발췌하고 있으며, 이제 우리는 이러한 발췌의 한계들 중 하나에 직면하고 있는지도 모른다. 하느님과 국가가 어떤 관계인지는 최고소득세율의 한계가 25퍼센트인지 35퍼센트인지보다는 확실히 더 근본적인 문제이다.

하지만 정치 세계에서 종교-국가 관계의 이슈에 해당하는 것은 시간이 흐르면서 계속 바뀔 수 있다. 많은 유럽 국가에서 특정한 업무를 일요일에 수행하는 것을 금지하는 안식일엄수법(Sabbatarian laws)으로 인해 일어난 일을 생각해보자. 이 법률은 십계명이 세속적인 법률로 성문화되어야 한다는 전통적인 기독교의 가르침에서 유래했다. 20세기 후반기에 기독교를 신봉하는 유럽인들의 비율이 크게 떨어졌다. 안식일엄수법은 남아 있지만, 그것들의 정당성은 변경되었다. 즉, 이제 일요일은 하느님에게 복종하는 문제가 아닌 노동자들을 위해 공식으로 지정된 쉬는 날이다. 동시에 안식일엄수법에 대한 반대도 변했다. 이제 더 이상 종교에서 비롯된 법률에 대한 적대감이 아닌 소비자의 선택 폭을 늘리려는 소망에 근거하여 반대하고 있다. 바꿔 말하면, 누군가가 종교적인지 아닌지는 그가 안식일엄수법을 지지하느냐 안 하느냐 와는 점점 관련성이 떨어지게 되었다.

오늘날 중동에서 이러한 "주제 변경" 통치체제는 개연성이 있을까? 세속주의자들과 이슬람주의자들은 그들의 수십 년 묵은 싸움을 초월하기에 충분할 만큼 그들의 열망을 줄이고 서로 신뢰할 수 있을까? 사실 많은 나라에서 이슬람주의 정당들이 허용되고 있다. 정치학자인 네이선 브라운(Nathan Brown)은 그러한 정당들이 합법화된 나라에서는 그 정당들이 활동 방법과 정강정책을 온건화하는 경향이 있다는 점을 입증했다(비록 그들 역시, 아마도 얼마나 오랫동안 합법적으로 남아 있을지 확신하지 못하기 때문에, 극단주의로 되돌아갈 선택지는 남겨둘지라도).[47]

만약 초월을 통한 해결이 종교와 법률의 문제를 둘러싼 타협을 수반하는 것이라면 그것이 더욱 흔쾌하고 따라서 지속가능할 수 있다는 것은 당연하다. 세속주의자들과 이슬람주의자들은 상대방이 지배권을 갖고 있었을 때 자신들이 원했던 것을 각자 조금이라도 얻었다면, 서로를 더욱 신뢰할 수도 있다. 그것은 우리를 궁극적인 유형의 해결책인 수렴으로 인도한다.

수렴

세 번째 가능한 결과는 다음과 같다. 즉, 이슬람주의-세속주의 경쟁은 서구의 오랜 군주주의-공화주의 경쟁이 19세기 말에 그랬던 것처럼 해결될 수 있다. 수렴은 혼합 통치체제와 이데올로기를 만들어낼 것이다. 1860년대와 1870년대에 절대군주주의자들과 공화주의자들은 공동의 적인 사회주의의 발흥에 똑같이 놀라서 나라들 간에 새로운 거래를 성립시켰다.

그러한 결과가 중동에서 일어난다면 어떻게 보일까? 수렴이 일어난다면 적어도 암묵적이나마 세속주의자들과 이슬람주의자들 사이에 새로운 거래 조건이 성사될 수밖에 없으며, 그 조건하에서 통치체제는 양측 이념의 요소들을 모두 갖추게 될 것이다. 갈등의 중심지는 법률의 원천과 관계를 맺어왔다. 순수 이슬람주의자들은 법률은 성직자들이 해석하는 성전으로부터 직접 도출해낸 것이어야 한다고 주장한다. 순수 세속주의자들은 법률은 추정된 신성한 계시로는 알려지지 않는, 이성에서 도출해낸 것이어야 한다고 주장한다. 그러한 방식으로 주장하면 두 개의 입장은 상호 배타적이다. 그러나 이 두 입장이 법률의 영역을 상호 합의에 따라 배분하여 세속주의자들은 법률의 일부 영역에서 더 큰 발언권을 가지고, 이슬람주의자들은 다른 영역에서 더 큰 발언권을 가지는 경우를 상상해볼 수 있다.

실제로 무슬림이 국민의 다수를 차지하는 대다수 국가들은 이미 어떤 종류의 혼합 정권이 들어서 있으며, 이들 나라의 법률은 샤리아와 세속적인 민법 모두를 원천으로 하고 있다.[48] 예를 들어 말레이시아에서 결혼과 이혼, 그리고 여성의 권리 등을 규정하는 가족법은 샤리아에서 유래하지만, 다른 영역의 법률들은 그렇지 않다. 교훈 1에서 우리는 1970년대의 이슬람 부흥기에 이집트와 파키스탄의 정권을 포함한 많은 세속 정권들이 일부 영역에서 이슬람적 법률을 실행했음을 보았다. 이러한 정치적 거래의 주요 사항은 이슬람 세속주의자들로 확인된 무슬림 지식인들 사이에서 정당한 법률 근원으로서 새롭게 수용되었다. 이 지식인들 중 일부는 종교의 역할을 변경시켜 무슬림 사회가 버릴 수도 없고 버려서도 안 되는 문화 유산으로 만들었다. 또 다른 지식인들은 스스로 이슬람주의자가 되었다. 이 지식인들은 여러 가지 방식으로 혼합적인 세속-이슬람주의 정권을 향한 경로를 제시했다.[49] 무슬림 학자들은 입헌주의와 민주주의의 일부 개념이 어떻게 이슬람과 조화될 수 있는지를 보여주었다.[50]

우려되는 것은 그러한 이슬람의 부흥이 많은 이슬람주의자들로 하여금 혼종성에 불만을 갖고 완전한 샤리아를 요구하게 했다는 점이다. 그것의 일부가 우리가 이슬람 세계는 아직도 사상의 충돌을 겪고 있다고 말할 때 의미하는 것이다. 비록 세속주의자들이 이슬람주의 방향으로 접근했다고 하더라도, 중동에 남아 있는 순수 세속주의자가 드물다는 사실 자체만으로는 많은 이슬람주의자들에겐 충분하지 못하다. 리비아, 이집트, 시리아, 이라크, 파키스탄, 그리고 나이지리아, 말리 및 차드 같은 아프리카 국가의 무슬림 지역에서는, 중요한 소수파들 ― 아마도 일부 경우엔 다수파들 ― 은 진심으로 샤리아의 완전한 시행을 원한다. 이 나라들은 만약 충분한 숫자의 무슬림들이 혼합 이슬람주의-세속주의 정권을 그 자체로 받아들인다면 그 정권들로 능히 균형 상태를 유지할 수 있을 것이다. 그렇게 된다면 이번에는 완전한 샤리아를 추구하는 호전적인 이슬람주의 정당의 해산이 수반될 것이다.

하지만 일부 국가의 일부 이슬람주의자들은 그들이 선거에서 경쟁할 기회를 제의받자 중도 노선을 향해 움직였다.[51] 2011~2013년에 이집트 무슬림형제단의 정치 일파인 자유정의당(Freedom and Justice Party)은 예컨대 종교적이고 이데올로기적인 다원주의를 수용함으로써 중도파로서의 면모를 보이기 위해 애썼다. 그러한 노력은 결국 실패했지만, 튀니지의 엔나흐다 당(Ennahda Party)은 이와 유사한 노력으로 크게 성공했다.

대니얼 파이프스 같은 분석가들은 이슬람주의자들은 결코 민주주의자가될 수 없다고 주장한다. 이슬람주의와 민주주의는 서로를 용납하지 않는다는 것이다. 만약 이 주장이 자명한 사실이라면, 민주주의 원칙을 채택하는 어떤 이슬람주의자도 더 이상 이슬람주의자라고 공언할 수 없는 만큼, 그 주장은 별로 유용하지 않다. 우리는 법이 샤리아에서 도출되어야 한다고 주장하는 사람들이 타협하고 '지속적인 토대 위에서' 다른 사람들의 견해를 용인할지 여부를 알고 싶다. 그리고 물론 다양한 이슬람주의자들의 민주주의, 타협, 관용에 대한 약속이 얼마나 확고한 것인지 정확히 말하기는 불가능하다. 저명한 이집트 이슬람주의자인 유수프 알-카라다위는 자신을 민주주의자로 부르지만 분명히 민주주의를 이슬람주의 사회를 성취하는 한 가지 방편으로 보고 있다. 그 약속은 민주주의가 아니라 샤리아에 관한 것이다.[52] 카라다위 및 그와 같은 부류의 이슬람주의자들이 민주주의가 결국 샤리아로 귀착되지 않는다는 것을 알아야 한다면, 민주주의에 대한 그들의 충성은 어떻게 되는 것인지 물어보아야 할 것이다. 동시에 공공생활에서의 역할을 종교에 기꺼이 허용하겠다고 공언하는 세속적 민주주의자들은 만약 종교가 지나치게 큰 역할을 맡게 된다면, 민주주의를 기꺼이 정지시키거나 전복시킬지도 모른다. 이와 비슷한 일이 2013년 여름에 이집트에서 일어난 것으로 보이는데, 그 당시에는 타협을 공언해놓고도 심각한 의심을 사고 있던 민주적으로 선출된 이슬람주의 정부를 군부가 축출했고 세속적 자유주의자들은 그 군부를 열렬히 환영했다.

그래서 이슬람주의-세속주의 수렴은 지속 불가능한 것으로 판명될지도 모른다. 다른 한편으로 1820년대와 1840년대에 유럽에서 군주주의자들과 공화주의자들이 서로에 대해 유사한 깊은 불신을 갖고 있었다. 그들이 각각 갖고 있는 이데올로기는 서로 용납되지 않았으며, 그래서 한쪽이 어떤 온건한 움직임을 보여도 상대방에 의해 무시되기 일쑤였다. 하지만 1870년 무렵에 유럽 대부분의 지역에서 양쪽 모두가 중도를 향해 움직였다. 각각은 그들의 도그마의 일부를 버리고, 스스로를 상대에 반대하는 입장에서 정의하지 않았다. 최종적인 협상은 쉽게 성사되지 않았지만, 일단 성사되면 그것은 굳게 지켜졌다.

내구력 있는 이슬람주의-세속주의 혼합의 가능성은 검토하기 힘들다고 판단한다면 상상력이 부족한 것일 뿐 아니라 몰역사적인 것이다. 서구의 역사는 이데올로기들이 몇 가지 구성 요소들을 갖고 있으며, 어떤 구성 요소들이 주어진 시간과 장소에서 강조되는가는 누가 그 시간과 장소에서 '상대'인지에 따라 결정된다는 점을 가르치고 있다. 종교와 세속주의에 관계되는 것이라 하더라도, 1960년과 1990년에는 종잡을 수 없이 불가능한 것으로 보이는 것이 2020년에는 자연스러운 현상으로 보일 수 있다. 서구의 역사는 또한 역사적으로 말해 자유민주주의가 단순히 세속적 기원만 갖고 있지 않다는 것을 가르친다. 자유민주주의는 가톨릭의 자연권 개념에, 칼뱅교의 계약 개념에, 그리고 그것이 성장해온 기독교 세계의 토양에서 생겨난 다른 요소들에 힘입은 바가 아주 크다.[53] 만약 서구의 민주주의가 많은 사람들이 상상하는 것처럼 세속적이지 않다면, 이슬람식 민주주의는 둘* 중 어느 하나일 필요도 없을 것이다.

어떻게 그런 혼합적인 것이 이기게 되는지, 그리고 그 내용은 어떤 것이 될지는 그럼에도 지적인 논쟁의 문제만은 아닐 것이다. 우리의 마지막 교훈은 지속적인 이데올로기 경쟁의 결과는 그 이데올로기들을 구현하는 국가들이 나름대로 거두는 성과에 대부분 달려 있다는 것이다. 이제 우리는 그 교훈 쪽으로 향하고 있다.

---

* 종교적인 것과 세속적인 것.

터키와 이란을 주시하라

당신들이 좋든 그렇지 않든, 역사는 우리 편이다. 우리가 당신들을 묻어주겠다.

— 니키타 흐루시초프가 1956년에 서방 외교관들에게 한 말

미국의 대소련 정책에 대한 나의 생각은 간단하며, 어떤 사람들은 아마도 지나치게 간단하다고
말할 것이다. 그 생각이란 바로 우리는 이기고 그들은 패배한다는 것이다.

— 로널드 레이건 Ronald Reagan이 1977년 리처드 알렌에게 한 말

1956년의 흐루시초프와 1977년의 레이건은 한 가지에 대해 의견이 일치했다. 즉, 미국과 소련 사이의 경쟁은 그야말로 어느 국가가 더 힘이 센가 하는 문제 이상에 관한 것이라는 점이다. 말하자면 어느 쪽 사회 체제가 더 우월한가에 대한 것이었다. 역사가인 멜빈 레플러(Melvyn Leffler)가 훗날 말했듯이, 냉전은 "인류의 영혼"을 위한 투쟁이었다.[1] 냉전은 두 초강대국들 사이의 경쟁이기도 했고, 사회를 규율하는 두 가지 방법 사이의 경쟁이기도 했다. 이들 두 가지 경쟁은 서로 얽혀 있었다.

레이건이 그의 친구 리처드 알렌(Richard Allen)에게 바로 그 언급을 한 지 10년 후인 1987년에 그 투쟁의 결과는 분명해졌다. 미국이 승리하고 소련이 패배한 것이다. 그리고 그것은 민주자본주의가 승리하고 공산주의가 패배했다고 말하는 것과 마찬가지였다. 결국 자원 생산을 국가가 통제하고 단일 정당이 권력을 독점하게 되어 있는 마르크스-레닌주의의 사회 규율 모델은 성공하지 못했다. 더 중요한 것은 공산주의가 주요 경쟁자인 서구의 민주자본주의 모델, 즉 (대개는) 시장이 경제를 관리하고 여러 정당 사이의 권력 경쟁이 수반되는 체제와 비교했을 때 실패했다는 점이다. 그리고 이런 결론이 세계 대부분 지역의 정치 엘리트들의 생각을 지배한 것은, 그야말로 1980년대에 미국이 소련보다 능력에서 앞선다는 사실이 명백히 드러났기 때문이다.

이데올로기 경쟁의 결과는 국제적인 경쟁의 결과에 달려 있다. 미국이 소련을 능가했다는 것은 모든 점을 고려해볼 때 민주자본주의가 공산주의를 능가했다는 의미였다. 각 이데올로기의 운명은 그것을 구현한 국가들이 성공하느냐 실패하느냐에 따라 바뀌었다.

실제로 우리가 '본보기 국가들'이라고 부를 수 있는 나라들의 중요성은 우리가 이 책에서 검토하고 있는 총 세 가지의 역사적 이데올로기 경쟁에서 분명하게 드러난다. 그 이유는 간단하다. 이데올로기는 사회를 규율하는 최선의 방법에 대한 일련의 주장이기 때문이다. 즉, 가톨릭보다는 칼뱅교가, 군주정보다는 공화정이, 그리고 공산주의자보다는 파시스트가 낫다는 식의 주장이다. 그리고 '최상'이란 다른 무엇보다도 그 이데올로기를 실행하는 사회들이 그렇게 하지 않는 사회들보다 더 잘산다는―더 강하고, 더 부유하고, 더 공명정대하고, 더 문화적이라는―의미이다. 여기서 주장된 이점들은 어떤 이데올로기가 지식인과 대중 모두에게 갖는 호소력의 매우 큰 부분이다. 몇 세기 전에 기존의 가톨릭 옹호자들은 가톨릭 국가들이 프로테스탄트 국가들보다 더 많은 순종적인 신민들을 거느리게 될 것이고 반란은 훨씬 적을 것이라고 주장했다. 입헌군주정의 열성파 지지자들은 입헌군주국이야말로 국왕들의 파괴적인 변덕에 대하여 절대군주정보다 훨씬 덜 취약하다고 주장했다. 자유민주주의자들은 그들이 선호하는 통치 양식이 마르크스-레닌주의 사회들보다 훨씬 기술 혁신적이라고 주장했다.

그리고 각 옹호자들은 이러한 추정된 이점들이 국제적인 경쟁에서 분명하게 드러날 것이라고 주장한다. 가톨릭 국가들, 입헌군주국들, 자유민주주의 국가들 각각은 열성적 지지자들의 말로 하자면 경쟁하는 대체 이데올로기들을 구현하는 국가들보다 전쟁에서 더 많이 이길 것이고, 대체로 더 부유할 것이고, 더 강력할 것이고, 더 안정적일 것이다.

같은 종류의 암시적인 평가를 중동의 이슬람주의와 세속주의에 적용하면 더욱 분명해진다. 20세기 초의 청년터키당 당원들과 아타튀르크 또한 세속주의를 신봉했다. 왜냐하면 그들은 전통적인 이슬람이 무슬림 사회의 발전을 저해하여 유럽 국가들과 경쟁할 수 없게 만들었다고 믿었기 때문이다. 무슬림들을 서구 제국주의에 취약하게 만든 것이 바로 옛 방식들―강력한 권한을 가진 성직자, 신앙심 강조, 알라의 의지라는 것에 대한 순종 — 이었다고 세속주의자들은 말했다. 이슬람주의자들은 이에 반대되는 주장을 해왔다. 즉, 그들은 무슬림 사회가 허약해진 것 — 지속적인 가난과 굴욕 — 은 서구의 불경하고 사악한 제도를 채택했기 때문이며, 무슬림들이 당면하고 있는 모든 문제들에 대해서는 "이슬람이 바로 해결책"이라는 것이다.

함축된 의미는 분명하다. 세속주의자들과 이슬람주의자들 모두 '자기들의' 원칙을 실행에 옮기는 — 올바른 제도를 제정하여 지키고, 이슬람 이데올로기를 구현하는 — 국가들이 이에 반대되는 나쁜 원칙들을 실행에 옮기는 국가들을 능가한다고 주장하는 것이다. 이런 주장들은 현실 세계에서 평가를 받게끔 된다. 만약 이슬람이 해결책이라면, 신앙심이 깊은 사회는 강력하고, 부유하고, 그리고 서구에 굴종하지 않게 될 것이다. 만약 이슬람이 — 또는 적어도 이슬람주의가 — 해결책이 아니라면, 이슬람주의 사회는 결국 허약하고, 분열하고, 굴종하는 사회가 되고 말 것이다.

이런 예측과 장담은 비단 레토릭에 그칠 문제가 아니다. 실제로 국가들 — 또는 국가를 관리하는 엘리트들 — 은 어느 모델이 제대로 작동하고 어느 모델이 그렇지 않은지 세심한 주의를 기울인다. 바로 기업들이 성공한 경영기법은 모방하고 실패한 것은 피하듯, 국가들도 성공한 통치체제는 모방하고 실패한 것은 피한다. 엘리트들이 그렇게 하는 것은 상당히 합리적이게도 그들이 다른 사람들의 실수를 자신들도 반복하기보다 그러한 실수로부터 배우려고 하기 때문이다. 학자들은 제도가 국제체제를 통해 성공을 모방하면서 "확산한다"는 점을 주목해왔다.[2]

그러므로 역사의 마지막 교훈은 다음과 같다. 즉, 어떤 이데올로기가 중동에서 승리할 것인지 알려주는 훌륭한 지표 — 아마도 우리가 갖고 있는 최상의 것 — 는 여러 국가들의 실례가 이룩한 상대적인 성과이다. 무엇이 한 국가를 하나의 본보기가 되게끔 하는가? 문자 그대로 이해하면 모든 국가는 자신의 통치 유형의 본보기다. 하지만 역사가 알려주는 바는 일부 국가들이 그 자신을 본보기로서 제시한다는 점이다. 즉, 그런 국가의 정부와 아마도 일부 지도적인 신민들 또는 시민들은 자신들의 나라가 이미 통치체제의 덕망 높은 구현체라고 간주한다는 점을 공공연히 강조한다. 스스로를 이런 방식으로 큰소리로 공표하는 국가들은 외국인들에 의해 바로 그렇게 간주되는 경향이 있다. 본보기형 국가들은 다른 국가들이 자기들을 판단해주도록 요청하며, 다른 국가들은 그 요청을 대체로 수락한다.

중동의 무슬림들에게 터키는 1923년 건국 때부터 2000년대 초반까지 내내 세속주의의 주요한 본보기였다. 이 책 다른 곳에서 논의했듯이 아랍과 이란 세계에서 터키의 케말주의와 그 분파들은 거의 사라졌으며, 그 바람에 중동에서 뚜렷하게 세속주의적인 본보기는 이제 없다. 아이러니하게도 정의개발당이 집권하고 있는 오늘날의 터키는 이슬람주의 방향으로 기울어졌으며, 현재 당당하게 구현하고 있는 이슬람주의-세속주의 혼합 정권을 계속 유지하기로 작정한 것 같다.

희석되지 않은 이슬람주의로는 이란이 가장 좋은 본보기인 것 같다. 시아파가 이슬람의 소수파이긴 하지만, 이란이슬람공화국은 1979년 탄생 이래 무슬림형제단을 포함하여 많은 수니파 무슬림들의 선망의 대상이 되었다. 사우디아라비아의 샤리아 형식이 더 엄격하긴 하지만, 사우디 정권의 평판은 위선적인 행위와 장기간 미국 패권에 동참해온 전력 때문에 상처를 입었다.[3]

이 장의 끝 부분에서 우리는 현재 많은 무슬림들도 그러하듯이 이란과 터키에 초점을 맞춤으로써 이슬람주의와 세속주의의 미래에 대한 단서를 찾아보려 한다. 첫 번째로 우리는 본보기 국가들이 장기간의 이데올로기 투쟁의 결과에 중요한 역할을 한다는 걸 분명히 보여주는 서구의 역사를 한 번 더 되돌아볼 것이다.

* * *

네덜란드, 잉글랜드, 그리고 세속주의의 부흥

교훈 5에서 우리는 여러 세기 전에 가톨릭 신정 정치와 프로테스탄트 신정 정치 사이의 투쟁이 새로운 통치 유형 ─ '관용적'이거나 '세속적인' 통치체제 ─ 의 승리로 끝나는 것을 보았다.[4] 서구에서 세속주의는 17세기에 나타났으며, 18세기에는 지배적인 흐름이 되었다. 정치권력으로서 세속주의가 갖는 특이한 점은 사회의 종교적 구성의 변화에 대해 무관심하다는 점이다. 가톨릭 군주가 한 때 그의 왕국에서 개신교가 성장하는 것을 그의 권위에 대한 위협으로 보았는데, 이제는 그것을 유감스럽긴 해도 자신의 영향력 및 권력과는 무관한 것으로 볼 수 있게 되었다.

새로운 세속주의 통치체제는 "종교는 사회를 결합하는 끈(riligio vincula societatis)"이라는 옛 관념을 포기하고 그 대신 다른 사회적 끈들 ─ 국왕이나 헌법에 대한 또는 국가에 대한 충성 ─ 을 찾게 됨으로서 종교에 무관심해질 수 있었다. 군주정일 수도 공화정일 수도 있었던 이 새 통치체제는 종교에 대해 처음에는 관습 면에서 그리고 점점 법률적으로 관대한 태도를 보였다. 이 같은 시대의 초기에 세속주의 통치체제는 다른 교회들에 비해 어느 한 교회에 특전을 주었다는 점에서 여전히 신앙고백주의적이었다. 그러나 그 체제는 국교 반대파 교회들, 다른 종교 신자들, 그리고 (마침내) 무신론자들에게도 관습의 자유를 허용했다.

16세기와 17세기의 종교 투쟁 기간 내내 여러 군주들은 잠정 조치(modus vivendi)로서 종교적 관용을 베풀려고 노력했다. 신성로마제국 황제들, 프랑스의 국왕들, 그리고 다른 나라의 군주들은 종종 공식적 교파에 대한 반대파들이 대체로 엄격한 범위 내에서 자유롭게 그들의 종교 활동을 할 수 있게 포고령을 내리곤 했다. 이 포고령에서 중요한 것은 황제나 군주들이 필요하다고 생각할 땐 언제든 파기할 수 있었다는 점이다. 그리고 그 포고령들이 결국 모두 파기되었다. 가장 악명 높은 것은 그 시대 말기인 1685년 루이 14세가 낭트 칙령을 철회하고 위그노(칼뱅파)에 대한 박해를 다시 시작한 것이었다.

심지어 유럽의 많은 가톨릭교도마저 루이 14세의 이 파기 행위를 비난했는데, 한 가지 이유는 많은 사람들이 종교 박해는 이제 더 이상 수용해서도 안 되고 생산적이지 못하다는 인식을 갖고 있었기 때문이었다. 오늘날 우리들은 이 같은 인식을 도덕적 진보로 간주하는데, 실제로 그러하기도 하다. 그러나 어떻게 유럽인들이 점점 더 그러한 관용을 지지하게 되었는지에 관한 이야기는 국가의 힘과 부에 관한 — 특히 훨씬 작은 신생국으로 이 수십 년 동안 덩치보다 훨씬 큰일을 한 나라, 즉 네덜란드 연합주에 관한 — 이야기다.

교훈 5는 네덜란드가 어떻게 세속주의를 제도화한, 즉 관용을 모든 사람들이 수용하거나 적어도 적응할 만한 일종의 규칙으로 만든 최초의 나라가 되었는지에 관해 자세히 이야기했다. 세속주의는 점진적으로 출현했으며 가톨릭과 프로테스탄트 사이에, 그 후엔 프로테스탄트들 사이에서 많은 투쟁을 겪은 후에야 생겨났다. 그러나 17세기 초엽에는 그곳에서 관용이 제자리를 잡고 있었다.

교훈 6은 네덜란드의 세속주의의 분명한 성과를 설명하고 있다. 1700년에 고작 180만 명의 인구를 가진 — 당시 영국은 900만, 프랑스는 1,900만 명이었다 — 네덜란드가 진정한 강대국 반열에 오른 것이다.[5] 그들은 함대를 인도양, 일본, 북아메리카(현재의 뉴욕), 브라질과 카리브 해에 파견했다. 네덜란드 함대는 1628년에 쿠바에서 출발한 스페인의 은 수송 함대 전체를 포획했다. 신생 네덜란드는 포르투갈을 제치고 유럽의 대 아시아 무역 1위 자리를 차지했다. 그들은 일구어낸 부의 일부를 육군과 해군 양성에 사용했다. 표 6.1은 1670년의 네덜란드 상선대(商船隊)와 군대를 당시 유럽 강대국들의 그것과

표 6.1 1670년의 유럽의 상선대와 군대

국가	상선대	군대
네덜란드	568,000	110,000
잉글랜드	260,000	15,000
프랑스	80,000	120,000
러시아	-	130,000
스페인	250,000	70,000

자료: Maddison, *The World Economy*, pp. 78~79.

비교한 것이다.

이 신생 공화국은 과학과 고등교육에서도 빠른 진보를 보였다. 스페인 통치 아래서 북부 네덜란드에는 대학이 오직 하나뿐이었다[1425년에 개교한 루뱅(Leuven)대학]. 네덜란드 공화국은 그 이후 더 많은 대학들 ─ 라이덴(Leiden, 1575), 프라네커(Franeker, 1585), 하르데르베이크(Harderwijk, 1600), 흐로닝언(Groningen, 1614) 그리고 위트레흐트(Utrecht, 1634) ─ 을 설립했다. 가장 큰 대학인 라이덴은 다른 나라의 학생들에게 인기가 높았다.[6] 17세기는 네덜란드의 황금시대로 알려졌다. 이 작은 국가가 재정적으로 경제적으로 유럽을 압도하며 결과적으로 강력한 해군력을 확보했기 때문이다.

영국이 네덜란드를 모방하다

네덜란드의 부와 힘은 당연히 이 조그마한 나라가 그토록 발전하는 비밀이 무엇인지를 알고 싶어 하는 외국인들의 주목을 끌었다. 네덜란드의 성공 원인을 규명하는 것은 복잡한 일이며, 확실히 이 나라의 종교적 관용 때문으로 한정할 수는 없는 일이다. 그러나 그 시대의 많은 유럽인들이 네덜란드의 성공을 부분적으로 그들의 세속주의 탓으로 돌린 것은 의미심장한 일이다.

특히 자기 나라에서도 적용할 논거를 찾고 있던 다른 나라의 국교 반대자들은 영구적인 종교적 다양화를 이루어내는 네덜란드 방식이 국력 배양에 기여했다고 강조했다. 영국의 침례교파 창건자인 토마스 헬위스(Thomas Helwys)는 더 많은 종교적 관용을 이유로 1608년에 네덜란드로 거처를 옮겼으며, 통치자가 종교를 이유로 누구든 박해하지 않아야 한다고 확신했다.[7] "종교의 자유가 허용되는 나라들을 보시오. 여러분은 하늘 아래 그들보다 더 번영하고 있는 국가가 없다는 것을 알게 될 것입니다"라고 헬위스는 썼다.[8] 윌리엄 브래드퍼드(William Bradford)와 영국 분리주의자들 그룹은 같은 시기에 네덜란드 연합주로 가서 1619년 지금의 미국 매사추세츠 주 플리머스로 이동할 때까지 머물렀다.

분명한 것은 다른 외국인들은 그런 네덜란드 방식을 의심스럽게 보았다는 점이다. 가장 소스라치게 놀란 사람은 프랑스의 루이 14세였는데 그는 네덜란드 연합주의 위상을 끌어내리고 프로테스탄트 정권인 공화정을 뒤집어엎으려고 했으나 결국 실패했다. 유럽의 많은 프로테스탄트들도 네덜란드의 종교적 관용을 거부했다. 장 바티스트 스투페(Jean-Baptiste Stouppe)는 런던에서 한 교회의 목사로 재직한 프랑스 위그노였으며, 청교도 지도자인 올리버 크롬웰(Oliver Cromwell)의 스파이 노릇을 했다. 1672년에 그는 네덜란드를 침입한 프랑스 군의 장교였다. 프로테스탄트인 네덜란드에 대항하여 가톨릭 신자인 루이 14세를 위해 싸우는 것을 두고 공격하는 활자 매체에 대하여, 스투페 대령은 「네덜란드의 종교(La Religion des Hollandois)」(1673)라는 글로 대응했다. 그 글에서 그는 네덜란드는 프로테스탄트 국가가 아니라며 다음과 같이 주장했다. "(이 나라에는) 로마 가톨릭 신자들, 루터교 신자들, 브라운주의파(Brownists), 독립파(Independents), 아르미니위스파(Arminians), 재세례파(Anabaptists), 소치니파(Socinians), 아리우스파(Arians), 열성파(Enthusiasts), 퀘이커 교도(Quakers), 보렐리스트(Borelists), 모스코비트파

(Moscovites), 리버틴즈(Libertines) 그리고 더 많은 다른 교파들이 있다. ……
나는 (이 나라에 사는) 유대인, 터키인, 그리고 페르시아인에 대해서는 아직
말도 꺼내지 않고 있다."9 스투페는 자유로운 사고를 지닌 유대인 철학자 베
네딕트 스피노자(Benedict Spinoza)가 종교는 사회적 또는 정치적 목적을 위
해 만들어졌다고 주장하는 책을 출판하도록 네덜란드 정부가 내버려둔 것을
알고는 경악했다. "몇 년 전에 [스피노자는] 라틴어로 『신학-정치 논고
(Theological-Political Treatise)』라는 제목의 책을 썼다. 그 책에 나타난 그의
주된 목적은 모든 종교들, 특히 유대교와 기독교를 소멸시키고 자유사상, 무
신론, 그리고 모든 종교의 자유화를 도입하는 데 있는 것처럼 보인다." 네덜
란드 정부가 스피노자를 자유롭게 활동하도록 내버려둔 것은 그들이 종교보
다는 상업을 우선시하기 때문이라고 스투페는 생각했다.10

군인인 스투페가 종교적 충실성에 호소하고, 반면에 목사인 헬위스는 국
력에 호소하는 것이 아이러니하다. 결과적으로 네덜란드 군은 1678년에 스
투페가 속한 프랑스 군을 격퇴했다. 이를 포함한 여러 이유들 때문에 실용적
인 실무가들은 헬위스의 주장이 훨씬 더 설득력이 있다고 생각했다.

헬위스의 주장을 더 크게 채택한 사람은 윌리엄 템플 경(Sir William
Temple, 1628~1699)이었다. 문필가이며 성공한 외교관이었던 이 영국인은 네
덜란드 연합주를 숭배한 사람이었으며, 더빗(De Witt)의 친구였을 뿐 아니라
네덜란드의 국가 수반인 오렌지 공 윌리엄(William of Orange)의 친구이기도
했다.11 템플 경은 영국과 네덜란드가 무역권을 둘러싸고 벌인 세 차례의 전
쟁 중 하나가 벌어지고 있을 때인 1673년에 『네덜란드 연합주에 대한 관찰
(Observations upon the United Provinces of the Netherlands)』을 출판했다. 이
책은 거의 전적으로 네덜란드에 공감하는 내용이었으며, 템플 경은 한 장(章)
전체를 종교에 할애했다. 그는 강제력으로 한 나라의 종교를 바꾸려 하는 것
은 "폭력, 억압, 잔학, 강탈, 무절제, 불의, 그리고 요약컨대 비참한 유혈 사

태, 사람들 간의 법률, 질서 및 도덕의 혼란"을 수반한다는 점에 주목했다.[12] 그는 "종교인으로 자칭하는 이들이, 그리고 세상이 그렇게 부르는 이들이, 결코 사람들이 동의한 적 없는 그러한 신앙의 관점에 어떻게 그토록 큰 비중을 두게 되는지, 그리고 사람들이 동의하지 않았던 적이 거의 없는 미덕과 도덕성에는 거의 비중을 두지 않게 되는지" 이해할 수 없었다. 그리고 "왜 국가는 확실한 재산이며 그래서 보편적으로 존중받는 그들의 평화와 질서를, 불확실하거나 다툼의 대상이 되는 견해를 유포하기 위해 전복시키는 모험을 감행하는지"도 이해할 수 없었다. 네덜란드 연합주에서는 그렇지 않았다. 거기서는 심지어 가톨릭이 공공연히 종교 활동을 할 수 있게 비공식적으로 허용되고 있었다. 그래서 그는 이렇게 말한다. "어째서 다른 나라에서는 종교의 차이에 수반되는 모든 폭력과 격렬성이 이곳[네덜란드]에선 모든 사람들이 누리는 보편적인 자유에 의해, 즉 허용이나 묵인에 의해 진정되거나 부드러워지는지, 또한 그렇게 해서 어떻게 파당과 야심이 종교라는 허울을 쓴 채 사심이 개입된 소란을 부추기는 계획에 영향을 미칠 수 없게 되는지 상상하기 어렵다. 지난 150년 동안 기독교 세계가 이 때문에 많은 피를 흘리며 대가를 치렀다."[13] 네덜란드 사람들이 국가에 충성하는 한, 그리고 사회 불안을 조장하지 않는 한, 그들은 그들이 원하는 대로 신을 숭배할 수 있었다. 그리고 이 관용은 네덜란드의 부와 국력을 향상시켰다.

템플은 영국에 동료 집단을 갖고 있었다. 경제학자인 윌리엄 페티(William Petty)는 1690년에 네덜란드의 경이로움에 대한 분석을 담은 『정치 산술(Political Arithmetic)』을 출판했다. 인구가 프랑스의 10분의 1에 불과한 네덜란드가 프랑스보다 "상선대는 9배, 해외무역 규모는 4배, 금리는 절반이었고, 해외자산은 프랑스의 거의 무시할 만한 수준에 비해 상당히 큰 규모였다". 접근이 용이한 해상 항로와 같은 물리적 이점 말고도, 네덜란드에는 상업을 장려하는 법률 체제와 명확한 재산권, 그리고 수익보다 소비에 부과되는 (높은 비율의) 세금과 같은 특유의 제도가 있었다고 페티는 주장했다. 그리고 페티는 네덜란드의 종교적 관용이 숙련된 기술을 가진 기업 정신이 투철한 이주자들을 끌어당겼다는 점에 주목했다. 페티와 동시대 사람인 그레고리 킹(Gregory King)은 1695년 네덜란드 연합주의 주민 1인당 연간 소득이 프랑스나 영국의 1인당 연간 소득보다 2.5배 높아 더 효율적으로 전쟁을 치를 수 있었다고 지적했다.[14]

관용에 대한 호의적인 주장은 영국에서도 수십 년 동안 제기되어 왔다. 다만 17세기 말에 와서야 그것이 진지하게 들리기 시작했다. 템플, 페티, 킹 그리고 몇몇 사람들이 그들의 관찰을 글로 펴내기 이전에 수십 년 동안, 잉글랜드와 스코틀랜드는 고교회파(High Church)* 군주주의자들과 청교도 공화주의자들이 벌인 혹독한 내전(1642~1651)을 겪었다. 스튜어트 왕정이 복고된 후에, 종교적 반대는 억압되어야 한다는, 내전으로부터 내린 결론에 따라 불관용을 고수하는 영국인들이 남아 있었다. 의회에서 연합한 휘그당과 토리당 세력은 아직도 "종교는 사회를 결합하는 끈"이라는, 즉 통합된 영국은 국가에 의해 강화된 단일 형태의 기독교를 가져야 한다는 중세적인 법칙을 믿고 있었다.

그러나 이 구식 견해는 점점 더 수세에 몰렸다. 그 견해와 대치한 첫 번째 사람들은 스튜어트 왕조의 국왕들 자신이었다. 찰스 2세(재위: 1660~1685)는 가톨릭교도에게 의지했으며, 임종 때에 로마 가톨릭으로 개종했다. 제임스 2세(James II, 재위: 1685~1688)는 찰스 2세의 동생이며 후계자로서 가톨릭 신자임을 공식으로 밝혔다. 태연스럽게도 영국을 다시 가톨릭 국가로 되돌리고 싶었던 제임스는 영국 국교회의 특별한 지위를 박탈하려 시도했지만 의회의 반대로 좌절되었다. 1687년에 제임스는 신앙자유령(The Declaration of Indulgence)으로 의회와 정면 대결을 피하면서, 최근의 역사는 영국에서 종교

---

* 로마 가톨릭 교회와 가장 유사한 영국 국교회의 한 파.

의 다양화가 "되돌릴 수 없는 철칙"임을 보여주었다고 주장했다.[15] 다음해에 제임스는 헬위스와 템플과 비슷한 논리로 정당화하며 그의 신앙자유령을 되풀이했다. "우리는 훌륭한 기독교도만이 아니라 이 나라의 **부와 국력을 증대**하는 데 관심 있는 사람이면 누구나 여기에 참여할 것이라고 결론을 내려야 한다. 만약 그 어느 나라보다도 가장 진보할 능력이 있고 세계의 교역을 지휘할 수 있는 이 왕국에 양심의 자유가 정착되면, 이웃 국가들 중 현재 그 막대한 이익의 일부를 잃게 될지도 모를 어떤 나라는 아마도 손해를 감수하게 될 것이다."[16] 바꾸어 말하면, 네덜란드의 이익은 부분적으로 그들의 종교적 관용에 달려 있고, 만약 영국이 그 전례를 따르게 되면, 기울어진 운동장을 평평하게 할 수 있다는 것이다.

영국 역사를 배우는 모든 학생들이 알고 있듯이, 당시 모든 부류의 영국 국교도는 제임스 2세가 관용을 이용하여 영국을 다시 가톨릭 국가로 만들려 하고 있으며, 그의 후원자인 프랑스의 루이 14세처럼 절대군주가 되려는 것이 아닌지 의심했다. 1688년에 제임스 2세는 자기가 폐위되었음을 알고는 프랑스로 망명했으며, 그의 왕위를 대체한 것은 다른 누구도 아닌 네덜란드 국가수반이던 오렌지 공 윌리엄이었다. 아이러니하지만 당연하게도, 영국의 새국왕 윌리엄 3세(William III)가 된 오렌지 공은 제임스 2세가 추진했던 것과 같은 종교 정책, 즉 관용 정책을 펴기 위해 재빨리 의회를 압박했다. 윌리엄 3세가 이렇게 했던 것은 두 가지 이유, 즉 그가 네덜란드인이었고, 그리고 그가 브리티시 제도로부터 가톨릭을 추방하려 한다고 선동하는 루이 14세에 맞설 필요가 있었기 때문이다.[17]

일단 영국의 왕위에 오른 윌리엄 3세는 의회가 종교적 관용을 충분히 베풀 준비가 되어 있지 않음을 알았다. 의회와의 타협 결과가 바로 마지못해 만든 1689년의 관용령(Toleration Act)이다. 이는 영국 국교에 특전을 인정해주면서도 국교에 반대하는 프로테스탄트들 — 퀘이커 교도, 장로파 교도, 침례파 교도, 그리고 독립교회파 교도 — 이 설교하고 예배당을 짓도록 허용했다. 가톨릭 교도와 유대교도는 이 관용령 적용 대상에 포함되진 않았지만, 윌리엄 3세는 왕의 특권으로 판사에게 명하여 그들의 종교 활동을 억제하지 않도록 했다.[18] 영국에서 충분한 종교적 자유는 비국교도가 마침내 공직에 채용되고 케임브리지와 옥스퍼드 대학의 구성원이 될 수 있었던 19세기 초까지는 실현되지 않았다. 그러나 1689년의 중요성은 반박의 여지가 없다. 그 해에 영국은 종교적 관용이라는 새로운 정치체제의 또 다른 전형이 되었던 것이다. 그리고 그 사례는 네덜란드 연합주보다 훨씬 더 흡인력이 강했다.[19]

프랑스가 영국을 모방하다

18세기 초 영국의 성공으로 훨씬 더 많은 유럽인들이 세속주의의 장점을 고려하지 않을 수 없었던 만큼, 이야기는 계속된다. 영국과 프랑스 사이라고 해서 그 이야기의 대조점이 더 현저히 나타날 수는 없었다. 1685년에 루이 14세는 87년에 걸쳐 프랑스의 위그노에게 취해온 공식적인 관용 조치인 낭트 칙령을 폐지했다. 그는 프로테스탄트 교회를 파괴하도록 명령하고, 프로테스탄트 성직자들을 추방했으며, 프로테스탄트 교도 아이들에게 강제로 가톨릭 영세를 받게 했다.[20] 프랑스의 강력한 군대로부터 이른바 용기병대(dragonnade)가 구성되어 프로테스탄트에 대한 박해를 실행하고자 했다.* 프로테스탄트의 이민은 금지되어 있었지만, 1700년까지 약 30만 명의 위그노 교도가 프랑스를 떠나 영국, 네덜란드, 독일, 북아메리카 및 그 밖의 지역으로 이주했다.[21] 루이 14세가 낭트 칙령을 폐지한 것은 통일된 사회는 그의 왕국 전역에서 종교적 순응에 기초한다는 오래된 신념 때문이지, 로마 가톨릭 성직자단에 대한 헌신 때문

---

* 기마병들을 시켜 위그노를 말살하려 한 이른바 '용기병 박해(龍騎兵迫害, 1683~1686)'를 뜻한다.

은 아니었다. 그리고 알려진 바와 같이 낭트 칙령의 폐지는 프랑스에서는 가톨
릭 주교들로부터 농부에 이르기까지 평판이 좋았다.[22]

하지만 그 폐지로 인해 일어난 잔학성과 수난은 프로테스탄트 유럽을 소
름끼치게 했다. 시간이 지나면서 이 급격한 반동은 프랑스 자신에게 되돌려
졌다. 또한 프랑스의 여론의 반전은 낭트 칙령 철회가 실질적으로 프랑스를
강화시킨 것이 아니라 약화시켰다는 분명한 증거였다. 1689년에 프랑스의
육군 원수인 마르키스 드 보방(Marquis de Vauban)은 그 폐지 조치를 왕국의
절대 손실로 평가했다. 귀중한 위그노 출신 인력과 자산이 프랑스를 떠났으
며, 수많은 훌륭한 해군 병사들과 육군 병사들, 아마도 600명의 장교들과 1
만 2천 명의 사병들도 그 나라를 떠났다. 그리고 보방은 덧붙이기를, 폐지 조
치는 영국의 윌리엄 왕을 유럽의 분노한 프로테스탄트 절반을 위한 국제 투
사로 만듦으로써 그에게 주는 선물이 되었다고 했다.[23] 독일의 철학자며 수
학자인 고트프리트 빌헬름 라이프니츠(Gottfried Wilhlm Leibniz)는 훗날, 루
이 14세의 낭트 칙령 폐지는 유럽 역사의 전환점이 되었다며 이렇게 썼다.
"사상의 움직임을 결정하는 시기를 주장할 수 있는 것이라면, 1685년은 반종
교개혁이 승리하기 위한 노력의 절정을 기록한 해이다. 그 이후로 조수의 변
화가 일고 있다. …… 현재로선 우리 자신의 이단보다 무신론 및 이신론[理神
論(Deism)]*과 항쟁하는 데에 좀 더 전념할 필요가 있다."[24]

라이프니츠가 말한 바는, 점점 숫자가 늘고 있는 유럽의 엘리트들이 보기
에는, 폐지 조치에 뒤이은 야만이 정통 기독교 그 자체의 신뢰성을 무너뜨렸
다는 뜻이다. 18세기에 프랑스에서는, 유대계 스페인 사람이었다가 네덜란
드인으로 전향한 스피노자 같은 이들의 사상이 엘리트들 사이에 뿌리내리기

---

* 초월적인 계시나 신비가 아닌 합리적 이성에 부합하여 성서를 비판적으로 이해하고 신앙의
  진리를 파악하고자 했던 계몽주의 시대의 대표적 신론이자 사조.

시작했다. 가장 영향력 있는 프랑스 사상가였던 볼테르(Voltaire)는 1722년에 네덜란드를, 1726년엔 영국을 방문했다. 1723년에 볼테르는 1598년에 낭트 칙령을 발표한 앙리 4세를 찬양하는 서사시 『앙리아드(La Henriade)』를 출판했다. 『철학서간(Lettres philosophiques)』(1733)에서 보이는 볼테르의 영국 관찰은 그로부터 61년 이전에 영국인 템플 경이 쓴 네덜란드에 대한 관찰 기록을 읽는 것 같다. "영국은 반국교도의 나라라고 해야 옳다. 내 아버지의 집에는 거처할 곳이 많다(Multae sunt mansiones in domo patris mei: 요한복음 14.2). 영국인이라면 자유를 아주 자연스런 것으로 여기는 만큼 천국에도 자기 나름의 방식으로 가게 될 것이다. …… 만약 영국에서 어느 한 종교만이 허용되었다면, 영국 정부는 십중팔구는 아마도 제멋대로 전횡을 부렸을 것이다. 만약 영국에 종교가 둘만 있었다면, 국민들이 서로들 맹렬히 싸웠을 것이다. 그러나 영국엔 많은 종교들이 있어서, 그들은 모두 행복하게 그리고 평화롭게 살아가고 있다."[25] 볼테르와 프랑스의 다른 엘리트들 역시 우려하는 마음으로 대영제국(Great Britain: 1707년에 잉글랜드와 스코틀랜드가 합쳐 형성되었다)이 부와 국력에서 어떻게 프랑스를 앞지르고 있는지에 관하여 쓰기 시작했다. 프랑스의 통치자들은 볼테르의 이신론을 받아들이진 않았지만, 18세기가 진전되어 감에 따라 왕권은 가톨릭 교회의 정통 교리를 강요하는 걸 거의 중단했다.[26]

점점 세속주의가 승리해갔다. 대부분의 유럽인들은 독실한 기독교인으로 계속 남았지만, 종교적인 순응과 정치권력 사이의 고리가 느슨해졌다. 혁명가들은 더 이상 국가의 공인된 종교의 변화를 모색하지 않았다. 각국 정부는 더 이상 기독교의 경쟁적인 분파의 성장으로 위협받지 않았다. 그리고 이 심대한 변화가 일어난 것은, 대부분 공식적으로 종교적 관용을 실행하기 시작한 국가들 — 처음엔 네덜란드, 다음엔 영국 — 이 그렇게 하지 않은 국가들 — 프랑스, 스페인, 오스트리아 등 — 보다 명백히 더 우수했기 때문이다.

대영제국과 자유주의적 보수주의의 승리, 1870년대

2세기 후, 절대군주정, 입헌군주정, 그리고 공화정 사이의 수세기를 끈 투쟁은 이 세 가지의 느슨한 혼성 체제 — 때때로 자유주의적 보수주의 또는 입헌주의로 불리는 — 의 등장으로 끝을 맺었다. 대부분의 유럽 국가들은 중앙집중화한 강력한 행정부 — 군주 또는 대통령 — 를 유지하는 통치체제로 스스로를 개혁했지만, 선거로 구성되는 입법 기관에게 그 행정부를 제약하는 권한을 인정했다. 자유주의적 보수주의의 승리는 부분적으로는 그것을 가장 잘 구현한 국가, 즉 영국의 뚜렷한 우월성에 의해 가능했다.

유럽 대륙을 휩쓸며 정부와 왕조들을 무너뜨린 1848년 혁명은 영국을 거의 건드리지 않았다. 프랑스 혁명과 절대주의자들의 반동적 정책 모두에 반대되는 입헌군주국으로서 영국은 열강들 사이에서 오랫동안 유난히 두드러졌다. 영국의 입헌주의는 네덜란드의 세속주의를 영국에 더 어울릴 법하게 만들어놓은, 바로 그 요란했던 17세기의 사건들을 겪으면서 생겨났다. 잉글랜드, 스코틀랜드, 그리고 아일랜드에서의 종교적 갈등과 연결되어 있는 것은 스튜어트 왕조의 국왕들이 강력히 요구해온 절대군주정과 청교도가 선호한 공화주의를 둘러싼 갈등이었다. 1688년 오렌지공 윌리엄의 침입으로 엄청난 충격을 받은 영국은 단호하게 그들의 역사적인 그리고 번잡한 종류의 군주정으로 회귀했는데, 여기서 통치권은 의도적으로 모호하게 되어 있었다. 즉, 통치권은 "의회의 왕에게" 속해 있다는 식이었다. 영국의 불문헌법은 국왕, 귀족, 평민 사이의 균형 유지를 추구하고 있었다.[27]

네덜란드와 영국의 세속주의가 18세기를 거치며 점진적으로 승리를 거둔 반면, 영국의 입헌군주정은 그렇지 않았다. 1770년대까지 대부분의 유럽 엘리트들은 프랑스의 절대군주정 모델에 계속 기대를 걸었다. 어떤 이데올로기가 승리할지는 1770년대에서 1860년대를 거치며 초국가적인 갈등이 벌어지는 동안에는 전혀 분명하지 않았다. 그러나 그 갈등이 끝나가면서 점점 절대군주주의자들이 그 명칭이야 무엇이든 상관없이 개혁적인 보수 통치체제의 우월성을 인정하기 시작했다. 1830~1831년 혁명이 프랑스의 부르봉 왕조를 무너뜨렸고 네덜란드, 독일, 이탈리아와 폴란드의 정권을 비틀거리게 했다. 영국도 조용할 수만은 없었다. 영국 도시들에서도 역시 급진파들이 혁명을 부르짖고 있었다. 그러나 영국의 급진주의는 결코 그렇게 급진적이지 않았다. 더 자유롭게 공개적으로 말하고 글을 쓸 수 있다는 바로 그 이유 때문에, 많은 급진적인 엘리트들이 주류 정치에 참여하기로 선택한 것이었다. 존스튜어트 밀(John Stuart Mill)과 윌리엄 코빗(William Cobbett)의 저술은, 대륙의 많은 국가들에선 제한 범위를 벗어난 문제가 될 보통선거권과 같은 문제들을 들고 나와 고찰했다.[28] 그리고 영국의 제도는 다른 결과들도 생기게 했다. 대륙의 대부분의 통치자들은 자유주의자들과 급진주의자들을 억압하고 있었던 반면, 영국은 선거권을 확대하고 왕실로부터 의회로 효율적으로 권력을 이양하는 1832년의 선거법 개정(Great Reform Act of 1832)을 진행하고 있었다.

카보우르 백작 카밀로 벤소(Camilo Benso)는 영국의 통치체제를 선망한 영향력 있는 정치 엘리트였다. 이탈리아 반도의 주요한 주였던 피에몬테의 귀족 카보우르는 1840년대와 1850년대에 유럽의 지도적인 정치가 겸 언론인이 되었다. 피에몬테 정계에서 카보우르는 합리성을 향한 인류의 점진적인 진보를 믿는 자유주의자로서 출발했다. 그의 초기 정적은 절대주의자들이었으며 교회와 귀족, 이를테면 합스부르크가, 교황, 대지주들의 옛 특권을 지지하는 사람들이었다. 그러나 카보우르는 또한 주세페 마치니(Giuseppe Mazzini)와 주세페 가리발디(Giuseppe Garibaldi) 같은 이탈리아 공화주의자들의 급진주의도 거부했다. 이 공화주의자들은 1790년대의 프랑스에서 자코뱅 당이 했던 것처럼 사회질서를 파괴할 것이라고 카보우르는 주장했다. 그는 1835년 런던에서 만난 프랑스 문필가 알렉시스 드 토크빌(Alexis de Tocqueville)

의 저작을 읽고 감탄했는데, 그 저작이 민주주의를 보증할 만한 확실한 증표였기 때문이었다. 카보우르는 프랑스의 7월 왕정(July Monarchy, 1830~1848), 그리고 무엇보다도 영국의 강건한 정권들이 전형적으로 보여준 **딱 알맞은 중간**(le juste-milieu), 즉 '적절한 중간' 또는 '이상적인 중간'을 선호했다.

토크빌과 가졌던 논쟁에서 카보우르가 영국의 제도를 선망하는 이유가 드러난다. 토크빌은 심각한 계급 간의 분열 때문에 영국에서 폭력적인 혁명이 일어날 것이라고 예측한 반면, 카보우르는 (예언자처럼) 평화적인 개혁을 예측했다. 어떤 역사가는 이렇게 말했다. "영국에 대한 카보우르의 깊은 존경심이 카보우르로 하여금 영국인들은 혁명의 트라우마를 피할 수 있을 만큼 충분한 도덕적·정치적 힘을 가졌다고 확신하게 만들었다. 그의 영국에 대한 감탄은 영국이 항상 실질적으로 가능한 것인지 심사숙고하고, 유토피아적인 꿈을 좇지 않는다는 믿음에서 비롯했다. 영국인들은 다른 나라 사람들보다 말을 적게 한다고 카보우르는 말했지만, 그러나 그들은 더 많은 것을 행했다."[29] 그럼에도 카보우르의 본국인 피에몬테는 절대군주정이었던 만큼, 그다음 여러 해에 걸쳐 카보우르는 공개적으로 영국의 제도를 칭찬하는 사람으로 악평을 얻었다.[30] 1848년의 혁명은 마침내 카보우르와 그의 동료들에게 피에몬테를 입헌적인 방향으로 끌고 갈 기회를 주었다. 그들은 국왕 카를로 알베르토가 공화주의 혁명을 피하기 위하여 성문헌법에 의존할 수 있도록 도왔다.[31] 피에몬테의 수상(1852~1861)으로서 카보우르는 이탈리아의 부흥(Risorgimento) 또는 이탈리아 통일 전쟁을 도모하는 일을 도왔다. 통일된 이탈리아는 피에몬테의 헌법과 그 첫 수상인 카보우르에서 계승되었다.

다른 유럽 국가들에게도 영국 모델은 참조할 만했다. 이는 영국이 혁명을 불러올 불만에 직면하고서도 매우 탄력 있는 체제임을 보여주었기 때문만은 아니다. 작은 섬나라인 영국은 그 시절에 가장 큰 제조업 생산력을 소유한, 그리고 역사상 가장 큰 제국을 소유한 세계에서 가장 부유한 국가가 되어 있

표 6.2 1830년과 1860년의 세계 제조업 생산의 상대적 비율

국가	1830년	1860년
대영제국	9.5%	19.9%
러시아	5.7%	7.0%
프랑스	5.2%	7.9%
프러시아	3.5%	4.9%
오스트리아	3.2%	4.4%

자료: Kennedy, *The Rise and Fall of the Great powers*, p. 149.

표 6.3 1820년과 1870년 유럽 주요 국가들의 GDP 및 1인당 GDP

(단위: 미국 달러, 괄호 안은 1인당 GDP)

국가	1820년	1870년
대영제국	36.2백만(1,707)	100.2백만(3,191)
러시아	37.7백만(689)	83.6백만(943)
프랑스	38.4백만(1,230)	72.1백만(1,140)
프러시아	26.3백만(1,058)	71.4백만(1,876)
오스트리아	4.1백만(1,218)	8.4백만(1,863)
네덜란드	4.2백만(1,821)	10백만(2,753)

자료: Madison, *The World Economy*, pp. 184~185.

었다. 표 6.2는 19세기가 경과하면서 나타난 세계 제조업 생산의 상대적 비율을 경향적으로 보여준다.

전체적인 부에 관한 한 역시 영국이 다른 나라들을 능가했다. 표 6.3은 1820년과 1870년 당시의 전반적인 국내총생산(GDP) 목록이며 괄호 안은 1인당 GDP이다.[32] 이 표는 두 분야 모두에서 영국이 모든 경쟁 국가들을 앞서고 있음을 분명히 보여준다. 특히 인상적인 것은 1인당 GDP의 수치이다.

이때는 영국의 지배에 의한 평화, 즉 팍스 브리타니카 시대였다. 영국 해군이 주요 해상로를 열어주었고, 어느 한 국가가 유라시아 대륙의 광활한 땅을 지배하는 것을 막아주었다. 오늘날의 정치경제학자들은 빅토리아 시대의

영국을 세계경제의 패권국 — 세계경제의 원활한 작동에 필요한 공공재를 공급한 강대국 — 으로 인정한다.[33]

17세기의 네덜란드처럼, 19세기의 영국은 한층 두드러진 자질을 타고난 더 큰 국가들을 능가하는 놀라운 성공 사례였다. 외국인들은 영국이 어떻게 그것을 해냈는지 알고 싶어 했다. 이에 대한 대답은 종류가 많고 복잡하다. 그러나 영국을 연구하는 학자들은 그들이 다룰 수 있는 문제들을 정했으며, 그중 하나는 급진주의를 다루는 방법이었다. 급진주의를 끌어들여 온건하게 만드는 옛 영국의 방식이 한때는 귀족정치에 위험한 것으로, 그리고 중간 계급에게는 받아들이기 어려울 정도로 느린 것으로 생각되었으나, 이젠 가장 좋은 선택지로 보였다.

미국과 민주자본주의의 우월성, 1980년대

20세기의 이데올로기적 경색 국면의 종결은 마지막 사례인 영국의 것에 더 가까웠다. 다만 그 결과가 훨씬 더 분명했다는 점이 예외이다. 민주자본주의라는 하나의 경쟁자가 간단히 승리했다. 파시즘은 1945년 나치 독일의 참패와 함께 신들의 황혼(Gögotterdämmerung)*을 맞았고 공산주의와 자유민주주의를 지속적인 싸움에 내맡겼다. 40년 후에는 정체에 빠진 소련이 대부분의 다른 공산주의 국가들처럼 서구 모델을 모방하기 시작했다. 1991년 소련이 붕괴할 때까지 공산주의는 몇 년 동안 빈 껍질 같은 것이었다.

앞서 여러 장에서 보았듯이, 공산주의가 패배하리라는 전망은 항상 분명

---

* 바그너의 오페라 〈니벨룽겐의 반지〉 제3막의 제목. '신들의 황혼'이란 뜻으로 여기서는 체제 붕괴를 뜻한다.

표 6.4 1970년과 1980년 사이에 나타난 초강대국들의 경제성장

	미국 1970~1980년	소련 1970~1980년
GDP	3.1조~4.2조 달러	1.3조~1.7조 달러
GDP 성장(10년)	35.5%	30.7%
1인당 GDP 성장(10년)	23.6%	15.3%

자료: Data set from the Maddison Project, http://www.ggdc.net/maddison/maddison-project/home.htm

그림 6.1 1950~1990년, 미국과 소련의 1인당 GDP 성장

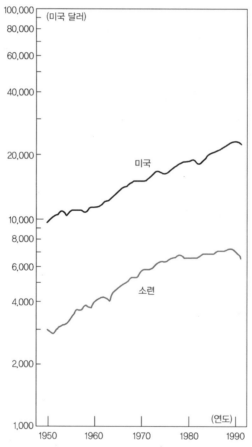

자료: Maddison, *The World Economy*, p. 133.

한 것은 아니었으며, 더구나 1980년대에 그렇게 되리라는 전망은 훨씬 희박했다. 1950년대와 1960년대에 소련의 경제성장률은 미국을 압도했다. 1970년대에 서구인들은 물가가 계속 오르면서도 실업이 늘어나는 새롭고도 비참한 이중고라 할 경제 스태그플레이션에 사로잡혀 있었고, 특히 미국인들은 베트남에서의 패전에 따른 충격과 워터게이트 트라우마를 겪고 있었다. 그러나 소련 지도자들이 그들의 체제가 정체되어 있었다는 것을 인정하기 시작한 때도 바로 그 1970년대였다. 표 6.4는 1970년과 1980년 당시 두 초강대국의 GDP, 1인당 GDP, 그리고 연간 평균 GDP 성장률을 비교하고 있다. 그림 6.1은 양 초강대국의 1인당 GDP를 시간의 흐름에 따라 그래프화함으로써 GDP 성장의 비교 수치를 묘사하고 있다(수직 눈금은 편의를 위해 단순 비례형이 아닌 로그화된 수치다).

미국과 소련의 수치와 곡선의 차이는 두드러진 점을 보여주지 않을 수도 있지만, 그것들은 중요한 이야기를 해준다. 전체 GDP와 1인당 GDP 둘 다 미국은 1970년대를 더 부유하게 시작하여 더 부유하게 끝냈고, 그리고 소련도 마찬가지로 성장했다. 그러나 소련 경제는 다소 더 느린 속도로 성장했고, 그리고 이미 미국보다 훨씬 뒤처져 있다. 그래프를 보면 1950년대에 소련의 곡선은 미국보다 훨씬 더 가파르고, 1960년대에는 미국보다 약간 더 가파르다. 그러나 1970년대에 소련은 더 편평해지는 반면 미국은 1973년의 경기 후퇴에도 불구하고 1960년대와 거의 똑같은 경사로 계속 상승하고 있다.

비록 미국과 서구의 경제성장이 1970년대에 둔화되면서 미국의 경기 침체에 관한 출판물의 붐으로 이어질 정도였지만, 같은 시기에 소련의 경기 침체는 훨씬 더 심각했다(그리고 더 많은 것이 감춰졌다). 생각하기에 따라선 낯선 이야기일 수 있지만, 워터게이트, 베트남 패전, 레저용 의상, 그리고 디스코 음악으로 상징되는 바로 그 10년은 마침내 미국이 결정적으로 소련을 따돌리기 시작한 시기였다.[34]

이 같은 상대적인 국가 성장의 추세는 그것이 1950년대와 1960년대에 존재했던 소련과 온 세계 대부분의 공산주의자들의 강한 기대를 좌절시키고 그리고 서구인들의 공포를 잠재웠기 때문에 중요했다. 1950년대와 1960년대에 미국 경제는 빠르게 성장하고 있었지만, 소련 경제는 훨씬 더 빠른 속도로 성장했다. 시간이 지날수록 국제관계를 가르치는 우리 같은 사람들에게는, 학생들에게 소련이 한때는 정말 터무니없게도 진짜 초강대국이었다는 것을 납득시키기가 점점 더 어려워진다. 1956년에 소련 수상 니키타 흐루시초프는 "우리가 당신들을 묻어주겠다"(장례를 치러주겠다)라고 큰소리를 쳤다. 1961년에 그는 20년 이내에 소련 경제가 미국 경제를 능가할 것이라고 예측했다. 물론 1991년에 결국 땅에 묻힌 것은 바로 소련이었다. 그러나 30년 전에 흐루시초프의 허세 부리기는 너무나 현실적이고 위협적이었다. 그때와 지금 사이에 일어난 사건은 1970년대에 두 나라 간의 성장 추세가 서로 엇갈린 것, 그리고 1980년대에 소련이 그 자신을 소멸시킬 정도로 개혁을 한 것이다.

소련이 공산주의를 포기하게 된 이야기는 잘 알려져 있다. 1984년 말에 소련 공산당 중앙위원회는 계속되는 내리막 추세를 필사적으로 역전시켜보려고 이름난 개혁가인 미하일 고르바초프를 차기 당의장으로 선출했다. 고르바초프의 개혁은 그의 엘리트 지지자들 대부분이 상상했던 것보다 더 잘 진행되어갔다. 그와 그의 일파는 정책에 대한 자유 토론—개방(glasnost)—을 촉진하고 소련 경제의 구조 개혁(perestroika)을 계속 밀어붙였다. 개혁가들의 목표는 대체로 미국식 자본주의적 민주주의가 아닌 사회민주주의적인 소련이었다. 우리가 보기에 중요한 것은 고르바초프와 그의 일파가 마르크스-레닌주의를 포기하고 스웨덴식 정치경제 모델에 가까운 어떤 것을 추진하려한 점이다.

소련은 공산주의의 대의를 폐기함으로써 이 초국가적인 공산주의를 두 가지 방식으로 중지시켰다. 첫째, 고르바초프는 세계 다른 지역의 공산당들에 대한 물질적 원조를 정말로 중단했다. 불가리아 공산당, 쿠바 공산당, 앙골라와 엘살바도르의 마르크스-레닌주의 게릴라들, 심지어 아일랜드 공화군 급진파 등에 홀로서기를 하라며 원조를 끊은 것이다.[35] 일부 좌익 그룹들은 자금 조달을 위해 범죄를 저지르기도 했다.

둘째, 소련의 실패가 공산주의자들의 사기를 저하시켰고, 다른 좌파들로 하여금 공산주의자들과의 제휴를 단념하지 않을 수 없게 했다. 그 이전 수십 년간 소련의 인상적인 성공 ─ 1930년대의 신속한 산업화, 1940년대 나치 독일의 침입 격퇴, 1950년대와 1960년대의 높은 성장률과 세계 정상급 우주 계획 ─ 은 특히 제3세계로 알려진 세계의 많은 국가들에서 소련을 모방하려는 열의를 갖게 만들었다. 여기에, 수많은 엘리트들이 믿었듯이, 국가 건설을 위한 가장 훌륭한 모델이 있었으며, 그 모델은 전제군주의 발뒤꿈치 아래 깔린 대부분 빈궁한 농경 사회(1917년의 러시아)에 안전과 번영 ─ 심지어 초강대국이라는 위상까지 ─ 을 가져다주면서 한편으로는 공평한 부의 분배를 유지하는 국가였다. 1980년대 중반에 이르자 소련인들은 더 이상 그들 자신의 체제를 신뢰하지 않는다는 점이 분명해졌다. 소련은 실패했고 마르크스-레닌주의도 실패했다.

현재로 돌아와서: 이슬람주의와 세속주의

이제 100년째에 접어든 이슬람주의-세속주의의 경쟁이 앞으로 어떻게 판명될지 알고 싶다면, 우리는 서구 역사의 도움에 힘입어서, 경쟁 이데올로기들과 그것들의 상대적인 성과를 구현하는 국가들에게 시선을 돌리게 된다. 참여자와 관찰자들은 시간이 흐를수록 어떤 것이 가장 큰 부와 권력을 가져다줄 것으로 보이는가에 근거하여 무슬림 사회의 가장 훌륭한 통치 유형을 판단할 것이다.

그렇다면, 어느 무슬림 국가들이 그러한 경쟁 이데올로기를 구현하는 본보기일까? 지도 6.1은 2009년 현재 무슬림 세계 전반에 걸친 통치 유형들을 보여준다.[36]

문제는 무슬림들이 "어떤 국가를 가장 높이 평가하는가?"가 아니라 "무슬림들이 생각하기에 어느 국가가 이슬람주의와 세속주의를 좋게든 또는 나쁘게든 구현하고 있는가?"이다. 이에 대한 대답은 간단하지 않다. 사우디아라비아는 항상 이슬람주의적 정치조직체의 모델로 드러났다. 이 나라는 엄격한 형태의 샤리아를 실행하고 있고, 이슬람을 세계에 전파한 아랍의 본고장에 자리 잡고 있다. 사우디 국왕은 '메카와 메디나에 있는 두 거룩한 사원의 수호자'라는 공식적인 칭호를 갖는다. 수십 년 동안 사우디는 탁월한 양식의 모스크와 학교(마드라사)를 통해 이슬람의 와하비 양식을 온 세계에 보급해왔다. 질 케펠은 특히 1970년대에 사우디의 석유 자산이 새롭게 이 나라를 중동의 명망 국가로 만들었다며 이렇게 쓰고 있다. "무슬림들에게, 석유 전쟁에서 사우디아라비아와 그 동맹국들이 거둔 성공은 상징적인 중요성을 가졌으며, 대체로 전 세계에 다가오는 이슬람의 승리를 알리는 알라의 신호로 보였다."[37]

그러나 사우디아라비아가 국경 밖 많은 무슬림들 사이에서 본보기의 위상을 누리고 있는지는 결코 분명하지 않다. 사우디의 이슬람주의 신임장에 대한 최초의 심각한 공격은 1979년의 이란 혁명과 함께 왔다. 아야톨라 호메이니와 그의 동료들인 시아파 이슬람주의자들은 이슬람주의 본보기의 지위를 떠맡기 위해 신뢰할 만한 노력을 했으며, 실제로 이집트 무슬림형제단 ─ 사우디가 후원해온 강력한 수니파 이슬람주의자 단체 ─ 은 새로운 이란 정권을 환영하고, 호메이니를 새로운 칼리프 국가의 이맘으로 선언하려는 생각까지 했다.[38] 두 번째 주요한 공격은 1990년대에 오사마 빈 라덴으로부터 왔다. 1980년대에 아프가니스탄에서 사우디의 자금 지원을 받았던, 한때 사우디 국민이

지도 6.1 세계 무슬림 국가들의 통치 유형

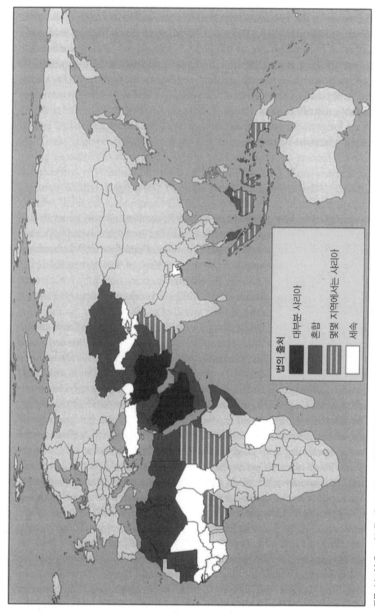

범의 출처
- 대부분 샤리아
- 혼합
- 몇몇 지역에서는 샤리아
- 세속

자료: John M. Owen IV, *The Clash of Ideas in World Politics: Transnational Networks, States, and Regime Change, 1510-2010*(Princeton, Princeton University Press, 2010).

기도 했던 빈 라덴은 1991년에 그의 왕에게 등을 돌렸다. 1990년 8월에 이라크가 쿠웨이트를 점령하고 사우디아라비아를 침략할 것으로 보였을 때, 빈 라덴은 자신의 조국을 보호하기 위해 자기 휘하의 무자헤딘(이슬람 전사) 파견을 사우디 정부에 제안했다. 그는 아라비아 반도를 지키기 위해 미국인들을 끌어들이는 것은 알라에 대한 완전한 불경이라고 믿었다. 사우디 정부가 그의 제안을 거절했을 때, 빈 라덴은 그들과 절교했다. 마침내 망명한 그는 알카에다를 조직하고 그 후 몇 년 동안 사우디 정권을 무너뜨리려고 애썼다. 온갖 격렬한 의견 대립에도 불구하고 시아파 이슬람주의자인 이란인들과 수니파 이슬람주의자인 알카에다는 사우디 정부는 협잡꾼이고, 부패했으며, 위선적이고, 서구 이교도의 하수인이라는 데 동의했다.

다른 이슬람주의 정권들은 본보기 국가라는 그 최고의 자리를 누리고자 애썼다. 하산 알 투라비(Hassan al-Turabi)가 다스리는 수단은, 탈레반이 아프가니스탄의 대부분 지역을 다스릴 때 했던 것처럼, 1990년대에 본보기 국가로서 위상을 가지려고 애썼다. 하지만 수단과 아프가니스탄은 부와 영토 규모가 모자라는 주변부 국가들이다.

본보기로서의 이란

의심할 여지없이 지도적인 — 아마도 으뜸이라 할 — 이슬람주의의 본보기는 이란이슬람공화국일 것이다. 이란의 지도자들은 그들의 공화국이 시아파와 수니파 양쪽을 망라하는 정치조직체의 **바로 그** 본보기라고 지속적으로 선포해왔다. 적어도 그들의 정책 일부는 이러한 주장을 보강하기 위해 고안한 것으로 보인다. 그들이 오랜 기간 이슬람주의의 본보기로서 위상을 누려온 사우디아라비아에 대한 비난 선전을 1979년 이후 부쩍 늘린 것도 그 때문이다. 이란은 시아 이슬람에 대해서는 이슬람 전체를, 그리고 페르시아 민족성에 대해서는 무슬림의 연대를 강조해왔다. 1989년에 소설가 살만 루슈디(Salmon Rushdie)에 대해 아야톨라 호메이니가 내린 파트와(fatwa)*는 이슬람주의를 대표하여 이란의 신임장을 빛내기 위한 호메이니의 시도였다. 이스라엘에 대한 이란의 강력한 호전성도 비슷한 시각에서 이해될 수 있다. 사우디아라비아가 팔레스타인 사람들의 곤경을 거론하면서도 미국과 제휴를 계속 유지하는 반면, 이란은 공공연히 미국에 도전하고 하마스와 헤즈볼라에 자금을 지원한다.

그렇다면 어떻게 이란은 성과를 내고 있는가? 대체로 보도된 내용들은 뒤섞인 것들이다. 이란에게는 무엇보다도 몇 가지 이점이 주어져 있다. 인구는 7800만 명이고, 세계 네 번째의 석유 수출국이다. 이란은 세계에서 석유 생산이 가장 집중된 지역인 페르시아 만의 최상단에 자리 잡고 있다. 부분적으로는 팔레비 정권하의 현대화로 인해 이란은 산업 경제, 훌륭한 기간시설, 그리고 상대적으로 풍족한 인력 자원을 갖고 있다.

물론 자연의 혜택을 입은 국가는 제대로 성과를 내지 못할 수도 있다. 이슬람주의 정권 아래서의 이란은 전략적인 실수 — 1980년에 전쟁을 걸어오게끔 이라크를 몰아세운 것이 가장 큰 실수였다 — 를 하기도 했지만, 최근 몇 년 동안은 여러 부문에서 인상적으로 과제를 수행해왔다. 이란의 경제 규모는 세계에서 20번째이며, 무슬림 국가로서 이란보다 더 큰 경제 규모를 가진 나라는 인도네시아(16번째)와 터키(17번째)뿐이며, 둘 다 더 큰 나라다.[39]

가장 인상적인 것은 이란이 전략에서 진전을 보인 점이다. 이란은 동맹 네트워크를 구축하기 위해 기술, 이데올로기적·인종적 친화성, 그리고 운을 결합시켜왔다. 이란은 헤즈볼라의 후원자이기 때문에 레바논에 영향력을 행사할 수 있었는데, 헤즈볼라는 남부 지역과 수도인 베이루트의 일부 지구를 장

---

* 이슬람법에 대한 법학자들의 해석 및 그에 따른 결정이나 명령.

악하고 있는 시아파 이슬람주의 조직이다. 이란을 헤즈볼라에 연결시킨 것은 시아 분파인 알라위 파에 기반을 둔 시리아의 아사드 정권과 이란의 밀접한 관계였다. 이란은 또한 가자 지구를 다스리는 팔레스타인의 수니파 이슬람주의자 그룹인 하마스를 지원해왔다. 이란 정권은 작은 나라인 바레인과 사우디아라비아 동부 지역의 시아 다수파와 교감을 나누고 있다. 아마도 가장 중요한 것은 2003년 이후 이웃 이라크에서의 사태 진전일 것이다. 아이러니하게도 미국 주도의 전쟁은 이란의 대적(大敵)인 사담 후세인을 제거해주었고, 그리고 다수파 민주주의가 시행되자 이라크의 시아 다수파들이 권력을 얻게 되었다. 그 정치 정당들 중 하나는 이란에서 조직된 것이다.[40] 이란은 전체적으로 인도양에서 지중해에 이르는 시아파 이슬람 초승달 지대를 구축하려 해왔다.[41] 이라크, 레바논, 그 밖의 여러 지역에서 이란의 영향력을 행사하고 있는 것은 알-쿠드스 군(al-Quds Force)으로, 이는 다른 나라들에서 게릴라들을 훈련시키고 무장시키며 아야톨라 하메네이에게 직접 보고하는 초국가적 단체이다.[42]

둘째, 그리고 이미 이야기한 것이지만, 여러 해 동안 이란은 중동에서 ― 그리고 아마도 세계 전체에서 ― 명쾌하게 울려 퍼지는 반미주의의 중요한 원천이었다. 마무드 아마디네자드, 알리 라리자니(Ali Larijani), 알리 하메네이(Ali Khamenei)와 여러 사람들은 미국의 패권에 대해, 예상할 만하지만 대상이 불분명한 분개를 일으켜 그것을 적절히 이용하는 사람들인 것으로 입증되었다. 이란의 반헤게모니 전략에 대한 신임은 부분적으로 무슬림형제단과 그 분파들을 비롯한 수니파 이슬람주의 그룹들 사이에서 이란 정권이 역사적 명성을 얻는 데 기여해왔다. 다른 나라 ― 베네수엘라, 간혹 러시아와 중국 ― 정부들은 미국의 정책에 날카롭게 비판적일 수 있으며, '다극적인 세계'로의 회귀를 요구할 수도 있다. 그러나 그 정부들은 미국과 계속 거래를 하고 있다. 이란은 북한을 제외한 모든 나라들로부터 거절당하긴 했지만 반미적 순수성을 요구할 수 있었다.

셋째, 이란은 핵 개발을 중지하라는 국제적인 요구에 도전해왔다. 설사 서구 강대국들 및 러시아와의 협상에서 이란이 적극적으로 핵무기를 생산하거나 배치하지 않겠다고 약속한다 하더라도, 그들은 민간용으로 핵연료를 처리할 권리는 계속 주장한다는 점을 분명히 했다.[43] 이란의 '포위 돌파용' 핵능력 개발을 막는 것은 어려울 수도 있다. 즉, 이란은 몇 달 안에 핵폭탄 하나를 개발하기에 충분한 우라늄을 보유하고 있다.[44] 정치학자인 매튜 퍼먼(Matthew Fuhrmann)의 한 연구서는 민수용 핵 프로그램을 진행하고 있는 나라들은 결국 군사용 프로그램을 개발할 가능성이 훨씬 크다는 점을 보여주고 있다.[45] 이란이 어느 시점에 가서 핵무기 보유국에 들지 않을 것이라고 장담하기가 어려울 것 같다.

이란은 약점을 갖고 있다. 그들의 야심은 가까이 또 멀리 있는 적들에 의해 저항을 받고 있다. 가까운 적으로는 이스라엘과 이란의 페르시아 만 이웃인 사우디아라비아가 있는데, 이들은 인구가 훨씬 적지만 석유 매장량이 더 많고, 첨단기술이 뒷받침하는 국방력을 갖고 있으며, 미국의 보호를 받고 있다. 멀리 있는 적들에는 미국이 포함되어 있다. 러시아, 중국, 그리고 서유럽 국가들처럼, 이란에 대해 적개심을 드러내지 않은 국가들마저 이란의 핵개발 프로그램에는 여러 가지로 저항해왔다. 아마도 이란의 가장 큰 문제점은 이란 정권의 국내 정통성 확보일 것이다. 거의 정권을 비틀거리게 했던 2009년 5월의 수상한 선거에 뒤이은 항의는 적어도 도시의 젊은 이란인들 사이에서 하메네이가 얼마나 인정받고 있지 못한가를 즉각 보여준다. 이러한 위협의 여파로 하메네이 정권은 공화국수비대와 함께, 또 개혁론자들에 맞서 결속을 다지고 있는 강경파 성직자들과 함께 더 권위주의적인 방향으로 나아갔다. 이 권력의 중앙집중화는 정권의 수명을 연장시킬 수 있었지만, 이란의 제도가 불안정해 보인다.

그림 6.2 **여러 아랍 국가들의 이란에 대한 여론(2006~2011)**

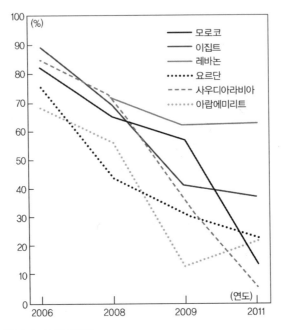

자료: Zogby, "Arab Attitudes toward Iran, 2011."

  이미 이야기했듯이, 아랍 세계에서 이란의 정통성은 특히 아랍의 봄 분출 이후 상처를 입어왔다. 6개 아랍 국가들 ― 모로코, 이집트, 사우디아라비아, 레바논, 요르단, 그리고 아랍에미리트연합 ― 에서 실시한 2011년 6월의 공공 여론 조사는 오랫동안 유지된 친이란 정서의 급격한 반전을 보여주었다. 아랍의 공중은 한때 이란의 미국에 대한 반항을 칭찬하고 핵개발 프로그램을 환영했던 데 반해, 2011년의 여론조사는 이란이 중동의 평화와 안정에 합당한 세력이 아니라는 걱정이 만연해 있음을 보여주었다(사우디가 가장 반이란 쪽이었고, 레바논이 가장 친이란 쪽이었다).[46] 가장 손해가 된 것은 시리아의 아사드 정권에 대한 이란의 무조건적인 지원이었다. 아사드의 군대가 수천 명의 시리아인(주로 수니파)을 살해했는데도, 이란은 시리아에 대한 외교 언사적·물질적 지원을 확대했다.[47] 그림 6.2는 그 경향을 나타내고 있다.

여론조사가인 제임스 조그비(James Zogby)에 따르면, 이러한 여론의 변동은 아마도 일부는 아랍의 봄과 관련이 있는 것 같다. "아랍은 지금 다른 쪽을 살피고 있다. 그들은 내부를 살피고 있으며, 어느 나라가 미국에 가장 크게 도전하고 있는지 따위에는 관심이 없다. 미국은 이 시기에는 거의 무관하게 되었다." 이라크, 바레인, 레바논 등에 대한 이란의 참견은 미국에 대한 도전으로서보다는 아랍의 자기결정권에 대한 도전으로 여겨지게 되었다.[48]

소프트 파워 면에서 이 같은 반전에도 불구하고, 이란의 실질적이고 잠재적인 하드 파워와 관련된 일부 경향은 아직도 긍정적이다. 이란의 이슬람주의 정권은 그것의 임박한 붕괴라는 전문가의 예측을 곧잘 좌절시키곤 했다. 이란은 그들이 잃어버린 인기를 되찾기 위해 그들의 행동을 조정하는 방법들을 찾아낼지도 모른다.

그렇다면 세속주의는 어떻게 되는 것일까? 어느 나라가 그 챔피언이 될까? 오늘날 세계에서 세속주의 무슬림의 본보기가 남아 있을지 불분명하다. 지도 6.1에 나타난 것과 같은 그런 순수한 세속주의 정권들은 이슬람의 주변 지역인 아프리카 사하라와 중앙아시아에 존재하는 경향이 있다. 다른 추정상의 세속주의 국가들은 최근 몇 해 동안 법률의 일부를 샤리아에서 차용하도록 허용하거나 또는 (인도네시아의 경우처럼) 일부 주나 지역을 샤리아로 통치하게 함으로써 이슬람주의 방향으로 접근해갔다. 이 같은 폭넓은 재(再)이슬람주의화 경향은 1970년대에 시작되었는데, 지역 전역에서 종교적인 부흥이 일어나 세속주의 통치자들이 자신의 정통성을 보호하기 위해서는 이슬람주의 방향으로 접근하지 않을 수 없게 했다. 사담 후세인의 이라크 역시 지아 울 하크(Zia ul-Haq) 휘하의 파키스탄이 그랬던 것처럼 1980년대에 이슬람주의 방향으로 약간 옮겨갔다. 가장 인구가 많은 아랍 국가인 이집트는 나세르 정권하에서 아랍인들에게 중요한 세속주의의 본보기였지만, 안와르 사다트 정권 때는 그 나라의 헌법 역시 샤리아의 요소를 포함하기 시작했다.[49] 2013년 7월 군부의 정권 장악은 이집트를 민주적으로 선출한 이슬람주의 정부의 짧은 실험에서 세속주의 방향으로 확 되돌려버렸다. 이 책을 쓰고 있을 때, 이집트 정권은 어떤 유형의 정부라고 예시하기 어려울 정도로 불안정했다.

교훈 5에서 우리는 아타튀르크나 나세르의 강력한 세속주의가 더 이상 실행 가능하리라고 믿는 무슬림 엘리트들이 거의 없다는 걸 알았다. 자유주의자, 사회주의자, 그 외 현대화주의자들은 무슬림이 다수파인 사회에서 합법적인 정권이 존재하려면 법률과 제도를 만들 때 어느 정도는 이슬람의 특별한 역할을 인정해야 한다는 것을 점점 더 받아들이게 되었다. 21세기에 이슬람주의에 대한 주요 대안은 더 이상 정치와 국가에 대한 어떤 종교적 영향력을 일거에 거부하는 것이 아닌, 혼합 통치체제인 것으로 보인다. 그 혼합은 나라에 따라 다른 형태를 취하고 있다. 아랍의 봄 이후 튀니지가 하나의 유망한 사례가 될 것으로 보인다. 아직은 지구상 어디에도 결코 최종적인 형태가 나타나지 않고 있다. 하지만 특히 중동에서 많은 무슬림들에게 세속주의-이슬람주의 혼합 모델은 ― 아이러니하게도 ― 무슬림 세속주의의 탄생지인 터키 공화국임이 분명하다.

본보기로서의 터키

헌법상 항상 세속주의적 케말주의 공화국이었던 터키는 2002년 이후 정의개발당(AKP)이 집권해왔는데, 이 정당은 '이슬람적인 뿌리를 가진' 조직이지만 헌법적인 수단을 통해 활동하며, 터키인들에게 샤리아를 받아들이도록 강제하는 어떠한 시도도 거부한다. 레제프 타이이프 에르도안이 이끄는 정의개발당은 자신들이 민주적인 정당이며, 터키가 유럽연합에 참여할 수 있는 자격을 강화하기 위해 실제로 터키의 법률을 자유화해왔다고 주장한다.[50] 에르도안은 자신의 "보수적 민주주의" 비전을 "전통을 거부하지 않는 현대화 개념, 지방주의를 수용하는 보편주의에 대한 신뢰, 삶의 정신적 의미를 경시하지 않는 합리주의 수용, 그리고 근본주의적이지 않는 변화 선택"으로 설계해왔다.[51] 에르도안과 정의개발당의 또 다른 주요 지도자인 압둘라 귈(Abdullah Gül)은 터키에 대한 그들의 비전을 유럽과 라틴아메리카 여러 사회에서 기독교민주당이 갖고 있는 비전에 비유했다. 그들은 세속주의를 수용하지만 그것은 국가가 종교 위에 군림하는 갈리아(프랑스)식 버전이기보다는 국가가 종교 활동에 간섭하지 않는 앵글로 색슨(영국)식 버전이라고 주장한다.[52]

구체적으로 말해 터키가 케말주의에서 보수적 민주주의로 전환한 것은 민주주의 방향과 이슬람주의 방향 양쪽으로의 입법적 개혁을 의미했다. 새로운 법률들은 "종교나 인종에 상관없이 모든 터키인들의 사회적·문화적·정치적 권리"에 대한 존중심을 더 높였으며, 정치에서의 군부의 역할을 줄이고, 그리고 표현의 자유를 더 확대했다.[53] 터키에서는 적어도 민주주의와 이슬람주의가 반드시 상극은 아니라는 것을 알고는 많은 서구인들이 놀란다. 권리와 자유의 증가로 여성들이 종교적인 의상(히잡)을 머리에 쓰는 것을 금지하는 옛 케말주의 법률을 뒤집는 일이 수반되었다.[54] 터키에서 전통적인 이슬람에 관한 공식적인 표현이 증가하자 많은 케말주의자들은 크게 놀랐다. 더 최근에는 민주주의 옹호자들과 인권활동가들이 반대자들에 대한 에르도안의 점점 증가하는 억압 정책을 우려했다. 정의개발당이 변함없는 이슬람주의적인 목표를 위해 진보적인 수단을 사용해왔다는 바로 그 결과가 심각하게 우려스럽다는 것이다.[55]

어떤 경우든 정의개발당이 이끄는 터키는 분명히 이란과 같지는 않으며, 에르도안이 내세우는 견해를 근거로 널리 인식되고 있다. 아랍의 봄 때, 아랍과 비아랍 엘리트들은 "터키식 모델"에 대해 광범위한 토론을 벌였는데, 많은

사람들은 터키가 자기 나라들을 위해서 가장 유용하다고 주장했다.[56]

　이 같은 혼합주의 실험은 어떻게 되어가고 있을까? 경제적으로 터키의 성공은 괄목할 만한 것이었다. 2002년에 정의개발당이 집권했을 때 터키의 경제 규모가 세계 26위였는데 지금은 17위로 커졌다. GDP는 2010년에 8.2퍼센트의 성장률을 보였다(2013년 무렵에는 3.8퍼센트로 둔화되었다). 2002년에는 물가상승률이 70퍼센트를 넘었는데 2013년에는 7.6퍼센트였다.[57] 터키는 2008~2009년의 세계경제 침체에서 면제되진 않았지만, 그들의 수출 방식을 의미심장하게 변경했다. 즉, 2007년에는 터키 상품의 주요 소비자는 유럽 연합에 있었는데, 그 후 중동으로의 수출이 20퍼센트나 증가한 것이다.[58]

　하이폴리틱스(high politics)*영역에서 터키는 이란과 같은 전략을 추구하지 않았다. 터키는 미국에(또는 유엔에) 맞서지 않았으며, 1952년에 가입한 이래 아직도 나토 회원국(1952년에 가입)으로 남아 있다. 그럼에도 불구하고 터키는 이전보다 더 독립적인 길을 트기 시작했으며, 그들의 노력이 약간 성공을 거두기도 했다. 전통적으로 미국과 이스라엘의 파트너였던 터키는 정의개발당 집권 이후 EU에 가입하기 위해 일치된 노력을 기울여왔으나 이제 그 초점을 더 동쪽과 남쪽으로 변경했다. 중요한 계기가 2003년 초에 찾아왔다. 그때 의회의 일부 정의개발당 소속 의원들이 이라크를 침공하기 위한 미군 병력의 터키 경유를 허가하기 위한 결의안에 반대표를 던진 것이다.[59] 2009년에는 아흐메트 다우토을루(Ahmet Davutoğlu)가 외무장관이 되었다. 다우토을루는 그의 "문제점 없애기(zero problems)" 정책의 일환으로, 터키의 외교적인 진로를 단호히 자주적인 방향으로 바꾸었다. 그는 터키의 이웃 무슬림 국가들과의 관계 개선을 모색했다. 2010년에 터키는 브라질과 함께 이란의 핵개발 프로그램에 대해 서구 국가들과 이란 사이에서 중재를 시도했

---

*　군사와 안보 등을 다루는 국제정치 분야.

다. 터키는 동시에 시리아와 리비아와의 관계를 개선하고자 노력했다. 가장 괄목할 변화는 터키와 이스라엘의 관계에 있었다. 2010년 5월에 터키 정부는 이슬람주의 자선단체인 IHH가 하마스 지배하의 가자 지역에 대한 이스라엘의 봉쇄선을 뚫기 위해 소형 선대(船隊)를 조직하도록 허용했다. 그 결과 이스라엘군의 급습으로 9명의 터키인들이 사망했으며, 터키는 그 사건에 대한 보복으로 주 이스라엘 자국 대사를 소환했다. 에르도안의 하마스에 대한 외교 수사적 지지와 이스라엘에 대한 비난은 강고해졌다.[60]

적어도 중동에서는 무슬림들이 미국, 유럽 및 이스라엘 ― '서구'를 형성하는 복합체 ― 로부터 독립성을 표명하는 국가들에 신망을 보내는 경향이 있음은 무척이나 분명하다. 이란처럼 터키는 최근 몇 해 동안 그렇게 하는 데 성공했다. 이란과 다른 점은 터키는 상당히 위험을 회피하는 방식으로 그렇게 했다는 것이다. 터키는 핵 프로그램을 추진하지 않고 있으며, 아무도 이스라엘이나 미국이 터키를 폭격한다는 이야기를 하지 않는다. 터키는 또한 아랍의 봄에 이란보다 더 잘 대응했다. 즉, 이란은 친구인 바샤르 알 아사드(Bashar al-Assad)가 시리아의 반군들을 폭력으로 진압한다고 비난하기를 거부한 반면, 터키는 마지못해 그러나 단호하게 비난했다. 터키는 2011년 리비아 카다피 정부의 야만적 행위를 반대한다는 의사를 분명히 표명했다. 그림 6.3이 보여주듯이 아랍의 봄 이후 터키의 정치적 주가는 아랍 세계에서 높아졌다. 그림 6.4는 아랍이 터키에 대해 무슨 생각을 하고 있는지를 분석해주고 있다.[61]

2011년 9월에 에르도안은 이집트, 리비아 및 튀니지를 방문함으로써 아랍 세계에서 그의 개인적 인기를 활용하려 했다. 에르도안은 그의 반이스라엘적인 수사를 복음으로 삼아 그 세계에서 영웅 대접을 받았다.[62]

이란처럼 터키는 취약점을 갖고 있다. 가장 큰 취약점은 터키 인구의 약 18퍼센트를 차지하는 쿠르드 족과 정부 간에 계속되는 갈등일 것이다. 2011

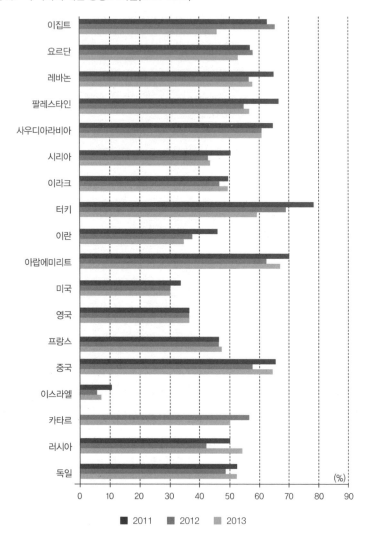

그림 6.3 **각 나라에 대한 긍정도 비율(2011~2013)**

자료: Akgün and Gündoğar, *Perception of Turkey*, p. 9.

년 10월에 북부 이라크로부터의 쿠르드 족 기습은 1만여 명의 터키 군 반격
을 불러왔다.[63] 또 다른 취약점은 터키 이슬람주의자들 사이의 혼란과 계략

그림 6.4 터키에 대한 아랍 지역의 긍정도 비율(2011~2013)

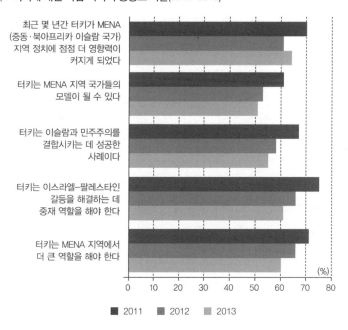

최근 몇 년간 터키가 MENA
(중동·북아프리카 이슬람 국가)
지역 정치에 점점 더 영향력이
커지게 되었다

터키는 MENA 지역 국가들의
모델이 될 수 있다

터키는 이슬람과 민주주의를
결합시키는 데 성공한
사례이다

터키는 이스라엘–팔레스타인
갈등을 해결하는 데
중재 역할을 해야 한다

터키는 MENA 지역에서
더 큰 역할을 해야 한다

(%)

0   10   20   30   40   50   60   70   80

■ 2011   ■ 2012   ■ 2013

자료: Akgün and Gündoğar, *Perception of Turkey*, p. 20.

이다.

에르도안의 옛 정치적 협력자인 페툴라 귈렌(Fethullah Gülen)은 현재 미국 펜실베이니아에 살고 있지만 터키의 국립 경찰과 각종 네트워크 및 학교에 영향력을 미치는 인물인데, 한때는 에르도안을 도와 케말주의 수호자인 터키 군부를 고분고분하게 길들였다. 하지만 2013년에 귈렌과 에르도안은 갈라섰으며, 귈렌의 움직임에 대한 두려움은 에르도안으로 하여금 권위주의 쪽으로 걸어 나아가도록 자극했다.[64] 에르도안이 한때 그가 굴복시켰던 바로 그 군부와 친해지고 있다는 징후가 나왔다.[65] 이슬람주의자들 내부의 경쟁이 해결된다 해도 정의개발당은 이미 터키의 민주주의적 신임장을 손상시켰다.[66]

그러나 정의개발당 집권 기간 내내 터키는 순풍에 돛 단 듯했다. 아랍의 봄이 도움을 준 것 같으며, 대체로 이란을 상처 내고 있다. 현재의 추세를 근거로 전망하건대 터키와 그들의 이제 막 시작된 이슬람식 민주주의 모델에 좋은 징후이다.

최대의 아랍국이며 한때 아랍 세속주의의 원천이었던 이집트가 안정된 장기 통치체제로 들어선다면, 적어도 아랍 국가들을 위해서는 의심할 여지없이 본보기의 위상도 획득할 것이다. 지금 이집트는 2011년 초 이후 몇 년 간의 소동을 겪은 이래 일종의 권위주의 정권이 들어선 것으로 보인다. 그 정권은 이슬람주의자들을 권력에서 배제하는 강력한 세속주의 정권일 수도 있다. 그렇지 않으면 그 정권은 결국 무슬림형제단이나 다른 이슬람주의자들을 위한 여지를 찾을 수도 있다.

물론 확실한 것은 아무것도 없다. 그러나 미국과 세계 나머지 국가들은 중동, 더 나아가 아마도 서남아시아, 심지어 동남아시아 지역에 한층 이슬람주의적이면서 한층 민주적인 나라들이 존재할 수 있도록 준비할 필요가 있다.

할 일과 하지 말아야 할 일

정치 이슬람은 중요한 문제이며, 그 문제는 언제고 당장은 사라지지 않을 것이다. 그것은 오늘날 대부분의 무슬림 국가들 안팎에서, 그리고 유럽, 아메리카, 아프리카 및 아시아의 소수파 이슬람 주민들 사이에서 심도 깊게 일어나고 있는 강력한 이데올로기며 사회운동이다. 수많은 사람들에겐 희망의 원천이고 다른 수많은 사람들에겐 격세유전의 악몽인 이슬람주의 네트워크들은 현존하거나 새로 출현하는 정권들 모두와 연관되어 있으며, 또한 테러리즘부터 반란과 억압, 정당과 외교 정책에 이르기까지, 많은 유형의 정치적·사회적 소동과도 연관되어 있다. 모든 무슬림들이 다 이슬람주의자는 아니고, 모든 이슬람주의자들이 다 폭력적인 극단주의자들은 물론 아니다. 중동은 이슬람주의 없이도 갈등과 시련을 겪을 것이다. 그러나 이 여러 모양을 한, 쉬이 모양을 바꾸는 이데올로기는 그게 없었으면 각각 분리될 수도 있는 일련의 문제점들을 한 묶음으로 엮어주었다. 이슬람주의는 대부분의 무슬림들의 생활은 물론 그들 정부의 — 그리고 서방 국가들을 포함한 비무슬림 국가들 정부의 — 생각과 관심에 영향을 주고 있다.

이 복잡하기 이를 데 없는 이슬람주의를 파악하기 위해서는, 이슬람 교도와 이슬람을 그들 자신의 관점에서 — 그들의 신학, 문학, 그리고 외부 제국주의에 대한 종속을 포함한 그들의 역사 — 깊이 연구하는 것 말고 다른 대안은 없다. 그러나 또한 초국가적인 이데올로기가 대체로 어떻게 작동하는지를 이해하는 것이 아주 중요하다. 그렇게 하기 위해서는 오랜 기간 초국가적인 이데올로기 갈등을 겪은 서구 자신의 역사를 살펴볼 필요가 있다. 서구에서의 이데올로기 운동과 매우 닮은 정치 이슬람은 현상 유지에 대한 반동으로 생겨났으며, 전투 태세를 갖출 때는 아주 강건하고, 국외 세력들을 혼란스럽게 만들고, 그 자신의 관점에서는 진보적이다. 이슬람주의 같은 이데올로기들은 대체 이데올로기들과의 경쟁과 분리해서는 이해할 수 없다. 그래서 우리는 그 경쟁의 역사에 대해, 그리고 그 경쟁이 이슬람주의와 세속주의의 장기적인 갈등과 관련하여 무슨 말을 하는지에 대해 각별한 주의를 기울여왔다.

무슬림의 현재에서 서구의 과거를 보게 되면 안심이 될 수도 있고 걱정이 될 수도 있다. 프로테스탄트의 종교개혁이 진행되는 동안 칼뱅교도와 루터교도가 가톨릭교도보다 서로를 더 적대시했던 사실을 떠올리면, 이슬람주의자들 사이에 종종 벌어지는 격렬한 경쟁을 어느 정도 이해할 수 있다. 어떤 이데올로기와 그 이데올로기의 승리에 강하게 집착하는 사람들은 또한 전술적이고 도구적인 의미에서는 합리적으로 행동하는, 이익과 자기 중심의 사람들이기도 하다는 점을 아는 것은 위안이 된다. 그럼에도 프로테스탄트들 역시 적수인 가톨릭 세력이 그들에 대항해 힘을 합친 것처럼, 가톨릭 적들에 대항해 하나로 뭉쳤으며, 그리고 국가 통치자들이 권력을 강화하고 있던 어느 시기와 장소에 따라서는 그러한 합동이 전면전으로 이어지곤 했다는 사실을 상기하는 것은 적어도 마음이 편하지 않은 일이다. 합리적인 인간들이라도 깊은 양극화를 초래해 매우 위험한 상황에 처할 수 있는 것이다.

이 책은 중동의 이데올로기적·정치적 역동성에 어떻게 대응해야 할지 고심하는 나라들의 정책 입안자들, 학생들, 그리고 시민들을 위해 쓴 것이다. 이 짧은 결론에서 나는 특별히 미국의 대외 정책에 대해 몇 가지 결론을 제시한다. 미국은 어떤 다른 국가들과도 달리 대부분의 무슬림 국가들에 군사적으로, 경제적으로, 그리고 사회적으로 여전히 개입하고 있다. 많은 연구 결과를 보더라도 세계경제에 대한 영향력이 지속적으로 줄어드는데도, 미국은 세계 유일의 군사 초강대국이며 앞으로도 오랫동안 그런 위치에 있을 것이다.[1] 매우 일반적으로 말해서 미국은 중동에서 무엇을 해야 할까? 무엇을 하지 말아야 할까?

미국은 이 문제를 해결할 수 없다 – 그럼에도 물러설 수 없다

중동은 뒤엉킨 문제들에 시달리고 있으며, 그 뒤엉킨 매듭의 한 가닥은 이슬람주의와 세속주의 사이의 장기 이데올로기 경쟁에서 드러난 무슬림들 자신의 정통성 위기다. 외부의 어떤 초강대국이 그 문제들의 매듭을 풀 수는 없다. 그런 점은 명백해 보일지 몰라도, 2011년 9월 11일 이후 첫 몇 년 간은 모든 사람들에게 명백하지는 않았다. 그때에 미국이 중동을 개조할 수 있는 힘을 갖고 있다는 생각이 부시 정부의 일부 사람들에게는 확고했으며 또한 더 널리 빠르게 퍼져갔다. 그 생각은 '유일무이한 결론'이었으며, 사회를 규율하기 위해 오직 실행 가능한 일련의 관념들의 전형이었다. 그 나라 국민의 3천여 명이 낙후한 사상에 사로잡힌, 그것도 소름 끼치는 체제하에 살면서 매력적인 것이 되어버린 사상에 사로잡힌 한 줌의 인간들에 의해 이제 막 살해된 참이었다. 중동과 서남아시아의 무슬림들이 필요로 하고 원했던 것은 자유였다. 자유는 그들과 그들의 사회를 생산적이고 평화롭게 만들 것이다. 그리고 미국은 그들에게 자유를 가져다주기 위해 능력을 갖고 있는 동안 신속하게 행동해야 한다. 조지 W. 부시 대통령이 2005년 1월 그의 두 번째 취임식 연설에서 말했듯이, "미국의 정책은 우리 세상에서 폭정을 끝내려는 궁극적인 목표를 가지고 모든 국가와 문화의 민주주의적 운동과 제도가 성장하도록 노력하고 지원하는 것이다".[2]

폭정의 거대한 적수 에드먼드 버크라면 예상했겠지만 아프가니스탄과 이라크는 이러한 오만을 징벌했다. 미국은 여러 해 동안 두 나라에 무력을 행사해야 했고 많은 인명과 재물 손실로 고통을 겪고서도 모호한 결과를 얻었다. 2009년의 이란 녹색운동(Iranian Green Movement)*과 2010~2012년의 아랍

---

* 2009년 이란 대통령 선거에서 마무드 아마디네자드가 개혁파의 상징인 무사비(Mousavi)를

의 봄은 수백만 명의 무슬림들이 자유를 진정으로 원하고 있음을 보여준다. 그러나 많은 사람들이 의미하는 '자유'는 미국인들이 말하는 자유가 아니거나, 적어도 대부분의 무슬림들은 미국이 자유를 성취하려는 자기들을 도와줄 것으로 믿지 않는 것이 분명하다.

미국의 정책 입안자들이 9·11 사태 이후 몇 달 안에 서구 이데올로기 갈등의 역사가 주는 교훈을 흡수했다면, 자기 나라의 능력으로 과연 중동을 개조할 수 있는지 좀 더 의심했을 것이다. 지역적 이데올로기 갈등은 그 자체의 논리를 갖고 있음을 과거는 보여준다. 그러한 갈등은 항상 수많은 외세 개입을 불러온다. 4세기 전에 합스부르크가의 여러 황제들은 프로테스탄티즘을 전멸시키려 싸웠지만, 단지 프로테스탄트들을 더 철저한 반(反)가톨릭으로 만들고 반대 개입을 끌어들이고 말았다. 2세기 전 나폴레옹은 유럽에서 '구체제'와 공화주의를 모두 없애기 위해 몇 번이고 거대한 무력을 사용했지만 실패했다.

왜 개입이 이데올로기 투쟁을 종결시키지 못하는지는 복잡한 문제이지만, 그것은 부분적으로는, 이데올로기적으로 양극화한 시대와 장소에 속한 사람들은 국외 세력을 포함하여 어느 누구도 중립적이지 않다고 믿기 때문이다. 그들이 보기에 개입자들은 그 싸움을 초월해 있는 것이 아니라 그 싸움의 당사자로 참여하고 있는 것이다. 실제로 도처에서 본국인들은 자비심 많은 국외자들이 그들의 적을 돕고 있다고 믿는 경향이 있다. 그래서 개입은 저항을 불러오고 이데올로기적 긴장을 높인다. 결국 무슬림들은 그들의 정통성 위기를 스스로 해결해야 하며, 그때가 정확히 언제가 될지는 아무도 제어할 수 없다.

그럼에도 "우리 세상에서 폭정을 끝낸다"라는 부시 정부의 목표는 교훈 4에서 우리가 보았듯이 다른 나라들과 미국 자신의 이익에 맞춰 세계 질서를 변형시키려는 미국 외교 정책 이데올로기의 강력한 전통에 해당하는 최대치

꺾고 재선에 성공하자, 이를 부정 선거로 규정하며 아마디네자드의 사임을 요구한 정치운동.

의 버전에 불과하다. 미국은 국제체제를 대체로 자신에게 유리한 형태로 고치기 위해 합리적으로 행동해온 이데올로기 국가이다. 제2차 세계대전 이후 미국은 여러 국가들 내부에서 또 국가들 사이에 자치와 법의 지배를 촉진하는 능동적인 전략을 통해 많은 부분에서 성공해왔다.[3] 그런 반면 미국은 자신의 역사 전반을 통해 이러한 제도를 본보기로서 증진해왔다. 미국의 강제적인 개입에 대한 중동의 독특한 저항이 뜻하는 바는, 미국이 정치학자 조너선 몬튼(Jonathan Monten)이 "모범주의(exemplarism)" ― 내가 아래에서 다룰 요지 ―라고 부른 바로 이 오래된 전략으로 기울어져야 한다는 것이다.[4]

그러한 것은 미국이 군사적으로 또는 경제적으로 이슬람 지역에서 철수해야 한다거나, 심지어 군사적으로 결코 개입해서는 안 된다고 말하는 것과는 거리가 멀다. 그것은 손을 들어 포기하면서 우리는 중동을 이해하지 못하고, 이미 대응할 것이 너무 많고, 그리고 체재함으로써 단지 사태를 더 악화시킬 수 있다고 말하려는 유혹일 수도 있다. 만약 우리가 무슬림들의 오랜 정통성 위기의 결과에 영향을 미칠 수 없다면, 우리는 다만 떠나고 무슬림들이 사태를 해결하도록 내버려두어야 하지 않을까?

그렇게 하는 것은 미국이 중동, 특히 북아프리카와 서남아시아 여러 국가에서 갖고 있는 상시적인 이해관계를 포기하는 일일 것이다. 이는 세계 석유시장의 미래라든지 여러 가지 이스라엘 정책에 대한 미국의 지원 범위를 두고 이미 벌어지고 있는 완강하고도 그칠 줄 모르는 논란에 참여하는 자리와는 다르다.[5] 여기서는 논점을 분명히 하는 것으로 충분하다. 즉, 미국이 이슬람주의와 세속주의 간의 경쟁을 종결할 수 없다는 것은 미국이 중동이나 무슬림 세력이 압도적인 다른 지역에서 결정적 이해관계를 갖고 있는지 여부와는 아무런 연관성이 없다. 워싱턴이 중동에서 주둔군을 철수할지, 규모를 줄일지, 현상 유지에 머무를지, 아니면 실제로 증가시킬지는 지금 우리의 주요 관심사인 이데올로기 경쟁 이상의 것에 의존한다.

유연해지기

대체로 이슬람주의를 단일체로 다뤄서는 성과가 나지 않는다. 역사의 분명한 교훈은 이데올로기 그룹을 단일체로 다루는 것은 그것을 하나로 만드는 데 도움을 준다는 것이다. 교훈 4에서 내가 고슴도치 전략이라고 부른 것 — 이슬람주의를 '큰 것 하나'로 보는 것 — 은 도덕적·전략적 명료성을 제공한다. 그것은 항상 안정적인 알려진 적을 가진다는 이점을 제공한다. 어떤 사람이 모든 사람을 흰 모자든 검은 모자든 어느 하나를 쓴 사람으로 대할 때, 애매한 타협과 위선이 사라진다.

그러나 정치에는 절대적이고 영원한 친구와 적이 없다. 확실히 어느 나라에서든 국내 정치는 공통의 이슈를 겨냥한 목표와 이해관계에 근거하여 타협하고 유동적으로 연합하는 특징이 한층 더 두드러진다. 고슴도치 전략을 수행하여 이슬람주의를 단일체로 다루기가 곤란한 점은, 분할하여 정복하거나 심지어는 일정 기간 동안 온건한 이데올로그들과 협력할 만한 종종 유용한 기회가 생기기 때문이다. 가끔 여우처럼 행동하는 것이 이익이다. 냉전기간에 미국은 실제로 그렇게 했는데, 즉 공산주의자들과 사회주의자들 사이의 균열을 활용하고 더 넓혔던 것이다.

너무 많은 것을 기대하지 말라

다른 한편으로 여우처럼 행동하는 것 — 온건파를 찾아내고 장려하려고 노력하는 것 — 은 중대한 위험을 안고 있다. 하나는 흔히 타협을 모르는 이들, 즉 그들 자신이 고슴도치 유형에다 변할 줄 모르는 강경파 이데올로그들이 있다는 것을 잊어버릴 위험성이다. 자기편에서 고슴도치들을 다루는 여우는 상대편의 여우들이 십중팔구는 그들 내부의 고슴도치들과 갈등을 벌이고 있다는 점을 기억해야 한다. 상대편에서 누가 여우이고 누가 고슴도치인지 확인하는 것은 어려운 만큼이나 중요하다. 1940년대 말에 트루먼 정부는 서부 유럽에서 스탈린을 계략으로 이겼다. 트루먼 정부는 다양한 당파에서 믿을 만한 반공주의적이고 친미적인 엘리트들을 찾아냈다.

유연성의 또 다른 위험은 상대하고 있는 중도파들은 자신들이 진지하게 여기는 이데올로기를 여전히 고수한다는 점을 잊어버리는 것이다. 당신들이 그들과 함께 일할 수 있다고 해서 그들이 '당신들과 같다'는 의미는 아니다. 제2차 세계대전에서 서구는 히틀러와 싸우고 있는 스탈린과 제휴했으며, 일부 서구인들 — 프랭클린 루스벨트 자신을 포함하여 — 은 스탈린이 공산주의 그 자체에 대해서는 거의 또는 전혀 걱정하지 않고 있어 장기적으로 협상할 수 있다고 믿게 되었다. 그것은 값비싼 판단 착오였음이 증명되었다. 몇 세기 전에 신성로마제국 황제인 카를 5세와 호전적인 가톨릭은 일부 루터교도를 부추겨 다른 루터교도와 싸우게 만들었다. 카를 5세는 분할-정복 정책을 성공적으로 수행했으며, 그의 동맹군들이 실제로 루터교에 대해 걱정하지 않는다고 믿게 되었다. 카를의 오판이었으며 값비싼 대가를 치렀다.

온건하고 실용적인 민주적 이슬람주의자들도 여전히 이슬람주의자들이다. 그들은 그들 사회에, 그리고 때때로 다른 사회에도 샤리아를 시행하는 데 전념해왔다. 여성과 소수파 종교 — 기독교, 유대교, 바하이교 등 — 신자들의 권리에 대한, 그리고 교육과 다른 문제들에 대한 이슬람주의자들의 시각은 서구 민주주의자들의 자유주의적 시각과는 항상 뚜렷한 대조를 보이게 마련이다. 이슬람주의자들의 반유대주의 — 그들은 이스라엘을 인정하길 거부하고, 많은 사람들이 홀로코스트를 부인한다 — 는 협력하는 데에 특히나 강력한 장애 요인일 수밖에 없다.

서구의 역사는 서로 반대되는 이데올로기 — 가장 훌륭한 사회질서에 관해 서로 충돌하는 견해 ─ 를 가진 국가들은 서로 적이 될 필요는 없지만 가까운 친구가 절대로 될 수 없다는 점을 보여준다. 만약 미국인들이 캐나다나 영국과의 가까운 관계, 또는 한층 삐걱거리지만 여전히 가족적인 프랑스와의 관계에 필적할 만한 터키나 이집트 또는 이란과의 관계를 희망한다면, 그들은 틀림없이 좌절할 것이며 그 좌절에 대해 과잉 반응을 보일지도 모른다.

우리 자신답게 되기

마지막으로 미국인들은, 비록 그들이 무력으로 무슬림들의 이데올로기 경쟁을 해결할 수는 없다 하더라도, 무슬림들 자신이 그것을 해결하는 방법에 관해서는 유효한 간접적인 영향력을 행사할 수는 있다. 미국은 매력적인 사회를 갖춘 입헌민주주의라는 본보기와 이미지를 보존함으로써 ─ 조지프 나이 (Joseph Nye)가 "소프트 파워"라고 부른 것을 이용하여 ─ 그리고 입헌민주주의의 매력을 인정하면서 자신들의 사회에서도 그것을 원하는 무슬림 국가들의 국민들을 조용히 도와줌으로써 그 결과에 영향을 미칠 수 있다.[6]

교훈 6은 장기적이고 지역적인 이데올로기 투쟁이 끝나는 과정들에 관한 것이다. 이슬람주의와 세속주의 간의 오랜 경쟁은 서구에서 이데올로기 싸움이 끝난 것처럼 끝날 것이다. 즉, 서구에서의 이데올로기 싸움은 하나의 통치 유형을 구현하고 있는 국가들이 경쟁 이데올로기들의 본보기들을 분명하게 능가할 때 끝났던 것이다. 17세기에 네덜란드는 경제적·군사적으로 그들의 덩치보다 훨씬 큰 역할을 했으며, 외국인들은 네덜란드의 종교적 관용 통치가 국내의 투쟁으로부터 그 나라를 자유롭게 했고, 재능을 가진 이민자들을 많이 몰려들게 한 것이 한 가지 이유라고 결론을 내렸다. 영국과 그 뒤 프랑스가 이 새로운 통치체제를 채택하여 소수 종교의 신도들이 자유롭게 신앙

활동을 하도록 허용했다. 19세기에 대영제국은 경쟁 국가들보다 더 큰 경제력을 쌓고 세계 최대의 제국을 건설했으며, 거의 유럽 전 지역을 휩쓴 여러 혁명의 파도를 피해 갔다. 경쟁 국가들은 영국의 온건하고 개혁적인 브랜드의 자유주의적 보수주의가 영국을 그렇게 만들었다고 결론을 내렸으며, 1870년대엔 유럽 대부분의 국가들이 그것을 모방하고 있었다. 1980년대에 미국은 확실하게 소련을 제치고 있었으며, 소련이 그 간격을 메꾸지 못하고 있음이 분명했다. 전 세계의 엘리트들은 공산주의가 실패했으며 민주자본주의가 국가 발전의 가장 확실한 경로라고 결론을 내렸다.

이슬람주의-세속주의 경쟁의 승리자는 유럽과 라틴아메리카의 기독교 민주주의에 필적하는 이슬람 민주주의라는, 새롭게 출현하는 혼합 통치체제일 것이라는 신호가 있다. 하지만 그 혼합체는 지속 불가능한 것으로 판명되거나 또는 그것을 구현하는 국가들(현재로는 터키)이 부실하게 운영될 수 있다. 미국인들은 무슬림들의 오랜 정통성 위기의 결말에 관하여 어떻게 생각해야 할까? 미국과 다른 국외 세력들이 사태 전개에 영향을 미치기 위해 할 수 있는 것이 있을까? 아니면 영향을 미치려 하더라도 제국주의적이라고 인지되기 쉽고 역효과를 내기 쉬운 어떤 시도일까?

어떤 경쟁 이데올로기가 미국과 미국의 이익에 더 우호적일지는 분명하지 않다. 미국인들은 세속주의자들이 더 우호적이고 이슬람주의자들이 좀 더 적대적인 것으로 생각하는 경향이 있지만, 앞서 우리가 보았듯이 반드시 그런 것은 아니다. 이슬람주의적인 사우디아라비아는 아랍 세계에서 미국의 가장 충실한 파트너들 중 하나다. 1980년대에 이슬람주의자들은 아프가니스탄에서 소련군을 몰아내기 위해 미국과 협력했다. 많은 세속주의 정권들 — 이집트의 나세르주의, 시리아와 이라크의 바트주의(Ba'athism), 팔레스타인 해방기구(PLO) — 은 반미적이었다. 어떤 주어진 시간과 장소에서 어느 이데올로기가 미국에 얼마나 적대적인가 하는 것은 조건들에 따라 달라지는 것 같다. 최근의 한 연구는 세속주의자들과 이슬람주의자들이 서로 격렬하게 다투고 있는 사회에서는 둘 다 더욱 반미적인 경향을 보인다는 점을 시사하고 있다. 그리고 어느 한 쪽이 확실하게 우월한 위치를 확보한 국가에서는, 미국의 이익에 덜 적대적인 경향을 보인다는 것이다.[7]

그것은 원칙적으로 미국인들은 정의롭고 공평하며 인류의 번영에 이바지하는 유형의 이슬람 정권을 원해야 한다는 이야기다. 우리는 그러한 통치체제가 21세기의 무슬림들에게 어느 정도 세속주의적인지 또는 이슬람주의적인지 논할 수 있다. 우리는 그러한 통치체제는 일반적인 용어로 **입헌민주주의**라는 점에 동의해야 한다. 입헌국가는 법의 제약을 받고, 어느 한 개인이나 한 기관에 권력이 집중되는 것을 피한다. 실용적인 측면에서 이것은 (강제 수단을 관리하는) 행정부가 입법부, 사법부 또는 둘 다에 의해 견제를 받는다는 의미이다. 폭넓은 의미로 민주주의 국가는 민의가 강제하는 국가이다. 행정부와 입법부는 정기적인 경선을 통해 국민들에게 책임을 져야 한다.

아시아와 아프리카의 많은 국가들은 물론 서구를 구성하는 국가들은 입헌민주주의 국가들이다. 입헌주의는 또한 이슬람 세계에서 역사를 갖고 있으며,[8] 민주주의의 뿌리 일부도 거기서 발견된다.[9] 의심할 여지없이 입헌민주주의는 무슬림 국가들에서는 미국과 세계의 나머지 지역과는 다른 면모를 보일 것이다. 서구의 입헌민주주의는 또한 **자유주의적**이다. 즉, 그 국가들을 강제하는 헌법은 국가보다 개인의 권리를 더 높이 평가한다. 최근 수십 년 동안에 서구의 자유주의는 전통적인 종교의 관습과 실천에 맞서 개인의 자율성에 더 가치를 두게 되었다. 이슬람식 입헌민주주의는 이처럼 비교적 새로운 서구식 자유주의와 조화를 이루지 못할 것이다.

그래서 자유주의는 독실한 이슬람 사회에 쓸모 있는 결과를 가져올 수 없을지도 모른다. 그러나 미국은 중동에 입헌민주주의—다소간 이슬람주의적인—를 조금씩 밀어 넣기 위해 두 가지 일을 할 수 있다.[10] 첫째는 공공 외교, 즉 무슬림 사회의 대중 또는 비국가기관을 겨냥한 외교를 펴는 것이다. 더 나은 공공 외교의 필요성은 새삼스러운 것이 아니며, 사실상 2001년 9월의 테러 공격 이후 부활한 것이다.[11] 조지 W. 부시 정부는 재능 있는 정치공작원인 캐런 휴스(Karen Hughes)를 대중외교를 담당하는 백악관 고문으로 임명했다. 그녀의 재임은 공공 외교가 얼마나 어려울 수 있는지를 보여준다. 그녀가 재임하고 있던 수년 동안 미국에 대한 무슬림들의 여론이 나빠졌던 것이다.[12]

공공 외교는 미디어, 학술 교류, 상업적 유대, 그리고 그 사회에 매력을 주는 다른 수단들을 통한 전달(conveying)을 필요로 한다. 그 업무는 결코 간단히 성공할 수 있는 일이 아니다. 20세기의 주요한 이슬람주의 사상가이며 종종 알카에다의 창시자로 불리는 사이드 쿠틉(Sayyid Qutb)은 1940년대에 미국에서 2년간 공부했다. 미국 사회의 매력을 발견하지 못한 그는 퇴짜를 맞았으며, 조국 이집트로 돌아가 스스로 자유주의와 싸우기 위해 나섰다. 그러나 공공 외교는 서로 간의 국가 정책에 호의적으로 반응하는 그만큼, 그리고 서로에 대하여 의심을 선의로 확대해 나가는 그만큼, 사람들 사이에 점진적으로 친화력과 신뢰를 쌓아 나갈 수 있다.[13]

미국이 할 수 있는 두 번째 일은 항상 그랬던 것처럼 스스로에게 진실한, 매력적인 사회로 그냥 남는 것이다. 건국 이후 세 번째 세기에 들어가서도 미국은 입헌민주주의의 세계적인 본보기로 남아 있다. 미국은 권력 집중을 의심하고, 지도자들에게 책임감을 갖게 하고, 그리고 크게 분열되고 의견 충돌이 잦아도 경쟁적인 선거를 변함없이 시행하고 권력을 평화적으로 양도하는 통치체제의 생존 능력과 우수성을 입증해왔다.

미국으로선 국가 안보가 위협을 받을 때 일관되고 철저한 자세를 갖기가 아주 힘들어진다. 우리가 이 책에서 분석해왔던 무슬림 국가들의 정통성 위기야말로 미국의 안보를 계속 위험에 빠뜨리는 것이다. 극단적인 경우엔 미국 헌법의 일시적인 위반이 정당화될 수도 있다. 백악관에서 물러난 후 토마스 제퍼슨은 대통령으로서 그의 가장 큰 의무는 헌법을 지키는 것이 아니라 국가를 보전하는 것이었다며 이렇게 썼다. "성문법을 꼼꼼하게 지키느라 나라를 잃는 것은 삶과 자유와 재산, 그리고 그것들을 함께 향유하는 모든 사람들을 포함하여 법률 그 자체를 잃는 것이다. 그리하여 불합리하게도 목적을 수단에 희생시키는 것이다."[14]

미국의 공화정체를 유지해온 것은 제퍼슨의 극단적인 상황에 처했을 때라는 주장을 드물게 그리고 일시적으로 사용해온 관습이다. 헌법에 위배되는 행정부로의 권력 집중은 매우 드문 일이었으며 또한 단기간에 끝났다. 1798년의 '재류외국인 및 선동에 관한 법(Alien and Sedition Acts)', 그리고 에이브러햄 링컨과 우드로 윌슨에 의한 '인신보호영장 정지(suspensions of habeas corpus)'는 모두 외부 또는 내부의 위협 수준이 높았을 때였으며 그리 오랫동안 지속되지 않았다.

우리 시대 — 우리는 지루하고 거슬리는 공항 보안장치를 통과할 때마다 파멸적인 테러리즘의 위험을 떠올리는 시대에 살고 있다 — 의 도전들 중의 하나는 2001년 9월의 비운의 나날들 이후 연방 행정부에 집중되어온 권력을, 큰 위험을 떠맡지 않고, 어떻게 다시 분산시킬지 생각해내는 일이다. 버락 오바마는 2009년 1월에 관타나모 만의 교도소에서 고문을 없애고 모든 테러리즘 용의자들을 석방하겠다고 약속하며 대통령직에 취임했다. 그의 두 번째 임기가 2013년에 시작되었을 때, 그는 여전히 그 두 가지 약속 중 어느 것도 이행하지 않았었다. 영장 없는 도청이 계속되었고, 아프가니스탄, 파키스탄 및 예멘에서 민간인들에 대한 — 심지어 이들 지역의 미국 시민들에게도 — 미국의 무인기 공격이 그 어느 때보다 흔히 일어났다. 이들 정책 모두가 최소한의 비용으로 미국을 더 안전하게 하기 위해 입안된다. 그러나 그 정책들이 지속되고 제도화하면서 그것들이 미국의 헌정 질서를 손상시킬 뿐만 아니라 중동에서 그런 질서의 매력과 신뢰성을 손상시키고 있다. 미국의 입헌민주주의는 무슬

림들이 수십 년 동안 그 치하에서 시달려왔던 통치체제처럼 보이고 있다.[15]

두 번째이자 아마도 더 다루기 힘든 도전은 미국 사회가 문화적·이데올로기적 문제를 둘러싸고 아주 심각하게 분열되었을 때 어떻게 모든 사람을 위한 자유를 보장하면서 입헌공화국을 유지할 수 있을까 하는 점이다. 문화적 양극화―푸른 아메리카 '대' 붉은 아메리카,* 진보 '대' 전통, 세속 '대' 신앙―가 이미 한참 진행되고 있다.[16] 앞서 지적했듯이 자유주의의 개념 자체도 쟁점이 되고 있다. 보수주의자들(또는 고전적 자유주의자들)이 주장하듯이, 개인을 주로 국가로부터 보호해야 하는가, 아니면 오늘날 자유주의자들이 대부분 주장하듯이 사회―회사, 교회, 심지어 가족과 같은 비국가 독립체―로부터 보호해야 하는가? 개인의 자유를 누가 또는 무엇이 위협하는지가 세속주의를 둘러싼 논란의 핵심을 이루고 있으며, 미국이 오늘날 당면하고 있는, 사회를 가장 양극화하고 무력화하기 쉬운 문제이다.[17]

그렇다면 결국 우리는 중동에서의 이데올로기 갈등과 미국에서의 문화 전쟁 사이의 유사성으로 돌아가게 된다. 미국은 여러 차례 심각한 차이로 인한 도전을 겪어왔다. 모두 인종 관계와 관련된 두 가지 경우―노예 주(州)와 자유 주(州)가 서로 대결했을 때, 그리고 일부 주들이 미국 흑인들의 완전한 인권을 부인했을 때―에서, 그 도전은 연방정부의 강제를 통해 어느 한쪽의 승리로 끝났다. 그러나 좀 더 일반적으로는 미국은 국민들 사이에 다원적이면서 동시에 공민적(公民的)인 것이 되게끔 하는 집단적인 결정을 통해 문화적 다양성을 이루어냈다. 오늘날 붉은 아메리카와 푸른 아메리카 모두에게 다원성과 공민성만큼 어려운 것은 미국이 가장 그 자신답게 존재하는 방법이다. 만약 세속적인 미국인들과 종교적인 미국인들이 서로 존경할 수 있고, 서로를 위

---

* 2000년 대통령 선거 이후 주로 민주당을 지지하는 주(푸른색)와 공화당을 지지하는 주(붉은색)를 가리키는 용어로 정착되었다.

험하게 여기지 않을 수 있고, 그리고 서로에게 위험해지지 않을 수 있다면 ─ 철학자 니콜라스 월터스토프(Nicholas Wolterstorff)가 대화적 다원주의라고 부른 것에 참여한다면 ─ 미국은 또한 중동에서 진행되고 있는 갈등에 적절한 모범을 보일 수 있다.[18] 미국인들에게 들어맞고 세계 곳곳의 무슬림들에게도 중요한 하나의 출발 지점으로서, 미국 헌법의 주요 입안자인 제임스 메디슨(James Madison)이 1785년에 다음과 같이 썼던 내용이 참고가 될 수 있을 것이다. "창조주에게 그러한 경의를 표하는 것, 그리고 인간이 믿기에 그분에게 합당한 바로 그것을 드리는 것이 모든 사람의 의무이다. 이 의무는 시간적인 순서에서나 의무의 정도에서나 모두, 시민사회의 요구보다 우선한다."

냉전이 시작되자 미국의 고위 외교관인 조지 케넌(George Kennan)은 소련 공산주의에 항복하거나 반대운동을 펴기보다는 그것을 '봉쇄하도록' 그의 조국에 권고했다. 봉쇄는 군사력과 경제력, 그리고 외교력뿐 아니라 소프트 파워 ─ 마땅한 본보기로서 지닌 매력 ─ 를 필요로 했다. 케넌이 1947년에 썼듯이, 결정적인 것은 "미국이 자기들이 원하는 바를 아는 나라, 자신들의 국내 생활의 문제와 세계적인 강대국의 책무에 성공적으로 대처하는 나라, 그리고 그 시대의 주요 이데올로기 조류들 사이에서 자신의 입장을 견지하는 정신적 활력을 갖고 있는 나라라는 인상을 전 세계인들 사이에서 어느 정도로 창조해낼 수 있는가" 하는 것이었다.[19]

케넌은 미국이 이것을 할 수 있다고 여겼지만, 하지 않을지도 모른다는 것도 알았으며, 그리고 미국이 만약 그걸 하지 않으면 무슨 일이 일어날지 분명히 알고 있었다. 그는 당시에 미국인들이 오늘날 무엇을 이해해야 하는지를 파악했다. 즉, 바로 그들 나라의 내부 분열을 조정할 능력과 자신들의 입헌민주주의에 대한 확신이 더 넓은 세계에 영향을 미친다는 점이었다. 그때처럼 지금도 미국 안에서 일어나는 일이 꼭 미국만의 일은 아니다.

주(註)

머리말

1 라틴아메리카를 서구에 포함시키지 않았다고 브라질의 동료들한테서 한때 따끔하게 야단을 맞은 나는 서반구 전체를 서구에 포함시킨다. 그 전체 지역이 유럽의 고전적이고 기독교적인, 그리고 계몽주의의 유산을 공유하고 있기 때문이다.

2 John M. Owen IV, *The Clash of Ideas in World Politics: Transnational Networks, States, and Regime Change, 1510-2010*(Princeton: Princeton University Press, 2010).

서론. 여기서도 일어났던 일이다

1 I Peter 1:10.

2 John Mackintosh, *The Story of Scotland from the Earliest Times to the Present Century*(New York: G. P. Putnam's Sons, 1890), pp. 132~133. "Shaveling(까까머리 수도승)"은 삭발한 남자, 즉 종교인 남성의 특별한 머리 모양을 경멸조로 부르는 말. "Gainstand"는 "stand against(저항하다)"의 스코틀랜드 영어.

3 Owen, *Clash of Ideas*, p. 100에서 인용.

4 유럽에서 초국가적이고 국제적인 정치에 프로테스탄트 종교개혁이 미친 영향을 권위 있게 분석한 것은 Daniel H. Nexon, *The Struggle for Power in Early Modern Europe: Religious Conflict, Dynastic Empires, and International Change*(Princeon: Princeton University Press, 2009) 참조.

5 이 책 전체에서 나는 "아랍의 봄(Arab Spring)"이란 말을 사용하고 있는데, 그것은 서구 역사에서의 유사한 일련의 사건들을 유비하도록 해준다. 나는 많은 전문가들이 "아랍의 봉기(Arab Uprisings)" 같은 대체 용어들을 선호한다는 점에도 유의하고 있다.

6 릭 쿨새트(Rick Coolsaet)는 지하디스트(jihadists)를 19세기 무정부주의자들에 비유한다. Coolsaet, "Anarchist Outrages," *Le Monde Diplomatique*(September 2004), http://mondediplo.com/2004/09/03anarchists, accessed on Decdmber 14, 2010. 노먼 포도레츠(Norman Podhoretz)는 이슬람주의를 파시즘에 비유한다; Podhoretz, *World War IV: The Long Struggle Against Islamofascism*(New York: Random House, 2007). 리처드 N. 하스(Richard N. Haass)는 "The New Thirty Years' War," *Project Syndicate*(July 21, 2014), http://www.project-syndicate.org/commentary/richard-n--haass-argues-that-the-middle-east-is-less-a-problem-to-be-solvedthan-a-condition-to-be-managed, accessed on July 24, 2014에서 중동을 근대 초기의 유럽에 비유한다. 많은 학자들이 2011년의 아랍 봉기를 1848년의 유럽 혁명에 비유한다; Jonathan Seinberg, "1848 and 2011: Bringing Down the Old Order is Easy; Building a New One Is Tough," *Foreign Affairs*(September 28, 2011); John M. Owen

IV, "Why Islamism Is Winning," *New York Times*(January 7, 2012), A19; Sheri Berman, "Marx's Lesson for the Muslim Brothers," *New York Times*(August 10, 2013), SR6; Kurt Weyland, "The Arab Spring: Why the Surprising Similarities with the Revolutionary Wave of 1848?," *Perspectives on Politics* 10, no. 4(2012), pp. 917~934.

7   Ahmed H. al-Rahim, "Whither Political Islam and the 'Arab Spring'?," *Hedgehog Review* 13, no.3(2011), pp. 8~22.

8   Owen, *Clash of Ideas*, p. 213, 216.

9   Paul Salem, *Bitter Legacy: Ideology and Politics in the Arab World*(Syracuse: Syracuse University Press, 1994), pp. 39~44.

10   제프리 레그로(Jeffrey Legro)는 공식적인 또는 국가적인 사상의 근본적인 변화는 옛 사상의 위기는 물론 그 대안 사상에 대한 충분한 사회적 지지를 필요로 한다고 주장한다. Legro, *Rethinking the World: Great Power Strategies and International Order*(Ithaca, N.Y.: Cornell University Press, 2005) 참조.

11   Sheri Berman, "Islamism, Revolution, and Civil Society," *Perspectives on Politics* 1, no. 2 (2003), pp. 257~272.

12   Gilles Kepel, *The Revenge of God: The Resurgence of Islam, Christianity, and Judaism in the Modern World*(University Park: Penn. State University Press, 1994).

13   예를 들어 Mark Juergensmeyer, *Global Rebellion: Religious Challenges to the Secular State, from Christian Militias to al Qaeda*(Berkeley: University of California Press, 2009); Peter L. Berger, ed., *The Desecularization of the World: Resurgent Religion and World Politics* (Grand Rapids, Mich.: Eerdmans, 1999).

14   Kepel, *Revenge of God*, pp. 98~99, 192~198. 종교의 세계적 부흥과 그것의 정치적 결과들을 철저히 다룬 것으로는 Monica Duffy Toft, Daniel Philpott, and Timothy Samuel Shah, *God's Century: Resurgent Religion and Global Politics*(New York: Norton, 2011) 참조.

15   Owen, *Clash of Ideas*, p. 202에서 인용.

16   Sayyid Qutb, *Signposts along the Road*(1964). Roxanne L. Euben and Muhammad Qasim Zaman, eds., *Princeton Readings in Islamist Thought: Texts and Contexts from al-Banna to Bin Laden*(Princeton: Princeton University Press, 2009), p. 137에서 인용.

17   "Most Muslims Want Democracy, Personal Freedoms, and Islam in Political Life," Pew Research Center(July 19, 2012), http://www.pewglobal.org/2012/07/10/most-muslims-wantdemocracy-personal-freedoms-and-islam-in-political-life/, accessed on December 19, 2012.

18   U.S. Central Intelligence Agency, *CIA World Factbook*, https://www.cia.gov/library/publications/the-world-factbook/geos/le.html, accessed on December 19, 2012.

19   "Muslims Believe U.S. Seeks to Undermine Islam," *World Public Opinion*(April 24, 2007),

http://www.worldpulicopinion.org/pipa/articles/brmiddleeastnafricara/346.php?lb=
brme&pnt=346&nid=&id=, accessed on December 13, 2010. 주목할 만한 것은 인도네시아는
표 1.1의 앞쪽 두 항목에 대해 과반수 거우 넘는 국민들이 찬성하는 예외적인 국가라는 점이다.

20 Michaelle Browers, *Political Ideology in the Arab World: Accommodation and Transforma-tion*(New York: Cambridge University Press, 2009), pp. 19~47.

21 "Nuclear Weapons: Who Has What at a Glance"(Washington, D.C.: Arms Control Association,
November 2012), http://www.armscontrol.org/factsheets/Nuclearweaponswhohaswhat, accessed
on January 19, 2013.

22 이 책은 사하라 사막 주변의 국가들은 다루지 않는다. 그 지역의 무슬림과 기독교도에 대한 최근의
연구는 "Tolerance and Tension: Islam and Christianity in Sub-Saharan Africa," Pew Forum on
Religion and Public Life(April 2010), http://www.pewforum.org/files/2010/04/sub-saharan-africa-full-report.pdf. accessed on May 16, 2014 참조.

23 "Muslim Publics Share Concern about Extremist Groups"(Pew Research Global Attitudes Project,
September 10, 2013), http://www.pewglobal.org/2013/09/10/muslim-publics-share-concerns-about-extremist-groups/, accessed on January 14, 2014.

24 Assaf Moghadam and Brian Fishman, "Introduction: Jihadi 'Endogenous Problems,'" in
Moghadam and Fishman, eds., *Fault Lines in Global Jihad: Organizational, Strategic, and
Ideological Fissures*(New York: Routledge, 2011), pp. 6~8.

25 Benjamin Wallace-Wells, "The Lonely Battle of Wael Ghonim," *New York*(January 22,
2012), http://nymag.com/news/features/wael-ghonim-2012-1/, accessed on December
28, 2013.

26 예를 들어 Amr Hamzawy, "Two Sorrowful Scenes at a Church funeral," *Atlantic Council*
(November 8, 2013), http://www.atlanticcouncil.org/blogs/egyptsource/two-sorrowful-scene
sat-a-church-funeral, accessed on December 30, 2013 참조. 또한 Marwan Muasher, *The Arab
Center: The Promise of Moderation*(New Haven: Yale University Press, 2008)도 참조.

27 Mia Bloom, *Dying to Kill: The Allure of Suicide Terror*(New York: Columbia University
Press, 2005).

28 Robert A. Pape, *Dying to Win: The Strategic Logic of Suicide Terrorism*(New York: Random
House, 2005).

29 사회과학적인 언어로 말하자면 페이프는 종속변수에 대해 샘플 조사를 한다. Scott Ashworth,
Joshua D. Clinton, Adam Meirowitz, and Kristopher W. Ramsay, "Design, Inference, and
the Strategic Logic of Suicide Terrorism," *American Political Science Review* 102, no. 2
(2008), pp. 269~273.

30 Robert A. Pape and James K. Feldman, *Cutting the Fuse: The Explosion of Global Suicide
Terrorism and How to Stop It*(Chicago: University of Chicago Press, 2010).

31 이러한 책들과 그 밖의 책들에 대한 좀 더 일반적인 비판에 대해선, Martha Crenshaw, "Explaining Suicide Terrorism: A Review Essay," *Security Studies* 16, no. 1(2007), pp. 133~162 참조.

32 이라크의 전 독재자 사담 후세인이 9월 11일 테러에 아무런 역할을 하지 않았는데도 불구하고 그러했다. G.W. 부시 정부의 친구들과 적들은 하나의 사실, 즉 9·11이 없었으면 이라크 전쟁도 없었다는 데는 의견이 일치한다.

33 Owen, *Clash of Ideas*, pp. 202~204. 사회과학적인 전문 용어로 표현하면, 이 사건들은 피드백 고리로 연결된 내인성(內因性)을 갖고 있는 것으로 보인다. 특히 국제관계에 응용되는 피드백 효과를 분명한 사회과학적 관점에서 다룬 것은 Robert Jervis, *System Effects: Complexity in Political and Social Life*(Princeton: Princeton University Press, 1998) 참조.

34 자살 테러리즘과 그 조직망에 대해선 Michael C. Horowitz, "Nonstate Actors and the Diffusion of Innovations: The Case of Suicide Terrorism," *International Organization* 64, no. 1(2010), pp. 33~64 참조.

35 "Terrorism, Poverty, and Islam," *Indonesia Matters*(October 6, 2006), http://www.indonesia matters.com/742/terrorism-poverty-islam/, accessed on November 11, 2010.

36 Russel L. Ackoff and Johan P. Strümpfer, "Terrorism: A Systemic View," *Systems Research and Behavioral Science* 20, no. 3(2003), p. 292.

37 그들은 Gerald P. O'Driscoll, Jr., Kim R. Holmes, and Mary Anastasia O'Grady, *Index of Economic Freedom*(Washington, D.C.: Heritage Foundation, 2002)를 참조하고 있다.

38 United Nations Development Program, *Arab Human Development Report: Human Security*(New York: United Nations, 2009), p. 11, 113, available at http://www.arab-hdr.org/contents/index.aspx?rid=5. 빈곤지수(HPI)는 그 보고서 작성을 후원하는 유엔개발계획에 의해 만들어졌다.

39 David Stringer, "Poverty Fueling Muslim Anti-West Tendencies: Study," *Huffington Post*(May 7, 2009), http://www.huffingtonpost.com/2009/05/07/poverty-fuelingmuslim-an_n_199192.html#, accessed on November, 11, 2010.

40 "After Earlier Growth, Decline in Freedom Seen in Middle East in 2007"(press release, Freedom House, January 18, 2008), http://www.freedomhouse.org/template.cfm?page=70&release=613, accessed on Novermber 18, 2010.

41 United Nations Development Program, *Arab Human Development Report*, 2. 2010년 시작된 아랍의 봄은 적어도 잠시 동안은 그러한 진술을 문제 있는 것으로 만들었다.

42 예를 들어 *AHDR 2009*, pp. 14~15.

43 Ira M. Lapidus, *A History of Islamic Societies*, 2nd ed. (New York: Cambridge University Press, 2002), pp. 761~763.

44 Fareed Zakaria, "The Politics of Rage: Why Do They Hate Us?," *Newsweek*(October 14,

2001), http://www.newsweek.com/politics-rage-why-do-they-hate-us-154345, accessed on January 16, 2014.

45 World Bank, "Replicate the World Bank's Regional Aggregation," http://iresearch. worldbank.org/PovcalNet/povDuplic.html, accessed on November 19, 2010.

46 Alan Krueger and Jitka Malečková, "Education, Poverty, and Terrorism: Is There a Causal Connection?" *Journal of Economic Perspectives* 17, no. 4(2003), pp. 119~144 참조; Tim Krieger and Daniel Meierrieks의 조사, "What Causes Terrorism?," *Public Choice* 147, nos. 1-2(2011), pp. 3~27.

47 http://www.thereligionofpeace.com/, accessed on November 8, 2010; http://chromatism. net/bloodyborders/, accessed on November 9, 2010.

48 예를 들어 Spencer, *Religion of Peace? Why Christianity Is and Islam Isn't*(Washington, D.C.: Regnery, 2007); *The Truth about Muhammad: Founder of the World's Most Intolerant Religion*(Washington, D.C.: Regnery, 2006).

49 "Speech Geert Wilders New York, Four Seasons(Monday Feb 23, 2009)," http://www.geert wilders.nl/index.php?option=com_content&task=view&id=1535, accessed on December 1, 2010.

50 David Cohen, "Violence Is Inherent in Islam — It Is a Cult of Death," *Evening Standard* (London)(February 7, 2007), http://www.islamophobia-watch.com/islamophobia-watch/ 2007/2/7/violence-is-inherent-in-islam-it-is-a-cult-of-death.html, accessed on November 8, 2010.

51 J. David Goodman, "Police Arrest 5 in Danish Terror Plot," *New York Times*(December 29, 2010), http://www.nytimes.com/2010/12/30/world/europe/30denmark.html?ref=danishcartoon controversy, accessed on January 16, 2014.

52 Robert Mackey, "Israeli Minister Agrees that Ahmadinejad Never Said Israel 'Must Be Wiped off the Map,'" *New York Times*(April 17, 2012), http://thelede.blogs.nytimes.com/2012/ 04/17/israeli-minister-agrees-ahmadinejad-never-said-israel-must-be-wiped-off-the-map/, accessed on January 16, 2014. 그 당시 대통령 아마디네자드는 분명히 이스라엘이 사라질 것이라고 말했지만, 이란이 이스라엘을 쳐부술 것이라고 발표하지는 않았다.

53 Samuel P. Huntington, *The Clash of Civilizations and the Remaking of World Order*(New York: Simon & Schuster, 1996), pp. 254~258. 또한 Davis Brown, "The Influence of Religion on Armed Conflict Onset"(Ph.D. diss., University of Virginia, 2012)도 참조.

54 Lapidus, *History of Islamic Societies*, pp. 22~34.

55 David Cook, *Martyrdom in Islam*(New York: Cambridge University Press, 2007), pp. 14~15.

56 Jonathan Fox, "Two Civilizations and Ethnic Conflict: Islam and the West," *Journal of Peace*

Research 38, no. 4(2001), pp. 459~472.

57 Karen Barkey, "Islam and Toleration: Studying the Ottoman Imperial Model," *International Journal of Politics, Culture, and Society* 19, nos. 1-2(2005), pp. 5~19.

58 예를 들어 "Khatami Concerns 9·11 Terror Attacks," Reuters, September 10, 2006, http://gulfnews.com/news/world/usa/khatami-condemns-9-11-terror-attacks-1.254539, accessed on November 9, 2010.

59 어떻게 이데올로기 갈등이 중동에 영향을 미쳤는지에 대한 또 다른 논의는 Mark L. Haas, *The Clash of Ideologies: Middle Eastern Politics and American Security*(New York: Oxford University Press, 2012) 참조.

60 Yuen foong Khong, *Analogies at War: Korea, Munich, Dien Bien Phu, and the Vietnam Decisions of 1965*(Princeton: Princeton University Press, 1992).

61 Richard E. Neustadt and Ernest R. May, *Thinking in Time: The Uses of History for Decision Makers*(New York: Simon & Schuster, 2011).

교훈 1. 이슬람주의를 과소평가하지 말라

1 Charles Kurzman and Ijlal Naqvi, "The Islamists Are Not Coming," *Foreign Policy*(January-February 2010), http://www.foreignpolicy.com/articles/2010/01/04/the_islamists_are_not_coming, accessed on October 20, 2010.

2 "Saving Faith," *Economist*(July 15, 2010), http://www.economist.com/node/16564186. accessed on December 23, 2013.

3 Oliver Roy, "This Is Not an Islamic Revolution," *New Statesman*(February 15, 2011), http://www.newstatesman.com/religion/2011/02/egypt-arab-tunisia-islamic, accessed on January 14, 2014.

4 Fareed Zakaria, "Egypt's Real Parallel to Iran's Revolution," *Washington Post*(February 7, 2011), http://www.washingtonpost.com/wp-dyn/content/article/2011/02/06/AR2011020603398. html, accessed on January 14, 2014.

5 "And the Winner Is..." *Economist*(December 20, 2011), http://www.economist.com/node/21541404, accessed on January 14, 2014.

6 Shadi Hamid, "Did Religious Parties Really Lose the Iraqi Elections?" *Democracy Arsenal* (blog), April 4, 2010, http://www.democracyarsenal.org/2010/04/did-religious-parties-reallylose-the-iraqi-elections-.html, accessed on October 15, 2010.

7 Shadi Hamid, "Underestimating Religious Parties," *Democracy Arsenal*(blog), April 5, 2010, http://www.democracyarsenal.org/2010/04/underestimating-religious-parties.html, accessed on October 15, 2010.

8 로버트 니스벳(Robert Nisbet)은 진보 이야기를 3,000년의 서구 역사에 걸쳐 더 늘이고 있다. Nisbet, *History of the Idea of Progress*(Piscataway, N.J.:Transaction, 1980).

9 Steven Pinker, *The Better Angels of Our Nature: Why violence Has Declined*(New York: Viking, 2011).

10 Immanuel Kant, "Idea for a Universal History with Cosmopolitan Intent," in *Perpetual Peace and Other Essays*, ed. Ted Humphrey(Indianapolis: Hackett Press, 1981).

11 G. W. F. Hegel, *Lectures on the Philosophy of World History*, trans. H.B. Nisbet(New York: Cambridge University Press, 1975).

12 Herbert Butterfield, *The Whig Interpretation of History*(New York: Norton, 1965).

13 영어 텍스트 일부는 http://pages.uoregon.edu/sshoemak/323/tests/augsburg.htm, accessed on October 20, 2010.

14 Hajo Holborn, *A History of Modern Germany: The Reformation*(New York: Knopf, 1961), p. 243.

15 Richard Stauffer, "Calvin," in *International Calvinism, 1541-1715*, ed. Menna Prestwich (Oxford: Claredndon, 1985), pp. 15-38; Holborn, *History of Modern Germany*, pp. 257~259.

16 Michael Walzer, *The Revolution of the Saints: A Study in the Origins of Radical Politics* (Cambridge, Mass.: Harvard University Press, 1965)는 탁월한 사회적·정치적 논의를 담고 있다.

17 Menna Prestwich, "The Changing Face of Calvinism," in Prestwich, *International Calvinism*, pp. 3~4.

18 텍스트는 http://www2.stetson.edu/~psteeves/classes/edictnantes.html, accssed on October 19, 2010.

19 Holborn, *History of Modern Germany*, pp. 305~306.

20 Geoffrey Parker and Simon Adams, eds., *The Thirty Years' War*, 2nd ed. (New York: Routledge, 1997), p. 178.

21 Nexon, *Struggle for Power.* William T. Cavanaugh, *The Myth of Religious Violence: Secular Ideology and the Roots of Modern Conflict*(New York: Oxford University Press, 2009)는 "종교"는 "비세속적"이라는 추상적인 의미에서는 현대의 구조물이기 때문에, "종교"는 이러한 전쟁들에 대한 책임을 질 수 없다고 언급한다; 실제로 종교는 바로 이 전쟁들의 여파 속에서 성스러운 것과 속된 것의 어떤 혼합도 불신하고 싶어 하는 세속주의자들에 의해 건조된 것이다. 나는 이 문제를 이들의 주장과 약간 다르게 제기할 작정이다. 이 30년 전쟁은 이데올로기 전쟁이라고 해야 적절할 것이다. 사회적 안정을 위해서는 종교적 획일성이 필요하다는 것이 그 시대 대부분의 유럽인들이 가졌던 원칙이었기 때문이다. 그러한 (이데올로기적인) 강한 신념이 없었다면, 프로테스탄티즘의 성장이 권력의 분배에 연루되거나 정치적 폭력을 촉발하지는 않았을 것이다.

22 Michael Broers, *Europe after Napoleon: Revolution, Reaction, and Romanticism, 1814-*

1848(Manchester: Manchester University Press, 1996), pp. 13~14.

23 Alan Cassels, *Ideology and International Relations in the Modern World*(New York: Routledge, 2002), pp. 43~44.

24 같은 책, pp. 44~45.

25 Frederick B. Artz, *Reaction and Revolution, 1814-1832*(New York: Harper, 1934), p. 3.

26 Erick Hobsbawm, *The Age of Revolution 1789-1848*(New York: Vintage, 1996), p. 91.

27 E. H. Carr, *The Twenty Years' Crisis, 1919-1939: An Introduction to the Study of International Relations*(1946; repr., London: Macmillan 2001); 특히 마지막 장 참조.

28 John Maynard Keynes, *General Theory of Employment, Interest, and Money*(London: Macmillan, 1936).

29 Seymour Martin Lipset and Gary Wolfe Marks, *It Didn't Happen Here: Why Socialism Failed in the United States*(New York: Norton, 2000), p. 74.

30 1930년대와 1940년대의 사회주의자들과 사회민주주의자들 사이의 차이점과 상호 작용에 대해서는, Daniel T. Rodgers, *Atlantic Crossings: Social Politics in a Progressive Age*(Cambridge, Mass.: Harvard University Press, 1998); Norman Birnbaum, *After Progress: American Social Reform and European Socialism in the Twentieth Century*(New York: Oxford University Press, 2001) 참조.

31 Lincoln Steffens, *The Autobiography of Lincoln Steffens*, vol. 1 (New York: Harcourt Brace, 1931), p. 799.

32 "Quintus Fabius Maximus Verrucosus," *Encyclopaedia Britannica*, http://www.britannica.com/EBchecked/topc/199706/Quintus-Fabius-Maximus-Verrucosus, accessed on November 4, 2010.

33 Sidney Webb and Beatrice Webb, *The Decay of Capitalist Civilization*, 3rd ed. (London: Fabian Society, 1923), pp. 3~4.

34 David Caute, *The Fellow-Travellers: Intellectual Friends of Communism*(New Haven: Yale University Press, 1988), pp. 86~89.

35 Robert Conquest, *Reflections on a Ravaged Century*(New York: Norton, 2001), pp. 93~96. 충분한 논의를 위해서는 Conquest, *The Harvest of Sorrow: Soviet Collectivization and the Terror-Famine*(New York: Oxford University Press, 1987) 참조.

36 Webb and Webb, *Soviet Communism: A New Civilization?*, 3rd ed. (New York: Longmans, Green, 1944), pp. 463~471. 문제의 그 단락은 1935년의 초판과 동일하다.

37 Caute, *Fellow-Travellers*, p. 4.

38 Ian Hunter, *Malcolm Muggeridge: A Life*(Vancouver: Regent College Publishing, 2003), pp. 76~85. 인용은 Muggeridge, *The Green Stick*, p. 257에서 한 것임. 머거리지의 기사에 대해선 http://www.garethjones.org/soviet_articles/soviet_and_the_peasantry_1.htm 참조.

39 Juan Linz, "The Crisis of Democracy after the First World War," in *International Fascism: Theories, Causes, and the New Consensus*, ed. Roger Griffin(London: Arnold, 1988), p. 180.

40 Eugen Weber and L. L. Snyder, *Varieties of Fascism: Doctrines of Revolution in the Twentieth Century*(New York: Van Nostrand, 1964), pp. 28~43.

41 아돌프 히틀러의 민족사회주의독일노동자당(NSDAP)은 특히 인종적 위계에 집착한다는 면에서 이탈리아 모델과는 많이 다르며, 많은 학자들은 민족사회주의(나치즘)를 그 자체 고유한 운동으로 보고 있다. 그러나 나치즘은 분명히 파시즘과 크게 일치하는 부분이 있으며, 두 가지는 특히 국가통제주의, 제국주의, 반공주의, 그리고 민주주의의 거부에서 크게 닮은 점을 내보였다.

42 Philip Coupland, "H. G. Wells's Liberal Fascism," *Journal of Contemporary History* 35, no. 4 (2000), pp. 542~543. 커플랜드는 이 책에서, 웰스는 자유주의적 목표를 계속 추구했지만, 현 상황 아래서는 파시스트적인 수단이 그러한 목표를 달성하는 데 필요한 것으로 생각했다고 한다.

43 Max Wallace, *The American Axis: Henry Ford, Charles Lindbergh, and the Rise of the Third Reich*(New York: Macmillan, 2004), p. 155(강조는 저자).

44 같은 책, p. 158.

45 같은 책, p. 197.

46 같은 책, pp. 118~119에서 인용.

47 Anne Morrow Lindbergh, *The Wave of the Future: A Confession of Faith*(New York: Harcourt, Brace, 1940), p. 40.

48 Wallace, *American Axis*, pp. 279~296.

49 무슬림 세계에 적용되는 이 같은 진보 내러티브에 관해서는 Michaelle Browers and Charles Kurzman, eds., *An Islamic Reformation?*(Lanham, Md.: Lexinton Books, 2004); John M. Owen IV and J. Judd Owen, eds., *Religion, the Enlightenment, and the New Global Order* (New York: Columbia University Press, 2011) 참조.

50 Kepel, *Revenge of God*.

51 Gilles Kepel, *Jihad: The Trail of Political Islam*(London: I. B. Tauris, 2006), pp. 375~376.

52 Oliver Roy, *The Failure of Political Islam*(Cambridge, Mass.: Harvard University Press, 1996), pp. viii~xi.

53 Oliver Roy, "Islamism's Failure, Islamists' Future," *Open Democracy*(October 30, 2006), http://www.opendemocracy.net/faith-europe_islam/islamism_4043.jsp, accessed on October 12, 2010.

54 M. Hakan Yavuz, "Cleansing Islam from the Public Sphere," *Journal of International Affairs* 54, no. 1(2000), pp. 21~42; Angel Rabasa and F. Stephen Larrabee, *The Rise of Political Islam in Turkey*(Santa Monica, Calif.: RAND, 2008), pp. 32~37.

55 Hassan Bashir, "How the Roots of Revolution Began to Grow," in *The Roots of the Islamic*

Revolution in Iran: Economical, Politcal, Social and Cultural Views, ed. Hassan Bashir and Seyed Ghahreman Safavi(London: Book Extra, 2002), pp. 17~18.

56 "Iran: Oil, Grandeur and a Challenge to the West," *Time*(November 4, 1974), http://www.time.com/time/magazine/article/0,917,945047,00.html, accessed on April 9, 2012. 나는 여러 해 전에 이 커버스토리에 대해 경계하도록 조언해준 휴샹 세하비(Houchang Chehabi)에게 깊이 감사한다.

57 Robert Jervis, *Why Intelligence Fails: Lessons from the Iranian Revolution and the Iraq War* (Ithaca, N.Y.: Cornell University Press, 2011), p. 25.

58 Peter L. Berger, "The Desecularization of the World: A Global Overview," in Berger, *Descecularization of the World*, pp. 1~4, Huntington, *Clash of Civilization*, pp. 56~78도 참조.

교훈 2. 이데올로기는 (대체로) 단일체가 아니다

1 Janet Tassel, "Militant about 'Islamism,'" *Harvard Magazine*, January-February 2005, pp. 38~47.

2 Podhoretz, *World War IV*, p.14.

3 Charles Kurzman, *The Missing Martyrs: Why There Are So Few Muslim Terrorists*(New York: Osford University Press, 2011).

4 Youssef N. Aboul-Enein, *Militant Islamist Ideology: Understanding the Global Threat* (Annapolis, Md.: Naval Institute Press, 2010), pp. 1~2.

5 Brendan O'Reilly, "The False Monolith of Political Islam," *Asia Times*(December 17, 2011), http://www.atimes.com/atimes/Middle_East/ML17Ak01.html, accessed on July 19, 2012.

6 Daniel Pipes, "The Scandal of U.S.-Saudi Relations," *National Interest*(Winter 2003), http://www.danielpipes.org/995/the-scandal-of-us-saudi-relations, accessed on July 20, 2012. 미국과 사우디아라비아의 우호 관계를 비판하는 또 다른 저작물로는 전 CIA 분석가인 로버트 베어(Robert Bear)가 쓴 *Sleeping with the Devil: How Washington Sold Our Soul for Saudi Crude*(New York: Random House, 2004)가 있다.

7 국제관계에서 대체로 분열시켜 정복하는 전략에 대한 좀 더 일반적인 논의는 Timothy W. Crawford, "Preventing Enemy Coalittions: How Wedge Strategies Shape Power Politics," *International Security* 35, no. 4(2011), pp. 155~189; Yasuhiro Izumikawa, "To Coerce or Reward? Theorizing Wedge Strategies in Alliance Politics," *Security Studies* 22, no. 3(2013), pp. 498~531.

8 Isaiah Berlin, *The Hedgehog and the Fox: An Essay on Tolstoy's View of History*(New York: Simon & Schuster, 1951).

9 카라다위는 2008년 1월 28일 알 자지라 TV로 방영한 한 연설에서 알라는 히틀러를 이용하여 유

대인들을 징벌했으며, 그리고 "다음 번에는 알라의 뜻이 그분을 믿는 사람들의 손에 있게 될 것" 이라고 말했다. 번역은 Middle East Media Research Institute, http://www.memritv.org/clip/en/2005.htm, accessed on December 18, 2013. 배교에 대해서는 "Qaradawi's Ruling on Major and Minor Apostasy," *Islamopedia Online*(October 22, 2010), http://www.islamopediaonline.org/fatwa/al-qaradawis-200-7-ruling-apostasy, accessed on July 28, 2014.

10 사우디아라비아와 이스라엘의 복잡한 관계에 대해서는 Chemi Shalev, "With New BFFs Like Saudi Arabia, Who Needs Anti-Semitic Enemies?," *Haaretz*(October 27, 2013), http://www.haaretz.com/blogs/west-of-eden/.premium-1.554722, accessed on January 18, 2014.

11 Arthur Herman, *Metternich*(London: Allen & Unwin, 1932), p. 34.

12 Henry A. Kissinger, *A World Restored: Metternich, Castlereagh and the Problems of Peace, 1812-22*(Boston: Houghton Mifflin, 1957), pp. 202~203에서 인용.

13 Paul W. Schroeder, *The Transformation of European Politics 1763-1848*(New York: Oxfor University Press, 1994), p. 602.

14 아마도 가장 표준적인 텍스트는 장 보댕(Jean Bodin)이 1576년에 발행한 *Six Books of the Commonwealth*(*Les six livres de la République*)일 것이다. 이 책에 대한 논평으로는 Mario Turchetti, "Jean Bodin," in *Stanford Encyclopedia of Philosophy*(2010), ed. Edward N. Zalta, http://plato.stanford.edu/entries/bodin/#4, accessed on August 14, 2012 참조.

15 Owen, *Clash of Ideas*, pp. 137~138.

16 J. H. Leurdijk, *Intervention in International Politics*(Leeuwarden, Netherlands: Eisma BV, 1986), p. 238.

17 C. W. Crawley, "International Relations, 1815-1830," in *The New Cambridge Modern History*, vol.9, *War and Peace in an Age of Upheaval, 1793-1830*(New York: Cambridge University Press, 1965), p. 684.

18 Parker and Adams, *Thirty Years' War*, pp. 14~15.

19 Andrew Pettegree, "Religion and the Revolt," in *The Origins and Development of the Dutch Revolt*, ed. Graham Darby(New York: Routledge, 2001), pp. 67~83, Prestwich, "Changing Face,"

20 Peter Marshall, *The Magic Circle of Rudolf II: Alchemy and Astrology in Renaissance Prague* (New York: Bloomsbury, 2009), pp. 3~4.

21 Holborn, *History of Modern Germany*, pp. 296~302.

22 유용한 용어들은 http://www.cyberussr.com/rus/insults.hml, accessed on August 17, 2012 참조.

23 Barbara C. Malament, "British Labour and Roosevelt's New Deal: The Response of the Left and the Unions," *Journal of British Studies* 17, no. 2(1978), pp. 136~167.

24 Pietro Nenni, "Where the Italian Socialists Stand," *Foreign Affairs* 40, no. 29(1962), pp. 216~218.

25 Parties and Elections in Eruope, http://www.parties-and-elections.eu/italy2a.html, accessed on August 15, 2012.

26 Zachary Karabell, *Architects of Intervention: The United States, the Third World, and the Cold War, 1946-1962*(Baton Rouge: Louisiana State University Press, 1999), pp. 37~49.

27 기독교민주당은 48.5퍼센트의 지지를 받은 반면 인민전선은 31퍼센트의 지지로 2위를 차지했다. Parties and Elections in Eruope, http://www.parties-and-elections.eu/itlay2a.html, accessed on August 15, 2012.

28 Geoffrey Pridham, *Political Parties and Coalitional Behaviour in Italy*(New York: Routledge, 2013), pp. 42~53; James Edward Miller, *The United States and Italy, 1940-1950: The Politics and Diplomacy of Stabilization*(Chapel Hill: University of North Carolina Press, 1986), pp. 147~150.

29 Michael A. Ledeen, *West European Communism and American Foreign Policy*(Piscataway, N.J.: Transaction, 1987), pp. 80~83.

30 Parties and Elections in Europe, http://www.parties-and-elections.eu/france2.html, accessed on August 15, 2012.

31 Jonathan Fenby, *The General: Charles de Gaulle and the France He Saved*(New York: Simon & Schuster, 2010)

32 S. William Halperin, "Leon Blum and Contemporary French Socialism," *Journal of Modern History* 18, no. 3(1946), pp. 249~250.

33 Donald Bell, "Leon Blum's American Mission," *Deseret News*(Salt Lake city)(February 5, 1946), http://news.google.com/newspapers?nid=336&dat=19460205&id=tGBSAAAAIBAJ&sjid=x3oDAAAAIBAJ&pg=7004,3719109, accessed on July 18, 2012.

34 Edward Rice-Maximin, "The United States and the French Left, 1945-1949: The View from the State Department," *Journal of Comtemporary History* 19, no. 4(1984), p. 730.

35 Tony Judt, *Postwar: A History of Europe since 1945*(New York: Random House, 2010), p. 126, 268.

36 Lewis Joachim Edinger, *Kurt Schumacher: A Study in Personality and Political Behavior*(Stanford, Calf.: Stanford University Press, 1965), pp. 182~186.

37 드골과 미국인들에 대해서는 Fenby, *The General* 참조.

38 Yusuf al-Qaradawi, "Islam and Democracy," in Euben and Zaman, *Princeton Readings in Islamist Thought*, p. 232, 226. 그러나 카라다위의 솔직하고 극단적인 반유대주의와 반배교주의(anti-apostasy)에 대해선 이 장 앞 부분 참조.

39 Marc Lynch, "Islam Divided between Salafi-Jihad and the Ikhwan," *Studies in Conflict &*

Terrorism 33, no.6(2010), pp. 467~487.

40 "Over 15 Nations to Join US-Led Military Drill Near Syria Border," *Turkish Weekly*(May 10, 2012), http://www.turkishweekly.net/news/135866/over-15-nations-to-join-us-led-military-drill-near-syria-border.html, accessed on August 24, 2012.

41 Ahmet Davutoğlu, "Turkey's Zero-Problems Foreign Policy," *Foreign Policy*(May 20, 2010), http://www.foreignpolicy.com/articles/2010/05/20/turkeys_zero_problems_foreign _policy?page=0.0&hidecomments=yes, accessed on August 31, 2012.

42 Lynch, "Islam Divided."

43 Combined Joint Task Force Spartan Public Affairs, "Eager Lion Commanders Hold Press Conference," U.S. Central Command(May 15, 2012), http://www.centcom.mil/press-releases/eager-lion-commanders-hold-press-conference.html, accessed on August 31, 2012.

44 Trita Parsi, *Treacherous Alliance: The Secret Dealings of Israel, Iran and the United States* (New Haven: Yale University Press, 2007), chap. 19.

45 인터뷰는 "The 'Grand Bargain' Fax: A Missed Opportunity?," *Frontline*, http://www.pbs.org/wgbh/pages/frontline/showdown/themes/grandbargain.html, accessed on January 29, 2013 참조.

교훈 3. 외국의 간섭은 통상적인 일이다

1 CNN/Opinion Research Poll, March 18-20, http://politicalticker.blogs.cnn.com/2011/03/21/cnnopinion-research-poll-march-18-20-libya/, accessed on Feruary 14, 2012.

2 Katia McGlynn, "Jon Stewart Rips U.S. Attack on Libya: 'Don't We Already Have two Wars?,'" *Huffington Post*(March 22, 2011), http://www.huffingtonpost.com/2011/03/22/jon-stewart-libya_n_838872.html, accessed on February 14, 2012.

3 Patrick Goldstein and James Rainey, "Al Jazeera, Fox Log Biggest Audience Jumps during Egypt Crisis," *LA Times Blogs*(February 17, 2011), http://latimesblogs.latimes.com/the_big_picture/2011/02.al-jazeera-fox-log-biggest-audience-jumps-during-egypt-crisis.html, accessed on Janaury 2, 2012.

4 Michael Desch, "America's Illiberal Liberalism," *International Security* 32, no. 3(2008), pp. 7~43.

5 Tony Smith, *A Pact with the Devil: Washington's Bid for World Supremacy and the Betrayal of the American Promise*(New York: Routledge, 2012), p. 199.

6 Owen, *Clash of Ideas.*

7 이런저런 수니-시아파 이슬람주의자들의 관계와 균열에 대해서는 Bernard Haykel, "Al-Qa'ida

and Shiism," in Moghadam and Fishman, *Fault Lines in Global Jihad*, pp. 186~190 참조.

8 Kaveh L. Afrasiabi, "Iran Gets a Mini-Break—in Bahrain," *Asia Times Online*(November 29, 2011), http://www.atimes.com/atimes/Middle_East/MK29Ak03.html, accessed on March 13, 2012.

9 Neil MacFarquhar, "Odd Twist for Elite Unit Guiding Iran's Proxy Wars," *New York Times* (October 11, 2011), http://www.nytimes.com/2011/10/12/world/middleeast/new-plot-is-odd-twist-for-irans-elite-quds-force.html, accessed on March 13, 2012.

10 "Syria Unrest: Arab League Adopts Sactions in Cairo," *BBC News*(November 27, 2011), http://www.bbc.co.uk/news/world-middle-east-15901360, accessed on March 13, 2012.

11 Vali Nasr, "If the Arab Spring Turns Ugly," *New York Times*(August 27, 2011), http://www.nytimes.com/2011/08/28/opnion/sunday/the-dangers-lurking-in-the-arab-spring.html?pagewanted=all, accessed on February 14, 2012.

12 Dan Perry, "John McCain, Joe Lieberman, Lindsey Graham Urge to Arm Syria's Rebels," *Huffington Post*(September 7, 2012), http://www.huffingtonpost.com/2012/09/07/john-mccain-joe-lieberman-syria_n_1865884.html, accessed on January 27, 2013.

13 Owen, "Why Islamism Is Winning" 참조.

14 Joseph S. Nye, *Understanding International Conflicts*(New York: Longman, 1997), p. 158.

15 Rami G. Khouri, "A Saudi-Iranian Cold War Takes Shape," *Daily Star*(Beirut), October 19, 2011, http://www.dailystar.com.lb/Opinion/Columnist/2011/Oct-19/151642-a-saudi-iranian--cold-war-takes-shape.ashx#axzz1oSjNVdTN, accessed on March 7, 2012. F. Gregory Gause III, *Beyond Sectarianism: The New Middle East Cold War*(Washington: Brookings Institution, 2014)도 참조.

16 John M. Owen IV and Michael Poznansky, "When Does America Drop Dictators?," *European Journal of International Relations*(2014), doi:10.1177/1354066113508990.

17 나는 외국의 개입과 점령의 성공 요인이 무엇인지는 고찰하지 않을 작정이다. 그 주제에 대해서는 David M. Edelstein, *Occupational Hazards: Success and Failure in Military Occupation* (Ithaca, N.Y.: Cornell University Press, 2011) 참조.

18 Edmund Burke, "Speech of Edmund Burke, Esq., on American Taxation"(April 19, 1774), sec. 1.2.105, http://www.econlib.org/library/LFBooks/Burke/brkSWv1c2.html, accessed on January 2, 2012.

19 Edmund Burke, *Correspondence 3*(1776), in *Oxford Dictionary of National Biography*, pp. 252~253, http://www.oxforddnb.com/view/article/4019, accessed on January 2, 2012.

20 Edmund Burke, "Speech on the Impeachment of Warren Hastings"(February 15, 1788), http://www.civilizations.com/smartboard/shop/burkee/extracts/chap12.htm, accessed on January 2, 2012.

21 Richard Price, "A Discourse on the Love of Our Country(1789)," *Norton topics Online*, http://www.wwnorton.com/college/english/nael/romantic/topic_3/price.htm, accessed on May 14, 2014.

22 Jennifer M. Welsh, *Edmund Burke and International Relations: The Commonwealth of Europe and the Crusade Against the French Revolution*(New York: Macmillan, 1995), pp. 102~103.

23 Christopher Hitchens, "Reactionary Prophet," *Atlantic Monthly*(April 2004), http://www.theatlantic.com/past/docs/issues/2004/04/hitchens.htm, accessed on January 2, 2012.

24 Edmund Burke, *Reflections on the Revolution in France*(Harmondsworth, UK: Penguin, 1969), p. 185.

25 에드먼드 버크는 이렇게 쓰고 있다. "한 가지 권한이 취약하고 모든 권한은 또한 동요하는 상태에서, 장교들은 당분간 반항하며 파벌을 계속 유지할 것이다. 군대를 진정시킬 기술을 알면서 진정한 지휘 정신을 갖춘, 어느 정도 인기 있는 장군이 와서 모든 병사들의 시선을 자신에게 집중시킬 때까지는 이럴 것이다. 군대는 그 장군의 개인적인 책임에 의거하여 그에게 복종할 것이다. 이 상태에서 군대의 복종을 확실하게 할 다른 방법은 없다. 그러나 그 사건이 발생하는 순간, 실제로 군대를 지휘하는 그 사람은 당신들의 주인, 즉 당신들의 왕의 주인(그런 일은 드물지만), 당신들의 의회의 주인, 당신들의 공화국 전체의 주인일 것이다." 크리스토퍼 히친스가 쓰고 있듯이, "이것은 거의 무시무시할 정도로 정확한 이야기이다". Hitchens, "Reactionary Prophet."

26 Emma Vincent Macleod, *A War of Ideas: British Attitudes toward the Wars against Revolutionary France 1792-1802*(Burlington, Vt.: Ashgate, 1998), p. 13에서 인용. 최초의 문구는 Burke, "An Appeal from the New to the Old Whigs"(1791)에 표현되었다.

27 Burke, "Thoughts on French Affairs"(1791), in *The Works of the Right Honourable Edmund Burke*, vol. 3, *Political Miscellanies*(London: Henry G. Bohm, 1855), pp. 350~361, 구글 북(Google Books) 자료, http://books.google.com/ebooks/reader?id=7U8XAAAAYAAJ&printsec=frontcover&output=reader, accessed on January 3, 2012.

28 Macleod, *War of Ideas*, chaps, 2~4.

29 Owen, *Clash of Ideas*, pp. 140~141.

30 Carl J. Friedrich, "Military Government and Democratization: A Central Issue of American Foreign Policy," in *American Experiences in Military Government in World War II*, ed. Friedrich et al. (New York: Rinehart, 1948), p. 19.

31 Tony Smith, *America's Mission: The United States and the Worldwide Struggle for Democracy*(Princeon: Princeton University Press, 1994), pp. 152~153.

32 John Lamberton Harper, *American Visions of Europe: Franklin D. Roosevelt, George F.*

Kennan, and Dean G. Acheson(New York: Cambridge University Press, 1996), pp. 78~91.

33 Smith, *America's Mission*, pp. 153~154; Carl C. Hodge and Cathal J. Nolan, "'As Powerful as We Are': From the Morgenthau Plan to Marshall Aid," in *Shepherd of Democracy? America and Germany in the Twentieth Century*, ed. Hodge and Nolan(Westport, Conn.: Greenwood, 1992), pp. 55~57.

34 Jean Edward Smith, *Lucius D. Clary: An American Life*(New York: Macmillan, 1990), pp. 368~378.

35 같은 책, p. 367.

36 같은 책, p. 381; Marc Trachtenberg, *A Constructed Peace: The Making of the European Settlement 1945-1963*(Princeton: Princeton University Press, 1999), pp. 52~54.

37 같은 책, pp. 378~389; Richard L. Merritt, *Democracy Imposed: U.S. Occupation Policy and the German Public, 1945-1949*(New Haven: Yale University Press, 1995), pp. 64~68. 클레이의 초고를 중심으로 행해진 번스의 연설문; 실제 연설의 초고는 존 케네스 갈브레이스(John Kenneth Galbraith)와 찰스 킨들버거(Charles Kindleberger).

38 Robert Gellately, *Lenin, Stalin, and Hitler: The Age of Social Catastrophe*(New York: Random House, 2007), p. 588에서 인용.

39 Alessandro Brogi, *A Question of Self-Esteem: The United States and the Cold War Choices in France and Italy, 1944-1958*(Westport, Conn.: Greenwood, 2002), p. 68에서 인용.

40 Cathy Lynn Grossman, "Number of U.S. Muslims to Double," *USA Today*(January 27, 2011), http://www.usatoday.com/news/religion/2011-01-27-1Amuslim27_ST_N.htm, accessed on January 13, 2012.

41 예를 들어 주 법정에서 샤리아(또는 국제법)의 적용을 금지하고 있는 오클라호마 법률을 참조할 것. Elizabeth Flock, "Sharia Law Ban: Is Oklahoma's Proposal Discriminatory or Needed?," *Washington Post Blog*(January 11, 2012), http://www.washingtonpost.com/blogs/blogpost/post/sharia-law-ban-is-oklahomas-proposal-discriminatory-or-useful/2012/01/11/-gIQAGFP1qP_blog.html, accessed on March 12, 2012.

42 논쟁 초기에 나온 읽을 만한 분석으로는 James Davison Hunter, *Culture Wars: The Struggle to Define America*(New York: Basic Books, 1991) 참조.

43 기독교주의자(Christianist)라는 새 용어를 만들어낸 앤드루 설리번(Andrew Sullivan)도 동의한다. "May Problem with Christianism," *Time*(May 7, 2006), http://www.time.com/time/magazine/article/0,9171,1191826-1,00.html, accessed on January 17, 2013.

44 Murat Iyigun, "Luther and Suleyman," *Quarterly Journal of Economics* 123, no. 4(2008), pp. 1470~1471.

45 395년에 로마 제국은 콘스탄티노플(공식적으로는 비잔티움)에 수도를 둔 동로마 제국과 로마

에 수도를 둔 서로마 제국으로 공식적으로 분리되었다.

46 Stephen A. Fischer-Galati, *Ottoman Imperialism and German Protestantism 1521-1555* (New York: Octagon, 1972), pp. 1~3.

47 Charles A. Frazee, *Catholics and Sultans: The Church and the Ottoman Empire 1453-1923* (New York: Cambridge University Press, 2006), p. 26.

48 같은 책, pp. 25~28.

49 Halil İnalcık and Donald Quataert, *An Economic and Social History of the Ottoman Empire, 1300-1914*(New York: Cambridge University Press, 1994), p. 373.

50 A. H. de Groot, *The Ottoman Empire and the Dutch Republic: A History of the Earliest Diplomatic Relations 1610-1630*(Istanbul: Nederlands Historisch-Archaeologisch Instituut, 1978), pp. 84~85.

51 Mustafa Serdar Palabiyik, "Contributions of the Ottoman Empire to the Construction of Modern Europe"(master's thesis, Middle East Technical University, 2005), pp. 79~80.

52 De Groot, *Ottoman Empire and the Dutch Republic*, pp. 85~86. 역사가들은 이들이 개인 활동가들일 뿐 정부 관리들 또는 여론을 대변하는 사람들은 아니라고 기록하고 있다.

53 Palabiyik, "Contributions," pp. 77~78.

54 John W. Bohnstedt, "The Infidel Scourge of God: The Turkish Menace as Seen by German Pamphleteer of the Reformation Era," *Transactions of the American Philosophical Society* 58, no. 9(1968), pp. 18~22. 가톨릭 군주이지만 합스부르크가의 카를 5세와는 앙숙인 프랑스의 프랑수아 1세의 경우 시야가 흐려진 것이 분명하게 드러난다. 1536년에 프랑수아 1세와 술레이만은 교역과 해군 관련 조약에 서명했는데, 거기에는 — 아마도 분노한 기독교도의 마음을 달래기 위해 — 터키인들이 자기들 제국 내에서 기독교에 대한 관용을 베푼다는 조항이 들어 있었다. Frazee, *Catholics and Sultans*, 28; William Miller, *The Ottoman Empire and Its Successors 1801-1927: With an Appendix, 1927-1936*(New York: Cambridge University Press, 2013), p. 2.

55 Philip Schaff, "Augsburg Interim," in *New Schaff-Herzog Encyclopedia of Religious Knowledge*, vol. 6, *Innocents-Liudger*, http://www.ccel.org/s/schaff/encyc/encyc06/htm/iii.ix.htm, accessed on January 26, 2012.

56 Palabiyik, "Contributions," p. 64.

57 Bohnstedt, "Infedel Scourge," 십자군과 정의의 전쟁의 차이에 대해서는 James Turner Johnson, *The Holy War Idea in Western and Islamic Traditions*(University Park: Penn State University Press, 1997) 참조.

58 Fischer-Galati, *Ottoman Imperialism*, pp. 38~56.

59 Palabiyik, "Contributions," p. 90.

60 Clive Jones, *Britain and the Yemen Civil War, 1962-1965: Ministers, Mercenaries and*

Mandarins: Foreign Policy and the Limits of Covert Action(Eastbourne, UK: Sussex Academic Press, 2010).

61 Owen, *Clash of Ideas*, pp. 218~220.

62 같은 책, pp. 202~204.

63 예를 들어 Jacob Heilbrunn, *They Knew They Were Right: The Rise of the Neocons*(New York: Random House, 2009).

64 Brian C. Schmidt and Michael C. Williams, "The Bush Doctrine and the Iraq War: Neoconservatives versus Realists," *Security Studies* 17, no.2(2008), pp. 191~220. Mark L. Haas, "Missed Ideological Opportunities and George W. Bush's Middle Eastern Policies," *Security Studies* 21, no. 3(2012), pp. 416~454.

교훈 4. 국가는 합리적인 동시에 이데올로기적일 수 있다

1 "Nuclear Weapons."

2 International Institute for Strategic Studies, *Nuclear Programmes in the Middle East: In the Shadow of Iran*(London: IISS, 2008), p. 132.

3 Dieter Bednarz, Erich Follath, and Georg Mascolo, "Ahmadinejad's Challenge to the World," *Der Spiegel*(December 19, 2005), http://www.spiegel.de/international/spiegel/fanaticis min-iran-ahmadinejad-s-challenge-to-the-world-a-391199.html, accessed on December 18, 2012.

4 Stephen Walt, "The Arrogance of Power," *Foreign Policy* blogs(May 25, 2012), http:// walt.foreignpolicy.com/category/topic/iran, accessed on December, 18, 2012.

5 Flynt Leverett and Hillary Mann Leverett, *Going to Tehran: Why the United States Must Come to Terms with the Islamic Republic of Iran*(New York: Henry Holt, 2013), pp. 15~59.

6 Fareed Zakaria, "Iran Is a Rational Actor," *Fareed Zakaria GPS*(March 8, 2012), http://globalpublicsquare.blogs.cnn.com/2012/03/08/zakaria-iran-is-a-rational-actor/, accessed on December 18, 2012.

7 "Russia to Strengthen Its Caspian Sea Fleet," *RT News*(May 4, 2011), http://rt.com/politics/ caspian-fleet-missiles-warships/, accessed on December 18, 2012.

8 Stephen Walt, "Top Ten Media Failures in the Iran Debate," *Foreign Policy* blogs(March 11, 2012), http://walt.foreignpolicy.com/category/topic/iran, accessed on December 18, 2012.

9 Andrew Moravcsik, "Taking Preferences Seriously: A Liberal Theory of International Politics," *International Organization* 51, no. 4(1997), pp. 513~553.

10 Randall Schweller, "Bandwagoning for Profit: Bringing the Revisionist State Back In,"

International Security 19, no. 1(1994), pp. 72~107; Charles L. Glaser, *Rational Theory of International Politics: The Logic of Competition and Cooperation*(Princeton: Princeton University Press, 2010), 앤드루 키드(Andrew Kydd)는 '탐욕스런(greedy)' 국가들을 언급한 다; Kydd, "Game Theory and the Spiral Model," *World Politics* 49, no.3(April 1997), pp. 371~400.

11 Holborn, *History of Modern Germany*, p. 221, 260.

12 프리드리히가 1563년에 위임하여 발행된 『하이델베르크 교리문답서』는 가장 널리 사용되는 칼뱅교 교리문들 가운데 하나이다. 영어 텍스트는 http://www.ccel.org/creeds/heidelberg-cat-ext.txt에서 볼 수 있다.

13 Claus-Peter Clasen, *The Palatinate in European History, 1559-1660*(Oxford: Basil Blackwell, 1963), p. 3.

14 같은 책, pp. 1~2.

15 같은 책, pp. 1~2.; Holborn, *History of Modern Germany*, p. 262.

16 Clasen, *Palatinate*, pp. 3~5.

17 같은 책, pp. 6~12.

18 Holborn, *History of Modern Germany*, p. 296.

19 같은 책, p. 311.

20 같은 책, p. 297, pp. 312~317; Clasen, *Palatinate*, pp. 24~26 참조.

21 Holborn, *History of Modern Germany*, p. 317.

22 같은 책, pp. 320~325 참조.

23 Clasen, *Palatinate*, p. 25.

24 David Armstrong, *Revolution and World Order: The Revolutionary State in International Society*(Oxford: Clarendon, 1993), p. 120.

25 Robert Service, *Trotsky: A Biography*(New York: Oxford University Press, 2009), pp. 191~192. 인용 부분은 Trotsky, *My Life*(1930).

26 Armstrong, *Revolution and World Order*, pp. 123~124.

27 Owen, *Clash of Ideas*, p. 173.

28 George Frost Kennan, *Russia and the West under Lenin and Stalin*(Boston: Little, Brown, 1961), pp. 54~59; Armstrong, *Revolution and World Order*, chap. 4.

29 Karl Marx and Friedrich Engels, *The Communist Manifesto*(1848; repr., New York: Oxford University Press, 2008), chap. 2, http://www.marxists.org/archive/marx/works/1848/communistmanifesto/ch02.htm, accessed on December 29, 2012.

30 Owen, *Clash of Ideas*, pp. 173~174.

31 Stephen Walt, *Revolution and War*(Ithaca, N.Y.: Cornell University Press, 1996), p. 208.

32 Armstrong, *Revolution and World Order*, p. 139.

33 Moravcsik, "Taking Preferences Seriously."

34 Owen, *Clash of Ideas*, pp. 175~179.

35 Armstrong, Revolution and World Order, p. 144.

36 Mark L. Haas, *The Ideological Origins of Great Power Politics 1789-1989*(Ithaca, N.Y.: Cornell University Press, 2005), pp. 125~126; Armstrong, *Revolution and World Order*, pp. 146~147.

37 Mark L. Haas, "The United States and the End of the Cold War: Reactions to Shifts in Soviet Power, Policies, or Domestic Politics?," *International Organization* 61, no.1(2007), pp. 145~179. 아이러니하게도 고르바초프가 소련 체제의 해체를 관장했다. 그가 현상 유지 목표를 무리하게 추구했든, 소련이 현상 유지 세력으로 살아남을 수가 없었든 말이다.

38 Mlada Bukovansky, *Legitimacy and Power Politics: The American and French Revolutions in International Political Culture*(Princeton: Princeton University Press, 2010), pp. 68~77.

39 James I of England, "The Trew Law of Free Monarchies"(1598), http://www.constitution.org/primarysources/stuart.html; Jean Bodin, S*ix Books of the Commonwealth*(1576), trans. M. J. Tooley(Oxford: Basil Blackwell, 1955); Jacques-Bénigne Bossuet, *Politics Drawn from the Very Words of Holy Scripture*(1679), ed. Patrick Riley(New York: Cambridge University Press, 1999) 참조.

40 Anne-Robert Jacques Turgot, *Reflections on the Formation and Distribution of Wealth*(1774; repr., London: E. Spragg, 1793), available at http://www.econlib.org/library/Essays/trgRfl1.html, accessed on December 31, 2012; Adam Smith, *An Inquiry into the Nature and Causes of the Wealth of Nations*(1776: repr., London: Methuen, 1904), http://www.econlib.org/library/Smith/smWN.hml, accessed on December 31, 2012.

41 Iain McLean and Arnold B. Urken, "Did Jefferson or Madison Understand Condorcet's Theory of Social Choice?," *Public Choice* 73, no.4(1992), pp. 445~457.

42 John M. Owen IV, *Liberal Peace, Liberal War: American Politics and International Security* (Ithaca, N.Y.: Cornell University Press, 1977), pp. 69~71.

43 Robert W. Tucker and David C. Hendrickson, *Empire of Liberty: The Statecraft of Thomas Jefferson*(New York: Oxford University Press, 1990).

44 이 몇 년의 시기를 권위 있게 다룬 책으로 R.R. Palmer, *The Age of the Democratic Revolution: A Political History of Europe and America*, vols. 1-2(Princeton: Princeton University Press, 1959, 1964) 참조.

45 바꾸어 말하면, 프랑스의 신생 공화국은 급진적인 목적을 추구하기 위해 마치 118년 후에 러시아 볼셰비키들이 하려고 했던 것과 매우 흡사하게, 주권을 가진 정부를 우회하여 백성들에게 직접 다가가는 등 매우 위험한 수단을 사용하고 있었다. 자세한 것은 Walt, *Revolution and War*, chap. 3 참조.

46 Stanley Elkins and Eric McKitrick, *The Age of Federalism: The Early American Republic, 1788-1800*(New York: Oxford University Press, 1994), pp. 330~334.

47 같은 책, pp. 340~347, 356 참조.

48 Owen, *Liberal Peace*, pp. 78~81.

49 같은 책, pp. 69~70 참조. 특히 중요한 것은 해밀턴의 *Report on Manufactures*(1791), available at http://constitution.org/ah/rpt_manufatures.pdf, accessed on December, 31, 2012.

50 Owen, *Liberal Peace*, pp. 105~113, 119~124; Henry Nau, *Conservative Internationalism: Armed Diplomacy under Jefferson, Polk, Truman, and Reagan*(Princeton: Princeon Univerity Press, 2013), chap. 5.

51 미국의 국제체제 적응에 대한 더 상세한 이야기는 Armstrong, *Revolution and World Order*, chap. 2 참조.

52 Elizabeth Borgwardt, *A New Deal for the World: America's Vision for Human Rights* (Cambridge, Mass.: Harvard University Press, 2007).

53 G. John Ikenberry, *Liberal Leviathan: The Origins, Crisis, and Transformation of the American World Order*(Princeton: Princeton University Press, 2012).

54 Francis Fukuyama, *The End of History and the Last Man*(New York: Free Press, 1992) 참조.

55 John Gerard Ruggie, "Multilateralism: The Anatomy of an Institution," *International Organization* 46, no.3(1992), pp. 561~598.

56 F. Gregory Gause III, "From 'Over the Horizon' to 'Into the Backyard': The US-Saudi Relationship and the Gulf War," in *The Middle East and the United States*, 5th ed., ed. David W. Lesch and Mark L. Haas(Boulder, Colo.: Westview, 2014), p. 329.

57 Dehghani Firooz-Abadi, "The Islamic Republic of Iran and the Ideal International System," in *Iran and the International System*, ed. Anoushiravan Ehteshami and Reza Molavi(New York: Routledge, 2011), chap. 4. 또한 Walt, *Revolution and War*, pp. 223~224 참조.

58 왜 이란이 현 상황 속으로 '사회화'된 채 운영되지 않고 혁명적인 국가로 남아 있는지에 대한 논의는 다음 책 참조. Maximilian Terhalle, "Revolutionary Power and Socialization: Explaining the Persistence of Revolutionary Zeal in Iran's Foreign Policy," *Security Studies* 18, no. 3(2009), pp. 557~586.

59 Suzanne Maloney, "Identity and Change in Iran's Foreign Policy," in *Identity and Foreign Policy in the Middle East*, ed. Shibley Telhami and Michael Barnett(Ithaca, N.Y.: Cornell University Press, 2002), pp. 88~116.

60 Owen, *Clash of Ideas*, p. 227에서 인용.

61 물론 미국 또한 반하마스이며, 그래서 이야기가 복잡해지지만, 관계가 나쁜 근본적인 이유는 하마스가 이스라엘의 존재 권리를 인정하지 않기 때문이다.

62 Owen, *Clash of Ideas*, pp. 202~204.

63 Said Amir Arjomand, *After Khomeini: Iran under His Successors*(New York: Oxford University Press, 2009), pp. 133~134.

64 Walt, *Revolution and War*, pp. 264~267.

65 Arjomand, *After Khomeini*, pp. 141~142.

66 같은 책, p. 147.

67 같은 책, p. 145.

68 Ray Takeyh, *Guardians of the Revolution: Iran and the World in the Age of the Ayatollahs* (New York: Oxford University Press, 2009), p. 5.

69 같은 책, 11장.

70 Louis Charbonneau, "In New York, Defiant Ahmadinejad Says Israel Will Be 'Eliminated'," *Reuters*(September 24, 2012), http://www.reuters.com/article/2012/09/24/us-un-assembly-ahmadinejad-idUSBRE88N0HF20120924, accessed on January 10, 2013.

71 Christie Hauser, "Holocaust Conference in Iran Provokers Ourage," *New York Times* (December 12, 2006), http://www.nytimes.com/2006/12/12/world/midleeast/13holocaust cnd.html?_r=1&oref=slogin, accessed on Jauary 10, 2013.

72 Thomas Erdbrink, "Iran's Vice President Makes Anti-Semitic Speech at Forum," *New York Times*(June 26, 2012), http://www.nytimes.com/2012/06/27/world/middleeast/iran-vice-president-rahimi-makes-anti-semitic-speech.html?_r=0, accessed on January 10, 2012. 이들 정·부대통령들 위에 호메이니의 후계자인 아야톨라 알리 하메네이(Ayatollah Ali Khamenei)가 최고 지도자로서(글자그대로 번역하면 '수호하는 법관') 앉아 있다. 하메네이의 성향은 파악하기가 어렵다. 어떤 때는 온건한 모습을 보이다가 갑자기 호전적으로 변하기도 한다. 어쨌든 그의 막강한 권력에도 불구하고, 대통령이 온건한지 호전적인지에 따라 이란의 정책이 분명히 달라져왔다.

73 이스라엘 관리들의 많은 발언 중 Yolande Knell, "Israel PM Netanyahu 'Ready' to Order Strike on Iran", BBC News(November 6, 2012), http://www.bbc.co.uk/news/world-middle-east-20220566, accessed on January 10, 2013 참조.

74 Lee Harris, "Is Iran a Rational Actor?" *Weekly Standard*(March 13, 2012), http://www.weeklystandard.com/blogs/iran-rational-actor_633497.html?page=1, accessed on December 19, 2012. 이러한 합리성에 비중을 둔 엄격한 논의에 대해서는 Thomas C. Schelling, *Arms and Influence: With a New Preface and Afterword*(New Haven: Yale University Press, 1966), chap. 3, "The Manipulation of Risk," pp. 92~125 참조.

교훈 5. 승자는 "어느 누구도 아닐" 수 있다

1 Francis Fukuyama, "The End of History?," *National Interest* 16(Summer 1989).

2 Fukuyama, *End of History*.

3 Isaac Chotiner, "Thomas Piketty: I Don't Care for Marx," *New Republic*, May 5, 2014, http://www.newrepublic.com/article/117655/thomas-piketty-interview-economist-discusses-his-distaste-marx, accessed on May 13, 2014.

4 http://www.socialistworld.net/, http://world.internationalism.org/, http://revcom.us/s/corim.htm, and http://www.internationsocialist.org/ 각각 참조.

5 http://www.fourthinternational.org/ 참조.

6 "I Challenge You to Debate the Truth of Communism, and to Defend Your Distortions about Cultural Revolution, before the Harvard Community," open letter from Raymond Lotta to Roderick McFarquhar, Professor at Harvard, http://revolutionbookscamb.org/open%20letter%20macfar.html.

7 Jeffrey Goldberg, "Fidel: 'Cuban Model Doesn't Even Work for Us Anymore,'" *Atlantic*, September 9, 2010, http://www.theatlantic.com/international/archive/2010/09/fidel-cubanmodel-doesnt-even-work-for-us-anymore/62602/.

8 21세기 초에 전통적인 좌익 사상이 우고 차베스(Hugo Chávez) 정권과 베네수엘라의 사례에 힘입어 라틴아메리카 전역에서 부활했다. 차베스의 볼리바리즘(Bolivarism)은 과시 효과를 거두었지만 그 지역의 정권들에게 20세기의 공산주의 같은 그런 위협이 되지는 않았다. 서구의 자본주의적 민주주의와 조우했던 점거 운동(occupy movement)은 정치적 좌파임이 분명하지만, 그것을 진실한 이데올로기 운동으로 만들 만한 긍정적인 프로그램을 수립하지는 못했다.

9 Willie Thompson, *The Communist Movement since 1945*(Oxford: Blackwell, 1998), p. 183.

10 Daniel Patrick Moynihan, *Pandaemonium: Ethnicity in International Politics*(New York: Oxford University Press, 1994), pp. 38~40. 하지만 모이니한은 "이 뉴스가 베트남의 정글, 앙골라 숲 지대, 또는 니카라과의 산맥에까지 도달하려면 좀 더 시간이 걸릴 것"이라고 부언한다.

11 David S. Lane, *The Rise and Fall of State Socialism: Industrial Society and the Socialist State*(Cambridge: Polity, 1996), p. 176.

12 Fred Halliday, *Revolution and World Politics: The Rise and Fall of the Sixth Great Power*(Durham, N.C.: Duke University Press, 1999), p. 217.

13 Zbigniew K. Brzezinski, *The Grand Failure: The Birth and Death of Communism in the Twentieth Century*(New York: Scribner, 1989), p. 213.

14 같은 책, p. 215.

15 예를 들어 Peter A. Hall and David Soskice, *Varieties of Capitalism: The Institutional Foundations of Comparative Advantage*(New York: Oxford University Press, 2001).

16 세속주의의 여러 다른 종류를 인정하는 것이 중요하다. 교황 베네딕토 16세가 "긍정적인 세속주의"라고 부른 것은 정치권력으로부터 종교를 분리하는 것이며, "부정적 세속주의"는 국가에 의해

전통적인 종교를 지배하고 약화시키거나 아예 제거하려는 시도이다. 긍정적 세속주의는 대부분의 서구 국가들에서 나타난다. 소련은 부정적 세속주의를 시행했다. Daniel Philpott, Timothy Shah, and Monica Duffy Toft, "The Dangers of Secularism in the Middle East," *Christian Science Monitor*(August 11, 2011), http://www.csmontor.com/Commentary/Opinion/2011/0811/The-dangersof-secularism-in-the-Middle-East, accessed on January 17, 2013.

17 M. E. H. N. Mout, "Limits and Debates: A Comparative View of Dutch Toleration in the Sixteenth and Early Seventeenth Centuries," in *The Emergence of Tolerance in the Dutch Republic*, ed. C. Berkvens-Stevelinck, J. Israel, and G. H. M. P. Meyjes (Leiden, Netherlands: Brill, 1997), p. 37.

18 Pettegree, "Religion and the Revolt," pp. 71~72; John Witte Jr., *The Reformation of Rights: Law, Religion and Human Rights in Early Modern Calvinism*(New York: Cambridge University Press, 2007), pp. 143~144.

19 Martin van Gelderen, *The Political Thought of the Dutch Revolt 1555-1590*(New York: Cambridge University Press, 2002), pp. 219~220.

20 Mout, "Limits and Debates," p. 40.

21 Pettegree, "Religion and the Revolt," pp. 73~80; Geoffrey Parker, *The Dutch Revolt* (Harmondsworth, UK: Penguin, 1979), pp. 148~149.

22 네덜란드의 독립선언문(Act of Abjuration, Plakkaat van Verlatinghe) 텍스트는 http://www.h4.dion.ne.jp/~room4me/docs/abj_dut.htm에서 찾을 수 있다. 그 전문(前文)은 2세기가 더 지나 작성된 미국 독립선언서의 그것과 매우 유사하다.

23 Willem Frijhoff, "Religious Toleration in the United Provinces: From 'Case' to 'Model,'" in *Calvinism and Religious Toleration in the Dutch Golden Age*, ed. R. P.-C. Hsia and H. Van Nierop(New York: Cambridge University Press, 2002), p. 48.

24 칼뱅교 신학에서 나오는 이러한 연역적 결론은 17세기 중반에 요한네스 알투시우스(Johannes Althusius)가 가장 분명하게 주장했지만, 1570년대에 네덜란드인의 저술들에서 분명히 나타난다. 알투시우스에 관해서는 Witte, *Reformaion of Rights*, 특히 pp. 171~172 참조.

25 Mark Greengrass, *The Longman Companion to the European Reformation, c. 1500-1618* (New York: Longman, 1998), p. 142.

26 아르미니우스파 신자들은 신학자인 야코부스 아르미니우스(Jacobus Arminius)를 따르는 개혁파 신자들이었다. 아르미니우스는 하느님이 세상을 창조하기 이전에 누가 구원을 받을지 결정했다는 정통파 칼뱅교 교리를 거부했다. 아르미니우스파 지도자인 요한 반 올덴바르네벨트(Johann van Oldenbarnevelt)는 1619년에 처형되었다.

27 Jonathan Israel, "The Intellectual Debate about Toleration in the Dutch Republic," in Berkvens-Stevlinck, Israel, and Meyjes, *Emergence of Tolerance*, p. 21.

28 아마도 종교적으로 가장 관대한 도시인 암스테르담에서, 가톨릭 세례는 1630년대에 320회이던

것이 1690년대에는 15,031회로 증가했고, 루터교 세례는 같은 기간에 7,600회에서 11,778회로 증가했다. Jonathan Israel, *The Dutch Republic: Its Rise, Greatness, and Fall, 1477-1806* (Oxford: Clarendon, 1995), p. 641.

29 Israel, "Intellectual Debate," p. 23. 반(反)삼위일체론자들은, 하느님은 삼위 또는 세 위격(성부, 성자, 성령)의 존재라는 정통 기독교 교리를 부정한다. 데카르트 학파는 계시가 아닌 이성의 토대 위에서 신을 믿는 프랑스 철학자 르네 데카르트의 추종자들이었다.

30 Joke Spaans, "Religious Policies in the Seventeenth-Century Dutch Republic," in Hsia and Van Nierop, *Calvinism and Religious Toleration*, p. 78.

31 Willem Frijhoff, "The Threshold of Toleration: Interconfessional Conviviality in Holland during the Early Modern Period," in *Embodied Belief: Ten Essays on Religious Culture in Dutch History*(Hilversum, Netherlands: Uitgerverij Verloren, 2002), pp. 40~45.

32 Mout, "Limits and Debates," p. 45.

33 Angus Maddison, *The World Economy: A Millennial Perspective*(Paris: OECD, 2006), p. 81.

34 Broers, *Europe after Napoleon*, p. 118.

35 J. A. S. Grenville, *Europe Reshaped: 1848-1878*(Oxford: Blackwell, 2000), pp. 229~260.

36 Edvard Radzinsky, *Alexander II: The Last Great Tsar*(New York: Simon & Schuster, 2005), pp. 361~421.

37 Grenville, *Europe Reshaped*, pp. 9~10.

38 Marx and Engels, *Communist Manifesto*.

39 Christopher Lasch, *The True and Only Heaven: Progress and Its Critics*(New York: Norton, 1991), pp. 212~214.

40 Eric Hobsbawm, *The Age of Capital 1848-1875*(New York: Vintage, 1996), p. 15.

41 "Iran: Oil, Grandeur and a Challenge to the West."

42 Asef Bayat, "The Post-Islamist Revolutions: What the Revolts in the Arab World Mean," *Foreign Affairs*(April 26, 2011), http://www.foreignaffairs.com/articles/67812/asef-bayat/the-post-islamist-revolutions, accessed on April 9, 2012.

43 Angelique Chrisafis and Ian Black, "Tunisia Elections Winner: 'We're Hardly the Freemasons, We're a Modern Party,'" *Guadian*(Machester, UK)(October 25, 2011), http://www.guardian.-co.uk/world/2011/oct/25/tunisia-elections-islamist-party-winner, accessed on April 6, 2012.

44 Sarah Lynch, "Muslim Brotherhood Top Winner in Egyptian Election," *USA Today*(December 4, 2011), http://usatoday30.usatoday.com/news/world/story/2011-12-04/israel-egypt-elections/51641978/1, accessed on January 25, 2014.

45 Catherine Herridge, "The Islamist Winter: New Report Suggests Extremist Views Winning in Libya," Foxnews.com(January 4, 2012), http://www.foxnews.com/politcs/2012/01/04/

islamist-winter-new-report-suggests-extremists-views-winning-in-libya/, accessed on April 6, 2012.

46 Thomas Hobbes, *Leviathan*(1651), ed. C. B. Macpherson(Harmondsworth, UK: Penguin, 1981), chap. 17, p. 223; chap. 18, p. 612.

47 Nathan Brown, *When Victory Is Not an Option: Islamist Movements in Arab Politics*(Ithaca, N.Y.: Cornell University Press, 2012).

48 2010년도 『CIA 세계 팩트북(CIA World Factbook)』은 다음과 같은 혼합 정권들의 목록을 제시한다. 오만, 바레인, 아랍에미리트, 이라크, 시리아, 예멘, 쿠웨이트, 요르단, 카타르, 아프가니스탄, 이집트, 리비아, 알제리, 튀니지, 모로코, 모리타니, 에리트레아(무슬림 경우만), 감비아, 소말리아, 투르크메니스탄, 카자흐스탄, 브루나이, 말레이시아.

49 Browers, *Political Ideology*.

50 Abdulaziz Sachedina, *The Islamic Roots of Democratic Pluralism*(New York: Oxford University Press, 2000); Sohail H. Hashmi, "Islam, Constitutionalism, and Democracy," in Owen and Owen, *Religion, the Enlightenment*, pp. 221~239.

51 Brown, *When Victory Is Not an Option*.

52 Browers, *Political Ideology*, pp. 55~59.

53 Nicholas Wolterstorff, *Justice: Rights and Wrongs*(Princeton: Princeton University Press, 2010); Jean Bethke Elshtain, "Religion, Enlightenment, and a Common Good," in Owen and Owen, *Religion, the Enlightenment*, pp. 57~76; and John Witte Jr., "Puritan Sources of Enlightenment Liberty," in Owen and Owen, *Religion, the Enlightenment*, pp. 140~173.

교훈 6. 터키와 이란을 주시하라

1 Melvyn P. Leffler, *For the Soul of Mankind: The United States, the Soviet Union, and the Cold War*(New York: Macmillan, 2008).

2 Zachary Elkins and Beth A. Simmons, "The Globalization of Liberalization: Policy Diffusion in the International Political Economy," *American Political Science Review* 98(2004), pp. 171~189.

3 이 글을 쓰는 시점에서 이집트가 장기적으로 어떤 통치체제를 갖게 될지 분명하지 않지만, 이집트 역시 결국에는 어떤 종류의 이슬람주의-세속주의 혼합으로 결정할 것 같은 조짐이 있다.

4 여러 형태의 세속주의에 대한 교훈 5의 논의 참조. "세속적"이라는 말로써 나는 단지 종교적인 복종을 강요하지 않는 통치체제를 의미할 뿐이다.

5 Paul Kennedy, *The Rise and Fall of the Great Powers: Economic Change and Military Conflict from 1500 to 2000*(New York: Random House, 1987), p. 99. 이매뉴얼 월러스틴(Immanuel Wallerstein)은 네덜란드가 이 시기에 19세기의 대영제국, 그리고 1940년대 이후의

미국에 비교되는 패권 국가였다고 주장한다. Wallerstein, *The Modern World System*, vol. 1 (Berkeley: University of California Press, 2011).

6　Maddison, *World Economy*, pp. 81~83.

7　In *Mystery of Iniquity*, Stephen Wright, "Thomas Helwys," in *Oxford Dictionary of National Biography*(2004), http://www.oxforddnb.com/view/article/12880에서 인용.

8　John Coffey, *Persecution and Toleration in Protestant England, 1588-1689*(London: Longman, 2000), p. 70.

9　Frijhoff, "Religious Toleration," p. 31.

10　Steven M. Nadler, *Spinoza: A Life*(New York: Cambridge University Press, 1999), pp. 315~316.

11　공화국임에도 불구하고 네덜란드 연합주는 각 주에서 일종의 준군주로 선출하는 귀족, 즉 주지사(Stadholder; place-keeper: 스페인에서 독립하여 성립한 네덜란드 연방공화국의 원수 _옮긴이)를 두고 있었다.

12　Robert C. Steensma, *Sir William Temple*(New York: Twayne, 1970), p. 45에서 인용.

13　Homer E. Woodbridge, *Sir William Temple: The Man and His Work*(New York: Modern Language Association of America, 1940), p. 134에서 인용.

14　Maddison, *World Economy*, p. 82.

15　"Declaration of Indulgence of King James II"(April 4, 1687), http://www.jacobite.ca/documents/16870404.htm.

16　"Declaration of Indulgence of King James II"(April 27, 1688), http://www.jacobite.ca/documents/16880427.htm(강조는 저자).

17　루이 14세의 선동에 맞서기 위해 윌리엄 3세는 영국을 침공하기 전에 그가 잉글랜드와 스코틀랜드의 가톨릭교도의 종교 활동을 허용할 것이라고 신성로마제국 황제를 안심시켰다. 자신의 호의를 증명해보이기 위해 윌리엄 3세는 우선 네덜란드에서 가톨릭교도에 대한 관용 조치를 늘렸다. Jonathan I. Israel, "William III and Toleration," in *From Persecution to Toleration: The Glorious Revolution and Religion in England*, ed. Ole Peter Grell and Jonathan I. Israel (New York: Oxford University Press, 1991), pp. 140~142.

18　같은 책, pp. 140~158.

19　John Morrill, "The Sensible Revolution," in *The Anglo-Dutch Moment: Essays on the Glorious Revolution and Its World Impact*, ed. J. Israel(New York: Cambridge University Press, 2003), pp. 96~98.

20　루이 14세의 낭트 칙령 폐지[퐁텐블로 칙령(the Edict of Fontainebleau)으로도 알려져 있다]에 관한 텍스트는 http://www.historyguide.org/earlymod/revo_nantes.html 참조.

21　Theodor Schott, "Edict of Nîmes," in *The New Schaff-Herzog Religious Encyclopedia*, vol. 8, ed. Samuel Macauley Jackson(New York: Funk and Wagnalls, 1910), pp. 178~179.

22 François Bluche, *Louis XIV*, trans. Mark Greengrass(Oxford: Blackwell, 1990), p. 630.

23 Philippe Erlanger, *Louis XIV*, trans. Stephen Cox(New York: Praeger, 1970), pp. 213~214.

24 Ian Dunlop, *Louis XIV*(New York: Random House, 1999), p. 281에서 인용.

25 Voltaire, *Letters on the English*(*or Letters Philosophiques*), http://www.fordham.edu/halsall/mod/1778voltaire-letters.asp, accessed on March 22, 2014.

26 Colin Jones, *The Great Nation: France from Louis XV to Napoleon 1715-99*(New York: Columbia University Press, 2002), pp. 199~204.

27 S. B. Chrimes, *English Constitutional History*(New York: Oxford University Press, 1967). 비록 영국이 유럽에서 모범적인 입헌국이긴 했지만, 영국은 지금처럼 그때도 성문헌법을 갖고 있지 않았다는 점에 주목할 필요가 있다. 영국 헌법은 법률과 수세기 동안 쌓아온 관습이라는 요체로 구성되어 있다.

28 Broers, *Europe after Napoleon*, pp. 74~75.

29 Harry Hearder, *Cavour*(New York: Routledge, 1994), pp. 22~23.

30 Denis Mack Smith, *Cavour and Garibaldi 1860: A Study in Political Conflict*(New York: Cambridge University Press, 1985), pp. 26~27, 35, 44~45.

31 같은 책, pp. 31~34.

32 1990년 미국 달러로 환산한 액수이다.

33 Charles P. Kindleberger, *The World in Depression, 1929-1939*(Berkeley: University of California Press, 1986); Robert Gilpin, *War and Change in World Politics*(New York: Cambridge University Press, 1981).

34 소련의 경기 후퇴에 대한 설명은 Paul Krugman, "The Myth of Asia's Miracle," *Foreign Affairs* 73, no. 6(November-December 1994), pp. 62~78 참조.

35 아일랜드 공화군(IRA)에 대해서는 Peter Pringle, "KGB Approved 1m Pounds Aid Request by Party with IRA Link: Peter Pringle in Moscow Finds Evidence in Formerly Secret Archives of How Close the Soviet Union Came to Funding Dublin Politicians," *Independent*(October 26, 1992), http://www.independent.co.us/news/world/europe/kgb-approved-im-pounds-aid-request-by-party-with-ira-link-peter-pringle-in-moscow-finds-evidence-in-formerly-secret-archives-of-how-close-the-soviet-union-came-to-funding-dublin-politicians-1559647.html, accessed on October 13, 2011.

36 Owen, *Clash of Ideas*, p. 206에서 가져옴.

37 Kepel, *Revenge of God*, p. 23.

38 Haykel, "Al-Qa'ida and Shiism," p. 187. 내게 이 전거를 가르쳐준 아흐메드 알-라힘(Ahmed al-Rahim)에게 감사드린다.

39 *CIA World Factbook*, https://www.cia.gov/library/publications/the-world-factbook/, accessed on September 15, 2012.

40 즉, 이라크이슬람혁명최고위원회(Supreme Council of Iraq).

41 Vali Nasr, *The Shia Revival: How Conflicts within Islam Will Shape the Future*(New York: Norton, 2007), p. 247.

42 이란이 미국 주재 사우디아라비아 대사를 암살하고 워싱턴의 한 레스토랑을 폭파하려 했다는 음모는 쿠드스 군(Quds Force)이 계획한 것으로 알려졌다. Joby Warrick and Thomas Erdbrink, "Alleged Plot Is Uncharacteristically Bold," *Washington Post*(October 11, 2011), http://articles.washingtonpost.com/2011-10-11/world/35280214_1_alleged-plot-assassi-nation-plot-quds-force, accessed on September 15, 2012.

43 Mike Shuster, "Iran's Nuclear Fatwa: A Policy or a Ploy?," *NPR News*(June 14, 2012), http://www.npr.org/2012/06/14/154915222/irans-nuclear-fatwa-a-policy-or-a-ploy, accessed on January 18, 2013.

44 "Iran Flirts with Breakout Capability," Center of Strategic and International Studies (January 14, 2014), http://csis.org/blog/iran-flirts-breakout-capability, accessed on January 14, 2014.

45 Matthew Furhrmann, *Atomic Assistance: How Atoms for Peace Programs Cause Nuclear Insecurity*(Ithaca, N.Y.: Cornel University Press, 2012).

46 James Zogby, "Arab Attitudes toward Iran, 2011"(Washington, D.C.: Arab American Institute Foundation), http://www.aaiusa.org/reports/arab-attitudes-toward-iran-2011, accessed on October 17, 2011. 저자들은 다음 조건을 포함시킨다. "사전의 여론조사에서 이란과 그들의 핵 프로그램에 대한 질문이 주어지고 미국 및 미국의 제재 또는 군사 행동이라는 위협이 질문의 일부로 주어졌다면, 아랍인들은 이란과 그들의 핵 프로그램에 대한 도전에 강한 지지를 나타냈을 것이다. 여기에 반영된 이란에 대한 아랍의 더 부정적인 태도는 미국에 대한 언급을 넣지 않고 이란에 대한 태도만 언급하도록 질문한 것이 영향을 미쳤을 수도, 또는 그간 이란이 보여온 지역적 처신이 아랍의 여론을 멀어지게 했기 때문일 수도 있다."

47 Michael Peel and Najmeh Bozorgmehr, "Iran Gives Syria $1bn Credit Line," *Financial Times* (January 16, 2013), http://www.ft.com/intl/cms/s/0/c0266202-600c-11e2-b657-00144feab49a.html#axzz2IMbfw945, accessed on January 18, 2013.

48 Jumana Al Tamimi, "Poll Shows Iran Has Lost Arab Support," Gulfnews.com(August 3, 2011), http://gulfnews.com/news/region/iran/poll-show-iran-has-lost-arab-support-1.846469, accessed on October, 17, 2011.

49 Adel Guindy, "The Islamization of Egypt," *Middle East Review of International Affairs* 10, no. 3(2006).

50 Beken Saatçioğlu, "How Does the European Union's Political Conditionality Induce Compliance? Insights from Turkey and Romania"(Ph.D. diss., University of Virginia, 2009).

51 Recep Tayyip Erdoğan, "Conservative Democracy and the Globalization of Freedom," speech before the American Enterprise Institute (Washington, D.C.), January 29, 2004, reprinted in *The Emergence of a New Turkey: Democracy and the AK Parti*, ed. M. Kaan Yavuz (Salt Lake City: University of Utah Press, 2006), pp. 333~341.

52 Marcie J. Patton, "AKP Reform Fatigue in Turkey: What Has Happened to the EU Process?," *Mediterranean Politics* 12, no. 3 (2007), p. 343.

53 Meltem Müftüler-Baç, "Turkey's Political Reforms and the Impact of the European Union," *South European Society and Politics* 10, no. 1 (March 2005), p. 21.

54 Neslihan Çevik, "The Theological Roots of Liberalism in Turkey: 'Muslimism' from Islamic Fashion to Foreign Policy," *Hedgehog Review* 13, no. 2 (Summer 2011), pp. 87~93.

55 Beken Saatçioğlu, "Unpacking the Compliance Puzzle: The Case of Turkey's AKP under EU Conditionality," Working paper, Kolleg-Forschergruppe (KFG), Free University of Berlin, June 2010, pp. 15~21.

56 예를 들어 Hassan Abou Taleb, "Following the Turkish Model or Forging Our Own?," *Ahram Online* (September 19, 2011), http://english.ahram.org.eg/NewsContentP/4/21638/Opinion/Following-the-Turkish-model-or-forging-our-own.aspx, accessed on October 19, 2011; Mark LeVine, "Is Turkey the Best Model for Arab Democracy?" *Al Jazeera* (September 19, 2011), http://english.aljazeera.net/indepth/opinion/2011/09/201191684356995273.html, accessed on October 19, 2011.

57 *CIA World Factbook*, https://www.cia.gov/library/publications/the-world-facebook/geos/tu.html, accessed on May 14, 2014.

58 Mushtak Parker, "Economy Puts Turkey's AKP Way Ahead in Sunday's Election," *Arab News* (June 11, 2011), http://arabnews.com/middleeast/article452649.ece, accessed on October 19, 2011.

59 Ilter Turan, "Turkish Foreign Policy: Interplay between the Domestic and External," Carnegie Endowment for International Peace (September 21, 2011), http://carnegieendowment.org/2011/09/21/turkish-foreign-policy-interplay-betweendomestic-and-extrnal/57qd, accessed on October 19, 2011.

60 "Is Turkey Turning?," *Economist* (June 19, 2010), http://www.economist.com/node/16333417, accessed on October 19, 2011; Turan, "Turkish Foreign Policy."

61 그림 6.3과 6.4는 15개 아랍 국가들과 이란을 대상으로 한 것이다. Mesur Aggün and Sabiha Senyücel Gündoğar, *The Perception of Turkey in the Middle East 2012* (Istanbul: TESEV Foreign Policy Program, 2013)에서 재구성함.

62 Heba Saleh and Daniel Dombey, "Erdoğan Rallies Arab League Against Israel," *Financial Times* (September 13, 2011), http://www.ft.com/intl/cms/s/0/179e80d4-dell-11e0-a115-

00144feabdc0.html#axzz1bLgTorY7, accessed on October 20, 2011.

63 Selcan Hacaoglu, "Turkey: Kurds Attack Largest in 3 Years, Military Says," *Huffington Post* (October 20, 2011), http://www.huffingtonpost.com/2011/10/20/turkey-attack-kurds_n_1021671.html, accessed on October 20, 2011.

64 "Erdogan v Gulen," *Economist*, December 14, 2013, http://www.economist.com/news/europe/21591645-who-will-prevail-erdogan-v-gulen, accessed on May 14, 2014.

65 Pinar Tremblay, "Can Erdogan Take Cover behind Turkish Military?," *Al Monitor/Turkey Pulse*, March 2014, http://www.al-monitor.com/pulse/originals/2014/03/erdogan-hides-behind-military.html, accessed on May 14, 2014.

66 Soner Cagaptay and Jim Jeffrey, "The Islamist Feud behind Turkey's Turmoil," *Wall Street Journal*(December 29, 2013), http://online.wsj.com/news/articles/SB10001424052702303345104579284083020474774, accessed on December 31, 2013.

결론. 할 일과 하지 말아야 할 일

1 Michael Beckley, "China's Century? Why America's Edge Will Endure," *International Security* 26, no. 3(2011), pp. 41~78.

2 "Text of Bush Inaugural Speech," CBS News(February 11, 2009), http://www.cbsnews.com/news/text-of-bush-inaugural-speech/, accessed on January 20, 2013.

3 견고한 방어에 관해서는 Nau, *Conservative Internationalism* 참조.

4 Jonathan Monten, "The Roots of the Bujsh Doctrine: Power, Nationalism, and Democracy Promotion in U.S. Strategy," *International Security* 29, no. 4(2005), pp. 112~156.

5 Eugene Gholz and Daryl Press, "Protecting the Prize: Oil and the US National Interest," *Security Studies* 19, no. 3(2010), pp. 453~485; Michael Levi, "The Enduring Vulnerabilities of Oil Markets," *Security Studies* 22, no. 1(2013), pp. 132~138; Gholz and Press, "Enduring Resilience: How Oil Markets Handle Disruptions," *Security Studies* 22, no. 1(2013), pp. 139~147; Caitlin Talmadege and Joshua Rovner, "Hegemony, Force Posture, and the Provision of Public Goods: The Once and Future Role of Outside Powers in Securing Persian Gulf Oil," *Security Studies* 23, no 3(2014).

6 Joseph S. Nye Jr., *Soft Power: The Means to Success in World Politics*(New York: Public Affairs, 2004).

7 Lisa Blaydes and Drew A. Linzer, "Elite Competition, Religiosity, and Anti-Americanism in the Islamic World," *American Political Science Review* 106, no.2(2012), pp. 225~243.

8 Hashmi, "Islam, Constitutionalism, and Democracy," pp. 221~239.

9 Sachedina, *Islamic Roots*.

10 일반적인 전략에 관해서는 John M. Owen IV, "Democracy, Realistically," *National Interest* 83 (Spring 2006), pp. 35~42.

11 Peter G. Peterson, "Public Diplomacy and the War on Terrorism," *Foreign Affairs* 81, no. 5 (2002), pp. 74~94.

12 Richard Wike, "Karen Hughes' Uphill Battle," Pew Research Global Attitudes Project (November 1, 2007), http://www.pewglobal.org/2007/11/01/karen-hughes-uphill-battle/, accessed on February 5, 2013.

13 Joseph S. Nye Jr., "Public Diplomacy and Soft Power," *Annals of the American Academy of Politcal and Social Science* 616, no. 1 (2008), pp. 94~109, 102.

14 Thomas Jefferson to John B. Colvin (September 20, 1810), *The Founders' Constitution*, art. 2, sec. 3, http://press-pubs.uchicago.edu/founders/documents/a2_3s8.html, accessed on February 5, 2013.

15 Alex Kane, "5 Ways Obama Is Just Like George W. Bush," *Salon* (January 9, 2013), http://www.salon.com/2013/01/09/5_ways_obama_has_doubled_down_on_george_w_bushs_policies/, accessed on Feruary 5, 2013; "Barack Obama, Civil Liberties Nightmare," Cato Institute (March 28, 2012), http://www.cato.org/multimedia/events/barack-obama-civil-liberties-nightmare, accessed on February 5, 2013.

16 1990년대 초기 상황에 관해서는 Hunter, *Culture Wars* 참조.

17 Philpott et al., "Dangers of Secularism" 참조.

18 Wolterstorff, *Justice*. 메디슨(Madison)이 1785년에 쓴 글이 William Galston, "Claims of Conscience: Religious Freedom and State Power," *Commonweal* (April 19, 2013), https://www.commonwealmagazine.org/claims-conscience, accessed on July 29, 2014에 인용되어 있다.

19 "X" (George F. Kennan), "The Sources of Soviet Conduct," *Foreign Affairs* (July 1947).

참고문헌

Aboul-Enein, Y. N. *Militant Islamist Ideology: Understanding the Global Threat.* Annapolis, Md.: Naval Institute Press, 2010.

Ackoff, R. L., and J. P. Strümpfer. "Terrorism: A Systemic View." *Systems Research and Behavioral Science* 20, no. 3(2003), 287–94.

"After Earlier Growth, Decline in Freedom Seen in Middle East in 2007." Press release, Freedom House(January 18, 2008). Retrieved November 18, 2010, from http://www.freedomhouse.org/template.cfm?page=70&release=613

Akgün, M., and S. S. Gündoğar. *The Perception of Turkey in the Middle East 2012.* Istanbul: TESEV Foreign Policy Program, 2013.

Al-Qaradawi, Y. "Islam and Democracy." In R. L. Euben and M. Q. Zaman(Eds.), *Princeton Readings in Islamist Thought: Texts and Contexts from al-Banna to bin Laden.* Princeton: Princeton University Press, 2009: 224–48.

al-Rahim, A. H. "Whither Political Islam and the 'Arab Spring'?" *Hedgehog Review* 13, no. 3(2011), 8–22.

"And the Winner Is…" *Economist*(December 20, 2011). Retrieved January 14, 2014, from http://www.economist.com/node/21541404.

Arjomand, S. A. *After Khomeini: Iran under His Successors.* New York: Oxford University Press, 2009.

Armstrong, D. *Revolution and World Order: The Revolutionary State in International Society.* Oxford: Clarendon, 1993.

Artz, F. B. Reaction and Revolution, 1814–1832. New York: Harper, 1934.

Ashworth, S., J. D. Clinton, A. Meirowitz, and K. W. Ramsay. "Design, Inference, and the Strategic Logic of Suicide Terrorism." American Political Science Review 102, no. 2(2008), 269–73.

Baer, R. *Sleeping with the Devil: How Washington Sold Our Soul for Saudi Crude.* New York: Random House, 2004.

Barkey, K. "Islam and Toleration: Studying the Ottoman Imperial Model." *International Journal of Politics, Culture, and Society* 19, nos. 1–2(2005), 5–19.

Bashir, H. "How the Roots of Revolution Began to Grow." In H. Bashir and S. G. Safavi (Eds.), *The Roots of the Islamic Revolution in Iran: Economical, Political, Social and Cultural Views.* London: Book Extra, 2002: 9–20.

Bayat, A. "The Post-Islamist Revolutions: What the Revolts in the Arab World Mean." *Foreign Affairs*(April 26, 2011). Retrieved April 9, 2012, from http://www.foreignaffairs.com/articles/67812/asef-bayat/the-post-islamist-revolutions

Beckley, M. "China's Century? Why America's Edge Will Endure." *International Security* 26, no. 3(2011), 41–78.

Berger, P. L. "The Desecularization of the World: A Global Overview." In P. L. Berger (Ed.), *The Desecularization of the World: Resurgent Religion and World Politics.* Grand Rapids, Mich.: Eerdmans, 1999: 1–18.

Berlin, I. *The Hedgehog and the Fox: An Essay on Tolstoy's View of History.* New York: Simon & Schuster, 1951.

Berman, S. "Islamism, Revolution, and Civil Society." *Perspective on Politics* 1, no. 2 (2003), 257–72.

_____. "Marx's Lesson for the Muslim Brothers." *New York Times*(August 10, 2013), SR6.

Birnbaum, N. *After Progress: American Social Reform and European Socialism in the Twentieth Century.* New York: Oxford University Press, 2001.

Blaydes, L., and D. A. Linzer. "Elite Competition, Religiosity, and Anti-Americanism in the Islamic World." *American Political Science Review* 106, no. 2(2012), 225–43.

Bloom, M. *Dying to Kill: The Allure of Suicide Terror.* New York: Columbia University Press, 2005.

Bluche, F. *Louis XIV.* Translated by Mark Greengrass. Oxford: Blackwell, 1990.

Bodin, J. *Six Books of the Commonwealth*(1576). Translated by M. J. Tooley. Oxford: Basil Blackwell, 1955. Retrieved March 22, 2014, from http://www.constitution.org/bodin/bodin_.htm

Bohnstedt, J. W. "The Infidel Scourge of God: The Turkish Menace as Seen by German Pamphleteers of the Reformation Era." *Transactions of the American Philosophical Society* 58, no. 9(1968), 1–58.

Borgwardt, E. *A New Deal for the World: America's Vision for Human Rights.* Cambridge, Mass.: Harvard University Press, 2007.

Bossuet, J.-B. *Politics Drawn from the Very Words of Holy Scripture*(1679). Edited by Patrick Riley. New York: Cambridge University Press, 1999.

Broers, M. *Europe after Napoleon: Revolution, Reaction, and Romanticism, 1814–1848.* Manchester: Manchester University Press, 1996.

Brogi, A. *A Question of Self-Esteem: The United States and the Cold War Choices in France and Italy, 1944–1958.* Westport, Conn.: Greenwood, 2002.

Browers, M. *Political Ideology in the Arab World: Accommodation and Transformation.* New York: Cambridge University Press, 2009.

Browers, M., and C. Kurzman(Eds.). *An Islamic Reformation?* Lanham, Md.: Lexington Books, 2004.

Brown, D. "The Influence of Religion on Armed Conflict Onset." Ph.D. dissertation, University of Virginia, 2012.

Brown, N. J. *When Victory Is Not an Option: Islamist Movements in Arab Politics.* Ithaca, N.Y.: Cornell University Press, 2012.

Brzezinski, Z. K. *The Grand Failure: The Birth and Death of Communism in the Twentieth Century.* New York: Scribner, 1989.

Bukovansky, M. *Legitimacy and Power Politics: The American and French Revolutions in International Political Culture.* Princeton: Princeton University Press, 2010.

Burke, E. *Correspondence* 3(1776). In *Oxford Dictionary of National Biography.* Retrieved January 2, 2012, from http://www.oxforddnb.com/view/article/4019

_____. *Reflections on the Revolution in France*(1790). Harmondsworth, UK: Penguin, 1969.

_____. "Speech of Edmund Burke, Esq., on American Taxation"(April 19, 1774). Library of Economics and Liberty. Retrieved January 2, 2012, from http://www.econlib.org/library/LFBooks/Burke/brkSWv1c2.html

_____. "Speech on the Impeachment of Warren Hastings"(February 15, 1788). Retrieved January 2, 2012, from http://www.civilisationis.com/smartboard/shop/burkee/extracts/chap12.htm

_____. "Thoughts on French Affairs"(1791). In The Works of the Right Honourable Edmund Burke, vol. 3, Political Miscellanies. London: Henry G. Bohn, 1855: 359–61. Retrieved January 3, 2012, from http://books.google.com/books/reader?id=7U8XAA AAYAAJ&printsec=frontcover&output= reader

Bush, G. W. "Text of Bush Inaugural Speech." CBS News(February 11, 2009). Retrieved January 20, 2013, from http://www.cbsnews.com/news/text-of-bush-inaugural-speech/

Butterfield, H. *The Whig Interpretation of History.* New York: Norton, 1965.

Carr, E. H. *The Twenty Years' Crisis, 1919–1939: An Introduction to the Study of Interna- tional Relations*(1946). London: Macmillan, 2001.

Cassels, A. *Ideology and International Relations in the Modern World.* New York: Routledge, 2002.

Caute, D. *The Fellow-Travellers: Intellectual Friends of Communism.* New Haven: Yale University Press, 1988.

Cavanaugh, W. T. *The Myth of Religious Violence: Secular Ideology and the Roots of Modern Conflict.* New York: Oxford University Press, 2009.

Çevik, N. "The Theological Roots of Liberalism in Turkey: 'Muslimism' from Islamic Fashion to Foreign Policy." *Hedgehog Review* 13, no. 2(Summer 2011), 87–93.

Chotiner, I. "Thomas Piketty: I Don't Care for Marx." *New Republic*, May 5, 2014. Retrieved May 12, 2014, from http://www.newrepublic.com/article/117655/thomas-piketty-interview-economist-discusses-his-distaste-marx

Chrimes, S. B. *English Constitutional History.* New York: Oxford University Press, 1967.

CIA World Factbook. Langley, Va.: Central Intelligence Agency, 2012. Retrieved September 15, 2012, from https://www.cia.gov/library/publications/the-world-factbook/geos/le.html

Clasen, C. P. *The Palatinate in European History, 1559–1660*. Oxford: Basil Blackwell, 1963.

Coffey, J. *Persecution and Toleration in Protestant England, 1558–1689*. London: Longman, 2000.

Cohen, D. "Violence Is Inherent in Islam—It Is a Cult of Death." *Evening Standard*(London)(February 7, 2007). Retrieved November 8, 2010, from http://www.islamophobia watch.com/islamophobia-watch/2007/2/7/violence-is-inherent-inislam-it-is-a-cult-of-death.html

Combined Joint Task Force Spartan Public Affairs. "Eager Lion Commanders Hold Press Conference." U.S. Central Command(May 15, 2012). Retrieved August 31, 2012, from http://www.centcom.mil/press-releases/eager-lion-commanders-hold-pressconference. html

Conquest, R. *The Harvest of Sorrow: Soviet Collectivization and the Terror-Famine*. New York: Oxford University Press, 1987.

_____. *Reflections on a Ravaged Century*. New York: Norton, 2001.

Cook, D. *Martyrdom in Islam*. New York: Cambridge University Press, 2007.

Coolsaet, R. "Anarchist Outrages." *Le Monde Diplomatique*(September 2004). Retrieved December 14, 2010, from http://mondediplo.com/2004/09/03anarchists

Coupland, P. "H.G. Wells's Liberal Fascism." *Journal of Contemporary History* 35, no. 4 (2000), 541–58.

Crawford, T. W. "Preventing Enemy Coalitions: How Wedge Strategies Shape Power Politics." *International Security* 35, no. 4(2011), 155–89.

Crawley, C. W. "International Relations, 1815–1830." In The New Cambridge Modern History, vol. 9, *War and Peace in an Age of Upheaval, 1793–1830*. New York: Cambridge University Press, 1965: 668–90.

Crenshaw, M. "Explaining Suicide Terrorism: A Review Essay." Security Studies 16, no. 1(2007), 133–62.

Darwish, N. *The Devil We Don't Know: The Dark Side of Revolutions in the Middle East*. New York: John Wiley, 2012.

Davutoğlu, A. "Turkey's Zero-Problems Foreign Policy." *Foreign Policy*(May 20, 2010). Retrieved August 31, 2012, from http://www.foreignpolicy.com/articles/2010/05/20/turkeys_zero_problems_foreign_policy?page=0,0&hidecomments=yes

De Groot, A. H. *The Ottoman Empire and the Dutch Republic: A History of the Earliest Diplomatic Relations 1610–1630*. Istanbul: Nederlands Historisch-Archaeologisch Instituut, 1978.

Desch, M. "America's Illiberal Liberalism." *International Security* 32, no. 3(2008), 7–43.

Dogan, P., and D. Rodrik. "How Turkey Manufactured a Coup Plot." *Foreign Policy* (April 6, 2010). Retrieved October 20, 2011, from http://www.foreignpolicy.com/articles/2010/04/06/how_turkey_manufactured_a_coup_plot

Dunlop, I. *Louis XIV.* New York: Random House, 1999.

Edelstein, D. M. *Occupational Hazards: Success and Failure in Military Occupation.* Ithaca, N.Y.: Cornell University Press, 2011.

Edinger, L. J. *Kurt Schumacher: A Study in Personality and Political Behavior.* Stanford, Calif.: Stanford University Press, 1965.

Elkins, S., and E. McKitrick. *The Age of Federalism: The Early American Republic, 1788–1800.* New York: Oxford University Press, 1994.

Elkins, Z., and B. A. Simmons. "The Globalization of Liberalization: Policy Diffusion in the International Political Economy." *American Political Science Review* 98 (2004), 171–90.

Elshtain, J. B. "Religion, Enlightenment, and a Common Good." In J. M. Owen IV and J. J. Owen (Eds.), *Religion, the Enlightenment, and the New Global Order.* New York: Columbia University Press, 2011: 57–76.

Encyclopædia Britannica (1997). Retrieved April 30, 1999, from http://www.eb.com:180

Erdoğan, R. T. "Conservative Democracy and the Globalization of Freedom." American Enterprise Institute (January 29, 2004). Retrieved October 25, 2011, from http://www.aei.org/EMStaticPage/735?page=Summary

Erlanger, P. *Louis XIV.* Translated by Stephen Cox. New York: Praeger, 1970.

Euben, R. L., and M. Q. Zaman (Eds.). *Princeton Readings in Islamist Thought: Texts and Contexts from al-Banna to bin Laden.* Princeton: Princeton University Press, 2009.

Fenby, J. *The General: Charles de Gaulle and the France He Saved.* New York: Simon & Schuster, 2010.

Firooz-Abadi, D. "The Islamic Republic of Iran and the Ideal International System." In A. Ehteshami and R. Molavi (Eds.), *Iran and the International System.* New York: Rout- ledge, 2011: 223–24.

Fischer-Galati S. A. *Ottoman Imperialism and German Protestantism 1521–1555.* New York: Octagon, 1972.

Fox, J. "Two Civilizations and Ethnic Conflict: Islam and the West." *Journal of Peace Research* 38, no. 4 (2001), 459–72.

Frazee, C. A. *Catholics and Sultans: The Church and the Ottoman Empire 1453–1923.* New York: Cambridge University Press, 2006.

Frederick III, Elector Palatinate. *Heidelberg Catechism* (1563). Retrieved March 22, 2014, from http://www.ccel.org/creeds/heidelberg-cat-ext.txt

Friedrich, C. J. "Military Government and Democratization: A Central Issue of American Foreign Policy." In C. J. Friedrich et al. (Eds.), *American Experiences in Military*

Government in World War II. New York: Rinehart, 1948: 3–22.

Frijhoff, W. "Religious Toleration in the United Provinces: From 'Case' to 'Model.'" In R. P.-C. Hsia and H. Van Nierop(Eds.), *Calvinism and Religious Toleration in the Dutch Golden Age.* New York: Cambridge University Press, 2002: 27–52.

_____. "The Threshold of Toleration: Interconfessional Conviviality in Holland during the Early Modern Period." In *Embodied Belief: Ten Essays on Religious Culture in Dutch History.* Hilversum, Netherlands: Uitgeverij Verloren, 2002: 40–45.

Fuhrmann, M. *Atomic Assistance: How Atoms for Peace Programs Cause Nuclear Insecurity.* Ithaca, N.Y.: Cornell University Press, 2012.

Fukuyama, F. "The End of History?" *National Interest* 16(1989): 15–25.

_____. *The End of History and the Last Man.* New York: Free Press, 1992.

Galston, W. "Claims of Conscience: Religious Freedom and State Power." Retrieved July 29, 2014, from *Commonweal*(April 19, 2013), https://www.commonwealmagazine.org/claims-conscience.

Gause, F. G., III. *Beyond Sectarianism: The New Middle East Cold War.* Brookings Doha Center Analysis Paper Number 11(July 2014).

_____. "From 'Over the Horizon' to 'Into the Backyard': The US-Saudi Relationship and the Gulf." In D. W. Lesch and M. L. Haas(Eds.), *The Middle East and the United States*, 5th ed. Boulder, Colo.: Westview, 2014: 326–40.

Gellately, R. *Lenin, Stalin, and Hitler: The Age of Social Catastrophe.* New York: Random House, 2007.

Gholz, E., and D. G. Press. "Enduring Resilience: How Oil Markets Handle Disruptions." *Security Studies* 22, no. 1(2013), 139–47.

_____. "Protecting the Prize: Oil and the US National Interest." *Security Studies* 19, no. 3(2010), 453–85.

Gilpin, R. *War and Change in World Politics.* New York: Cambridge University Press, 1981.

Glaser, C. L. *Rational Theory of International Politics: The Logic of Competition and Cooperation.* Princeton: Princeton University Press, 2010.

Goldstein, Patrick, and James Rainey. "Al Jazeera, Fox Log Biggest Audience Jumps during Egypt Crisis." *LA Times Blogs*(February 17, 2011). Retrieved January 2, 2012, from http://latimesblogs.latimes.com/the_big_picture/2011/02/al-jazeera-fox-logbiggest-audience-jumps-during-egypt-crisis.html

Goodman, J. David. "Police Arrest 5 in Danish Terror Plot." *New York Times*(December 29, 2010). Retrieved January 16, 2014, from http://www.nytimes.com/2010/12/30/world/europe/30denmark.html?ref=danishcartooncontroversy

Gorka, K. C., and P. Sookhdeo(Eds.). *Fighting the Ideological War: Winning Strategies from Communism to Islamism.* McLean, Va.: Westminster Institute, 2012.

Greengrass, M. *The Longman Companion to the European Reformation, c. 1500–1618.* New York: Longman, 1998.

Grenville, J. A. S. *Europe Reshaped: 1848–1878.* Oxford: Blackwell, 2000.

Guindy, A. "The Islamization of Egypt." *Middle East Review of International Affairs* 10, no. 3(2006), 92–102.

Haas, M. L. *The Clash of Ideologies: Middle Eastern Politics and American Security.* New York: Oxford University Press, 2012.

_____ . *The Ideological Origins of Great Power Politics 1789–1989.* Ithaca, N.Y.: Cornell University Press, 2005.

_____ . "Missed Ideological Opportunities and George W. Bush's Middle Eastern Policies." *Security Studies* 21, no. 3(2012), 416–54.

_____ . "The United States and the End of the Cold War: Reactions to Shifts in Soviet Power, Policies, or Domestic Politics?" *International Organization* 61, no. 1(2007), 145–79.

Haass, R. N. "The New Thirty Years' War." *Project Syndicate*(July 21, 2014). Retrieved July 24, 2014, from http://www.project-syndicate.org/richard-n--haas-argues-that-the-middle-east-is-less-a-problem-to-be-solved-than-a-condition-to-be-managed

Hall, P. A., and D. Soskice. *Varieties of Capitalism: The Institutional Foundations of Comparative Advantage.* New York: Oxford University Press, 2001.

Halliday, F. *Revolution and World Politics: The Rise and Fall of the Sixth Great Power.* Durham, N.C.: Duke University Press, 1999.

Halperin, S. W. "Leon Blum and Contemporary French Socialism." *Journal of Modern History* 18, no. 3(1946), 241–50.

Hamid, Shadi. "Did Religious Parties Really Lose the Iraqi Elections?" *Democracy Arsenal*(blog)(April 4, 2010). Retrieved October 15, 2010, from http://www.democracyarsenal.org/2010/04/did-religious-parties-really-lose-the-iraqi-elections-.html

_____ . "Underestimating Religious Parties." *Democracy Arsenal*(blog)(April 5, 2010). Retrieved October 15, 2010, from http://www.democracyarsenal.org/2010/04/under estimating-religious-parties.html

Hamzawy, Amr. "Two Sorrowful Scenes at a Church Funeral." *Atlantic Council*(November 8, 2013). Retrieved December 30, 2013, from http://www.atlanticcouncil.org/blogs/egyptsource/two-sorrowful-scenesat-a-church-funeral

Harper, J. L. *American Visions of Europe: Franklin D. Roosevelt, George F. Kennan, and Dean G. Acheson.* New York: Cambridge University Press, 1996.

Harris, L. "Is Iran a Rational Actor?" *Weekly Standard*(March 13, 2012). Retrieved December 19, 2012, from http://www.weeklystandard.com/blogs/iran-rational-actor_633497.html?page=1

Hashmi, S. H. "Islam, Constitutionalism, and Democracy." In J. M. Owen IV and J. J. Owen(Eds.), *Religion, the Enlightenment, and the New Global Order.* New York: Columbia University Press, 2010: 221–39.

Haykel, B. "Al-Qa'ida and Shiism." In A. Moghadam and B. Fishman(Eds.), *Fault Lines in Global Jihad: Organizational, Strategic, and Ideological Fissures.* New York: Routledge, 2011: 184–202.

Hearder, H. *Cavour.* New York: Routledge, 1994.

Hegel, G. W. F. *Lectures on the Philosophy of World History.* Translated by H. B. Nisbet. New York: Cambridge University Press, 1975.

Heilbrunn, J. *They Knew They Were Right: The Rise of the Neocons.* New York: Random House, 2009.

Henry IV of France. *The Edict of Nantes*(April 13, 1598). Retrieved March 22, 2014, from http://www2.stetson.edu/~psteeves/classes/edictnantes.html

Herman, A. *Metternich.* London: Allen & Unwin, 1932.

Hitchens, C. "Reactionary Prophet." *Atlantic Monthly*(April 2004), 130–38. Retrieved January 2, 2012, from http://www.theatlantic.com/past/docs/issues/2004/04/hitchens.htm

Hobbes, T. *Leviathan*(1651). Edited by C. B. Macpherson. Harmondsworth, UK: Penguin, 1981.

Hobsbawm, E. *The Age of Capital 1848–1875.* New York: Vintage, 1996.

———. *The Age of Revolution 1789–1848.* New York: Vintage, 1996.

Hodge, C. C., and C. J. Nolan(Eds.). *Shepherd of Democracy? America and Germany in the Twentieth Century.* Westport, Conn.: Greenwood, 1992.

Holborn, H. *A History of Modern Germany: The Reformation.* New York: Knopf, 1961.

Horowitz, M. C. "Nonstate Actors and the Diffusion of Innovations: The Case of Suicide Terrorism." *International Organization* 64, no. 1(2010), 33–64.

Hunter, I. *Malcolm Muggeridge: A Life.* Vancouver: Regent College Publishing, 2003.

Hunter, J. D. *Culture Wars: The Struggle to Define America.* New York: Basic Books, 1991.

Huntington, S. P. *The Clash of Civilizations and the Remaking of World Order.* New York: Simon & Schuster, 1996.

Ikenberry, G. J. *Liberal Leviathan: The Origins, Crisis, and Transformation of the American World Order.* Princeton: Princeton University Press, 2012.

İnalcık, H., and D. Quataert. *An Economic and Social History of the Ottoman Empire, 1300–1914.* New York: Cambridge University Press, 1994.

International Institute for Strategic Studies. Nuclear Programmes in the Middle East: In the Shadow of Iran. London: IISS, 2008.

"Iran: Oil, Grandeur and a Challenge to the West." *Time*(November 4, 1974). Retrieved April

9, 2012, from http://www.time.com/time/magazine/article/0,9171,945047,00.html

Israel, J. *The Dutch Republic: Its Rise, Greatness, and Fall, 1477–1806.* Oxford: Clarendon, 1995.

_____. "The Intellectual Debate about Toleration in the Dutch Republic." In C. Berkvens-Stevelinck, J. Israel, and G. H. M. P. Meyjes(Eds.), *The Emergence of Tolerance in the Dutch Republic.* Leiden, Netherlands: Brill, 1997: 3–36.

_____. "William III and Toleration." In O. P. Grell and J. I. Israel(Eds.), *From Persecution to Toleration: The Glorious Revolution and Religion in England.* New York: Oxford Uni- versity Press, 1991: 129–70.

Iyigun, M. "Luther and Suleyman." *Quarterly Journal of Economics* 123, no. 4(2008), 1465–94.

Izumikawa, Y. "To Coerce or Reward? Theorizing Wedge Strategies in Alliance Politics." *Security Studies* 22, no. 3(2013), 498–531.

James I of England. "The True Lawe of Free Monarchies"(1598). Retrieved March 22, 2014, from http://www.constitution.org/primarysources/stuart.html

James II of England. "Declaration of Indulgence of King James II"(April 4, 1687). The Jacobite Heritage. Retrieved March 17, 2014, from http://www.jacobite.ca/docu ments/16870404.htm

_____. "Declaration of Indulgence of King James II"(April 27, 1688). Retrieved May 15, 2014, from http://www.jacobite.ca/documents/16880427.htm.

Jefferson, T. "Thomas Jefferson to John B. Colvin"(September 20, 1810). Retrieved March 22, 2014, from http://press-pubs.uchicago.edu/founders/documents/a2_3s8.html

Jervis, R. *System Effects: Complexity in Political and Social Life.* Princeton: Princeton University Press, 1998.

_____. *Why Intelligence Fails: Lessons from the Iranian Revolution and the Iraq War.* Ithaca, N.Y.: Cornell University Press, 2011.

Johnson, J. T. *The Holy War Idea in Western and Islamic Traditions.* University Park: Penn State University Press, 1997.

Jones, C. *Britain and the Yemen Civil War, 1962–1965: Ministers, Mercenaries and Mandarins: Foreign Policy and the Limits of Covert Action.* Eastbourne, UK: Sussex Academic Press, 2010.

_____. *The Great Nation: France from Louis XV to Napoleon 1715–99.* New York: Columbia University Press, 2002.

Judt, T. *Postwar: A History of Europe since 1945.* New York: Random House, 2010.

Juergensmeyer, M. *Global Rebellion: Religious Challenges to the Secular State, from Christian Militias to al Qaeda.* Berkeley: University of California Press, 2009.

Kant, I. "Idea for a Universal History with Cosmopolitan Intent"(1784). In T. Humphrey

(Ed.), *Perpetual Peace and Other Essays.* Indianapolis: Hackett Press, 1981: 29‒40.

Karabell, Z. *Architects of Intervention: The United States, the Third World, and the Cold War, 1946‒1962.* Baton Rouge: Louisiana State University Press, 1999.

Kennan, G. F. "The Charge in the Soviet Union(Kennan) to the Secretary," also known as "The Long Telegram"(February 22, 1946). Retrieved February 5, 2013, from http://www.gwu.edu/~nsarchiv/coldwar/documents/episode-1/kennan.htm

_____ . *Russia and the West under Lenin and Stalin.* Boston: Little, Brown, 1961.

_____ . "The Sources of Soviet Conduct." *Foreign Affairs* 25, no. 4(July 1947): 566‒82.

Kennedy, P. *The Rise and Fall of the Great Powers: Economic Change and Military Conflict from 1500 to 2000.* New York: Random House, 1987.

Kepel, G. *Jihad: The Trail of Political Islam.* London: I.B. Tauris, 2006.

_____ . *The Revenge of God: The Resurgence of Islam, Christianity, and Judaism in the Modern World.* University Park: Penn State University Press, 1994.

Keynes, J. M. General Theory of Employment, Interest, and Money. London: Macmillan, 1936.

"Khatami Condemns 9/11 Terror Attacks." *Reuters*(September 10, 2006). Retrieved November 9, 2010, from http://gulfnews.com/news/world/usa/khatami-condemns -9-11-terror-attacks-1.254539

Khong, Y. F. *Analogies at War: Korea, Munich, Dien Bien Phu, and the Vietnam Decisions of 1965.* Princeton: Princeton University Press, 1992.

Kindleberger, C. P. *The World in Depression, 1929‒1939.* Berkeley: University of California Press, 1986.

Kissinger, H. A. *A World Restored: Metternich, Castlereagh and the Problems of Peace, 1812‒22.* Boston: Houghton Mifflin, 1957.

Krieger, T., and D. Meierrieks. "What Causes Terrorism?" *Public Choice* 147, nos. 1‒2 (2011), 3‒27.

Krueger, A. B., and J. Malečková. "Education, Poverty, and Terrorism: Is There a Causal Connection?" *Journal of Economic Perspectives* 17, no. 4(2003), 119‒44.

Krugman, P. "The Myth of Asia's Miracle." *Foreign Affairs* 73, no. 6(November‒December 1994), 62‒78.

Kurzman, C. *The Missing Martyrs: Why There Are So Few Muslim Terrorists.* New York: Oxford University Press, 2011.

Kurzman, C., and I. Naqvi. "The Islamists Are Not Coming." *Foreign Policy*(January‒February 2010). Retrieved October 20, 2010, from http://www.foreignpolicy.com/ articles/2010/01/04/the_islamists_are_not_coming

Kydd, A. "Game Theory and the Spiral Model." *World Politics* 49, no. 3(1997), 371‒400.

Lane, D. S. *The Rise and Fall of State Socialism: Industrial Society and the Socialist*

State. Cambridge: Polity, 1996.

Lapidus, I. *A History of Islamic Societies.* 2nd ed. New York: Cambridge University Press, 2002.

Lasch, C. *The True and Only Heaven: Progress and Its Critics.* New York: Norton, 1991.

Ledeen, M. A. *West European Communism and American Foreign Policy.* Piscataway, N.J.: Transaction, 1987.

Leffler, M. P. *For the Soul of Mankind: The United States, the Soviet Union, and the Cold War.* New York: Macmillan, 2008.

Legro, J. W. *Rethinking the World: Great Power Strategies and International Order.* Ithaca, N.Y.: Cornell University Press, 2005.

Leurdijk, J. H. *Intervention in International Politics.* Leeuwarden, Netherlands: Eisma BV, 1986.

Leverett, F., and H. M. Leverett. *Going to Tehran: Why the United States Must Come to Terms with the Islamic Republic of Iran.* New York: Henry Holt, 2013.

Levi, M. "The Enduring Vulnerabilities of Oil Markets." *Security Studies* 22, no. 1(2013), 132–38.

Lindbergh, A. M. *The Wave of the Future: A Confession of Faith.* New York: Harcourt, Brace, 1940.

Linz, J. "The Crisis of Democracy after the First World War." In R. Griffi(Ed.), *International Fascism: Theories, Causes, and the New Consensus.* London: Arnold, 1988: 175–85.

Lipset, S. M., and G. W. Marks. *It Didn't Happen Here: Why Socialism Failed in the United States.* New York: Norton, 2000.

Lynch, M. "Islam Divided between Salafi-Jihad and the Ikhwan." *Studies in Conflict & Terrorism* 33, no. 6(2010), 467–87.

Mackey, Robert. "Israeli Minister Agrees that Ahmadinejad Never Said Israel 'Must Be Wiped off the Map.'" *New York Times*(April 17, 2012). Retrieved January 16, 2014, from http://thelede.blogs.nytimes.com/2012/04/17/israeli-minister-agrees-ahmadinejad-never- said-israel-must-be-wiped-off-the-map/

Mackintosh, J. *The Story of Scotland from the Earliest Times to the Present Century.* New York: G.P. Putnam's Sons, 1890.

Macleod, E. V. *A War of Ideas: British Attitudes toward the Wars against Revolutionary France 1792–1802.* Burlington, Vt.: Ashgate, 1998.

Maddison, A. *The World Economy: A Millennial Perspective.* Paris: OECD, 2006.

Maddison Project. Retrieved September 21, 2010, from http://www.ggdc.net/maddi son/maddison-project/home.htm

Malament, B. C. "British Labour and Roosevelt's New Deal: The Response of the Left and the Unions." *Journal of British Studies* 17, no. 2(1978), 136–67.

Maloney, S. "Identity and Change in Iran's Foreign Policy." In S. Telhami and M. Barnett(Eds.), *Identity and Foreign Policy in the Middle East.* Ithaca, N.Y.: Cornell University Press, 2002: 88-116.

Marshall, P. *The Magic Circle of Rudolf II: Alchemy and Astrology in Renaissance Prague.* New York: Bloomsbury, 2009.

Marx, K., and F. Engels. *The Communist Manifesto*(1848). New York: Oxford University Press, 2008.

McLean, I., and A. B. Urken. "Did Jefferson or Madison Understand Condorcet's Theory of Social Choice?" *Public Choice* 73, no. 4(1992), 445-57.

Merritt, R. L. *Democracy Imposed: U.S. Occupation Policy and the German Public, 1945-1949.* New Haven: Yale University Press, 1995.

Miller, J. E. *The United States and Italy, 1940-1950: The Politics and Diplomacy of Stabilization.* Chapel Hill: University of North Carolina Press, 1986.

Miller, W. *The Ottoman Empire and Its Successors 1801-1927: With an Appendix, 1927-1936.* New York: Cambridge University Press, 2013.

Moghadam, A., and B. Fishman. "Introduction: Jihadi 'Endogenous Problems.' " In A. Moghadam and B. Fishman(eds.), *Fault Lines in Global Jihad: Organizational, Strategic, and Ideological Fissures.* New York: Routledge, 2011: 1-22.

Monten, J. "The Roots of the Bush Doctrine: Power, Nationalism, and Democracy Promotion in U.S. Strategy." *International Security* 29, no. 4(2005), 112-56.

Moravcsik, A. "Taking Preferences Seriously: A Liberal Theory of International Politics." *International Organization* 51, no. 4(1997), 513-53.

Morrill, J. "The Sensible Revolution." In J. Israel(Ed.), *The Anglo-Dutch Moment: Essays on the Glorious Revolution and Its World Impact.* New York: Cambridge University Press, 2003: 73-104.

"Most Muslims Want Democracy, Personal Freedoms, and Islam in Political Life." Pew Research Center, July 10, 2012. Retrieved December 19, 2012, from http://www.pew global.org/2012/07/10/most-muslims-want-democracy-personalfreedoms-and -islam-in-political-life/

Mout, M. E. H. N. "Limits and Debates: A Comparative View of Dutch Toleration in the Sixteenth and Early Seventeenth Centuries." In C. Berkvens-Stevelinck, J. Israel, and G. H. M. P. Meyjes(Eds.), *The Emergence of Tolerance in the Dutch Republic.* Leiden, Netherlands: Brill, 1997: 37-48.

Moynihan, D. P. *Pandaemonium: Ethnicity in International Politics.* New York: Oxford University Press, 1994.

Muasher, M. *The Arab Center: The Promise of Moderation.* New Haven: Yale University Press, 2008.

Müftüler-Baç, M. "Turkey's Political Reforms and the Impact of the European Union." *South European Society and Politics* 10, no. 1 (2005), 17–31.

Muggeridge, M. "The Soviet and the Peasantry." *Manchester Guardian* (March 25, 1933). Retrieved March 19, 2014, from http://www.garethjones.org/soviet_articles/soviet _and_the_peasantry_1.htm

"Muslim Publics Share Concern about Extremist Groups." Pew Research Global Attitudes Project, September 10, 2013. Retrieved January 14, 2014, from http://www.pewglobal. org/2013/09/10/muslim-publics-share-concerns-about-extremist-groups/

"Muslims Believe U.S. Seeks to Undermine Islam." World Public Opinion (April 24, 2007). Retrieved December 13, 2010, from http://www.worldpublicopinion.org/pipa/ articles/brmiddleeastnafricara/346.php?lb=brme&pnt=346&nid=&id=

Nadler, S. M. *Spinoza: A Life.* New York: Cambridge University Press, 1999.

Nasr, V. "If the Arab Spring Turns Ugly." *New York Times* (August 27, 2011). Retrieved February 14, 2012, from http://www.nytimes.com/2011/08/28/opinion/sunday/ the-dangers-lurking-in-the-arab-spring.html?pagewanted=all

_____. *The Shia Revival: How Conflicts within Islam Will Shape the Future.* New York: Norton, 2007.

Nau, H. *Conservative Internationalism: Armed Diplomacy under Jefferson, Polk, Truman, and Reagan.* Princeton: Princeton University Press, 2013.

Nenni, Pietro. "Where the Italian Socialists Stand." *Foreign Affairs* 40, no. 2 (1962), 216–18.

Neustadt, R. E., and E. R. May. *Thinking in Time: The Uses of History for Decision Makers.* New York: Simon & Schuster, 2011.

Nexon, D. H. *The Struggle for Power in Early Modern Europe: Religious Conflict, Dynastic Empires, and International Change.* Princeton: Princeton University Press, 2009.

Nisbet, R. A. *History of the Idea of Progress.* Piscataway, N.J.: Transaction, 1980.

Nordsieck, W. *Parties and Elections in Europe* (2006). Retrieved August 15, 2012, from http://www.parties-and-elections.eu/

"Nuclear Weapons: Who Has What at a Glance." Washington, D.C.: Arms Control Association, November 2012. Retrieved January 19, 2013, from http://www. armscontrol.org/factsheets/Nuclearweaponswhohaswhat

Nye, J. S. "Public Diplomacy and Soft Power." *Annals of the American Academy of Political and Social Science* 616, no. 1 (2008), 94–109.

_____. *Soft Power: The Means to Success in World Politics.* New York: Public Affairs, 2004.

_____. *Understanding International Conflicts.* New York: Longman, 1997.

O'Driscoll, G. P., Jr., K. R. Holmes, and M. A. O'Grady. *Index of Economic Freedom.* Washington, D.C.: Heritage Foundation, 2002.

O'Reilly, B. "The False Monolith of Political Islam." *Asia Times*(December 17, 2011). Retrieved July 19, 2012, from http://www.atimes.com/atimes/Middle_East/ML17Ak01. html

Owen, J. M., IV. *The Clash of Ideas in World Politics: Transnational Networks, States, and Regime Change, 1510–2010.* Princeton: Princeton University Press, 2010.

_____. "Democracy, Realistically." *National Interest* 83 (Spring 2006), 35–42.

_____. *Liberal Peace, Liberal War: American Politics and International Security.* Ithaca, N.Y.: Cornell University Press, 1997.

_____. "Why Islamism Is Winning." *New York Times*(January 7, 2012), A19.

Owen, J. M., IV, and J. J. Owen(Eds.). *Religion, the Enlightenment, and the New Global Order.* New York: Columbia University Press, 2011.

Owen, J. M., IV, and M. Poznansky. "When Does America Drop Dictators?" *European Journal of International Relations*(2014), doi:10.1177/1354066113508990.

Palabiyik, M. S. "Contributions of the Ottoman Empire to the Construction of Modern Europe." Master's thesis, Middle East Technical University, 2005.

Palmer, R. R. *The Age of the Democratic Revolution: A Political History of Europe and America.* Vols. 1–2. Princeton: Princeton University Press, 1959, 1964.

Pape, R. A. *Dying to Win: The Strategic Logic of Suicide Terrorism.* New York: Random House, 2005.

Pape, R. A., and J. K. Feldman. *Cutting the Fuse: The Explosion of Global Suicide Terrorism and How to Stop It.* Chicago: University of Chicago Press, 2010.

Parker, G. *The Dutch Revolt.* Harmondsworth, UK: Penguin, 1979.

Parker, G., and S. Adams(Eds.). *The Thirty Years' War.* New York: Routledge, 1997.

Parsi, T. *Treacherous Alliance: The Secret Dealings of Israel, Iran, and the United States.* New Haven: Yale University Press, 2007.

Patton, M. J. "AKP Reform Fatigue in Turkey: What Has Happened to the EU Process?" *Mediterranean Politics* 12, no. 3(2007), 339–58.

Peterson, P. G. "Public Diplomacy and the War on Terrorism." *Foreign Affairs* 81, no. 5 (2002), 74–94.

Pettegree, A. "Religion and the Revolt." In G. Darby(Ed.), *The Origins and Development of the Dutch Revolt.* New York: Routledge, 2001: 67–83.

Philpott, D., T. S. Shah, and M. D. Toft. "The Dangers of Secularism in the Middle East." *Christian Science Monitor*(August 11, 2011). Retrieved January 17, 2013, from http://www.csmonitor.com/Commentary/Opinion/2011/0811/The-dangers-of-secularism-in-the-Middle-East.

Pinker, S. *The Better Angels of Our Nature: Why Violence Has Declined.* New York: Viking, 2011.

Pipes, D. "The Scandal of U.S.-Saudi Relations." *National Interest*(Winter 2003), 66–78. Retrieved July 20, 2012, from http://www.danielpipes.org/995/the-scandal-of-us-saudi-relations

Podhoretz, N. *World War IV: The Long Struggle Against Islamofascism.* New York: Random House, 2007.

Pridham, G. *Political Parties and Coalitional Behaviour in Italy.* New York: Routledge, 2013.

"Qaradawi's Ruling on Major and Minor Apostasy," *Islamopedia Online*(October 22, 2010). Retrieved July 28, 2014, from http://www.islamopediaonline.org/fatwa/al-qaradawis-200-7-ruling-apostasy.

"Quintus Fabius Maximus Verrucosus." In *Encyclopædia Britannica.* Retrieved November 4, 2010, from http://www.britannica.com/EBchecked/topic/199706/Quintus-Fabius-Maximus-Verrucosus

Rabasa, A., and F. S. Larrabee. *The Rise of Political Islam in Turkey.* Santa Monica, Calif.: RAND, 2008.

Radzinsky, E. *Alexander II: The Last Great Tsar.* New York: Simon & Schuster, 2005.

Religious Peace of Augsburg(1555/1905). Edited by E. Reich. Retrieved October 20, 2010, from http://pages.uoregon.edu/sshoemak/323/texts/augsburg.htm

Rice-Maximin, E. "The United States and the French Left, 1945–1949: The View from the State Department." *Journal of Contemporary History* 19, no. 4(1984), 729–47.

Rodgers, D. T. *Atlantic Crossings: Social Politics in a Progressive Age.* Cambridge, Mass.: Harvard University Press, 1998.

Roy, O. *The Failure of Political Islam.* Cambridge, Mass.: Harvard University Press, 1994.

_____. "Islamism's Failure, Islamists' Future." *Open Democracy*(October 30, 2006). Retrieved October 12, 2010, from http://www.opendemocracy.net/faith-europe_islam/islamism_4043.jsp

_____. "This Is Not an Islamic Revolution." *New Statesman*(February 15, 2011). Retrieved January 14, 2014, from http://www.newstatesman.com/religion/2011/02/egypt-arab-tunisia-islamic

Ruggie, J. G. "Multilateralism: The Anatomy of an Institution." *International Organization* 46, no. 3(1992), 561–98.

Saatçioğlu, B. "How Does the European Union's Political Conditionality Induce Compliance? Insights from Turkey and Romania." Ph.D. dissertation, University of Virginia, 2009.

_____. "Unpacking the Compliance Puzzle: The Case of Turkey's AKP under EU Conditionality." Working paper, Kolleg-Forschergruppe(KFG), Free University of Berlin, 2010.

Sachedina, A. *The Islamic Roots of Democratic Pluralism.* New York: Oxford University

Press, 2000.

Salem, P. *Bitter Legacy: Ideology and Politics in the Arab World.* Syracuse: Syracuse University Press, 1994.

"Saving Faith." *Economist*(July 15, 2010). Retrieved December 23, 2013, from http://www.economist.com/node/16564186

Schaff, P. "Augsburg Interim." In *New Schaff-Herzog Encyclopedia of Religious Knowledge.* Vol. 6, *Innocents-Liudger.* Retrieved January 26, 2012, from http://www.ccel.org/s/schaff/encyc/encyc06/htm/iii.ix.htm

Schelling, T. C. *Arms and Influence: With a New Preface and Afterword.* New Haven: Yale University Press, 1966.

Schmidt, B. C., and M. C. Williams. "The Bush Doctrine and the Iraq War: Neoconservatives versus Realists." *Security Studies* 17, no. 2(2008), 191–220.

Schott, T. "Edict of Nîmes." In *The New Schaff-Herzog Religious Encyclopedia.* Vol. 8, edited by Samuel Macauley Jackson. New York: Funk and Wagnalls, 1910: 178–79.

Schroeder, P. W. *The Transformation of European Politics 1763–1848.* New York: Oxford University Press, 1994.

Schweller, R. L. "Bandwagoning for Profit: Bringing the Revisionist State Back In." *International Security* 19, no. 1(1994), 72–107.

Service, R. *Trotsky: A Biography.* New York: Oxford University Press, 2009.

Shalev, Chemi. "With New BFFs Like Saudi Arabia, Who Needs Anti-Semitic Enemies?" *Haaretz*(October 27, 2013). Retrieved January 18, 2014, from http://www.haaretz.com/blogs/west-of-eden/.premium-1.554722

Smith, A. *An Inquiry into the Nature and Causes of the Wealth of Nations*(1776). London: Methuen, 1904. Retrieved December 31, 2010, from http://www.econlib.org/library/Smith/smWN.html

Smith, D. M. *Cavour and Garibaldi 1860: A Study in Political Conflict.* New York: Cambridge University Press, 1985.

Smith, J. E. *Lucius D. Clay: An American Life.* New York: Macmillan, 1990.

Smith, T. *America's Mission: The United States and the Worldwide Struggle for Democracy.* Princeton: Princeton University Press, 1994.

_____. *A Pact with the Devil: Washington's Bid for World Supremacy and the Betrayal of the American Promise.* New York: Routledge, 2012.

Spaans, J. "Religious Policies in the Seventeenth-Century Dutch Republic." In R. P.-C. Hsia and H. Van Nierop(Eds.), *Calvinism and Religious Toleration in the Dutch Golden Age.* New York: Cambridge University Press, 2002: 72–86.

Spencer, R. *Religion of Peace? Why Christianity Is and Islam Isn't.* Washington, D.C.: Regnery, 2007.

_____. _The Truth about Muhammad: Founder of the World's Most Intolerant Religion._ Washington, D.C.: Regnery, 2006.

Stauffer, R. "Calvin." In M. Prestwich(Ed.), _International Calvinism, 1541–1715._ Oxford: Clarendon, 1985: 15–38.

Steensma, R. C. _Sir William Temple._ New York: Twayne, 1970.

Steffens, L. _The Autobiography of Lincoln Steffens._ Vol. 1. New York: Harcourt Brace, 1931.

Steinberg, J. "1848 and 2011: Bringing Down the Old Order Is Easy; Building a New One Is Tough." _Foreign Affairs_(September 28, 2011). Retrieved May 15, 2014, from http://www.foreignaffairs.com/articles/68306/jonathan-steinberg/1848-and-2011

Stringer, D. "Poverty Fueling Muslim Anti-West Tendencies: Study." _Huffington Post_ (May 7, 2009). Retrieved November 11, 2010, from http://www.huffingtonpost.com/2009/05/07/poverty-fueling-muslim-an_n_199192.html#

Sullivan, A. "My Problem with Christianism." _Time_(May 7, 2006). Retrieved January 17, 2013, from http://www.time.com/time/magazine/article/0,9171,1191826-1,00.html

Takeyh, R. _Guardians of the Revolution: Iran and the World in the Age of the Ayatollahs._ New York: Oxford University Press, 2009.

Taleb, H. A. "Following the Turkish Model or Forging Our Own?" _Ahram Online_(Sep- tember 19, 2011). Retrieved October 19, 2011, from http://english.ahram.org.eg/News ContentP/4/21638/Opinion/Following-the-Turkish-model-orforging-our-own. aspx

Talmadge, C., and J. Rovner. "Hegemony, Force Posture, and the Provision of Public Goods: The Once and Future Role of Outside Powers in Securing Persian Gulf Oil." _Security Studies_ 23, no. 3(2014), 548–81.

Tassel, J. "Militant about 'Islamism.'" _Harvard Magazine_, January–February 2005, 38–47.

Terhalle, M. "Revolutionary Power and Socialization: Explaining the Persistence of Revolutionary Zeal in Iran's Foreign Policy." _Security Studies_ 18, no. 3(2009), 557–86.

"Terrorism, Poverty, and Islam." _Indonesia Matters_(October 6, 2006). Retrieved November 11, 2010, from http://www.indonesiamatters.com/742/terrorism-poverty-islam/

Thompson, W. _The Communist Movement since 1945._ Oxford: Blackwell, 1998.

Toft, M. D., D. Philpott, and T. S. Shah. _God's Century: Resurgent Religion and Global Politics._ New York: Norton, 2011.

"Tolerance and Tension: Islam and Christianity in Sub-Saharan Africa." Pew Forum on Religion and Public Life, April 2010. Retrieved May 16, 2014, from http://www.pew forum.org/files/2010/04/sub-saharan-africa-full-report.pdf

Trachtenberg, M. _A Constructed Peace: The Making of the European Settlement 1945–1963._ Princeton: Princeton University Press, 1999.

Tucker, R. W., and D. C. Hendrickson. _Empire of Liberty: The Statecraft of Thomas_

Jefferson. New York: Oxford University Press, 1990.

Turan, I. "Turkish Foreign Policy: Interplay between the Domestic and External." Washington, D.C.: Carnegie Endowment for International Peace, September 21, 2011. Retrieved October 19, 2011, from http://carnegieendowment.org/2011/09/21/turkish -foreign-policy-interplay-between-domestic-and-external/57qd

Turchetti, M. "Jean Bodin." In E. N. Zalta(Ed.), *Stanford Encyclopedia of Philosophy* (2010). Retrieved August 14, 2012, from http://plato.stanford.edu/entries/bodin/#4

Turgot, A.-R. J. *Reflections on the Formation and Distribution of Wealth*(1774). London: E. Spragg, 1793. Retrieved December 31, 2012, from http://www.econlib. org/library/Essays/trgRfl1.html

United Nations Development Program. *Arab Human Development Report: Human Security*. New York: United Nations, 2009. Retrieved March 17, 2014, from http://www.arab-hdr.org/contents/index.aspx?rid=5

Van Gelderen, M. *The Political Thought of the Dutch Revolt 1555–1590*. New York: Cambridge University Press, 2002.

Voltaire. *Letters on the English*(*or Lettres philosophiques*)(1733). Fordham University. Retrieved March 22, 2014, from http://www.fordham.edu/halsall/mod/1778volaire -lettres.asp

Wallace, M. *The American Axis: Henry Ford, Charles Lindbergh, and the Rise of the Third Reich*. New York: Macmillan, 2004.

Wallace-Wells, B. "The Lonely Battle of Wael Ghonim." *New York*(January 22, 2012). Retrieved December 28, 2013, from http://nymag.com/news/features/wael-ghonim -2012-1

Wallerstein, I. *The Modern World System*. Vol. 1. Berkeley: University of California Press, 2011.

Walt, S. "The Arrogance of Power." Foreign Policy blogs(May 25, 2012). Retrieved December 18, 2012, from http://www.foreignpolicy.com/posts/2012/05/25/the_arro gance_of_power

_____. *Revolution and War*. Ithaca, N.Y.: Cornell University Press, 1996.

_____. "Top Ten Media Failures in the Iran War Debate." *Foreign Policy* blogs(March 11, 2012). Retrieved December 18, 2012, from http://www.foreignpolicy.com/posts/2012/ 03/11/top_ten_media_failures_in_the_iran_war_debate

Walzer, M. *The Revolution of the Saints: A Study in the Origins of Radical Politics*. Cambridge, Mass.: Harvard University Press, 1965.

Webb, S., and B. Webb. *The Decay of Capitalist Civilisation*. London: Fabian Society, 1923.

_____. *Soviet Communism: A New Civilisation?* 3rd ed. New York: Longmans, Green, 1944.

Weber, E., and L. L. Snyder. *Varieties of Fascism: Doctrines of Revolution in the Twentieth Century*. New York: Van Nostrand, 1964.

Welsh, J. M. *Edmund Burke and International Relations: The Commonwealth of Europe and the Crusade Against the French Revolution*. New York: Macmillan, 1995.

Weyland, K. "The Arab Spring: Why the Surprising Similarities with the Revolutionary Wave of 1848?" *Perspectives on Politics* 10, no. 4(2012), 917–34.

Wike, R. "Karen Hughes' Uphill Battle." Pew Research Global Attitudes Project(November 1, 2007). Retrieved February 5, 2013, from http://www.pewglobal.org/2007/11/01/karen-hughes-uphill-battle/

Wilders, G. *Speech of Geert Wilders, New York, Four Seasons*(February 23, 2009). Retrieved December 1, 2010, from http://www.geertwilders.nl/index.php/component/content/article/87-news/1535-speech-geert-wilders-new-york-four-seasons-monday-feb-23-2009

Witte, J., Jr. "Puritan Sources of Enlightenment Liberty." In J. M. Owen IV and J. J. Owen(Eds.), *Religion, the Enlightenment, and the New Global Order*. New York: Columbia University Press, 2011: 140–73.

———. *The Reformation of Rights: Law, Religion and Human Rights in Early Modern Calvinism*. New York: Cambridge University Press, 2007.

Wolterstorff, N. *Justice: Rights and Wrongs*. Princeton: Princeton University Press, 2010.

Woodbridge, H. E. *Sir William Temple: The Man and His Work*. New York: Modern Language Association of America, 1940.

World Bank. "Replicate the World Bank's Regional Aggregation." Retrieved November 19, 2010, from http://iresearch.worldbank.org/PovcalNet/povDuplic.html

Wright, S. "Thomas Helwys." In *Oxford Dictionary of National Biography*. 2004. Retrieved from http://www.oxforddnb.com/view/article/12880

Yavuz, M. H. "Cleansing Islam from the Public Sphere." *Journal of International Affairs* 54, no. 1(2000), 21–42.

Zakaria, F. "Egypt's Real Parallel to Iran's Revolution." *Washington Post*(February 7, 2011). Retrieved January 14, 2014, from http://www.washingtonpost.com/wp-dyn/content/article/2011/02/06/AR2011020603398.html

———. "The Politics of Rage: Why Do They Hate Us?" *Newsweek*(October 14, 2001). Retrieved January 16, 2014, from http://www.newsweek.com/politics-rage-why-do-they-hate-us-154345

Zogby, J. "Arab Attitudes toward Iran, 2011." Washington, D.C.: Arab American Institute Foundation. Retrieved October 17, 2011, from http://www.aaiusa.org/reports/arab-attitudes-toward-iran-2011

역 자 후 기

　이 책은 서구 기독교 세계의 역사와 중근동 이슬람 세계의 역사에 관한 비교역사학서로서, 2001년 9·11 사태 이후 세계인들의 관심사이자 우려의 대상이 된 이슬람주의(이 번역서의 원서 제목 *Confronting Political Islam*처럼 '정치 이슬람'으로 호칭하기도 한다)와 과거 서구인들이 고안해낸 여러 이데올로기 중 이와 유사한 것들을 구체적으로 비교 분석한다.

　저자는 서구 역사에서의 3대 이데올로기 투쟁을 (1) 국가가 어떤 형태의 기독교를 인정하고 지지해야 하느냐는 문제로 가톨릭과 프로테스탄트가 대략 1520년대부터 1690년대까지 벌인 투쟁, (2) 1770년대에 시작해 약 1세기를 끈 군주제와 공화제의 투쟁, (3) 1910년대부터 1980년대 말까지 이어진 자유민주주의, 공산주의, 파시즘 사이의 투쟁으로 정의한다.

　그런데 이들 각 투쟁기마다 피비린내 나는 억압, 저항, 폭동, 혁명을 겪었으며 또는 전쟁으로 적게는 수천, 수만에서 많게는 수십만, 수백만 또는 수천만(제2차 세계대전의 경우)이 목숨을 잃었다. 대충 큰 사건만 꼽아도 (1)의 기간에는 당시 독일 인구의 15~20퍼센트인 300만~400만 명이 희생된 가톨릭과 프로테스탄트의 30년 전쟁(1618~1648)이 일어났으며, 프랑스에서도 가톨릭과 위그노(프로테스탄트) 사이의 갈등으로 위그노 전쟁(1562~1598)이 일어났고, 앙리 4세가 종교의 자유를 선포한 낭트칙령을 루이 14세가 폐지하며 퐁텐블로 칙령을 발표해 수십만 명의 위그노를 죽였다. (2)의 기간에는 프랑스 대혁명과 7월 혁명, 2월 혁명 등 혁명이 빈번히 일어났는데, 프랑스 대혁명에서만도 기요틴에서 처형된 4만여 명을 합쳐 50만 명 이상이 목숨을 잃었다, (3)의 기간에는 제1·2차 세계대전과 여러 피압박 민족의 유혈 독립투쟁, 그리고 서구 강대국이 개입한 한국전쟁과 베트남전쟁으로 수천만 명이 희생되었다.

여기에 비해 이슬람의 역사는 초기 정복전쟁에서 이교도들에게 호된 시련을 안기고 많은 희생을 강요했지만, 이슬람교 내의 이데올로기 투쟁만은 기독교처럼 대량 살육을 벌이거나 처절하지 않았다. 그들에겐 대략 수니파와 시아파(이 두 파 말고도 하와지리파, 무르지아파, 무타질라파 등 많은 파벌이 명멸했다) 사이의 알력, 그리고 이슬람 원리주의와 세속주의 사이의 갈등이 대표적인 이데올로기 투쟁이라 할 수 있겠다. 어떤 이는 100만 명이 훨씬 넘는 희생자를 내며 1980년부터 7년 넘게 지속한 이란-이라크 전쟁을 수니파(이라크)와 시아파(이란)의 혈전으로 간주하기도 하나, 이 전쟁은 정치, 종교, 종족과 관련된 복합 요인으로 일어났기 때문에 이데올로기 투쟁의 범주에 넣기는 어렵다.

세속주의는 19세기에는 유럽 식민주의자들에 의해, 20세기에는 터키의 무스타파 케말과 이란의 레자 팔레비(혁명으로 쫓겨난 무함마드 팔레비 왕의 아버지) 같은 현대화를 추진한 독재자들에 의해 이슬람 세계에 풍미했다. 세속주의에서 이슬람주의로의 전환은 1967년 '6일 전쟁'에서 이집트, 요르단, 시리아군이 이스라엘군에 대패함으로써 나세르의 세속주의 프로젝트가 완전히 실패했다는 아랍인들의 환멸에서 시작했다. 다시 말해 이슬람을 버리고 서구화하는 것이 이슬람 세계를 구하는 길이 아니라고 생각하기 시작한 것이다. '이슬람교가 해결책이라는 말은 고풍스런 노인들뿐 아니라 점점 더 젊은 이들의 슬로건이 되어갔고,' 1979년 이란 혁명으로 호메이니가 최고 지도자로 군림하는 이슬람공화국이 수립되고 1981년 나세르에 이은 세속주의 지도자로 이집트에 강압통치를 펴온 사다트가 암살당함으로써 이슬람주의의 확산이 가속화되었다.

이슬람주의자들은 국가의 법률은 샤리아여야 한다고 주장한다. '물 마시는 곳으로 이끄는 길'이라는 뜻의 샤리아는 '알라께서 예언자 무함마드에게 직접 계시하신' 코란과 '무함마드의 말씀에서 나온' 하디스를 말한다. 세속주의자들은 법률은 이슬람에서 나온 것이 아닌, 인간의 이성과 경험에서 나온 것이어야 한다고 주장한다. 문제는 무슬림 국가 국민들의 여론이다. 근래에 실시한 한 여론조사에서 코란의 가르침을 엄격히 따라야 한다고 응답한 비율이 이집트 60퍼센트, 파키스탄 82퍼센트, 요르단 72퍼센트, 튀니지 22퍼센트, 레바논 17퍼센트였다. 이란은 이 통계에서 빠졌지만, 중도파인 하산 로하니가 대통령으로 당선되는 것으로 보아 이집트와 유사한 여론일 것 같다.

저자는 무슬림 국가들에서 이슬람주의와 세속주의의 갈등을 해소해 화합하는 길을 서구 기독교 국가들의 종교적 관용주의에서 찾는다. 서구사회가 가톨릭과 프로테스탄트 사이의 갈등으로 유혈의 혼란을 겪고 있을 때 가장 먼저 종교적 관용주의를 베풀어 17세기와 18세기에 유럽의 경제대국으로 1등 국가가 된 나라는 네덜란드였다. 종교적 관용주의로 국제적 명성을 얻게 되자 유럽에서 여러 유형의 종교적 소수자에게 매력적인 곳이 되어 자본, 기술, 그리고 국제적 연줄을 가진 망명자, 이민자들이 네덜란드로 몰려들었고 이는 네덜란드를 발전시키는 데 큰 몫을 했다. 그 결과 인구가 프랑스의 10분의 1에 불과한 네덜란드가 '상선대는 9배, 해외무역 규모는 4배 많고, 1인당 GDP는 프랑스나 영국보다 2.5배 높았다.' 그 후 영국이 네덜란드의 종교적 관용주의를 본받아 경제대국의 반열에 올랐고, 영국의 부강을 부러워한 프랑스가 뒤늦게 뒤따랐다. 상당한 기간을 필요로 하겠지만 이슬람주의와 세속주의의 갈등도 수렴과 관용의 과정을 거쳐 화합의 길을 찾는다는 것이 이 책의 결론이다.

이 책을 우리말로 옮기면서 나는 수출입국을 소리 높여 외치던 1970년대에 어떤 회사 수출부서의 세일즈맨으로 엄청 큰 샘플가방을 질질 끌며 석유가격 폭등으로 갑자기 부국이 된 이란과 사우디아라비아, 이라크, 이집트 및 페르시아 만의 여러 토후국을 1년에 몇 차례씩 드나들던 일, 그리고 1970년대 말에는 쿠웨이트에서 2년 남짓 주재원으로 근무하던 일을 자주 떠올렸다. 제4차 중동전쟁이 끝난 지 얼마 지나지 않았고 몇몇 나라에 불온한 기운이 전혀 없진 않았지만, 그래도 세속주의가 풍미하던 그 시절의 무슬림 국가들은 평화롭고 안정되어 보였다. 특히 내가 제일 자주 드나든 이란은 팔레비 국왕의 경제개발 계획이 어느 정도 성공을 거두고 있어서 오래지 않아 이란이 경제대국으로 우뚝 설 날이 올 것 같다는 생각이 들기도 했다.

그러던 곳에서 갑자기 이란 혁명, 이란–이라크 전쟁, 이라크의 쿠웨이트 침공, 미군을 위주로 한 다국적군의 반격, 9·11 사태 이후 후세인 제거를 위한 미군의 이라크 작전, 알카에다와 IS 같은 과격 이슬람주의 단체의 등장과 잇따른 자살폭탄 테러 등 20세기 말에서 21세기 초의 일이라곤 도무지 믿기지 않을 정도의 비극적인 사태가 연거푸 발생했다. 저자가 무슬림 국가의 역사를 450년 전 서구 역사에 비유한 것이 과연 일리가 있구나 싶기도 하다.

기독교 원리주의가 구가되던 중세를 우리는 암흑시대라고 부른다. 이슬람 원리주의가 점점 기세를 더하고 있는 중근동 무슬림 국가들을 보면 암흑시대를 예비하고 있는지도 모른다 싶은 생각이 들기도 한다. 물론 21세기 대명천지에 그런 일이 일어날 수야 없을 것이다. 그곳에 오랜 추억을 가진, 그리고 그곳을 누구보다도 사랑하는 사람으로서 안타까움에서 나온 기우일 것이다.

이 번역본은 내게 영원히 잊지 못할 가슴 아픈 추억 하나를 남겼다. 공교롭게도 이 책의 번역 작업 시기와 아내가 병마와 싸우던 시기가 겹쳐 병자를 홀로 누워 있게 한 시간이 꽤 길었다. 하루에도 두세 번씩 내가 일하는 서재의 방문을 힘없이 열곤 컴퓨터 앞에서 책과 씨름하고 있는 나를 약간은 원망

스런 눈길로 물끄러미 바라보다 살며시 문을 닫고 자신이 누웠던 방으로 되돌아가곤 했다. 그러던 사람이 번역 원고를 출판사에 넘긴 지 얼마 지나지 않아 갑자기 횅하니 저세상으로 떠나버린 것이다. 그렇게 쉽게 가버릴 줄 알았으면 작업을 좀 늦추고라도 아내 옆에서 더 많은 시간을 보냈을 텐데……. 뒤늦게 아무리 후회해도 소용없는 일이었다.

끝으로, 초벌 번역 상태나 다름없던 원고를 정성들여 깔끔하게 정리해준 한울엠플러스 편집부 여러분의 노고에 깊이 감사드린다.

2017년 2월

이종삼

찾아보기

기울여 표기한 숫자는 해당 쪽의 표나 그림을 볼 것.
※ 표시는 함께 참조할 항목을 뜻함.

344

지은이

존 M. 오언 4세(John M. Owen IV)

국제관계를 연구해온 전문가로서 버지니아대학교의 교수이며, 같은 대학 내
문화고등연구소(Institute for Advanced Studies in Culture) 교수단에 속해 있
다. ≪시큐리티 스터디즈(Security Studies)≫의 편집자, ≪인터내셔널 시큐리
티(International Security)≫의 편집위원이고, 미국 국가정보자문위원회
(National Intelligence Council) 자문단의 일원이다. 저서로는『세계 정치에서
의 이데올로기 충돌(The Clash of Ideas in World Politics)』, 『자유로운 평화,
자유를 위한 전쟁(Liberal Peace, Liberal War)』이 있다.

옮긴이

이종삼

부산대학교 영문과와 동대학원 영문과를 졸업했고, 대기업 간부를 거쳐 현재
번역가로 활동 중이다. 옮긴 책으로는『국제분쟁의 이해』, 『소용돌이의 한국
정치』, 『밀레니엄의 종언』, 『미국개조론』(이상 공역), 『읽는다는 것의 역사』,
『강대국 일본의 부활』, 『나쁜 유전자』, 『한미동맹은 영구화하는가』, 『누가 선
발되는가?: 하버드, 예일, 프린스턴의 입학사정관제(사례편)』, 『표준: 현실을
만드는 레시피』, 『비상하는 용 베트남: BBC 기자가 본 오늘의 베트남』 등 다
수가 있다.

한울아카데미 1950

이슬람주의와 마주 보기
서구의 과거에 비추어 본 정치 이슬람

지은이 존 M. 오언 4세
옮긴이 이종삼
펴낸이 김종수
펴낸곳 한울엠플러스(주)
편집책임 신순남

초판 1쇄 발행 2017년 2월 28일
초판 2쇄 발행 2017년 10월 31일

주소 10881 경기도 파주시 광인사길 153 한울시소빌딩 3층
전화 031-955-0655
팩스 031-955-0656
홈페이지 www.hanulmplus.kr
등록번호 제406-2015-000143호

Printed in Korea.
ISBN 978-89-460-5950-4 93340(양장)
    978-89-460-6273-3 93340(반양장)

※ 책값은 겉표지에 표시되어 있습니다.